Das Buch

Alle zwei Sekunden stirbt irgend[...] Hunger, das sind etwa 36 000 Kind[...] den Menschen leiden unter chronis[...] Nahrungsmangel. Andererseits wird so viel Getreide produziert, daß jedem auf dieser Erde täglich 2600 Kalorien zur Verfügung stehen könnten, von den ausreichenden Mengen an Fleisch, Fisch, Gemüse und Obst nicht zu sprechen. Warum hungern dennoch so viele Menschen?
Die Ursachen liegen in dem höchst komplexen System des Welthandels, den die Industrienationen bestimmen. Sie diktieren den Entwicklungsländern, was diese zu produzieren haben. Länder, die früher weitgehend Selbstversorger waren, produzieren heute statt Bohnen und Mais, die sie früher aßen, Nelken und Spargel für den Export in die Industrienationen, um von dort Weizen zu importieren. Auch sind diese Länder wie zur Kolonialzeit als Rohstofflieferanten machtlose Spielfiguren auf dem Weltmarkt. Asit Datta veranschaulicht die historische Entwicklung und stellt die Zusammenhänge von Welthandel und Welthunger sehr verständlich dar. An ausgewählten Beispielen verschiedener Länder macht er die Ursachen des Welthungers und die katastrophale Schuldenkrise begreiflich und zeigt mögliche Wege aus dieser hoffnungslos erscheinenden Misere.

Der Autor

Asit Datta, 1937 in Midnapore in Indien geboren, studierte Naturwissenschaften und Philologie in Indien und war als Lehrer und Publizist tätig. 1961 kam er nach Deutschland, studierte Germanistik und Sozialwissenschaften und habilitierte sich. Seit 1974 lehrt er am Fachbereich Erziehungswissenschaft der Universität Hannover. Er ist Vorsitzender des interdisziplinären Lernbereichs »Interkulturelle Bildung und Entwicklungspädagogik«. Veröffentlichungen u.a.: ›Entwicklungstheorien und -strategien‹ (1981), ›Ursachen der Unterentwicklung‹ (1982), als Herausgeber: ›Zukunft nur gemeinsam‹ (1989), ›Projektwoche Dritte Welt‹ (1990), ›Die neuen Mauern‹ (1993).

Asit Datta:
Welthandel und Welthunger

Aktualisierte Neuausgabe
Mit 24 Abbildungen

Deutscher
Taschenbuch
Verlag

dtv

Originalausgabe
1. Auflage September 1984 (dtv 10317)
Aktualisierte und erweiterte Neuausgabe: September 1993
© 1984, 1993 Deutscher Taschenbuch Verlag GmbH & Co. KG,
München
Umschlaggestaltung: Michael Keller
Gesamtherstellung: C. H. Beck'sche Buchdruckerei, Nördlingen
Printed in Germany · ISBN 3-423-30372-7

Inhalt

Vorbemerkung 7
1. Die Hungrigen und die Übersatten 13
2. Zerfall des Ostblocks – Sieg des Kapitalismus? 23
3. Bewältigte Vergangenheit? 32
   Der Handel mit Menschen und anderen Waren 41
   Der Zucker, die Kolonien und das Imperium 43
   Beispiel 1: Kolonien zu Diensten der Herren......... 47
   Beispiel 2: Die portugiesische Kolonialmacht und
   Brasilien 49
   Beispiel 3: Die spanischen Konquistadoren und
   Guatemala.................................... 53
   Beispiel 4: Die britische Handelskompanie und Indien . 59
   Beispiel 5: Deutscher Kolonialismus in Ostafrika 68
4. Zum Verständnis des Problems: die ungleiche
   Verteilung 78
   Die Folgen der Kolonialherrschaft 78
   Die Reichen aller Länder vereint gegen die Armen 86
   Vorsicht: Statistiken 106
   Ungleiche Überschüsse 124
   Guatemala oder Wie eine Bananenrepublik entsteht ... 138
   Indien oder Wie eine Demokratie die Landreform
   verhindert 147
   Tansania oder Wie ein Versuch zu Ende geht 159
5. Alles hängt mit allem zusammen 169
   Hier Bauerntod – dort Hungersnot................. 169
   Der Welthandel und die Werkzeuge der Macht 188
   Verschuldung und Entwicklung 199
   Was ist Hilfe und wozu dient sie? 206
   Die Hälfte des Himmels – Frauen und Entwicklung ... 226
   Bevölkerungswachstum und Entwicklung 232
   Umwelt und Entwicklung 240
6. Was tun? 247
Literaturverzeichnis............................. 251
Register 286

Vorbemerkung

Wahrscheinlich glaubt heutzutage niemand mehr, daß die Verelendung der Dritten Welt durch diese selbst verschuldet ist. Es wurde in den letzten zwanzig Jahren eine ausgezeichnete Aufklärungsarbeit geleistet, die Öffentlichkeit zeigt Wirkung – vor 25 Jahren waren zwei Drittel der bundesrepublikanischen Bevölkerung gegen jegliche Entwicklungshilfe gewesen, 1983 schon 74 Prozent dafür. Aber wie hilft man, was ist tatsächlich Hilfe? Mit Geld- und Nahrungsmittelgeschenken ist der heutigen Misere nicht beizukommen – diese verschlimmern eher die Situation.

Es gibt viele gute Bücher über die Nord-Süd-Beziehung, über die Ursachen des Hungers in der Welt, beispielsweise von Susan George, Joseph Collins und Frances Moore Lappé, Richard J. Barnet, Paul Harrison. Alle Autoren nennen auch den Schuldigen beim Namen: die ungleiche Teilung der Macht zwischen den Industriestaaten, die das Sagen haben, und den Entwicklungsländern.

Der Grund dafür, daß heute ein Viertel der Menschheit hungert, ist nicht mangelnde Produktion, sondern die ungleiche Verteilung – und zwar nicht nur zwischen den Industriestaaten und den Entwicklungsländern, sondern innerhalb des einzelnen Staates in der Dritten Welt. Der Hunger wird dadurch verursacht, daß die Armen es sich nicht leisten können, Nahrungsmittel zu kaufen. Dies hat mit dem Welthandel zu tun. Das Tauschverhältnis innerhalb des einzelnen Staates – auch in der Dritten Welt – wird durch die Bedingungen des Welthandels bestimmt.

Aus welchem Grund auch immer, die genannten Autoren gehen auf die Entstehungsgeschichte dieser Bedingungen wenig ein. Über die Gründe kann man spekulieren. Entweder setzen sie historische Kenntnis voraus, oder man möchte, wie Susan George, mit der fünfhundertjährigen Geschichte die Leser nicht langweilen.

Mein Buch ist ein Versuch, die geschichtlichen Hintergründe allgemein verständlich darzustellen, *ohne* die Leser zu langwei-

len. Aus diesem Grund werden 4 Länder aus 3 Kontinenten –
Mittel- und Südamerika, Asien, Afrika – gewählt. Obgleich die
Länder – Guatemala, Brasilien, Indien, Tansania – wegen ihrer
Unterschiede in geschichtlicher Entwicklung, Sozialstruktur,
Religion, Kultur, Größe, Bevölkerungszahl und politischen Systemen ausgewählt wurden, ist die Auswahl subjektiv. Man
kann mir immer entgegenhalten, warum dieses Land und nicht
jenes.

Der Leser wird gebeten, anhand anderer Länderbeispiele zu
überprüfen, ob die These, die hier vertreten wird, stichhaltig
ist: Ungeachtet verschiedener geschichtlicher Hintergründe,
unterschiedlicher Ursachen der Unterentwicklung, ist die heutige Teilung der Welt in arme und reiche Länder ohne die koloniale Herrschaft, ohne die Entstehung industrieller Produktionsweisen nicht erklärbar. Insofern hat Eduardo Galeano
recht, wenn er meint, »die Unterentwicklung ist keine Phase
der Entwicklung, sondern ihre Folge«. Dies scheint im Widerspruch zu der These zu stehen, die ich bei einer anderen Gelegenheit vertreten habe: Die Unterentwicklung ließe sich nicht
monokausal erklären. Dieser Widerspruch ist nur ein scheinbarer. Die Ursachen und die Folgen muß man auseinanderhalten.

Auf die Gefahr der Wiederholung hin muß noch einmal betont werden: Unabhängig von verschiedenen, verschränkten
Ursachen für die Unterentwicklung, ist die heutige Teilung der
Welt durch industrielle Produktionsweise, Arbeitsteilung, Besitzverhältnisse und ökonomische Normen wie Wachstum und
Gewinn bestimmt – und zwar sowohl in außerwirtschaftlicher
Beziehung wie auch in binnenstaatlicher Wirtschaftsstruktur.
Dieser brutalen Verarmung kann sich kein Land – auch nicht,
wenn es früher keine Kolonie war – entziehen. Auch das ärmste
Land versucht, seine »Entwicklung« durch rücksichtslose Vermarktung seiner Waren »voranzutreiben«.

Besonders bei einem kritischen Buch war es hierzulande üblich, sich erst einmal gegenüber den früheren Ostblockstaaten
abzusichern. Sie hier einzubeziehen wurde aus folgenden
Gründen unterlassen:

1. Die Ostblockstaaten verhielten sich nicht anders als Industriestaaten, allenfalls noch schlechter. 2. Auch in den Ost-

blockstaaten hatte die Ökonomie die Vormachtstellung; nur im globalen System wird die Weltökonomie vom Westen beherrscht – dies zeigte sich unter anderem an dem chronischen Devisenmangel des Ostens. 3. Die Bürger der Ostblockstaaten waren nicht die Adressaten dieses Buches. Und 4. ist die Botschaft, wenn man es so nennen darf, dieses Buches: Es gibt ein wichtigeres, dringenderes Problem auf dieser Welt: die ungleiche Teilung, wobei die Reichen auf Kosten der Armen leben. Gemessen an den armen Staaten, waren auch die Ostblockstaaten reich.

Nicht alle Normalverbraucher der reichen Staaten gehen brutal gegen die Armen vor, aber auf eine indirekte Weise sind auch sie an der Plünderung beteiligt. Der erste Schritt zur Überwindung dieser Teilung – die eine unabdingbare Voraussetzung für die Weiterexistenz und die mögliche Entwicklung dieser Welt ist, in dem Bewußtsein, wie sehr diese Teilung der gesamten Menschheit schadet –, der erste Schritt ist, gemeinsam zu versuchen, diese Ungleichheit zu überwinden. Dies setzt voraus, daß man sich im Osten wie im Westen vom Freund-Feind-Bild löst.

Erst dann ist es möglich, über andere Systeme nachzudenken, wenn einzelnen Ländern der Dritten Welt gestattet würde, ihre eigenen Wege der Entwicklung zu gehen.

Hannover, im Februar 1984

Zur Neuausgabe

Die achtziger Jahre waren turbulente Jahre. Der Ostblock ist zerfallen. Unfreiwillig, fast geräuschlos hat sich die Dritte Welt vom Weltmarkt abgekoppelt, zugleich ist sie in eine Schulden- und Zinsfalle geraten. Wir haben neue Erkenntnisse gewonnen über die Ursachen der drohenden Umweltkatastrophe, von der die Hauptverursacher nicht auf Wohlstandsinseln verschont bleiben werden. Wir haben im Mai 1992 die Umwelt-(UNCED)-Konferenz in Rio erlebt, die eher die Unterschiede in Standpunkten zwischen dem Norden und dem Süden, zwischen amtlichen und nicht-offiziellen Vertretern verdeutlichte. Der Ost-West-Konflikt ist vorüber, die Kluft Nord-Süd wächst unaufhörlich.

Die westlichen Industriestaaten sind mit sich und mit den Folgen des unerwarteten Sieges, den sie nicht herbeigeführt haben, beschäftigt. Es wird von »einer Welt« geredet, dabei wird die Außenwelt gar nicht zur Kenntnis genommen; wenn ausnahmsweise doch, dann als ein Handelsobjekt.

Maßgebend ist das partikuläre Eigeninteresse, nicht das Gemeinwohl, obgleich das Gemeinwohl auch im eigenen Interesse liegt. Nicht nur die Kluft, sondern auch die Widersprüche wachsen.

Die Grundstruktur der Erstausgabe dieses Buches (1984) behalte ich auch in der Neuausgabe bei. Ich habe versucht, die Zusammenhänge noch deutlicher herauszuarbeiten. Die oben erwähnten Veränderungen machten einige neue Abschnitte notwendig sowie einige Umstellungen.

Neben den aktualisierten Daten und Statistiken sind neuere Erkenntnisse und Diskussionen über Entwicklung, Umwelt und anderes aufgenommen und problematisiert worden. Der berechtigten Kritik wegen eines fehlenden Kapitels mit Handlungshinweisen habe ich Rechnung zu tragen versucht durch den neuen Abschnitt: »Was tun?« Er ist jedoch problematisch, weil man solche Hinweise leicht als Anweisung mißverstehen kann; gedacht ist dieser Abschnitt eher als Orientierungsrahmen.

Eine technische Anmerkung: Um das Buch nicht mit Fußnoten oder Anmerkungen zu beschweren, sind Nachweise und Zitatbelege über die in Klammer gesetzte Nummer des Literaturverzeichnisses aufzufinden (zum Beispiel: L 47, S. 9 = Bogner, A./M. Franke: Die Hungerproduzenten. Wien 1981, S. 9). Da für die Neuausgabe 1993 etwa gleich viel neue Publikationen und Belege hinzugekommen sind, werden diese zur Unterscheidung von der Erstausgabe 1984 mit NL (neue Literatur) gekennzeichnet und für sich durchgezählt.

Für die Textgestaltung der Neuausgabe gilt mein besonderer Dank Marita Bartusch.

Asit Datta
Hannover, im April 1993

Die Hungrigen und die Übersatten

»Wer allein ißt, stirbt einsam.«

Amharisches Sprichwort

Alle zwei Sekunden stirbt ein Kind irgendwo auf dieser Welt – vor 10 Jahren waren es mehr als 40000 pro Tag. Alljährlich sterben knapp 15 Millionen in der Dritten Welt vor ihrem fünften Lebensjahr, weil sie buchstäblich verhungern. Diese Zahl der jährlichen hungertoten Kinder ist fünfzig- bis sechzigmal höher als die Zahl der Menschen, die durch die Atombombe in Hiroshima und Nagasaki insgesamt getötet wurden.

Der unermüdlichen Vorsorgearbeit des UN-Kinderhilfswerkes – UNICEF – ist es gelungen, die Rate der Kindersterblichkeit in 10 Jahren auf täglich 36000, jährlich von 14,7 Millionen (1980) auf 12,9 Millionen (1990) zu senken. Dies ist eine gute Nachricht (NL 315, S. 12). Nun die schlechte: Die düstere Prognose über die Welternährungslage scheint einzutreffen. »Wenn der gegenwärtige Trend anhält«, so schrieb ich in der Erstausgabe dieses Buches 1984, »wird die Zahl der lebensgefährlich Unterernährten bis zum Jahr 2000 um etwa 30 Prozent zunehmen.« Der Trend hielt an (L 146, S. 37; L 47, S. 9).

Die Zahl der Hungernden und Unterernährten hat in knapp 10 Jahren rapide zugenommen: von 500 Millionen auf 780 Millionen die Hungernden, von 1,2 Milliarden auf 2 Milliarden die Unterernährten (L 83, NL 263). Nicht mehr jeder Vierte wie vor 10 Jahren, sondern nunmehr 2 von 5 Menschen auf dieser Welt, 3 von 4 in den Entwicklungsländern, sind unterernährt. Trotz aller Sonntagsreden von Politikern und der regelmäßigen Verabschiedung von feierlichen Erklärungen – wie zuletzt im Dezember 1992 bei der FAO-Konferenz in Rom – bleibt die Lage chronisch schlecht. Die Medien neigen dazu, diesen Dauerzustand als einmalig darzustellen – in der Annahme, anders könnten sie die Aufmerksamkeit des Publikums nicht gewinnen. Die Hungerkatastrophe in Afrika 1983/84 wurde zum Beispiel so dargestellt. Obgleich damals 120 Millionen Menschen in 29 afrikanischen Staaten von der Hungersnot betroffen waren, kam fast ausschließlich die Lage des Landes Äthiopien in den Medien vor (vgl. NL 72, S. 16 ff.).

Dürreperioden gab und gibt es überall, jedes Jahr, irgendwo auf dieser Welt. Damit aber auf eine Dürre eine Hungersnot folgt, müssen 2 Voraussetzungen gegeben sein: ein verwundbares landwirtschaftliches System und falsche politische Prioritäten (NL 308, S. 30). Am Beispiel des Krisenkontinents Afrika macht Lloyd Timberlake deutlich, wie falsche Politik Hungersnöte verursacht. Gerade in den »Krisenjahren« 1983/84 hat es in den 5 vom Hunger am meisten betroffenen Sahelländern – Burkina Faso, Mali, Niger, Senegal und Tschad – eine Rekordernte von Baumwolle gegeben: 154 000 Tonnen gegenüber 22 700 Tonnen im Jahr 1961/62. Noch in den sechziger Jahren war Afrika Selbstversorger gewesen. »Die Tatsache, daß in Dürrejahren Baumwolle sehr wohl, Getreide aber nicht angebaut werden kann, hat weniger mit dem Regen«, so die Schlußfolgerung von Timberlake, »als vielmehr mit der Politik der jeweiligen Regierung und der Politik der Hilfsorganisationen zu tun.« (NL 308, S. 25)

Noch einmal zur afrikanischen Krise und ihrer Einmaligkeit: Seit 1967/68 häufen sich die Hungersnöte in Afrika – zuletzt in immer kürzeren Abständen. Weit verbreitete Hungersnöte gab es 1967/68, 1973/74, 1983/84, 1987/88 und 1992/93. Diesmal sind 23 Staaten südlich der Sahara davon betroffen. Die Medien haben sich diesmal Somalia und den Bürgerkrieg ausgesucht – wie damals Äthiopien und die Dürre. Das Fernsehen und die Zeitungen berichten fast ausschließlich über das Land Somalia, weil dort ausländische Soldaten aus »humanitären« Gründen als »Ordnungshüter« wirken. So bekommen wir den Eindruck, daß Somalia als einziges Land in Afrika wegen des Bürgerkriegs vom Hunger bedroht ist. In 12 von 23 vom Hunger betroffenen Staaten in Afrika herrschen ebenfalls Bürgerkriege beziehungsweise innere Unruhen (NL 117, S. 157). Die Bilder, die uns das Fernsehen liefert, und ihre Teilwahrheiten beherrschen unsere Köpfe so sehr, daß wir die anderen Wirklichkeiten nicht mehr wahrnehmen.

Die Kombination von Dürre und falscher Politik verursacht auch anderswo – wenn auch nicht so spektakulär – Hungersnöte. Beispielsweise im Nordosten Brasiliens, dort gibt es immer wieder Dürreperioden. Diese werden seit 1564 registriert. Zwischen 1640 und 1970 gab es 35 Dürreperioden. So auch 1979 bis 1982 und wieder seit 1990. Im Jahr 1992 waren 58 Prozent der Region davon betroffen. Fast 80 Prozent der Einwohner dieser Region leben unter dem Existenzminimum, ebenso viele Kinder haben Untergewicht. Die Raten der Kindersterblichkeit und der Analphabeten sind in dieser Region die höchsten im Land und die Lebenserwartung ist dort am niedrigsten (NL 183, S. 30).

Dies sind Menschen, die unmittelbar vom Hungertod bedroht sind. Die bedrückenden Bilder von ausgemergelten Menschen, die wir von den Medien her kennen, zeigen ausnahmslos Menschen, die vom »schwarzen« Hunger betroffen sind. Der schwarze Hunger ist der, der durch Naturkatastrophen wie Dürre, Überschwemmung, Erdbeben oder durch Kriege verursacht wird. Eine viel größere Zahl von Menschen aber leidet fortwährend unter dem »weißen« Hunger. Der weiße Hunger ist die Folge *ständiger* Unter- und Mangelernährung; er ist nicht so medienwirksam. Er zehrt unaufhaltsam an der körperlichen und geistigen Kraft des Menschen, macht ihn teilweise oder völlig arbeitsunfähig und für Krankheiten anfällig.

Die bekannteste Form der Unterernährung ist PEM (Protein-Energie-Mangelernährung). Jedes fünfte Kind unter 5 Jahren leidet in der Dritten Welt mehr oder minder unter PEM. 70 Prozent dieser PEM-geschädigten Kinder leben in Asien. 2 Krankheiten – Kwashiorkor und Maramus – treten bei diesen Kindern fast mit Gesetzmäßigkeit auf. Während ein an Kwashiorkor erkranktes Kind äußerlich nicht besonders auffällt, sieht ein an Maramus leidendes Kind wie ein uralter Mensch mit unzähligen Falten im Gesicht aus. Dies ist ein äußeres Zeichen für die ausgezehrten Muskeln und das fehlende Fett am Körper. Kwashiorkor-Kranke haben 20 bis 40 Prozent und Maramus-Kranke über 40 Prozent Untergewicht. Wenn die PEM-Folgen bei Kindern diese Krankheiten sind, so ist es bei Erwachsenen die Blutarmut. Jeder zweite Mann und 2 von 3 Frauen leiden in den Entwicklungsländern unter Blutarmut (L 152, S. 209f.).

Neben den durch Unterernährung bedingten Krankheiten

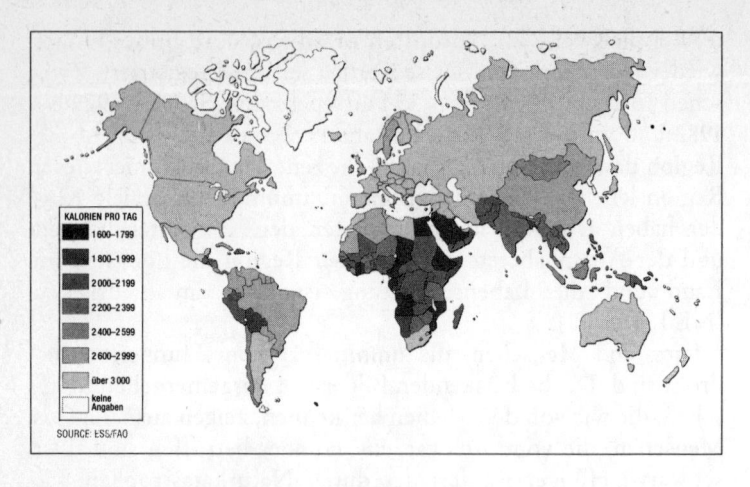

Die Verfügbarkeit von Kalorien – weltweit
FAO 1992 (NL 128)

wirkt sich die schlechte Ernährung vor allem unmittelbar auf die Leistungsfähigkeit des Menschen aus. Der Nahrungsbedarf einer Person ist zwar von vielen Faktoren wie Alter, Geschlecht, Körpergewicht, Klima, aber auch und vor allem von der Arbeitsbelastung abhängig. Jemand, der den ganzen Tag im Büro sitzt, braucht weniger, ein Schwerarbeiter hingegen erheblich mehr Kalorien – ein Handwerker zum Beispiel 3000, ein Landarbeiter 3600 pro Tag, um eine volle Leistung zu erbringen. Wenn die Kalorienzufuhr auf 2500 verringert wird – so das Ergebnis einer Untersuchung –, sinkt die Arbeitsleistung beim Handwerker auf 58 Prozent, beim Landarbeiter gar auf 44 Prozent (L 152, S. 210f.). Schon im Dritten Reich fand man heraus, daß bei einer Anhebung um 400 Kalorien – von 2800 auf 3200 Kalorien pro Tag – die tägliche Fördermenge eines Bergbauarbeiters von 7 auf 9,5 Tonnen stieg. Es gibt eine Reihe von Entwicklungsländern, deren jährliche Nahrungsmittelproduktion nicht einmal für durchschnittlich 2000 Kalorien pro Person und Tag ausreicht. Die Welt ist – bezogen auf die Nahrungsmittelerzeugung – mehrfach geteilt (vgl. die zwei Grafiken).

Nicht nur Fernsehbilder vermitteln Halbwahrheiten, sondern

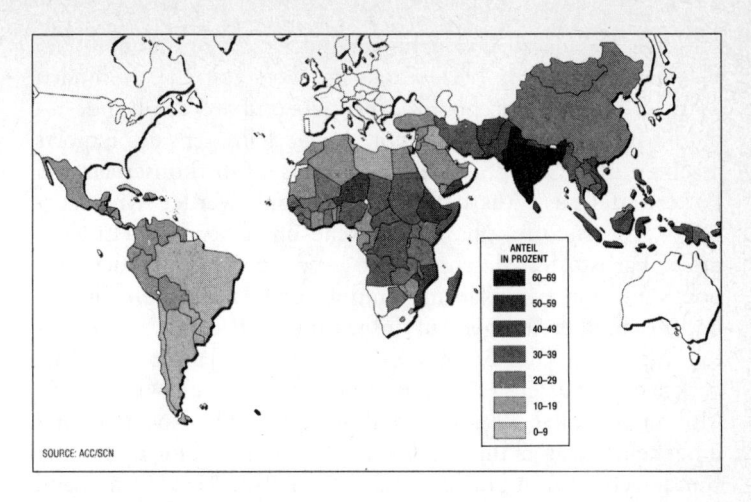

Untergewicht von Kindern unter 5 Jahren – weltweit
FAO 1992 (NL 128)

auch Grafiken. Die Grafik der FAO auf Seite 16 gibt die regionalen Unterschiede in der Verfügbarkeit von Kalorien wieder und geht von einer gerechten Verteilung aus. Die Grafik auf dieser Seite kommt der Wirklichkeit der ungleichen Verteilung etwas näher. Das Untergewicht der Kinder ist ein wahrer Indikator. Obgleich die indische Bevölkerung rein rechnerisch mehr Nahrungsmittel pro Kopf im Vergleich zu den Einwohnern der meisten afrikanischen Länder hat, haben mehr indische Kinder (6 bis 7 von 10) Untergewicht als die afrikanischen Kinder (5 bis 6 von 10). Aber auch diese Grafik gibt nicht das wahre Bild des einzelnen Landes und noch weniger die regionalen Unterschiede innerhalb eines Landes wieder. Nach dieser Grafik ist Brasilien zum Beispiel nahrungsmittelmäßig gut versorgt. Laut Institut für Brasilienkunde leiden 53 Prozent aller brasilianischen Kinder – im Nordosten des Landes sogar 77,5 Prozent – im Alter von 7 bis 14 Jahren Not. Da im Nordosten Brasiliens auch die Rate der Kindersterblichkeit doppelt so hoch als landesdurchschnittlich ist (75 Promille gegenüber 45 Promille), scheint es unwahrscheinlich zu sein, daß die Kinder in Brasilien im allgemeinen und im Nordosten im besonderen das Normalgewicht erreichen (NL 183, S. 52f.).

Einige Details zu den »Hungerländern«: Moçambique zum Beispiel hat im Jahr 1981 Waren im Wert von 30,6 Millionen Mark in die Bundesrepublik exportiert und aus der Bundesrepublik für 50,8 Millionen importiert. 58,1 Prozent des Exports machten Tee, Obst, Südfrüchte, Gemüse, Obstkonserven und Futtermittel aus. Aus der Bundesrepublik werden Kraftfahrzeuge, Kunststoffe, pharmazeutische und chemische Erzeugnisse, Farbstoffe, Maschinen etc. importiert. Unter den Importwaren tauchen Nahrungsmittel nur in Form von Fischen und Fischzubereitungen auf, insgesamt 1,9 Prozent des gesamten Imports aus der Bundesrepublik. Das seit Jahren vom Bürgerkrieg verwüstete Land hat immerhin Waren im Wert von 53 Millionen Dollar 1990 in die Bundesrepublik exportiert und umgekehrt Waren im Wert von 7 Millionen Dollar aus der Bundesrepublik importiert (NL 297, S. 274, 276). Dem Land bleibt nichts anderes übrig. Moçambique muß jährlich 61,8 Prozent des Exporterlöses für den Schuldendienst aufbringen (NL 233, S. 432).

Beim Tschad, dem chronischen Hungerland, sieht es ein wenig anders aus. Die Bundesrepublik hat 1981 immerhin Getreide, Reis, Molkereierzeugnisse im Wert von 1,3 Millionen Mark in den Tschad exportiert. Dafür hat die Bundesrepublik aus diesem Armenhaus für 34,8 Millionen Mark Baumwolle importiert. Die Baumwolle macht 99,9 Prozent des Exports des Tschad in die Bundesrepublik aus (L 280, S. 75 f., 59). Das Verhältnis Export zu Import zwischen den anderen zuvor erwähnten Hungerländern und der Bundesrepublik sieht nicht viel anders aus.

Wie der Handel mit dem gesamten Afrika südlich der Sahara ist auch der mit dem Tschad rückläufig, wobei sich das Verhältnis umgekehrt hat: Export in die Bundesrepublik im Wert von 7 Millionen gegenüber Import aus der Bundesrepublik im Wert von 22 Millionen (NL 297, S. 274, 276). Anzumerken ist, daß der Tschad relativ wenig verschuldet ist. Die Rate des Schuldendienstes beträgt nur 4 Prozent des jährlichen Exporterlöses (NL 233, S. 432). Dies besagt wenig. Denn wer nichts hat, dem wird auch nichts gegeben.

Die Aussage, wieviel Kalorien ein Land pro Person und Tag zur Verfügung hat, besagt wenig, da es auch innerhalb eines armen Landes einen beachtlichen, mitunter unglaublichen Unterschied zwischen Reichen und Armen gibt. Die Unzulänglichkeiten der statistischen Durchschnittswerte behandle ich später noch ausführlicher. Hier sei nur erwähnt, daß, während sich die Ärmsten der Armen in Nordost-Brasilien mit täglich 1240 Kalorien begnügen müssen, die Reichen 4290 Kalorien pro Tag essen. Im indischen Bundesstaat Maharashtra hatten die Armen 940 Kalorien, die Reichen hingegen 3150 Kalorien pro Tag zur Verfügung (L 137, S. 211 f.). Dabei darf man nicht vergessen, daß auch diese ständig hungernden Armen unter Umständen Schwerarbeit verrichten. Welche Arbeitsleistung sie imstande sind zu erbringen, ist kaum vorstellbar.

Die Menschen in der Dritten Welt leiden schon vom Zeitpunkt der Empfängnis an Hunger. Bei der Geburt sind die Kinder kleiner und wiegen weniger als die Kinder der Industriestaaten. 7 von 10 Kindern überleben in vielen Ländern ihr fünftes Lebensjahr nicht. Wie das »Leben« weitergeht, wenn sie das fünfte Lebensjahr überschritten haben, was sie bis zum Tod zu ertragen haben, hat Paul Harrison anschaulich beschrieben (L 152, S. 211 f.).

Mitte 1992 zählte die Weltbevölkerung 5,48 Milliarden (NL 312, S. i). 45 Prozent oder 2,656 Milliarden Menschen waren nach dem FAO-Begriff ökonomisch aktiv. 48,5 Prozent von ihnen weltweit – durchschnittlich zwischen 60,9 und 72,4 Prozent in den Entwicklungsländern – waren in der Landwirtschaft tätig (NL 312, S. 158 f.). Diese Menschen haben 1990 fast 2 Milliarden Tonnen Getreide produziert (NL 129, S. 67). Da aber nur 2,5 Prozent der Grundbesitzer 75 Prozent des bebaubaren Landes besitzen, nimmt die Zahl der landlosen Bauern ständig zu. Zu dieser Gruppe gehören 220 Millionen ländliche Haushalte oder etwa 1,2 Milliarden Menschen, die zu den absolut Armen, Hungernden und Unterernährten zählen (NL 214, S. 8).

Schon in den siebziger Jahren haben Wissenschaftler darauf hingewiesen, daß die Weltgetreideproduktion ausreicht, um jedem Menschen – Mann, Frau und Kind – täglich 2400 (1984) Kalorien zuzuführen. Bei dieser Berechnung ist nicht einmal Fisch, Fleisch, Obst, Gemüse – die alljährlich überaus reichlich erzeugt werden – mitberücksichtigt (L 69, S. 25; L 29, 1,

S. 188). Die Weltbevölkerung hat von 1970 bis 1981 um etwa 25 Prozent zugenommen, die Weltgetreideproduktion ist im gleichen Zeitraum um 29 Prozent gestiegen (L 87, S. 207; L 116, S. 61, 75).

Auch zwischen 1981 und 1992 hat sich die Menschheit noch einmal um fast eine Milliarde vermehrt. Die Weltgetreideproduktion hat ebenfalls relativ zugenommen. Die Weltgetreideproduktion allein reichte laut FAO 1991 für 2600 Kalorien pro Person/Tag aus (NL 128, S. 5). Die Steigerung der Getreideproduktion war allerdings nicht gleichmäßig und fand nicht überall auf dieser Welt statt. Zwischen 1978 und 1989 konnte die Zunahme der Nahrungsmittelproduktion in 69 von 102 Entwicklungsländern mit dem Bevölkerungswachstum nicht Schritt halten (NL 313, S. 28). Also hat sich am Welt-Zahlenverhältnis nichts geändert. Von der jährlichen Nahrungsmittelproduktion her gesehen, gibt es keinen Grund, warum 780 Millionen Menschen verhungern sollen. Es liegt nur an der Verteilung.

Ein Fünftel der Menschheit – die Bewohner der Industriestaaten – beansprucht die Hälfte der Jahresgetreideproduktion. Die Menschen essen sie natürlich nicht nur in Form von Getreide. Fast die Hälfte der Jahresgetreideproduktion wird in Fleisch umgewandelt, geht in Viehfutter ein. Diese Getreidemenge würde ausreichen, etwa die Hälfte der Menschheit täglich ausreichend mit Nahrungsmitteln zu versorgen (NL 301, S. 47f.).

Es ist aber leider nicht so, daß jene Menschen, die genug oder übermäßig viel zu essen haben, auch gut und gesund leben. Jeder zweite Deutsche hat Übergewicht – Männer durchschnittlich 8 Kilo, Frauen 6 Kilo (L 181). Anne-Marie Holenstein hat für die Schweiz – insgesamt 6,3 Millionen Einwohner – errechnet, daß alles überflüssige Fett, das die über Fünfzigjährigen mit sich herumschleppen, eine Summe von 26000 Tonnen ausmacht (L 163, S. 7). 70 Prozent der Kinder in der EG und den USA leiden unter Vitamin-B-Mangel – verursacht durch die minderwertige Nahrung aus Weizenmehl und Zucker. 13 bis 20 Prozent der Kinder zwischen 6 und 11 Jahren leiden an Übergewicht und zu hohen Blutfettwerten (L 192, S. 132). Lebensversicherungen haben errechnet, daß die Lebenserwartung bei 10 Prozent Übergewicht um 15 Prozent, bei 20 Prozent um 40 Prozent verkürzt wird. Statistisch gesehen: Ohne Übergewicht kann man durchschnittlich 4 Jahre länger leben. Übergewicht begünstigt folgende Krankheiten: hohen Blutdruck, Diabetes (Zuckerkrankheit), Gicht, Gelenk- und Venenentzündung, Hernien (Brüche), Herzinfarkt, Gehirnschlag (L 163, S. 7).

Dennoch hat die Bevölkerung der Industriestaaten eine gut 20 Jahre längere Lebenserwartung als die der Entwicklungsländer. Gleichwohl: Der Rückschluß, daß also Völlerei besser als Hunger sei, wäre voreilig. Hygienische Einrichtungen, sauberes Trinkwasser, medizinische Versorgung, auch im Alter, gut ausgebaute Infrastruktur sind gewichtige Faktoren, die bewirken, daß man in den Industriestaaten trotz des übermäßigen Essens und der Fehlernährung möglicherweise das Leben erheblich verlängern kann. Alle diese erwähnten Einrichtungen fehlen in den Entwicklungsländern entweder gänzlich, oder sie sind, wenn überhaupt, nur vereinzelt und regional sehr beschränkt vorhanden. Der Reparaturbetrieb im Gesundheitswesen – fortwährend damit beschäftigt, die Schäden der Über- und Fehlernährung zu beheben oder zu mindern – steigert zwar enorm das Bruttosozialprodukt eines Industriestaates (da Ärzte, Apotheker, pharmazeutische Firmen, Krankentransportunternehmen u. a. an den Kosten teilhaben), kann aber das Volk nicht gesund machen.

Beide – sowohl die Hungernden und Unterernährten als auch die Über- und Fehlernährten – könnten gut und gesund leben, wenn die vorhandene Nahrung auf dieser Welt gerechter verteilt wäre. Daß es aber seit Jahrzehnten nicht dazu kommt, hat mit einem System zu tun. Dieses System heißt: Weltmarkt. Der Weltmarkt ist nicht so sichtbar, weil er eng mit Privatinvestitionen, multinationalen Konzernen, internationalen Kreditinstituten, Entwicklungshilfen, dem internationalen Währungssystem, Ver- und Umschuldungsmechanismen, Export-Import-Modalitäten, Protektionismus verzahnt ist und wie eine geölte Maschine fast geräuschlos, von der Öffentlichkeit weitgehend unbemerkt läuft.

Das internationale Räderwerk funktioniert besser denn je: Länder im Dienst der Produktion, die Menschen im Dienst der Dinge, wie Eduardo Galeano schrieb (L 131, S. III). Wobei der Begriff »die Menschen« in diesem Fall sowohl die Konsumenten und Steuerzahler der reichen Länder wie auch die abhängigen, leidenden, hungrigen Bürger der Dritten Welt umfaßt. Auch der krasse, besorgniserregend wachsende Unterschied zwischen Reich und Arm innerhalb der Entwicklungsländer ist zwar nicht nur, aber auch dank des Weltmarktes lebensfähig. Der Hunger ist die Kehrseite des Weltmarktes.

2. Zerfall des Ostblocks – Sieg des Kapitalismus?

>»Ich fürchte, das industrielle Wachstum
>wird einmal zum Fluch für die ganze
>Menschheit werden. Die gegenseitige
>Ausbeutung der Länder kann doch nicht
>ewig so weitergehen!«
>
>Mahatma Gandhi

Möglicherweise ist die Aussage, daß der Weltmarkt mit der zunehmenden Armut zu tun hat, für viele überraschend. Diese Aussage ist zugegebenermaßen auch ein wenig gefährlich, da sie den Eindruck erwecken könnte, als ob es keine Vorgeschichte dazu gebe. Darüber hinaus existiert eine Vielzahl von Theorien, die versuchen, mehr oder weniger plausibel die Unterentwicklung zu erklären. Einige dieser Theorien verklären, wie zum Beispiel die vom Teufelskreis, weil sie sowohl die geschichtliche Entwicklung eines Landes wie die gegenwärtige Einwirkung von außen völlig negieren. Einige andere – wie der Dualismus, die Stagnationstheorie – sind zwar hilfreich, historische Entwicklungen einer bestimmten Region zu begreifen, können aber diese Erklärungen nicht auf andere Länder übertragen. Zudem dienen sie eher einer Vergangenheitsbewältigung als der Aufklärung für die gegenwärtige Misere. In einem anderen Zusammenhang habe ich einige dieser Theorien und deren Verwendbarkeit behandelt (L 76, S. 17ff.; vgl. auch 318; L 15; L 37; L 148; L 292).

In den achtziger Jahren sind viele Bücher erschienen, die die alten Theorien gut verständlich darstellen und kommentieren. Eine Auswahl setze ich hier in Klammern. Die mit einem * versehenen Bücher sind meines Erachtens entweder für einen verständlichen Überblick oder für Kommentare gut geeignet (NL 296; NL 229; NL 228; NL 248*; NL 57; NL 29*; NL 292; NL 28*; NL 174; NL 110; NL 203*; NL 169; NL 93*; NL 185; NL 111). Wenn in diesem Zusammenhang mehr englische als deutschsprachige Bücher erwähnt werden, dann ist es kein Zufall. Dies liegt einerseits am unterschiedlichen Wissenschaftsverständnis. Im englischen Sprachraum wird häufig versucht, komplizierte wissenschaftliche Theorien und Erkenntnisse so darzustellen, daß auch Laien sie verstehen. Im deutschen Sprachraum herrscht eher die Einstellung vor, wenn Theorien so präsentiert werden, daß das »gemeine Volk« sie versteht, dann sind sie nicht wissenschaftlich. Es gibt sogar den Umkehrschluß: Je unverständlicher ein Text, desto wissenschaftlicher ist er.

Andererseits waren die achtziger Jahre nicht nur ein verlorenes Jahrzehnt für die Entwicklung und Entwicklungsländer, sondern auch für Entwicklungstheorien. Besonders mit Vorsicht zu genießen sind die modischen Theoretiker. Ich meine damit solche, die je nach Stimmungslage eine passende Theorie liefern. So machte Senghaas zum Beispiel in den siebziger Jahren Furore mit Büchern wie ›Imperialismus und strukturelle Gewalt‹ (1972), ›Peripherer Kapitalismus‹ (1974), noch 1977 plädierte er für eine Abkoppelung (NL 285), 1982 aber – die konservativen Regierungen hatten sich in Großbritannien und in den USA schon etabliert, in Deutschland übernahmen sie in demselben Jahr die Regierung – machte er eine Kehrtwendung: ›Von Europa lernen‹ (L 264). Nach der alten Adenauerschen Weisheit – »Was kümmert mich mein dummes Geschwätz von gestern« – ist keinem vorzuwerfen, daß er zu einer neuen Einsicht gelangt ist. Als Wissenschaftler ist man aber verpflichtet, dafür geeignete Analysen und Begründungen zu liefern.

Verhängnisvoll ist ebenfalls die Verwechslung von Ursachen und Wirkungen. So schreibt Ulrich Menzel in seinem viel diskutierten Buch ›Das Ende der Dritten Welt und das Scheitern der großen Theorie‹ (NL 228, S. 41): »Jeder Despot oder konservative Politiker konnte Begriffe wie Imperialismus, Abhängigkeit und Weltmarkt im Munde führen, immer neue Forderungen nach Entwicklungshilfe, Krediten und Exportstabilisierung stellen, ohne die Veranlassung zu sehen, gesellschaftliche Veränderungen im eigenen Land in Angriff zu nehmen.« Keine Frage, diese Despoten sind an der Misere nicht wenig schuld. Menzel vergißt nur zu erwähnen, daß manche von ihnen – Castro, Kim il Sung zum Beispiel – vom Ostblock, als es ihn noch gab, und viele – Marcos, Mobutu und Moi zum

Beispiel – vom Westen jahrzehntelang gehätschelt wurden. Menzel empfiehlt als »globale Sozialpolitik« aus »humanitären« Gründen Interventionen von außen, von den Industriestaaten. Bezeichnend ist, daß man diese Despoten als solche erst nach dem Zerfall des Ostblocks richtig erkannt hat. Was der Senegalese Diallo über ausländische Experten in Afrika gesagt hat – »Afrikas Problem ist ..., daß zu viele Leute auf dem Kontinent herumziehen, die Lösungen anbieten für Probleme, die sie überhaupt nicht verstehen« (NL 308, S. 14) –, scheint insbesondere für solche »Theoretiker« zuzutreffen. Solche rassistischen Gedanken passen gut in die Zeit, »in der die Republik nach rechts rückt – aus Angst vor dem Rechtsruck« (NL 14, S. 20). Man hat den Eindruck, daß diese Wissenschaftler ein Entwicklungsland vielleicht als Tourist oder Projektgutachter, aber sicherlich nicht wirklich von innen kennengelernt haben.

Allerdings befinden sich Wissenschaftler wie Senghaas und Menzel in guter Gesellschaft. Alte (Theorie-)Rezepte, die vom Westen oder vom Osten den Entwicklungsländern verordnet wurden, stammen von Personen, die die Entwicklungsländer ebensowenig kannten: Adam Smith (1723–1790), David Ricardo (1772–1823), Thomas Malthus (1766–1834), Karl Marx (1818–1883), Wladimir I. Lenin (1879–1924) oder John Maynard Keynes (1883–1946). Manche von ihnen – Smith, Ricardo – hatten zum Zeitpunkt der Veröffentlichung ihrer Theorien gar keine Ahnung, daß diese einmal auf Länder angewendet würden, für die sie sie nicht gedacht hatten. Andere – Marx, Lenin – haben ihr Wunschdenken auf die Länder nur projiziert. Auch die späteren Theorien, wie etwa die von Rostows Fünf-Phasen-Modell, beschrieben eher die Entwicklungsgeschichte der eigenen Gesellschaft als die der Entwicklungsländer. Rostows ›Studien wirtschaftlichen Wachstums‹ (Göttingen 1960) grassieren immer noch in Schul- und Lehrbüchern und hindern uns daran, den wirklich unterschiedlichen Zustand der Entwicklungsländer wahrzunehmen.

Solange es den Ostblock gab, waren beide Systeme so sehr aufeinander fixiert, daß sie unfähig waren, Probleme anderer auch nur zur Kenntnis zu nehmen. Von beiden Seiten wurde nach dem Motto gehandelt, »wer nicht für mich ist, ist gegen mich«. Jede abweichende Handlung wurde sorgsam registriert. Beide Lager lebten in ständiger Angst, ihre Einflußsphäre zu verlieren. Dies verstanden die vorhin erwähnten Despoten zu ihrem eigenen Nutzen vortrefflich auszuspielen. Die Folge war, daß die Ausbeutung von Menschen in der Dritten Welt viel besser als zur Zeit des Kolonialismus funktionierte.

Nach Auflösung des Ostblocks haben diese Despoten keinen Spielraum mehr. Ärgerlich ist nur, daß man die Despoten jetzt als solche erkennt. Ihnen ist es mit der Anbindung an den Weltmarkt gelungen, ihre Länder zu »monetarisieren«, zu »vergeldlichen«. Früher, auch in der Kolonialzeit, war es in den meisten Dritte-Welt-Ländern möglich, ohne oder mit sehr wenig Geld zu leben, da Waren nicht gegen Geld, sondern zum großen Teil gegen Waren ausgetauscht wurden. Nachdem sich aber die Produktionsmethoden und -kosten geändert haben, ist ein solcher Tausch nicht mehr möglich. Wie diese Geldbindung Hunger verursacht, beschreibt Bharat Dogra in seinem Buch mit dem bezeichnenden Titel ›Empty Stomachs and Packed Godowns‹ (NL 101). Indien produziert rein rechnerisch genug Getreide und Nahrungsmittel für die gesamte Bevölkerung von 847 Millionen Menschen. Trotz voller Silos sind aber 4 von 10 Indern unterernährt, weil sie kein Geld haben, Nahrung zu kaufen. Das Rad der Geschichte ist nicht mehr zurückzudrehen. Darauf gehe ich in dem Kapitel über Indiens neuere Entwicklung näher ein.

Der Unterschied zwischen kapitalistischen und marxistischen Theorien, zwischen den Systemen der Ersten und der Zweiten Welt, war aus der Sicht der Länder der Dritten Welt marginal. Beide Systeme waren auf kontinuierlichem Wachstum aufgebaut. Nur wie dieses Wachstum oder der Wohlstand verteilt werden sollte, darüber gab es Meinungsunterschiede. So schrieb Galtung schon 1983, es sei die grundlegende Kritik an der marxistischen Entwicklungstheorie nicht die, daß sie einen radikalen Bruch mit der gegenwärtigen Weltstruktur bedeutet, sondern daß sie nicht radikal genug sei (L 134, S. 154). Sowohl die neoliberalen als auch die marxistischen Theorien haben mit der geschichtlichen, soziokulturellen Entwicklung und den Zuständen der einzelnen Dritte-Welt-Länder wenig zu tun. So schrieben Blomstrom und Hettne schon 1984 zu Recht, bezogen auf

Entwicklungstheorien, die neoklassische Schule sei nur eine Parenthese (NL 29, S. 12).

Selbst die Dependenztheorie, deren Befürworter aus Lateinamerika und Afrika stammen (vgl. z. B. NL 29; NL 83; für eine gute Zusammenfassung der beiden Theorien siehe NL 248; NL 29; NL 28; NL 169), ist gewissermaßen eine Reaktion auf die Modernisierungstheorie. Die Dependenztheorie – kreiert von Wissenschaftlern, die in den ökonomischen Schulen des Nordens sozialisiert und ausgebildet worden waren – hat sich ebenfalls als ein »Papiertiger« erwiesen. Nachdem der Traum dieser Theoretiker, »die Abkoppelung«, mehr oder weniger unfreiwillig vollzogen ist, scheint es für alle Beteiligten klar geworden zu sein, daß auch dies nicht die Lösung ist.

Mit dem Hinweis auf die vorhin erwähnte Literatur wird hier darauf verzichtet, auf einzelne Theorien näher einzugehen. Anzumerken bleibt nur, daß der Feststellung Menzels – »die großen Theorien haben versagt« – völlig zuzustimmen ist. Die Feststellung ist weder eine Eigenleistung noch neu. Nur die Schlußfolgerung – Intervention von außen aus »humanitären« Gründen – ist ebenso eigensinnig wie überraschend: Da unsere Rezepte euch nicht gerettet haben, müssen wir euch übernehmen. Dies erinnert mich an des Phädrus' Fabel aus dem 1. Jahrhundert n. Chr. vom Wolf und dem Lämmchen. Das Ziel des Wolfes ist, das Lamm zu fressen. Um sich dafür eine Berechtigung zu verschaffen, macht der Wolf dem Lamm allerlei – unzutreffende – Vorwürfe, so daß er das Lämmchen getrost fressen kann.

Der Zerfall des Ostblocks wird vom Westen als ein Sieg des eigenen Systems – das des Kapitalismus, der Marktwirtschaft – verstanden. Das System ist nicht nur nicht auf die ganze Welt übertragbar, sondern auch die Länder, die damit bislang Erfolg hatten, müssen das System grundlegend ändern. Dies ist mittlerweile offenkundig. »Der Kapitalismus hat gesiegt«, so der ›Spiegel‹, »aber der Sieg schmeckt bitter.« (NL 84, S. 103) Lothar Meyer formuliert es drastischer: ›Ein System siegt sich zu Tode. Der Kapitalismus frißt seine Kinder‹ lautet der Titel seines Buches (NL 221). Die Marktwirtschaft als Lösung aller Probleme wurde vom Westen gepriesen. Dies war die Grundidee der Modernisierungstheorie. Dies faßt Wolfgang Sachs in einem ironischen Buchtitel zusammen ›Wie im Westen, so auf Erden‹ (NL 268).

Die vier Grundregeln der Marktwirtschaft beschreiben zwei US-Autoren, James Wessel und Mort Hantman, als vier Zwänge: 1. Gewinnzwang. »Es besteht ein System privater Unternehmen, in denen die Geschäftsinhaber individuelle Entscheidungen darüber treffen, was sie produzieren, und zwar in dem Bestreben, Gewinn zu erwirtschaften.« Dies führt, 2., zum Wachstumszwang, der wiederum, 3., zum Zwang zur Größe führt, der, 4., im Expansionszwang mündet (NL 337, S. 30f.). Allein aus diesem Grund – dem Wachstumszwang – ist klar, daß es »wie im Westen, so auf Erden« nicht werden kann. Mit 2 Beispielen soll diese Aussage verdeutlicht werden:

1. Beispiel: Nehmen wir einmal an, daß es keine ideologischen, finanziellen und technischen Schwierigkeiten gibt und die Regierung Chinas beschließen würde, ihre Bevölkerung mit privaten Pkws so zu »beglücken«, wie es in der Bundesrepublik üblich ist. Zur Zeit entfällt auf zwei Deutsche ein Auto. Übertragen auf China würde dies 500 Millionen Autos mehr bedeuten – doppelt so viele Autos, wie es gegenwärtig auf der ganzen Welt gibt! Entsprechend würde der Benzinverbrauch steigen, der Ausstoß von Schadstoffen, die Umweltschäden durch den Straßenbau, die Waldrodung usw. (NL 103, S. 58, 40). Die Folge wäre, daß eine Umweltkatastrophe, der wir jetzt schleichend, aber unaufhaltsam entgegensteuern, bereits in absehbarer Zeit unausweichlich eintreten würde.

2. Beispiel: Seit der Vereinigung Deutschlands investiert die deutsche Bundesregierung pro Jahr 200 Milliarden Mark in den neuen Ländern. Dies sind umgerechnet 12 500 Mark pro Kopf und Jahr. Dennoch wird es Jahre, wenn nicht Jahrzehnte, dauern, bis die Bevölkerung der Ex-DDR den Lebensstandard der alten Bundesländer erreicht hat. Immerhin war die DDR der bestindustrialisierte Staat innerhalb des Ostblocks. Eine andere Rechnung: Die Bevölkerung der Entwicklungsländer verliert gegenüber den Industriestaaten laut dem UNDP-Bericht von 1992 pro Kopf und Jahr 200 Mark. Diese Zahl setzt sich zusammen aus den höheren Zuwachsraten, Netto-Geldzufluß, ungleichen Wettbewerbsbedingungen und Verlusten durch Restriktionen (NL 312, S. 67).

Die Schlußfolgerung kann nur lauten, entweder – wohlwollend interpretiert – wußte die OECD (Organization for Economic Cooperation and Development; dazu gehören 24 westliche Industriestaaten) gar nicht, was die von ihr gepriesene Modernisierung für die gesamte Dritte Welt kosten würde, oder aber sie wußte es, hat aber dennoch diese Art der Entwicklung diktiert mit der Absicht, aus Eigennutz die Entwicklungsländer auszubeuten.

In den achtziger Jahren gab es zwar keine neue revolutionäre Entwicklungstheorie, aber zwei Kommissionsberichte, die die jetzige Entwicklungsdiskussion beherrschen. Der erste Bericht der Weltkommission über Umwelt und Entwicklung (WCED), genannt Brundtland-Kommission, hat einen Begriff geschaffen, der von allen Seiten angenommen worden ist: »sustainable development«. (Ein schwer übersetzbares Wort, in deutscher Übersetzung findet man diesen Begriff als »tragfähige«, »nachhaltige« oder »dauerhafte« Entwicklung, hier wird die letztgenannte Übersetzung verwendet). Dieser Bericht ist deshalb von Bedeutung, weil die Kommission 1983 von dem damaligen UN-Generalsekretär eingesetzt wurde und dieser Begriff Eingang in den offiziellen Sprachgebrauch gefunden hat. Eine »dauerhafte Entwicklung« definiert die Kommission als eine, die die derzeitigen Bedürfnisse befriedigt, ohne die Möglichkeiten der späteren Generationen zu zerstören. Dies bedeutet einerseits, daß die Befriedigung der Grundbedürfnisse der Armen dieser Welt die erste Priorität haben muß, andererseits der Staat beziehungsweise internationale Institutionen dort Grenzen setzen sollen, wo die Fähigkeit der Natur, die Bedürfnisse der jetzigen und späteren Generationen zu befriedigen, gefährdet ist (NL 328, S. 43).

Daß das Wachstum Grenzen hat, hat das MIT-Team unter der Leitung von Dennis Meadows vor gut 20 Jahren mit der Veröffentlichung der Club-of-Rome-Studie vorgerechnet (NL 224). Das Buch löste eine internationale, kontroverse Diskussion aus. Der Hinweis auf Grenzen wurde häufig als ein Null-Wachstum verstanden. In ihrem zweiten Buch, 1993 erschienen, räumen die Autoren mit den Mißverständnissen auf. Sie zitieren den verstorbenen Gründer des Club of Rome, Aurelio Peccei: »Die Bezeichnung Null-Wachstum ist so primitiv wie die vom unendlichen Wachstum und so nichtssagend, daß es ganz einfach Unsinn ist, in einer lebendigen, dynamischen Gesellschaft so zu reden.«

Der zweite große Erkenntnisgewinn ist der Anspruch der Südkommission, andere Formen der Demokratie als die der westlichen Industriestaaten wählen zu dürfen. Die Autoren des Berichts erkennen zwar einerseits, daß demokratische Institutionen und Partizipation des Volkes bei politischen Entscheidungen für wirkliche Entwicklung »essentials« sind. Andererseits müssen aber Formen und Mechanismen der Demokratie der Geschichte, Größe und kulturellen Heterogenität einer Nation entsprechen. Andere Nationen können nicht zwangsläufig als ein Modell dienen, das direkt transplantiert werden kann (NL 298, S. 11 f.).

Diese Feststellung ist gerade deshalb wichtig, weil nach dem »Sieg« des Kapitalismus häufig so diskutiert wird, als ob Marktwirtschaft und Demokratie deckungsgleich, ja Synonyme seien (siehe die Diskussion über Wirtschaftsreformen in den GUS-Staaten). Nach dem Ende der Ost-West-Konfrontation muß es möglich sein, über andere Formen der Demokratie nachzudenken. In vielen Entwicklungsländern gab und gibt es traditionelle Demokratieformen wie Panchayat in Indien, Ujaama in Ostafrika. Warum können diese nicht weiterentwickelt werden?

Bevor wir zur Entwicklungsgeschichte des Welthandels zurückkehren, soll hier – um Mißverständnisse zu vermeiden – angemerkt werden: daß an der gegenwärtigen globalen Misere, insbesondere an der Verelendung der Dritten Welt, weder die Industriestaaten noch der Welthandel alleine die Schuld tragen. Wenn wir uns hier auf den Welthandel konzentrieren, dann deshalb, weil er nicht nur die Handelsbeziehung zwischen Nord und Süd regelt, sondern gleichzeitig viele andere Problembereiche wie Umwelt, Verschuldung, Staatsfinanzen und auch soziale Beziehungen innerhalb eines Landes beeinflußt.

Eine wirklich neue Entwicklungstheorie und Entwicklungspolitik, die nicht nur auf die Anhäufung von materiellen Gütern zielt und den Entwicklungsländern nicht einfach nur verordnet wird, muß gleichzeitig viele Bereiche – ökonomische, ökologische, soziale, kulturelle – und deren Wechselbeziehung berücksichtigen. Das heißt Abschied nehmen vom linearen Denken, vom Newtonschen Paradigma. Ein Paradigmenwechsel ist notwendig. »Die globale Problematik«, so Mesarovic, »erfordert gleichzeitige Berücksichtigung vieler Wissensbereiche.« (NL 231, S. 32)

3. Bewältigte Vergangenheit?

>»Politische Freiheit ohne ökonomische Freiheit bringt uns nicht weiter. Für ein Individuum, das hungert, oder für ein Land, das arm ist, gibt es in Wirklichkeit gar keine Freiheit.«
>
> Jawaharlal Nehru, 1947

>»Was andere Nationen in drei Jahrhunderten erreicht haben, müssen die jetzt frei gewordenen Territorien innerhalb einer Generation nachholen, nur um zu überleben.«
>
> Kwame Nkrumah, 1957

Selbst wenn soeben vom Versagen der großen Theorien die Rede war, helfen uns manche Theorien, die Entstehung des gegenwärtigen Weltzustandes, besser: die Nord-Süd-Beziehung, zu verstehen. Für den Zusammenhang von Welthandel und Hunger sind nur zwei Erklärungsmodelle wichtig: die Theorie des vergleichbaren Preisvorteils von David Ricardo und die des strukturellen Imperialismus (L 76, S. 26 ff.; vgl. auch das Zentrum-Peripherie-Modell in diesem Buch). Sie sind zum Verständnis der historischen Entwicklung und des gegenwärtigen Weltwirtschaftssystems sehr hilfreich.

Für die Entstehung des strukturellen Imperialismus war die Geschichte des Kolonialismus/Imperialismus maßgebend. Bevor wir diese ausführen, betrachten wir kurz die Theorie von Ricardo etwas genauer. Dies ist deshalb wichtig, weil die früheren Kolonialherren mit diesem Argument die gerade unabhängig gewordenen Staaten dazu überredet hatten, sich an den Weltmarkt zu binden. Die Führer der Entwicklungsländer – selbst wenn sie keine Despoten waren – ließen sich darauf ein, weil sie zum einen Angst hatten, den Anschluß zu verlieren, und zum anderen, weil sie darin die Chance sahen, ihre Nationen von der Armut zu befreien.

Die Theorie Ricardos vom Preisvorteil stammt aus dem Jahr 1817. Ricardo war der Meinung, »unter einem System vollständig freien Handels widmet natürlicherweise jedes Land sein Kapital und seine Arbeit solchen Verwendungen, die für es am vorteilhaftesten sind« (NL 226, S. 111). Nach ihm wächst der Wohlstand einer Nation, wenn sie sich im Rahmen einer internationalen Arbeitsteilung auf die Produktion jener Güter spezialisiert, die sie am kostengünstigsten erzeugen kann (NL 226, S. 107ff.). Verständlicherweise hatte Ricardo nicht die Entwicklungsländer vor Augen, sondern Länder wie Portugal, Frankreich, England und andere europäische Länder.

Ob Ricardos Theorie auch damals auf die »unterentwickelten« Länder übertragbar war, wissen wir nicht. Es ist auch nicht nachweisbar, daß diese Theorie gescheitert ist, weil die Grundbedingung, die Ricardo meint, »ein System von vollständig freiem Handel«, im Nord-Süd-Handel gar nicht existiert, wo die Preise und Waren, die die Länder des Südens verkaufen dürfen, von den Industriestaaten diktiert werden.

Und außerdem: Für die in der Subsistenzwirtschaft arbeitende Bevölkerung ist es schwer einsehbar, warum sie plötzlich für den Markt produzieren soll. Wenn sie sich dennoch darauf einläßt, erfährt sie genau das Gegenteil, es geht ihr schlechter als vorher. Dies weist zum Beispiel Ben Wisner auf der Grundlage einer langjährigen Untersuchung in Afrika nach. Wisner vergleicht den Ernährungszustand zwischen den für den Eigenbedarf und den für den Markt produzierenden Bauern. Er fand mehr unterernährte Kinder unter den Bauern, die für den Markt produzieren (NL 343, S. 148ff.).

Über die Anwendbarkeit der (marxistischen) Kolonialismus- und Imperialismustheorie habe ich mißverständlich geschrieben, diese habe nur beschränkte Gültigkeit, da sie nicht auf früher nichtkoloniale Länder wie Afghanistan, Nepal, China anwendbar sei (L 76, S. 27). Diese Aussage stimmt einerseits, bezogen auf die koloniale Geschichte, andererseits stimmt sie auch wieder nicht, wenn man den Weltwirtschaftszustand von heute genauer betrachtet. Das heutige Weltwirtschaftssystem ist ohne die Entwicklung von Kolonialismus und Imperialismus nicht denkbar. Diesem System können sich auch die Länder nicht entziehen, die früher keine Kolonien waren und auch heute nichts auf dem Weltmarkt zu verkaufen haben. Beispielsweise Nepal – auch dieses arme Land ist in das Weltwährungssystem eingebunden – und sei es nur durch Tourismus oder Entwicklungshilfe. Das Weltwährungssystem und die Entwicklungshilfe sind nur zwei Säulen des Weltwirtschaftssystems: Ohne eine Besitzergreifung fremder Länder (Kolonien) kein Imperium (keine Macht über diese fremden Länder), ohne Imperium keine Ausbeutung des Bodens, der Bodenschätze und der Menschen, ohne Imperialismus keine industrielle Revolution, keine fortschreitende Industrialisierung, ohne dies kein Weltwirtschaftssystem von heute, ohne all dies keine falsche Vorstellung von »Entwicklung«.

Um dies zu verstehen, ist es notwendig, ein wenig in die Geschichte zurückzugehen. Dabei will ich solche geläufigen Begriffe wie »Entdeckung«, »Eroberung« u. ä. vermeiden. Solche Begriffe wirken wie die Fleischstücke des fiktiven Diebes, von denen Eliot spricht, fortwährend, aber unbemerkt auf uns ein. Eine große Zahl dieser Länder, die entdeckt, erobert, kolonisiert wurden, die mit »Hilfe« der »hochzivilisierten« Industriestaaten »entwickelt« werden sollen, besaß nicht nur hohe Kultur (davon zeugen Bauwerke, Totenkult, Tempel, Literatur, darunter Epen wie Gilgamesch, Ramayana und Mahabharata), sondern das Ernährungssystem war offenbar ebenso entwickelt.

Pat Roy Mooney (L 215, S. 13 ff.) listet 73 der wichtigsten Nutzpflanzen der Erde auf und gibt deren Herkunft an. 12 dieser 73 Pflanzen waren ursprünglich im Mittelmeerraum (nicht nur in Europa) vorhanden, 5 dieser Nutzpflanzen wuchsen auch anderswo. In Europa gab es, laut Mooney, nur die Zuckerrübe; Zuckerrohr stammt hingegen aus Indien, China, Südostasien. Von 12 Getreidesorten gab es im Mittelmeerraum ursprünglich nur Hafer (den gab es aber auch in Kleinasien). Die Vereinigten Staaten sind heute das größte Nahrung produzierende Land der Welt. Von den 15 Pflanzenarten, die in den USA heute wichtig sind, stammt das genetische Material nur einer Pflanze, nämlich des Mais, aus dem eigenen Land. Auch heute stammen 25 der 28 wichtigsten Pflanzen für die Pharmagewinnung aus den Entwicklungsländern (L 215, S. 19, 28).

Seit Wawilows, Schukowskys und Jack Harlans Forschungen

wissen wir viel über die Ursprungszentren der Kulturpflanzen dieser Welt. Diese Zentren sind fast ausschließlich in der Dritten Welt zu finden (NL 237, S. 44 ff.). Obwohl die Industriestaaten durch die Verbindung von Kolonialmächten und Kolonien in den Genuß mancher für sie neuer Pflanzen kamen, die vom heutigen Speisezettel oder von der Genußkarte nicht wegzudenken sind, sind sie gerade dabei, die Vielfalt dieser Pflanzen aus Gewinnsucht zu tilgen. Erst das Kennenlernen mancher Pflanzen – nicht Entdeckung, da sie in den Ursprungsländern schon gebraucht wurden – ermöglichte, Hungerleiden und Krankheiten zu beseitigen. Henry Hobhouse stellt am Beispiel von 5 Pflanzen diese Entwicklungsgeschichte in einem verständlichen und mit Vergnügen zu lesenden Buch dar (NL 170). Aber nicht nur Chinarinde, Zucker, Tee, Baumwolle und Kartoffel stammen aus den Entwicklungsländern, sondern zum Beispiel auch Kaffee (Ursprungsland Äthiopien) und Weizen (Ursprungsland Ägypten).

»Niemand weiß, wie viele Pflanzen- und Tierarten in der Welt existieren. Irgendwo zwischen 5 und 10 Millionen vermutet man. Wahrscheinlich zwei Drittel aller auf der Erde vorkommenden Arten leben nur in den Tropen – die meisten in den Tropenwäldern.« (NL 237, S. 103) »Die Tropen umfassen 12 Prozent der Landfläche der Welt, ihre Wälder bedecken 4 Prozent.« (NL 237, S. 115) Um den Unterschied deutlich zu machen, zitieren Cooley und Fowler den Naturforscher Norman Myer. Ihm zufolge vermutet man in dem winzigen Staat Brunei im Nordosten von Borneo 2000 Baumarten, während das siebenmal so große Holland nur 30 aufweist (NL 237, S. 104). Schätzungsweise werden jährlich etwa 20 Millionen Hektar tropische Wälder gerodet, wegen der Plantagenwirtschaft, des Holzexports, für Energiebedarf – Holz, Holzkohle –, für gigantische Staudämme oder Straßen- oder Bergbau, für Viehzucht – kurz, zum ökonomischen »Nutzen«. Wenn überhaupt, wird bezeichnenderweise nur ein Teil – insgesamt 0,25 Prozent – des Waldes in Amazonas wirklich geschützt, der wirtschaftlich keine Bedeutung hat (NL 237, S. 123).

Für viel gefährlicher als die nukleare Bedrohung oder die Erwärmung der Erde halten Mooney und Fowler die Vernichtung der genetischen Vielfalt – durch die moderne industrielle

Landwirtschaft. »Der Verlust an genetischer Vielfalt in der Landwirtschaft – lautlos, rapide und unaufhaltsam – führt uns an den Rand der Auslöschung, an die Schwelle von Hungersnöten in Dimensionen, vor denen unsere Phantasie versagt.« – »Die Umwelt so zu vereinfachen, wie wir das mit der Landwirtschaft getan haben, bedeutet, die komplexen Wechselbeziehungen zu zerstören, die die Natur zusammenhalten.« (NL 237, S. 10)

Der erste Eingriff in die Natur bestand in der Kultivierung der Landwirtschaft. Damals wurden Pflanzen nur ausgewählt, selektiert. Die moderne Landwirtschaft mit ihrer Pflanzenzucht und Chemieindustrie leitete die Gleichförmigkeit ein. Von etwa 5000 verschiedenen Sorten von Kartoffeln werden heute nur mehr wenige angebaut. Das Argument lautet, wenige ertragreiche Sorten, die durch Chemie, Pestizide, Herbizide, Fungizide, Insektizide geschützt werden, können das Hungerproblem lösen; mit der Folge, daß die Vielfalt verloren geht. Mooney und Fowler listen Gemüsesorten von Artischocken bis Zwiebeln auf und zeigen anhand der größten US-Samenbank, daß von der Vielfalt der Sorten, die zwischen 1963 und 1983 noch existierte, ein Großteil (zwischen 80,6 und 100 Prozent) nicht mehr vorhanden ist (NL 237, S. 82). »Die Anzahl der Pflanzenarten, die auf den Feldern der heutigen Landwirte in allen Teilen der Welt angebaut werden, repräsentiert nur einen Tropfen im Meer der pflanzengenetischen Vielfalt.« (NL 237, S. 95)

Die Gleichförmigkeit macht die Pflanzen anfällig für die gegen Chemikalien resistent gewordenen Schädlinge. »Viele Sorten – laut Erna Bennett nicht weniger als drei Viertel der gegenwärtig in Europa kultivierten – werden innerhalb von 10 Jahren aussterben.« (NL 237, S. 98) Da die übrige Welt mittlerweile unter anderem wegen des Welthandels nach dem Muster der Industriestaaten Landwirtschaft betreibt – angeblich, um den Hunger im Land zu bekämpfen –, ist die Gefahr weltweit gestiegen. Auf diesen Zusammenhang werden wir noch einmal eingehen. Aus diesem Grund bezeichnet die indische ökologische Feministin Vandana Shiva den Kapitalismus und die ihm dienende »moderne Wissenschaft« als chauvinistisch, patriarchisch, reduktionistisch und destruktiv. Die Natur wird zum puren Ressourcenlieferanten reduziert. Das komplexe Ökosystem wird zu einem einzigen Zweck mißbraucht, nämlich zur Warenproduktion, um Geld zu verdienen (vgl. NL 287, S. 17, 24, 25, 9).

Auch in der vorkolonialen Zeit haben die Länder von Zeit zu Zeit Nahrungsmittelknappheit erfahren, aber diese war eher durch Naturkatastrophen, durch Dürre oder Überschwemmung, bedingt. Davon abgesehen, herrschte ein ungefähres Gleichgewicht zwischen Natur und Mensch, auch zwischen Nahrungsmittelerzeugung und -verbrauch. Der Kolonialismus und in dessen Folge der Imperialismus veränderten die Gesellschaftsstrukturen grundlegend. Doch hier soll die Geschichte von Kolonialismus und Imperialismus nicht behandelt werden; im Zusammenhang des Themas ist nur interessant, wie die heutige Struktur der Weltwirtschaft entstand, wer in wessen Interesse sie aufbaute, wer sie heute mit aller Macht aufrechtzuerhalten bestrebt ist und ob und wie der weltweite Hunger damit verbunden ist.

Bekanntlich hatten die ersten Kolonialherren, die Spanier und die Portugiesen, zunächst auf der Suche nach Edelmetallen wie Gold und Silber, eine Art Durchsuchung der Welt unternommen. Zu diesem Zweck hatten sie die Welt unter sich aufgeteilt. Es gibt genug Zeugnisse davon, daß die spanischen und portugiesischen Eindringlinge die Gastfreundschaft der Landesbevölkerung mißbrauchten, deren Tempel ausplünderten, mit List und Tücke sie überraschten und rücksichtslos massakrierten (L 69; L 78; L 204; L 131; L 252; L 307).

Erst als Gold und Silber schon ausgeplündert waren, beziehungsweise die Eindringlinge die Metalle nicht in den erhofften Mengen erbeuten konnten, gingen sie daran, sich auf andere Weise zu bereichern: Sie zwangen Teile der Landesbevölkerung zur Zwangsarbeit – beispielsweise andere Bodenschätze auszubeuten, oder in den Plantagen der Erzeugnisse, die es in den Heimatländern nicht gab, zu arbeiten. Die Plantagen entstanden durch Landraub, die wertvollsten Böden wurden einfach enteignet. So entstand ein reger Handel zwischen Kolonial- und Mutterländern, der keiner war, da allein von den Kolonialherren bestimmt wurde, welche Erzeugnisse von wem produziert, zu welchem Preis, in welcher Menge verkauft werden sollten.

Damit kein Mißverständnis entsteht: Es gab auch schon früher Handel zwischen diesen Ländern – der Welthandel existiert in diesem Sinn schon seit 7000 Jahren, nur die Bedingungen waren anders (vgl. L 32; L 194; L 70). Die Geschäftspartner konnten unter sich frei aushandeln, welches überschüssige Produkt in welcher Menge, gegen welche Ware ausgetauscht werden sollte. Daß dabei der eine oder andere Vorteile für sich verbuchen konnte beziehungsweise andere übervorteilte, war nicht ausgeschlossen. Es mag auch sein, daß diese Übervorteilung des anderen nicht nur gelegentlich, sondern häufig vorkam. Dennoch war dieser Handel in dem Sinne frei, daß die handelnden Partner frei entscheiden konnten, welches Produkt sie – nach Bedarfsdeckung im eigenen Land – in welcher Menge, gegen welche Ware tauschen wollten und die Produzenten selber Nutznießer dieses Tausches waren, selbst wenn die Zwischenhändler ein Vermögen daran verdienten.

Die arabischen Geschäftsleute zum Beispiel hatten ein Monopol im Handel zwischen Orient und Europa. Es ist deshalb auch verständlich, daß die Europäer dieses Monopol zu brechen versuchten, um den Handel mit dem Orient direkt zu betreiben. Die britischen und niederländischen Ostindischen Kompanien waren deshalb auf dem Seeweg mit Handelsabsichten nach Indien und Indonesien gefahren – im Gegensatz zu den arabischen Handelsleuten, die den Landweg benutzten.

Daß die britischen und niederländischen Händler, statt Geschäfte mit den genannten Ländern zu machen, sie kolonisierten, liegt unter anderem an der Gewinnsucht dieser Handelsreisenden. Die Gewinne aus den Kolonien waren unvergleichlich größer als die normalen Handelsgewinne, selbst wenn man den Handelspartner mächtig übervorteilte.

In 2 wesentlichen Punkten unterschied sich der Kolonialhandel von dem früheren Handel zwischen zwei Ländern: 1. Die Entscheidung, welches Produkt zu welchem Preis verkauft oder gegen welche Ware getauscht wurde, konnte nicht mehr von dem erzeugenden Land getroffen werden, sondern nur von den Kolonialherren. 2. Nutznießer dieses Tausches waren nicht mehr die Produzenten, sondern ausschließlich die Kolonialherren.

Mit anderen Worten: Die Freiheit des Handels wurde aufgehoben, und dies hatte weitreichende Folgen:

Die Produktion von Waren, Agrarerzeugnissen oder auch die Ausbeutung der Bodenschätze waren fortan nur vom Interesse der Kolonialherren bestimmt, das heißt, hergestellt und ausgebeutet wurden nur Waren, Güter, Bodenschätze, die entweder im Mutterland benötigt wurden oder anderswo gewinnbringend zu verkaufen waren.

Die Bedarfsdeckung im eigenen Land spielte keine Rolle mehr, folglich nahmen die Mangelerscheinungen zu – zum Beispiel auch der Hunger.

Die Produzenten hatten keinen Anteil am Gewinn.

Das Eigentumsverhältnis an Grund und Boden änderte sich grundlegend. Viele Kolonialländer kannten vorher kein Privateigentum von Grund und Boden – dies wurde fast überall eingeführt. Da für Plantagenwirtschaft größere Ländereien benötigt wurden, wurde die Schaffung von Großgrundbesitztümern ermöglicht.

Ein Teil der Landesbevölkerung wurde dorthin geschickt, wo die Kolonialherren dies für ihren Gewinn angebracht hielten. Das Geschäft mit der Sklaverei – auch damit wurden hohe Profite erzielt – begann. Innerhalb des Landes wurde Zwangsarbeit eingeführt.

Funktionierende Wirtschaftszweige wurden zerschlagen, andere, die nicht unbedingt für das Land notwendig waren, eingeführt.

Der Prozeß, den die spanischen und portugiesischen Kolonialherren zaghaft begonnen hatten, wurde von den anderen europäischen Kolonialmächten – französischen, belgischen, niederländischen, britischen und deutschen – übernommen, verfeinert, systematisiert und sogar zum Prinzip erhoben. Das Sklavengeschäft – ein Dreiecksgeschäft – war die perfektionierte Form der rücksichtslosen Ausbeutung: Europa schickte Stoffe und Gewehre nach Afrika. Diese wurden gegen Sklaven getauscht, die nach Amerika verschifft und dort an die Plantagenbesitzer verkauft wurden. Vom Erlös kauften die Händler Baumwolle, Zucker und Tabak und verkauften diese wieder in Europa. Und vom Erlös kauften sie Stoffe und Gewehre und transportierten sie nach Afrika ...

Das System war deshalb perfekt, weil die Kolonialherren an allen drei Ecken unglaublich viel verdienten. Das Geschäft war sozusagen konkurrenzlos. Jede Kolonialmacht hatte für sich bestimmte Gebiete an jeder der Ecken abgesichert und nötigenfalls bestimmte Geschäftszweige den anderen überlassen. So haben zum Beispiel die spanischen »Eroberer« Altamerikas – nachdem die Ureinwohner durch Mord und eingeschleppte Krankheiten fast ausgerottet waren – den portugiesischen Seeleuten den Sklavenhandel überlassen. Neben dem direkten Mord waren Versklavung und die damit verbundenen harten Arbeitsbedingungen gleichbedeutend mit Todesurteilen; die Vertreibung der Indianer in die unzugänglichen Gebiete ließ viele durch Hunger, Seuchen, Krankheiten sterben. In der vorkolumbianischen Zeit lebten schätzungsweise zwischen 11 und 4,5 Millionen Menschen in Mexiko, 1650 gab es nur noch 1,5 Millionen (L 236, S. 130 f.).

Die Geschichte des Kolonialismus ist voll von Betrug, Hinterlist, Völkermord, Menschenhandel, Landraub – begangen von den Eroberern. »Plünderungen en gros« nennt Paczensky dieses Kapitel des Kolonialismus (L 236, S. 119). In welchem Umfang die Welt tatsächlich von den Weißen ausgeplündert, wie häufig und in welchem Maß Völkermord begangen wurde, all das kann man in Büchern nachlesen (L 69; L 78; L 204; L 131; L 252; L 307; L 32; L 194; L 70; L 236).

Doch man spricht noch nicht lange davon, vielleicht deshalb, weil, wie Paczensky ironisch meint, die »Errungenschaften« so groß gewesen seien. Zu diesen Errungenschaften gehören neben der heutigen Kultur und Zivilisation auch der Aufbau des Weltwirtschaftssystems.

Da es hier nicht um Schuldzuweisungen geht, kann unberücksichtigt bleiben, ob die Kolonialherren sich nicht doch wie kultivierte, zivilisierte Völker benommen hatten und infolgedessen berechtigt waren, andere, vermeintlich nicht zivilisierte Völker zu »erziehen«, oder ob Begriffe wie »Entdeckung«, »Eroberung« und die Gleichsetzung von Ureinwohnern mit »Wilden«, »Unzivilisierten« dazu dienen sollten und sollen, wie Eliots Fleischstücke für den Haushund auf den Staatsbürger und Verbraucher einzuwirken.

Zurück zum Dreiecksgeschäft, das den Grundstein für das heutige Weltwirtschaftssystem gelegt hat. Die Sklaverei gab es schon seit jeher, schon in der Antike, auch die Feudalherren lebten bekanntlich auf Kosten der Leibeigenen gut. Auch den Welthandel gab es, wie erwähnt, seit Jahrtausenden, und manche Kaufleute wurden durch den Handel sprichwörtlich reich, weil sie den Handelspartner übervorteilten. Es hatte aber nie zuvor eine so systematisierte Gewinnmaschine gegeben.

Der Handel mit Menschen und anderen Waren

> »Wenn man einer Pflanze die Wurzel wegschneidet, stirbt sie!«
>
> Afrikanisches Sprichwort

Der Dreieckshandel war kein Handel, sondern ein Diktat der eindringenden Mächte. Die Besiegten hatten nichts zu sagen. Die Siegermächte handelten so, wie sie die Besiegten gerne darstellten – skrupellos. Sie verkauften, ohne Rücksicht auf die Landeseinwohner, alles was sich verkaufen ließ und den größten Gewinn brachte. Die Ware Mensch war damals so gewinnträchtig wie heute etwa der Rohstoff Öl, meint Holtz (L 167, S. 67). Der Vergleich ist nicht ganz richtig, wenn damit die Öl-Lieferländer gemeint sind. Sie können – im Gegensatz zu den anderen Rohstoffländern – den Lieferpreis bestimmen, über alles andere – Transport, Raffinerie, chemische Verarbeitung, Verkaufspreis – verfügen freilich die sogenannten multinationalen Konzerne (Multis). Der Einkaufspreis der Sklaven war indirekt von den Sklaven oder den Arbeitern der Fabriken selbst erarbeitet worden (vgl. das Dreiecksgeschäft am Beispiel des Herrn Schimmelmann).

Der Einkaufspreis stieg zwar von Jahr zu Jahr, da aber der Verkaufspreis sich vervielfachte, stieg der Gewinn entsprechend an. Beispielsweise konnten im Jahr 1800 die Transporteure mit einem Schiff voll Sklaven eine Dreiviertel Million Mark verdienen (850 Sklaven, eingekauft à 4, verkauft à 50 britische Pfund, Reisekosten insgesamt 2500 Pfund). Dies war nicht der Endpreis, die Sklaven wurden noch einmal mit Gewinn weiterverkauft.

Am Sklavenhandel verdienten am meisten die britischen Händler. Über 60 Prozent des britischen und 40 Prozent des Weltsklavenhandels liefen über den Hafen von Liverpool. Beispielsweise passierten in 10 Jahren (1795–1804) 1099 Schiffe mit insgesamt 323 700 Sklaven den Hafen (L 236, S. 172f.). Die Blüte der Stadt Liverpool, die sich über Nacht in Glanz und Gloria entfaltete, ist dem internationalen Sklavenmarkt zu verdanken. Mit dem Verbot des Sklavenhandels in England (1833) begann auch der Verfall der Stadt Liverpool. Heute ist die Stadt eine Ruine (L 258, S. 207ff.).

Das Verbot des Sklavenhandels setzte sich in den einzelnen europäischen Ländern zu unterschiedlichen Zeiten durch. Doch der Sklavenhandel hörte damit noch lange nicht auf. Auch nach dem Verbot wurden Sklaven aus Afrika nach Amerika geliefert. Als dann doch allmählich die Quelle Afrika mehr oder weniger versiegte, wurde in den USA eine regelrechte Sklavenzucht, ähnlich wie Rinderzucht, betrieben. Beim Ausbruch des Bürgerkrieges (1861–1865) gab es in den USA 4 Millionen Sklaven, die einen volkswirtschaftlichen Wert von 13 Milliarden Mark darstellten. Schätzungsweise verlor Afrika durch den Sklavenhandel zwischen 40 Millionen (Basil Davidson) und 200 Millionen (Rolf Italiaander) Menschen (L 160, S. 214ff.). Abgesehen davon, daß dieser Menschenraub weder von Kultur und Zivilisation zeugte noch die Behandlung der Sklaven mit viel Menschlichkeit und Christentum zu tun hatte, wurde dem Kontinent ein Großteil der arbeitsfähigsten Menschen und damit die Existenzgrundlage entzogen.

Der britische Industriesoziologe Eric Hobsbawm weist zu Recht darauf hin, daß der Übergang vom Feudalismus zur industriellen Revolution nicht so geradlinig war, wie man gemeinhin annimmt (L 160, S. 214ff.). Andererseits bestätigt er indirekt die Aussage Aimé Césaires: »Keine Sklaven: kein Zukker; kein Zucker: keine Kolonien« (L 236, S. 171). Diese These Césaires ließe sich verallgemeinern und erweitern: Ohne Sklaven keine Plantagen, ohne Plantagen keine Kolonie, ohne Kolonie keine industrielle Revolution, ohne industrielle Revolution kein Imperium.

Hobsbawm begründet es ein wenig anders und kommt dabei zu folgender Schlußfolgerung: Außerhalb Europas sieht er Anzeichen von Kapitalismus in der textilgewerblichen Warenproduktion Indiens Anfang des 17. Jahrhunderts. Die entgegengesetzte Tendenz kam von Westen durch die Kolonialisierung. Weite Teile Amerikas wurden in Sklavenwirtschaften umgewandelt, und »große Bereiche Afrikas durch den Sklavenhandel ökonomisch zurückgeworfen« (L 160, S. 220). Die Europäer haben jegliche Entwicklung kommerzieller Landwirtschaft und gewerblicher Produktion durch bewußte De-Industrialisierung der Kolonien und Halbkolonien unterbunden. Sie fürchteten Konkurrenz mit der Produktion im Mutterland und verhinderten (wie in Indien), daß der Markt sich selbst versorgt. Dieser sollte sich auf Importe aus England stützen. »Der Aufstieg des europäischen Kapitalismus führte daher ... zur ungleichen Entwicklung und zu einer immer schärfer werdenden Zweiteilung der Welt, nämlich in ›entwickelte‹ und ›unterentwickelte‹ Länder ..., in ausbeutende und ausgebeutete. Der Triumph des Kapitalismus gegen Ende des 18. Jahrhunderts besiegelte diese Entwicklung.« (L 160, S. 221)

Der Zucker, die Kolonien und das Imperium

Das wilde Zuckerrohr stammt vermutlich aus Melanesien. Möglicherweise wurden die ersten Züchtungen auf Neuguinea vorgenommen. Über die indonesische Landbrücke gelangte das Rohr nach Bengalen (Indien) – schon vor 8000 Jahren. Das wilde Rohr erfuhr mehrfach Kreuzungen. In Indien soll schon Jahrhunderte vor Christus eine regelrechte Zuckerkultur entwickelt worden sein. Ein General Alexanders des Großen erstaunte Ende des 4. Jahrhunderts v. Chr., als in Indien »ein Schilf ohne Hilfe der Bienen Honig« hervorbrachte (L 172, S. 23). Durch ständiges Kreuzen wurde dort Zuckerrohr mit süßerem Saft und weniger Faser entwickelt (das karibische Zuckerrohr ist ein Abkömmling davon). Die Inder entwickelten Verfahren, um verschiedene Produkte wie Zuckerpulver oder Zuckerfladen zu gewinnen. Die Perser brachten die Zuckerrohrkultur aus Indien und entwickelten verfeinerte Methoden, um den Zucker zu kristallisieren. Von Persien aus breitete sich die Zuckerrohrkultur aus und erlebte im 7. Jahrhundert eine Blüte in Syrien, im Jordantal, in Damaskus und vor allem in Ägypten.

Bis dahin war der Rohrzucker für Europa ein exotisches Produkt – aus naheliegenden Gründen, da der Rohrzuckeranbau bestimmte Naturbedingungen benötigt, nämlich tropisches, feuchtwarmes Klima. Die Deutschen lernten das Zuckerrohr erst durch die Kreuzzüge kennen. Vermutlich wurde im 13. Jahrhundert Zuckerrohr in Sizilien angebaut. Die Portugiesen führten es aus Sizilien in Madeira ein und begannen 1400 eine Zuckerindustrie aufzubauen. Die ersten Zuckerrohrwurzeln brachte Kolumbus bei seiner zweiten Reise 1494 nach Amerika mit und pflanzte sie auf den Boden der heutigen Dominikanischen Republik. Das Zuckerrohr nennt Eduardo Galeano den »König« (L 131, S. 72), da es seit seiner Einführung durch Kolumbus in Amerika etwa 300 Jahre lang das wichtigste Kolonialprodukt war.

In Europa war der Zucker wegen seiner Rarität begehrt und schied Arm von Reich. In den Apotheken wurde Zucker grammweise verkauft, im Brautschatz der Königinnen wurde er als Teil der Mitgift aufgeführt, und im Handel galt er als Tauschmittel: 1460 wurde gegen etwa 3 Kilo Zucker eine ganze Ritterrüstung eingetauscht (L 172, S. 25).

Da die europäischen Kolonialherren und Handelskonzerne darauf bedacht waren, möglichst hohe Gewinne zu erzielen, war der Zucker für sie das begehrteste Produkt. Unabhängig davon, ob man den Zucker nur für den Export anbaut oder nicht, hat er, ähnlich wie Tabakanbau, einen großen Nachteil: Er braucht das beste Land und verbraucht es gleichzeitig relativ schnell.

So lange aber nur angebaut wird, um Gewinne zu machen, bringt das einige Schwierigkeiten mit sich: Da Zuckeranbau kapital- und arbeitsintensiv ist, braucht man möglichst große Anbauflächen (Plantagen) und viele Arbeitskräfte, die wenig bis nichts kosten (Sklaven). Da der beste Boden nach einiger Zeit ausgelaugt ist, Erträge und Grundwasser sinken, müssen die

Plantagen ausgeweitet werden, folglich bleibt immer weniger und schlechteres Land für die Nahrungsmittelproduktion übrig.

Außerdem kam noch hinzu: Kriegs- und Verteidigungsausrüstung, um Übergriffe fremder Mächte auf die Plantagen und den Transport zu verhindern. Und: Der armen, arbeitenden Bevölkerung stand eine kleine, privilegierte Schicht von Aufsehern und Verwaltern gegenüber.

Es gab auch einige Vorteile, die nicht beabsichtigt waren und deren Nutzen und Folgen nicht eindeutig positiv zu bewerten sind: Der Aufbau der Zuckerindustrie erforderte Planung und Koordination, manufakturelle Fertigkeiten, vorindustrielle Produktionsweise, Ausbau einer Infrastruktur, beispielsweise Fahrwege von der Plantage zum nächstgelegenen Hafen, und ähnliche »Verbesserungen«.

1747 entdeckte der Chemiker Marggraf, daß Runkelrüben Zucker enthalten und präsentierte 1761 Friedrich dem Großen Zucker in Form kleiner Hüte. Friedrich der Große sprach von einem wichtigen Beitrag für die Menschheit. Mit Hilfe des Königs Friedrich Wilhelm III. baute Marggrafs Schüler Achard 1802 eine rübenverarbeitende Zuckerfabrik auf (die englischen Interessenten boten Achard 200000 Taler an, um dies zu verhindern). 1806 ließ Napoleon per Dekret das Festland von England isolieren (damit sperrte er den Kolonialzuckerimport) und begünstigte den Anbau von Rübenzucker und den Aufbau einer Zuckerindustrie auf dem Kontinent.

1813/14 wurde die Kontinentalsperre aufgehoben. Der Zuckerpreis fiel so rapide, daß viele rübenverarbeitende Fabriken lahmgelegt wurden. Nur Frankreich erhob Schutzzölle, um die landeseigenen Fabriken zu retten. Damit begann ein Zuckerkrieg, der heute noch andauert. 1835 führte Deutschland ebenfalls Zollschutz für heimischen Zucker ein.

Da zu der Zeit alle Kolonial- und Handelsmächte ihre eigenen Bezugs- und Exportquellen von Rohrzucker aufgebaut hatten oder gerade aufbauten (Holland in Indonesien, England in Indien, die USA auf den Philippinen, Java, Hawaii und Kuba und alle zusammen in einzelnen Ländern von Mittel- und Südamerika, auf den Karibischen Inseln), begann der Krieg zwischen Rohr und Rübe. Es fanden wiederholt Konferenzen statt

(1864 in Paris, 1881/82 in Berlin, 1888 in London). Es wurden Abkommen getroffen und unterlaufen. Die Pariser Konvention von 1864 (Ziel: die Eindämmung der Prämien für Exportzucker) ist übrigens ein Vorläufer der späteren EG-Zucker-Verordnung. »Seit Rohr und Rübe im Wettstreit liegen«, schreibt Imfeld zutreffend, »hat es noch nie einen freien Markt gegeben.« Protektionisten und Monopolisten lagen ständig im Streit mit Fiskalisten und Liberalen. Immer wieder mußte die Rübe »wettbewerbsfähig« gemacht werden, und so kam es zur permanenten Verfälschung des Wettbewerbs zwischen Rohr und Rübe durch staatlich regulierte Preise, Steuern, Zölle, Anbaukosten, Ausfuhrsubventionen etc. (L 172, S. 28).

Obgleich die Rolle des Zuckers in der Weltgeschichte einmalig ist, verliert er zunehmend seinen Glanz. Einst war der Zucker das Luxusgut, das Statussymbol der Reichen, dann wurde er selbstverständlich im Speiseplan des industriellen Proletariats, schließlich geriet er in unserer Zeit als gesundheitsschädigend in Verruf (vgl. NL 235, S. 102, 180, 240). Dies ist paradox, weil Zucker einst als ein konkurrenzloses Allheilmittel galt. Der Zucker wird vermutlich seinen schlechten Ruf überleben, denn sein Verbrauch steigt kontinuierlich; er hat eine veränderte Verwendung gefunden: die indirekte. Zwischen 50 und 60 Prozent aller industriell vorgefertigten Nahrungsmittel enthalten, laut Mintz, heute Zucker (NL 235, S. 233). »Der Zucker mußte im Laufe seiner Geschichte vielerlei Verbindungen eingehen: mit der Sklaverei in den Kolonien, mit Fleisch, dessen Geschmack er heben oder verdecken sollte; mit Früchten in der Funktion eines Konservierungsmittels... Auch mit Tee, Kaffee und Kakao war der Zucker assoziiert.« (NL 235, S. 34) Anhand des Zuckers kann man Kultur- und Kolonialgeschichte, die Geschichte der Teilung der Welt sehr gut lernen. Diese Geschichte ist faszinierend (für weiterführende Lektüre: NL 170, S. 68–126; NL 235; NL 50; L 172).

Der Zucker – genauer gesagt die Substanz des Zuckers: die Sucrose, Fructose oder der neu entwickelte Ersatz HFCS (High Fructose Corn Sirup) – wird überleben. Ob Gleiches aber den früheren Kolonien gelingt, ist fraglich. Besonders betroffen sind davon die Zuckerinseln in Westindien und der Karibik – am meisten bedrängt ist Kuba. Dies liegt einerseits daran, daß die notwendigen Änderungen schwerfallen. Wegen des zerstörten Bodens kann man sich nicht so leicht vom Rohrzucker auf andere landwirtschaftliche Produkte umstellen. Gefahr droht zunehmend von dem bio-/gentechnischen Ersatz wie dem HFCS, der mittlerweile schon etwa 60 Prozent des US-Süßmarkt-Anteils erobert hat. Beim restlichen Zuckermarkt geht der Kampf zwischen Rohr- und Rübenzucker weiter. Am Beispiel des Zuckermarktes ist ersichtlich, wie unfrei der Weltmarkt ist und wer die Macht hat: Obwohl immer noch auf der gesamten Erde – vornehmlich in der Dritten Welt – dreimal soviel Rohrzucker wie Rübenzucker produziert wird und die Produktionskosten umgekehrt beim Rübenzucker doppelt so hoch sind wie die Produktionskosten des Rohrzuckers, beherrscht Europa drei Fünftel des Weltzuckermarktes (NL 131, S. 185–188).

Beispiel 1: Kolonien zu Diensten der Herren

Dieses Beispiel soll zeigen, wie man mit Dreieckshandel ein Imperium aufbauen kann.

Der Baron von Schimmelmann war ein Späteinsteiger in das Kolonialgeschäft. 1666 war St. Thomas, 1718 die Nachbarinsel St. John in Besitz genommen worden. 1733 hatten die Dänen St. Croix den Franzosen abgekauft. St. Thomas wurde als Sklavenumschlagplatz benutzt, auf St. Croix wurden Zuckerrohrplantagen angelegt. 1755 wurde die Kolonialgesellschaft von dem damaligen König übernommen. 8 Jahre später wurden die Plantagen mit der »königlichen Raffinerie« an den Baron von Schimmelmann verkauft, vermutlich aus Dankbarkeit, da er als dänischer Schatzmeister die zerrütteten Staatsfinanzen saniert hatte – aus diesem Grund wurde er auch zum Baron erhoben.

Der Baron verstand das Finanzgeschäft, wobei er immer zuallererst an sich dachte. Er war sozusagen eine multinationale Firma und handelte sowohl mit Sklaven als auch mit scheinbar völlig unterschiedlichen Waren wie Gewehren – er war preußischer Heereslieferant –, Münzen, Schnaps, Kaffee, Zucker,

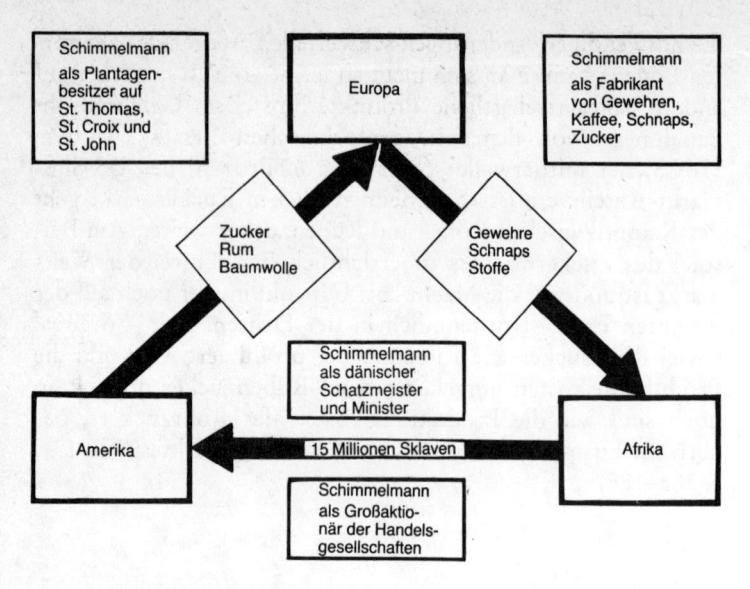

```
┌─────────────┐              ┌──────┐              ┌─────────────┐
│ Schimmelmann│              │Europa│              │ Schimmelmann│
│ als Plantagen│             └──────┘              │ als Fabrikant│
│ besitzer auf │                                   │ von Gewehren,│
│ St. Thomas,  │                                   │ Kaffee, Schnaps,│
│ St. Croix und│                                   │ Zucker       │
│ St. John     │                                   │              │
└─────────────┘                                    └─────────────┘

         ◇ Zucker              ◇ Gewehre
           Rum                    Schnaps
           Baumwolle              Stoffe

                   ┌──────────────┐
                   │ Schimmelmann │
                   │ als dänischer│
                   │ Schatzmeister│
                   │ und Minister │
                   └──────────────┘
   ┌────────┐                                      ┌──────┐
   │Amerika │◀── 15 Millionen Sklaven ──           │Afrika│
   └────────┘                                      └──────┘
                   ┌──────────────┐
                   │ Schimmelmann │
                   │ als Großaktio-│
                   │ när der Handels-│
                   │ gesellschaften │
                   └──────────────┘
```

Baron Schimmelmanns Geschäfte

Nach Entwicklungspolitische Korrespondenz 1983 (L 100)

Rum und Baumwolle. Neben den Plantagen in Westindien besaß er Gewehr- und Kaffeefabriken, Brennereien und Zuckerraffinerien. Darüber hinaus war er Großaktionär der Handelsgesellschaften und nebenbei noch dänischer Schatzmeister und Staatsminister. Seine Leistung lag darin, daß er durch Vernetzung dieses verschiedenartigen Warenhandels den größtmöglichen Gewinn für sich verbuchen konnte.

Als der Baron mit fast 58 Jahren 1782 starb, hinterließ er ein Erbe von schätzungsweise 5 Millionen Reichstalern. Knapp 19 Jahre vorher hatte er für eine halbe Million Reichstaler den Besitz des dänischen Königs in Westindien gekauft. Die Nachfahren des Barons hatten allerdings wenig Freude daran. Dänemark verbot als erstes europäisches Land den Sklavenhandel ab 1803 (30 Jahre später folgte England), kurz darauf wurde Dänemark von den Kolonien durch den Krieg mit England abgeschnitten. 1812 wurde Schimmelmanns Raffinerie vorübergehend stillgelegt und 10 Jahre später ganz verkauft (L 80; L 100, S. 19 ff.).

Beispiel 2: Die portugiesische Kolonialmacht und Brasilien

Möglicherweise spielten Zufälle bei der Entdeckung und Eroberung Brasiliens eine große Rolle. Um die Zusammenhänge zu erkennen – inwieweit die Gesellschaftsstruktur Brasiliens von der Kolonialzeit geprägt oder genauer bestimmt worden ist – ist es unwesentlich, ob Brasilien per Zufall »entdeckt« wurde, ob es ein Zufall war, daß der Tordesillas-Vertrag von 1494 die Papstbulle Inter Caetera von 1493 zugunsten Portugals korrigierte, ob Admiral Cabral mit seiner Flotte planmäßig nach Brasilien kam und das Land im Namen des Königs von Portugal in Besitz nahm.

Ein wesentlicher Unterschied bestand – dies sei nur am Rande vermerkt – in den Absichten der Reise Vasco da Gamas nach Indien und Admiral Cabrals nach Brasilien. Während die Reise Vasco da Gamas das Ziel hatte, mit allen Mitteln eine Handelsbeziehung mit Indien zu erzwingen – der König: »Wer keinen Handel will, soll mit Eisen und Feuer belehrt werden. Man mache ihm einen grausamen Krieg.« (L 78, S. 35) –, war Cabrals Reise für die Conquista (Eroberung) und Ausbeutung bestimmt. Im Gegensatz zu den spanischen Konquistadoren, die in Amerika wie wild nach Edelmetall jagten, ließen sich die Portugiesen Zeit und begannen – als sie 1532 die brasilianische Gesellschaft schon gegründet hatten –, zunächst »Brazil Holz« auszubeuten und Zuckerrohr in Plantagen anzubauen. Da dafür nach Ansicht der Kolonialherren die Arbeitskräfte nicht ausreichten, wurden ab 1538 auch Sklaven aus Afrika importiert. Damit waren einige wesentliche Merkmale der Gesellschaftsstruktur geschaffen: Großgrundbesitztümer (welche bis dahin unbekannt waren) und die Teilung der Gesellschaft in reiche Kolonialherren und Plantagenbesitzer und in arme, besitzlose Sklaven.

»Im tropischen Amerika entstand somit eine Gesellschaft«, schreibt der brasilianische Soziologe Gilberto Freyre, »die der Struktur nach auf Landwirtschaft, der Technik der wirtschaftlichen Ausbeutung nach auf der Sklaverei aufgebaut und der Zusammensetzung nach mit indianischen und später mit dem negroiden Element verschmolzen war.« (L 126, S. 21) Das Objekt der Ausbeutung beziehungsweise die landwirtschaftlichen Produkte änderten sich mehrmals – und zwar je nach Vorstellung der Kolonialherren, was für ein Erzeugnis zu der Zeit am profitabelsten war –, an der Struktur änderte sich aber nichts. Zu dieser Struktur gehört auch, daß die landwirtschaftlichen Produktionen, die zeitweilig von der Gold- und Diamantenausfuhr übertroffen wurden, exportorientiert waren.

Die erste Phase der Exportorientierung, die Dieter Senghaas als »Entwicklungsphase« bezeichnet und dafür den Zeitraum von 1530 bis 1930 bestimmt (L 263, S. 120), verläuft geradlinig, ohne Störungen für die brasilianische Gesellschaftsstruktur, wenn man davon absieht, daß sich in der Zwischenzeit äußerlich einiges geändert hat. Bevor die äußeren Veränderungen aufgezählt werden, muß der Grund genannt werden, warum die Entwicklung von Manufaktur und Industrie in Brasilien verhindert wurde.

Die Kolonialherren hatten Brasilien nach ihrem Belieben ausgeschöpft. Als sie in São Paulo und Minas Gerais größere Textilmanufakturen entwickelten, erließ die portugiesische Königin im Jahre 1785 ein Edikt, womit die Industrialisierungsbemühungen im Keim erstickt wurden: »Ich, die Königin, gebe bekannt..., daß Ich Kenntnis habe von der großen Zahl von Fabriken und Manufakturen, die sich in den vergangenen Jahren durch die verschiedenen capatanias Brasiliens ausbreiten, zum beträchtlichen Nachteil der Kultur und der Arbeit des Landes sowie der bergmännischen Ausbeutung dieses riesigen Kontinents... Nach all den Ausführungen scheint es Mir folglich angebracht, anzuordnen, daß alle diese Fabriken, Anlagen oder Werkstätten für Schiffe, Textilien, Gold- und Silberverarbeitung... oder jede Art von Seide... oder jede Art von Baumwolle oder Leinen und Tuch... oder jede Art von Wollprodukten... eingestellt und abgeschafft werden sollen an jedem Ort, wo sie in Meinen Dominien in Brasilien gefunden werden mögen.« (L 122, S. 166f.) Damit war das Land zu dem bestimmt, was es schon vorher gewesen war: Rohstoff-, einschließlich Agrarprodukte-Lieferant.

Bis 1930 änderte sich äußerlich einiges: Von den großen Ländereien und Plantagen hatte die portugiesische Bevölkerung seit jeher wenig, da diese vom König unter seinen Gefolgsleuten, vornehmlich Adeligen, verteilt worden waren. Zudem suchten englische und holländische Handelsfirmen seit langem Zugang zum brasilianischen Geschäft, wobei sie sich auch illegal betätigten. Bevor aber der große Gold-Boom in Brasilien etwa 1720 bis 1780 einsetzte, sicherte England mit dem Vertrag von Methuen im Jahr 1703 den legalen Weg ab und profitierte am meisten von dem Gold-Geschäft; nach britischen Quellen erreichten die brasilianischen Goldsendungen nach London zeitweise den Wert von 50 000 Pfund pro Woche (L 131, S. 68 ff.).

Da Portugal sozusagen den Anschluß an die industrielle Revolution verpaßt hatte, fand kein Warenaustausch zwischen Portugal und Brasilien statt, die Kolonialherren ließen sich in die Rolle des Zwischenhändlers drängen. Die portugiesische Bevölkerung hatte keinen nennenswerten Anteil an diesem Handel – im Gegensatz zu den britischen Fabrikarbeitern, die der Meinung waren, daß sie vom Warenaustausch (Rohstoffe von den Kolonien holen, Fabrikprodukte herstellen und die Kolonien zwingen, diese abzunehmen) durchaus profitierten, daß also die Kolonien für ihre Existenz notwendig waren.

Noch bevor Dom Pedro I., ein direkter Abkömmling des portugiesischen Königs, im Jahr 1822 die Unabhängigkeit Brasiliens ausrief, hatten die britischen Händler noch 1810 mit einem Bündnis- und Handelsvertrag ihre Vormachtstellung bis zur Mitte des 19. Jahrhunderts abgesichert und Brasilien zu einem Quasi-Protektorat Englands werden lassen. 1808 wurde die Sklaveneinfuhr verboten, 1871 das Gesetz zur Abschaffung der Sklaverei erlassen, 1888 die Sklaverei tatsächlich abgeschafft.

Alle diese Veränderungen wirkten jedoch auf die gesellschaftliche und ökonomische Struktur des Landes ein. Es war gleichgültig, ob das Land von einem Monarchen regiert wurde oder in eine Republik umgewandelt (1889) und jeweils entsprechende Verfassungen angenommen wurden (1824 und 1891). Die Macht blieb in den Händen einer kleinen Gruppe von Großgrundbesitzern. Deren Interesse lag nach wie vor im Export von Agrarprodukten. Verständlicherweise war diese Gruppe nicht daran interessiert, ihre Einnahmequelle durch Exportsteuern zu verkleinern, gleichzeitig hatte der englische Geschäftspartner, der Fertigwaren und Konsumgüter nach Brasilien lieferte, auch wenig Interesse daran, seine Einnahmen durch Importsteuer zu reduzieren. So ist es verständlich, daß »die chronische Finanzkrise des brasilianischen Staates nur durch laufende Anleihen von englischem Kapital lösbar war, was zu einer chronischen Verschuldung des brasilianischen Staates gegenüber England führte« (L 236, S. 123).

Dieses Prinzip des Warentausches ist wichtig, um den Prozeß des heutigen Welthandels zu begreifen: Land A liefert nach einem Land B Rohstoffe (billig), das Land B verkauft an das Land A Fertigprodukte, Konsumgüter (teuer). Land A erhebt wenig Export- und Importsteuer und Land B wenig Importsteuer für Rohstoffe. Es ist absehbar, wann das Land A in eine chronische Finanzkrise gerät und Geld leihen muß. Dieses Prinzip wird in differenzierter Form noch einmal behandelt – im Zusammenhang mit dem heutigen Welthandel. Der Leser möge aber schon jetzt das Prinzip im Gedächtnis behalten.

Außer England versuchten natürlich auch andere Länder, am Brasiliengeschäft zu verdienen. So schlossen etwa die deutschen Hansestädte im Jahr 1827 mit Brasilien ein Abkommen nach dem Muster des brasilianisch-englischen Vertrags. Der Hamburger Reeder Theodor Wille lieferte den brasilianischen Plantagenbesitzern auswanderungswillige deutsche Landarbeiterfamilien per Schiff, wobei die Familien allerlei Verpflichtungen eingehen mußten, aber wenig Rechte erhielten (L 167, S. 96 f., 103 f.).

Die Vereinigten Staaten sicherten sich mit der Monroe-Doktrin den Einfluß auf dem gesamten amerikanischen Kontinent. Noch bevor im Jahr 1824 die erste Verfassung Brasiliens erlassen wurde, erklärte der amerikanische Präsident James Monroe am 2. Dezember 1823, daß jeder Versuch europäischer Staaten, »ihr System auf irgendwelchen Teil dieser Hemisphäre auszudehnen, als gefährlich für unseren Frieden und unsere Sicherheit« angesehen werde (L 167, S. 95). Damit definierte Nordamerika unmißverständlich sein Interessengebiet, was nicht nur die heute bekannten politischen Auswirkungen hatte, sondern auch massive wirtschaftliche Folgen – auch auf diese Verflechtung wird im Zusammenhang des heutigen Welthandels noch näher eingegangen.

Die Exportorientierung Brasiliens verlief bis 1930 etappen-

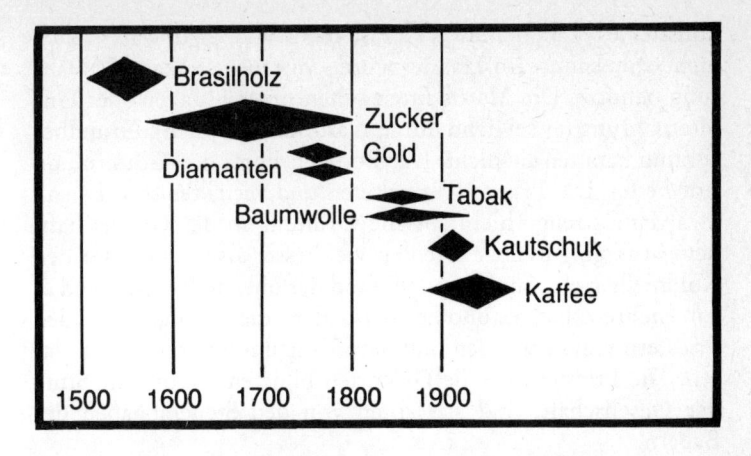

Die Exportbalance Brasiliens bis 1930

Nach Lüpke/Pfäfflin: Abhängige Dritte Welt, Stein 1974

weise, wobei immer einzelne Produkte einen zeitweiligen Boom erlebten. Bevor ein Boom abebbte, wurde dies mit einem anderen Produkt abgefangen (siehe die Grafik). Daß der Wechsel von einem Produkt zum anderen von außen durch den Export bestimmt war, ist ebenso offensichtlich wie die Tatsache, daß der Großteil der ländlichen Bevölkerung – ausgenommen eine Gruppe von Plantagenbesitzern – von diesem Geschäft außer Arbeit und Hunger nichts hatte.

Beispiel 3: Die spanischen Konquistadoren und Guatemala

Die koloniale Geschichte Guatemalas ist eine Geschichte der Zerstörung indianischer Kultur (vgl. L 176; L 201; L 45; L 89; L 154; L 246; L 252; L 291). Ohne auf diese hochentwickelte Kultur im einzelnen einzugehen, ist es wichtig, folgendes festzuhalten: Die Mayas hatten die Landwirtschaft und das Handwerk gut entwickelt. Sie bauten Mais, Bohnen, Gemüse und Kakao an. Auch Fleisch als Nahrung war ihnen geläufig. Sie bauten Baumwolle an, betrieben Schafzucht, entwickelten kunstvolles Textilhandwerk. Fischfang und Jagd waren auch nicht unbekannt. Im Handel wurde vor allem Kakao als Währung benutzt. Die Mayas litten selten unter Hunger oder Unterernährung (es sei denn durch Naturkatastrophen), Grundbesitztum kannten sie nicht. Der Boden gehörte den Göttern und war heilig. Die Priester verwalteten und verteilten ihn. Es gab zwar eine strenge hierarchische Ordnung in der Gesellschaft, dem Volk ging es aber offenbar viel besser als später unter den Kolonialherren. An der Spitze stand der oberste Priester, und es gab mehrere halbautonome Teilstaaten, die ebenfalls von den Priestern regiert wurden und dem Zentrum untergeordnet waren. Die Priester und die Gelehrten bildeten die oberste Stufe der Gesellschaft, und sie lebten von den Steuerabgaben der Bauern.

Als verschiedene Indianerstämme wie die Kichés, Mames u.a., aus Mexiko kommend, in das Land eingedrungen waren, erweiterten sie die Produktionsbereiche, beuteten Holz- und Mineralvorkommen aus, verwendeten pflanzliche Düngemittel, bauten Bewässerungssysteme aus, hatten Kenntnisse über Metallgießerei und stellten Kriegs-, Landwirtschafts- und Handwerksgeräte her. Sie begannen Liquidámbar, einen pflanzlichen Stoff zur Herstellung von Kosmetikartikeln, zu produzieren. Der Außenhandel florierte.

Die Kichés sollen nach erheblichen Machtkämpfen die Führung übernommen haben. Das Landverteilungssystem des Maya-Volkes wurde abgelöst. Das Land gehörte nunmehr dem Staat. Es gab auch schon Konzentrationen von Landbesitz in den Händen höherer Beamter, die Kaffee und Kakao anbauten. Neben Kakao wurden auch Kupfer und Edelstein als Zahlungsmittel gebraucht. Hingegen verwendeten die Indianer Gold nur zur Herstellung von Schmuck und Zierat.

Die spanischen Konquistadoren gingen auf die Suche nach Gold, nicht nur weil Gold für sie Reichtum, sondern weil Gold vor allem Macht bedeutete (L 252, S. 20). Als sie im Jahre 1524 unter der Führung von Pedro de Alvarado in das Land eindrangen, leisteten die Indianer, vereint angeführt von den Kichés, erbitterten Widerstand. Es gab ein entsetzliches Blutbad. »Pedro de Alvarado und seine Männer warfen sich auf Guatemala«, schreibt Galeano und zitiert Miguel León-Portilla, »und die

Indianer, die sie töteten, waren so viele, daß ein Strom von Blut entstand, ›der der Olimentepeque ist‹, und ›der Tag färbte sich rot durch das viele Blut, das an jenem Tag floß‹. Vor der entscheidenden Schlacht, als ›die Indianer Folterungen unterworfen waren, sagten sie den Spaniern, sie sollten sie nicht weiter quälen, sie hätten für sie viel Gold, Silber, Diamanten und Smaragde..., auch den Häuptling Nehaib Ixquin... Und später ergaben sie sich den Spaniern und fanden sich mit deren Herrschaft ab‹.« (L 131, S. 29)

Das Blutbad hörte aber nicht mit dem Sieg der Kolonialherren auf. Zwei Drittel – andere Chronisten sprechen von fünf Sechsteln – der indianischen Bevölkerung wurden zwischen 1524 und 1610 getötet oder sind an Unterernährung und eingeschleppten Infektionskrankheiten gestorben. Heute leben in Guatemala weniger Indianer als vor 1524 (L 176, S. 41). Die Indianer starben nicht nur auf den Schlachtfeldern, sondern wurden auch durch unmenschliche Arbeitsbedingungen zu Tode gequält. Vor Ankunft der Kolonialherren lebten über 70 Millionen Indianer auf dem gesamten Kontinent, anderthalb Jahrhunderte später waren es nur noch 3,5 Millionen (L 131, S. 50).

Die spanischen Kolonialherren fanden nicht in der erhofften Menge Gold in Guatemala, also begannen sie, mit dem Produkt Geld zu verdienen, welches in Hülle und Fülle im Land vorhanden war: Kakao. Sie nahmen das urbare Land den Einwohnern, den Indianern weg, begannen in Großplantagen Kakao anzubauen, um das Produkt ausschließlich an das Ausland zu verkaufen. Dieses Vorgehen wurde vom spanischen Königshaus ausdrücklich gebilligt. Im Jahr 1542 erließ die spanische Königin Isabella die »Encomienda« (Empfehlung). Dieses Gesetz ermächtigte die Kolonialherren, Latifundien (Großgrundbesitztümer) zu bilden und Indianer zu Zwangsarbeit zu verpflichten. Dafür waren sie, die Großgrundbesitzer, verpflichtet, einen »angemessenen« Tageslohn zu zahlen (was angemessen war, durften sie selber bestimmen) und die Indianer zum katholischen Glauben zu erziehen.

»Isabella, von Gottes Gnaden Königin von Kastilien und León etc., ... befehle hiermit Euch, Unserem Gouverneur, daß Ihr von dem Tage an, wo Ihr diese Meine Verfügung erhaltet, künftig die Indianer nötigt und antreibt, mit den Christen der genannten Insel Umgang zu pflegen, in ihren Häusern zu arbeiten, Gold und andere Metalle zu schürfen und Landarbeit für die auf der Insel ansässigen Christen zu leisten, wie sie Euch nach der Beschaffenheit des Bodens, des Arbeiters und der Tätigkeit angemessen erscheinen..., daß Ihr jedem Kaziken auferlegt, eine bestimmte Anzahl Indianer bereitzuhalten, um sie jeweils da, wo es nötig ist, zur Arbeit einsetzen zu können und damit sie... zusammenfinden, um an den dafür bestimmten Orten über die Dinge des Glaubens zu hören und darin unterrichtet zu werden... Ihr habt dafür zu sorgen, daß diese Indianer gut behandelt werden, und zwar diejenigen unter ihnen, die Christen sind, besser als die anderen...« (L 86a, S. 67f.).

Diese »Encomienda« war der »erste Schritt kolonialer Ausbeutung«, schreibt Hartwig Weber, »und galt der Rekrutierung von Zwangsarbeitern... Eine beliebige Zahl von Indianern wurde von den lokalen Befehlshabern an die einzelnen Spanier verteilt und ihnen ›anempfohlen‹, mit der Begründung, eine solche Schutzherrschaft sei zu ihrer prompten Belehrung vonnöten. In Wirklichkeit war der Status der Schutzbefohlenen der von Leibeigenen: Sie waren ihren neuen Herren auf Gnade und Ungnade ausgeliefert und ohne Anspruch auf Entlohnung oder Unterhalt zu jeder Arbeitsleistung verpflichtet, die der Schutzherr (encomendero) ihnen auferlegte.« (L 307, S. 158)

Die Großgrundbesitzer zahlten nicht oder so wenig, daß der Tagelöhner davon nicht leben konnte. Der Patron (Großgrundbesitzer) gab dem Tagelöhner ein Stück unbebautes Land, darauf durfte er, um sich und seine Familie zu ernähren, Nahrungsmittel anbauen. Diese Arbeit war ihm aber nur in seiner »Freizeit« gestattet – nach 12 Stunden und mehr auf dem Feld. Aber sein mühsam erarbeitetes Produkt gehörte ihm nicht allein. Davon mußte er zweimal Steuern zahlen – einmal dem Herrn und einmal dem Herrn des Herrn, dem spanischen König. Der Patron war in erster Linie an der ihm zu entrichtenden Steuer interessiert, so daß der König mit den Großgrundbesitzern als Steuereintreibern immer unzufriedener wurde und 1784 den Erlaß »Encomienda« aufhob und die Kirche dafür einsetzte. So baute die Kirche ihre Machtposition auf; sie wurde der größte Sklavenhalter und Großgrundbesitzer.

Im Gegensatz zu den portugiesischen Kolonialherren – die, wie Gilberto Freyre meint, »kosmopolitisch und anpassungsfähig«, das heißt wenig rassistisch waren (L 126, S. 21) – hatten die spanischen Patrone ein fein abgestuftes rassistisches Gesellschaftssystem aufgebaut. An der obersten Spitze dieser Pyramide standen die Kreolen – die direkten Nachkommen spanischer Patrone – und auf der untersten Stufe die Indianer; dazwischen gab es etwa 30 Stufen verschiedener Blutmischungen wie die Ladinos – zwischen Spaniern und Indianern – und die Mulatten, Nachkommen der afrikanischen Sklaven, die man für Plantagenarbeit ins Land geholt hatte.

Der zweite Unterschied zu den portugiesischen Kolonialherren war, daß die Spanier, wie erwähnt, darauf fixiert waren, Edelmetalle zu erbeuten und damit Handel zu betreiben. In der Zeit zwischen 1503 und 1660 holten sie aus dem gesamten Kontinent 185 Tausend Kilogramm Gold und 16 Millionen Kilogramm Silber nach Europa (L 131, S. 33). Ansonsten glich der spanische Kolonialismus dem portugiesischen weitgehend:

Die Loslösung des Landes von der spanischen Krone geschah ausschließlich im Interesse der Patrone, deshalb änderte sich nichts an der Gesellschaftsstruktur Guatemalas, als das Land 1821 unabhängig wurde. Da Spanien – ähnlich wie Portugal – den Anschluß an die industrielle Revolution verpaßt hatte, waren die einzigen Nutznießer des Kolonialgeschäfts das Militär, die Aristokratie und die Kirche. Die spanische Bevölkerung hatte an dem Geschäft keinen Anteil.

Die spanische Krone war hochverschuldet. Schon 1543 mußten 65 Prozent der gesamten königlichen Einnahmen zur Schuldenzahlung verwendet werden. So wurde Spanien – wiederum ähnlich wie Portugal – zum Zwischenhändler degradiert. Schon Ende des 17. Jahrhunderts betrieb Spanien – trotz des fiktiven Handelsmonopols – nur 5 Prozent des Handels mit dem amerikanischen Kontinent. »Etwa ein Drittel des Gesamtvolumens befand sich in holländischen und flämischen Händen; ein Viertel unterstand den Franzosen; die Genuesen überwachten mehr als 20 Prozent, die Engländer 10 Prozent und die Deutschen einen etwas geringeren Anteil. Amerika war ein europäisches Geschäft, oder anders ausgedrückt, Spanien besaß die Kuh, aber andere tranken die Milch.« (L 131, S. 34f.)

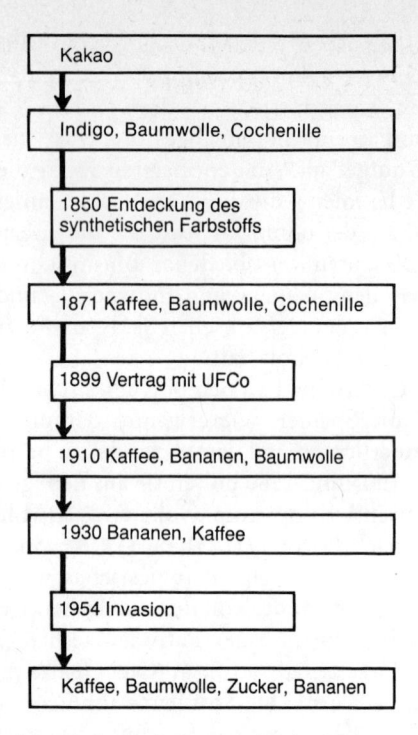

```
┌─────────────────────────────────┐
│ Kakao                           │
└─────────────────────────────────┘
              ↓
┌─────────────────────────────────┐
│ Indigo, Baumwolle, Cochenille   │
└─────────────────────────────────┘
              ↓
┌─────────────────────────────────┐
│ 1850 Entdeckung des             │
│ synthetischen Farbstoffs        │
└─────────────────────────────────┘
              ↓
┌─────────────────────────────────┐
│ 1871 Kaffee, Baumwolle, Cochenille │
└─────────────────────────────────┘
              ↓
┌─────────────────────────────────┐
│ 1899 Vertrag mit UFCo           │
└─────────────────────────────────┘
              ↓
┌─────────────────────────────────┐
│ 1910 Kaffee, Bananen, Baumwolle │
└─────────────────────────────────┘
              ↓
┌─────────────────────────────────┐
│ 1930 Bananen, Kaffee            │
└─────────────────────────────────┘
              ↓
┌─────────────────────────────────┐
│ 1954 Invasion                   │
└─────────────────────────────────┘
              ↓
┌─────────────────────────────────┐
│ Kaffee, Baumwolle, Zucker, Bananen │
└─────────────────────────────────┘
```

Der Wechsel der Monokulturen in Guatemala seit 1850

Die Exportorientierung der Landwirtschaft hatte zur Folge, daß die Plantagenwirtschaft immer mehr auf Kosten der einheimischen Nahrungsmittelproduktion ausgeweitet wurde. Die Patrone entdeckten bald, daß Indigo gewinnbringender als Kakao ans Ausland verkauft werden konnte. Also verlagerten sie im 17. Jahrhundert den Kakao-Anbau auf die ebenfalls spanischen Inseln Venezuela und Honduras und bauten in Guatemala Indigo an. Indigo war damals als Textilfärbungsmittel in Europa sehr gefragt. Daneben bauten sie Cochenille und Baumwolle an, ebenfalls für den Export.

Nach der Unabhängigkeit liberalisierten die Patrone, die jetzt allein das Sagen im Land hatten, den Außenhandel. Sie ließen mehr ausländische Firmen ins Land, wobei insbesondere französische und britische Händler groß ins Geschäft einstiegen.

Nach dem bekannten Muster (siehe das Beispiel Brasiliens) verschuldete sich die guatemaltekische Regierung so stark gegenüber Großbritannien, daß sie einen Teil des Landes – das heutige Belize – 1859 den Briten abgeben mußte.

Zum Unglück Guatemalas entdeckte man in Europa 1850 synthetischen Farbstoff, was das Geschäft mit Indigo ruinierte. Mit Hilfe des Auslandes stellten die Patrone sich um und bauten ab 1871 zunehmend Kaffee für den Export an. In der Folgezeit wurde die landwirtschaftliche Produktion immer wieder umgestellt, je nachdem, was sich am gewinnbringendsten exportieren ließ. Diesen Wechsel der Monokultur seit Beginn des Kolonialismus in Guatemala zeigt die Grafik.

Beispiel 4: Die britische Handelskompanie und Indien

Bekanntlich wollte Kolumbus einen Seeweg nach Indien erkunden, wobei er versehentlich in Amerika landete. Das Ziel war, das Monopol der arabischen Kaufleute, die den Handel mit Indien auf dem Landweg beherrschten, zu durchbrechen und einen direkten Weg für den lukrativen Handel zu finden und möglichst zu beherrschen.

Am 17. Mai 1498 landete Vasco da Gama an der Malabarküste. Lange bevor die britische Handelskompanie East India Company, ausgestattet mit einem Freibrief für das Handelsmonopol der englischen Königin, nach Indien kam, hatten die portugiesischen und französischen »Händler« Teile des Landes besetzt oder unter ihren Einfluß genommen. Ohne hier die (britische) vorkoloniale Zeit ausführlicher zu behandeln (vgl. L 76; L 98; L 287; L 273), sind folgende Punkte festzuhalten:

Indien besaß schon vor über 5000 Jahren eine Hochkultur. Das Land faszinierte immer wieder im Ausland. So gab es Besuche, Raubzüge und Fremdherrschaften. Die Fremden (Arier, Hunnen, Chinesen, Araber, Perser, Türken, Mogulen u. a.) kamen von Norden mit unterschiedlichen Absichten – um seßhaft zu werden, zu rauben, Handel zu betreiben, bis die Europäer (Portugiesen, Franzosen, Briten) den Seeweg entdeckten und für sich beanspruchten. Die britische Handelsgesellschaft machte unter den fremden Herrschern die erste Ausnahme – sie eroberte das ganze Land von Bengalen aus.

Indien war nie eine politische Einheit. Das Land war meistens geteilt in Kleinstaaten, Fürstentümer und ähnliches. Es gab zwar immer wieder Könige und Kaiser, die einen Großteil des Landes besaßen, aber immer nur für eine begrenzte Zeit. Ausbeutung durch die Fremdherrschaft gab es auch vor der britischen Kolonialzeit. Schon in der Zeit der Mogulen, im Jahr 1555, hatte es zum ersten Mal eine große Hungersnot gegeben. Der sprichwörtliche Reichtum der Mogul-Dynastie – bezeugt durch die kolossale Architektur – ist ein Zeugnis der Ausbeutung: Die Bevölkerung des Landes hatte daran keinen Anteil.

Zwischen der Ausbeutung durch die Mogulen und durch die Briten gab es einen wesentlichen Unterschied: Die Mogulen wollten im Land bleiben, folglich hatten sie ein raffiniertes Steuereintreibungssystem ausgebaut, das die Sozialstruktur nicht zerstörte. Die Bauern mußten zwar hohe, aber doch nicht existenzgefährdende Steuern zahlen. Die Steuereintreiber, die Zagirdare, wurden direkt von der Exekutive des Kaisers kontrolliert und regelmäßig ausgetauscht – dadurch wurde die persönliche Bereicherung des Steuereintreibers wenn nicht völlig ausgeschlossen, so doch in Grenzen gehalten. Vor allem gab es kein Großgrundbesitztum.

Die Briten hatten im Gegensatz dazu nicht die Absicht, seßhaft zu werden. Das einzige Ziel der britischen Kolonialherren war, den Reichtum des »Mutterlandes« zu vermehren und möglichst auch sich persönlich zu bereichern, mit welchen Mitteln auch immer. Die britischen Kolonialherren übernahmen das Steuersystem der Mogulen, änderten es aber in wesentlichen Punkten, was verheerende Folgen hatte.

Indien hatte seit Jahrtausenden Handelsbeziehungen mit dem Ausland und besaß eine Vormachtstellung im Welthandel, besonders im Bereich der Textilverarbeitung. Es gelang den britischen Kolonialherren, diese Vormachtstellung so zu zerstören, daß Indien während der britischen Kolonialzeit von einem Textilexportland zu einem Importland (und zwar aus Großbritannien) degradiert wurde. Großbritanniens Aufstieg ist eng mit seiner Seemacht, mit der industriellen Revolution und der Zerstörung indischer Textilmanufakturen verbunden. An den Beispielen von Landwirtschaft und Textilmanufakturen wird im folgenden versucht, die Auswirkungen der britischen Kolonialzeit auf Indien zu verdeutlichen.

Möglicherweise ist die britische Handelskompanie East India Company (EICo) tatsächlich mit der Absicht gekommen, Handel zu treiben. Daß der Welthandel auch Weltherrschaft bedeutet, erkannte schon frühzeitig der mit dem Segen der Königin versehene Seeräuber Walter Raleigh: »Wer die See beherrscht, beherrscht auch den Handel und damit die Reichtümer der Erde. Ihm gehört die Weltherrschaft!« (L 27, S. 36) EICo kaufte drei Dörfer und schloß sie zusammen, um eine Handelsstadt zu gründen: die Gründung von Kalkutta im Jahr 1690.

Der Zeitpunkt war günstig, das Mogul-Imperium begann schon zu zerbrechen, und nach dem Tod des letzten Mogul-Kaisers Aurengzeb (1707) zerfiel der Staat in unzählige Kleinstaaten und Fürstentümer, die sich gegenseitig zu bekämpfen begannen. Bei solchen Streitigkeiten ergriff die EICo Partei für den Schwächeren mit der Bedingung, daß dieser, im Fall eines Sieges, der Handelskompanie die bestmöglichen Handelsbedingungen einräumte. Da die Methode prächtig funktionierte, setzte sie die EICo strategisch geschickt ein. Die Handelsleute mischten so immer stärker in der Politik mit.

Der entscheidende Durchbruch gelang den Handelsherren, als sie 1757 mit Hilfe des ältlichen Generals Mir Jafar den Nabob von Bengalen Siraj-ad-daula auf dem Schlachtfeld von Plasey besiegten. Als Belohnung für den Verrat durfte Mir Jafar den Thron besteigen, allerdings mußte er dafür der EICo zahlen. Er verpflichtete sich, die ganze Summe der Schatzkammer von Siraj-ad-daula, die angeblich 40 Millionen Pfund wert war, an die EICo zu zahlen, zusätzlich 234 000 Pfund und Landbesitz im Wert von jährlich 30 000 Pfund an Robert Clive. Da aber in der Schatzkammer nur 1,5 Millionen zu finden waren, geriet Mir Jafar in Zahlungsnot. Er versuchte, mit allen möglichen und unmöglichen Steuern und Tricks das Geld aufzutreiben. Damit begann die finanzielle Ausbeutung Bengalens. 3 Jahre später wurde Mir Jafar wegen Zahlungsunfähigkeit von den Handelsherren abgesetzt. Sein Nachfolger Mir Kasem, der aus dem gleichen Grund gehen mußte, zahlte 200 000 Pfund allein dafür, daß er den Thron besteigen durfte. Auch Mir Kasems Nachfolger zahlte für den gleichen Zweck 139 000 Pfund, und so ging es weiter.

Der Mann, der diese Methode meisterhaft beherrschte, hieß Robert Clive, ein »Guerillaführer und Diplomat, Königsmacher und Plünderer«, wie Percival Spear schrieb (L 273, S. 83). Die Folgen waren verheerend, im Jahr 1770 starb ein Drittel der Bevölkerung Bengalens während einer katastrophalen Hungersnot (L 272, S. 153). Die Strategie der Handelsherren aber funktionierte reibungslos. Bis 1818 hatte die East India Company fast das ganze Land unter ihre Kontrolle gebracht (vgl. die Karten).

Da die EICo ihr System der Ausbeutung immer stärker ausweitete, kam es 1857 zum ersten Befreiungskampf. Nachdem dieser blutig niedergeschlagen worden war, übernahm die britische Krone die Herrschaft. Das ergab zwar einen gewissen Anschein von Rechtmäßigkeit, das Ziel und die Methoden änderten sich aber wenig. Warum dies so war, wird im folgenden Beispiel der Baumwollproduktion gezeigt.

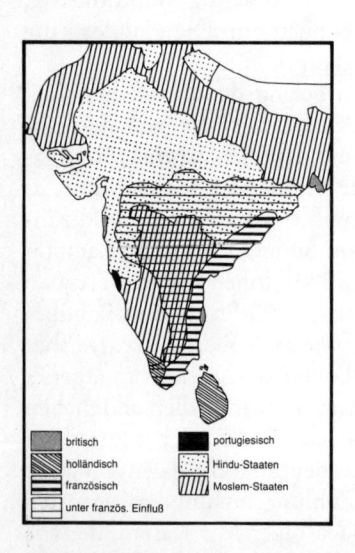

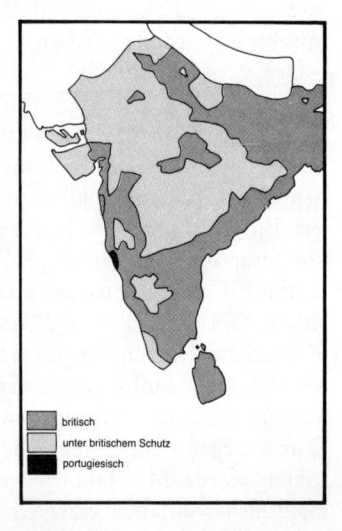

Britischer Besitz in Indien um 1700 und um 1818

Baumwollmanufaktur

Die Rolle, die der Zuckerhandel in der ersten Phase des Welthandels spielte, übernahm in der zweiten Phase die Textilwirtschaft. Das Beispiel des Textilhandels ist deshalb bedeutsam, weil die Mechanisierung im Textilherstellungsprozeß die industrielle Revolution einleitete, weil durch den verpaßten Anschluß an diesen Prozeß Spanien und Portugal ihre Vormachtstellung als Kolonisatoren allmählich verloren und weil dem Aufstieg der anderen westlichen Länder, vor allem Großbritanniens, die unangefochtene Macht im Welt-Textilhandel zu verdanken war.

Die Machtposition »eroberte« die East India Company nicht überwiegend durch die technischen Innovationen im Textilherstellungsprozeß, schon gar nicht durch die Regeln der »freien Marktwirtschaft«, sondern dadurch, daß sie brutal und erfolgreich die indische Textil- und Seidenindustrie zerschlug. »Die einzige reine Baumwollindustrie, die in Europa zu Beginn des 18. Jahrhunderts bekannt wurde, war die Indiens; ihre Erzeugnisse (Kattun-Calicoes) wurden von den östlichen Handelskompanien im Ausland und zu Hause verkauft, wo sie von den einheimischen Herstellern von Woll-, Leinen- und Seidenstoffen energisch bekämpft wurden.« (L 158, 1, S. 56)

Bezeichnenderweise begann mit der Industrialisierung der Textilproduktion auch die Industriespionage. Die mechanische Neuerung wurde mit einer Seidenzwirnmaschine, die die Fasern zu einem Faden drehte, eingeleitet. Diese Maschine »wurde im 17. Jahrhundert in Italien erfunden und dort ängstlich als Geheimnis gehütet. Ein Engländer namens John Lombe schmuggelte 1716/1717 die Konstruktionspläne außer Landes, und bereits nach einigen Jahren erbaute Johns Bruder Thomas eine riesige Seidenzwirnfabrik in Derby. Mit ihrer Länge von 500 Fuß, ihren 6 Stockwerken und etwa 400 Fenstern war sie eines der Wunder jener Zeit. In der Mitte des 18. Jahrhunderts gab es ähnliche Anlagen in London und in den Provinzen.« (L 193, S. 84)

Für die Stadt Manchester war die Textilindustrie ähnlich maßgebend wie der Sklavenhandel für Liverpool. In 70 Jahren, 1760 bis 1830, wuchs die Einwohnerzahl von Manchester auf das Zehnfache (L 158, 1, S. 55). Daß dies aber nicht nur die technischen Wunderwerke verursachten, bezeugt ein Brief vom 17. März 1769 der East India Company an ihre bengalische Niederlassung. In diesem Brief gab sie die Anweisung, wie die Weiterverarbeitung in Bengalen verhindert werden sollte: Die Heimarbeit sollte unterbunden werden, damit die Seidenspuler in den Fabriken der Company arbeiten mußten (L 272, S. 18). Auf diese Weise wurde versucht, die Kontrolle über die Arbeitskraft zu gewinnen, um den indischen Manufakturen die Rohstoffbasis zu entziehen.

Die völlige Zerstörung der indischen Baumwollindustrie vollzog sich in drei Schritten:

1. Schritt: 1770 gelang es der englischen Wollindustrie, den Import zu sperren, wodurch der einheimischen Baumwollfabrikation der Weg zum Binnenmarkt freigemacht wurde (L 158, 1, S. 56).

2. Schritt: Die technische Entwicklung der Jahre 1730 bis 1805 machte enorme Fortschritte in Richtung Massenproduktion und damit Kostensenkung. In der Zeit zwischen 1750 und 1770 nahmen die Baumwollexporte der Briten um das Zehnfache zu (L 158, 1, S. 57 ff.).

3. Schritt: Im Jahr 1818, als Indien nahezu vollständig erobert war, wurde die Ausfuhr von textilverarbeitenden Maschinen nach Indien gesetzlich untersagt. Durch die technische Neuerung sank der Verkaufspreis eines Pfundes gesponnener Baumwolle zwischen 1774 und 1820 auf etwa ein Zehntel des ursprünglichen Preises. Die indischen Erzeuger konnten zu diesem Preis manuell nicht mehr produzieren, und folglich wurde der größte Teil der indischen Heimarbeiter arbeitslos (L 243, S. 14; L 223, S. 455; L 257, S. 8).

So wurde die jahrhundertelange Rolle Indiens als Exporteur von Baumwollwaren in die eines Importeurs verwandelt. 1850 importierte Indien bereits ein Viertel der gesamten britischen Baumwollproduktion (L 243, S. 15). Anders ausgedrückt: Die britische Baumwollausfuhr nach Ostindien (Indien und Ferner Osten), die um 1820 lediglich 6 Prozent des gesamten britischen Exports ausmachte, erhöhte sich bis 1873 auf 60 Prozent, wovon fast die Hälfte allein nach Indien ging (L 158, 1, S. 149).

Im Jahr 1853 schrieb Karl Marx, »es war der britische Eindringling, der den indischen Handwebstuhl zerstörte und das Spinnrad zerbrach« (L 206, S. 133). »Indien, seit undenklichen Zeiten die gewaltigste Werkstatt für Baumwollwaren, wurde nun mit englischen Baumwollstoffen überschwemmt... Das bedeutete den Ruin der einst so berühmten einheimischen Baumwollindustrie.« (L 207, S. 143)

Der Ruin Indiens war der maßgebliche Grund für den Aufstieg Großbritanniens; denn »wer industrielle Revolution sagt«, so Hobsbawm, »meint Baumwolle«. Die Basis der britischen Baumwollindustrie »war nicht ihre Überlegenheit im Wettbewerb«, meint der britische Historiker und Industriesoziologe, »sondern ihre Monopolstellung auf den kolonialen und unterentwickelten Märkten, die ihr das britische Empire, die britische Flotte und die britische Vormachtstellung im Handel sicherten« (L 158, 1, S. 55 ff.).

Die Folgen dieser Zerschlagung der indischen Textilindustrie trafen vor allem die Landwirtschaft. Das Gleichgewicht zwischen Ackerbau und Handwerk, Landwirtschaft und Handel, das die Einheit des indischen Dorfsystems bildete, war entscheidend gestört. Die Arbeitslosen aus der Textilwirtschaft konnten nicht von den anderen Branchen der Manufaktur und Industrie aufgenommen werden, da auch diese Industrien gleichermaßen und aus dem gleichen Grund betroffen waren. So versuchten die arbeitslosen Textilarbeiter vor allem in der Landwirtschaft unterzukommen. Diese überschüssigen Arbeitskräfte in der Landwirtschaft erreichten 1921 einen Höhepunkt. Allein zwischen 1891 und 1921 wuchs der Anteil der von der Landwirtschaft lebenden Bevölkerung von 61 auf 93 Prozent (L 95, S. 122).

Landwirtschaft

In der vormogulen Zeit kannte die indische Landwirtschaft kein feudales System. Das Land gehörte denen, die es auch bearbeiteten. Solange das Dorfsystem funktionierte, konnten die Bauern soviel produzieren, daß über den Eigenbedarf hinaus ein Überschuß blieb, den sie als Steuer an den Landesherrn (der für die übergeordneten Dinge zuständig war) abgaben. Es war ihnen relativ gleichgültig, wer der Machthaber war. Die Mogulen führten das Jagirdari-(Steuereintreiber-) und Zamindari-(Landbesitzer-)System ein, und Akbar erhöhte den Steueranteil auf ein Drittel des Ertrages (Verdoppelung der Steuern).

So grundlegend die Einführung der Besteuerung auch war: Ihr destruktiver Charakter war relativ gering, da die Jagirdare alle 2 bis 3 Jahre ausgewechselt wurden (also nicht ansässig wurden und folglich sich auch nicht persönlich bereichern konnten) und die Zamindare nicht vererben durften. Dadurch wurde eine Aufblähung der parasitären Gruppenbildung verhindert. Da der Überfluß im Dorf blieb, konnten die überzähligen ländlichen Arbeitskräfte in den Manufakturen aufgenommen werden (L 257, S. 28).

Die Situation änderte sich radikal, als die Briten die Macht übernahmen. Zum einen steigerten sie den Steueranteil sehr stark, zum anderen, und das ist entscheidend, verwandelten sie das Zamindarisystem: Die Zamindare wurden *Landeigentümer mit Erbrecht*. Den Briten wurden so einerseits die hohen Steuereinnahmen gesichert, andererseits entstand eine bis dahin unbekannte parasitäre Schicht, die immer größer wurde und den Charakter der Dorfgemeinschaft völlig veränderte. Auf einmal waren die Bauern nicht mehr Eigentümer des Landes, das sie selbst bebauten. Sie konnten auch den Überschuß nicht direkt an die Zamindare zahlen, sondern an Pächter.

Dieses Pächtersystem funktionierte so: Der Zamindar verpachtete das Land an einen, der für ihn die Steuern eintrieb. Der Anteil mußte höher sein als der Betrag, den der Zamindar an die Zentralverwaltung zu liefern hatte, da dieser davon, und zwar recht gut, in der Stadt leben wollte. Der Pächter aber trieb die Steuern nicht nur für den Zamindar, sondern auch ein bißchen für sich selbst ein, da auch er gut leben wollte. Wenn er sich und seine Familie ausreichend versorgt hatte, verpachtete er das Land wieder an einen anderen Pächter und zog wie der Zamindar in die Stadt, um ein besseres Leben zu führen. Und der neue Pächter verpachtete, wenn er genug Geld hatte, wiederum an einen anderen. So wurde eine parasitäre Schicht von Zwischenverdienern geschaffen. Es soll bis zu fünfzig solcher »Intermediaries« zwischen Zamindar und dem wirklichen Produzenten gegeben haben (L 257, S. 12; L 76, S. 79 ff.).

Das exponentielle Wachstum der Steuereintreiber führte zwangsläufig zu einer Verarmung und Verelendung der Landarbeiter und schuf eine neue Schicht, die Schicht der Geldverleiher. Die hohen Steuern zwangen die Bauern, besonders wenn die Ernte schlecht ausfiel, Geld beim Wucherer zu leihen (bis zu 120 Prozent Zinsen). Da sie aber nie die Schuld begleichen konnten, verschuldeten sie sich immer mehr, bis sie schließlich dem Geldverleiher das Land abtreten mußten. Auch ein Teil dieser Arbeit galt als Abzahlung der Schulden.

Diese Art von Enteignung bewirkte, daß durch die zahllosen parasitären Nutznießer kaum ein Überschuß blieb. Er wäre nötig gewesen, um den Boden im produktiven Zustand zu erhalten oder gar in seine Verbesserung zu investieren. Die Bauern hatten keinen Ansporn mehr, selbst initiativ und innovatorisch zu arbeiten und die Produktivität zu steigern, da die Produktivitätssteigerung restlos an den Fremden abgeliefert werden mußte. Schließlich suchten die im Manufaktur- und Industriesektor überflüssig gewordenen Arbeitslosen Arbeit und verschlimmerten so diese Situation noch mehr.

Das Ergebnis faßt Schönbäck zusammen: »Die Nahrungsmittelproduktion im Gebiet des heutigen Indien und Pakistan sank in der Zeit von 1893 bis nach dem Zweiten Weltkrieg nicht nur pro Kopf um ein Drittel, sondern auch absolut um 5 Millionen Tonnen, während der Anteil der agrarischen Bevölkerung in der gleichen Periode von 60 Prozent auf 84 Prozent anstieg.« (L 257, S. 12)

Beispiel 5: Deutscher Kolonialismus in Ostafrika

»Ohne Industrie kein Wohlstand, ohne Rohstoffe keine Industrie, ohne Kolonien keine Sicherheit im Bezug von Rohstoffen, darum, Deutsche, müssen wir Kolonien haben.«

Paul von Hindenburg

Charles Darwin sah in Afrika die »Urheimat der Menschheit«. Die neueren Funde von menschlichen Fossilien, Entdeckungen von Werkzeugen, Töpferei- und Keramikerzeugnissen, Felsenzeichnungen scheinen immer mehr Darwins Annahme zu bestätigen. Man kann die Entwicklungsgeschichte der Menschheit in Afrika förmlich nachlesen. Gerade Ostafrika spielt dabei eine besondere Rolle (L 62, S. 11 ff.).

Hier soll nicht die Geschichte der Menschheit abgehandelt werden (vgl. NL 265 a). Da aber vielfach die Geschichte Afrikas mit der Kolonialgeschichte verwechselt oder aber angenommen wird, daß die Kolonialherren Mühe hatten, Afrika zu »zivilisieren«, scheinen hier einige Bemerkungen angebracht zu sein. Neuere archäologische Befunde weisen, laut Oliver und Fage, nach, daß es in Ostafrika schon im 2. oder 3. Jahrhundert v. Chr. Eisenverarbeitung gab. Lange bevor die arabischen Händler im 8. Jahrhundert an die Ostküste Afrikas kamen, gab es Handelsbeziehungen mit der Außenwelt, offenbar auch mit den Römern und Griechen (L 234, S. 97 f.).

Während der Muslim-Ära, insbesondere ab etwa dem 13. Jahrhundert, bis die Portugiesen kamen, erlebte Ostafrika eine Zeit der Prosperität. Besonders die Hafenstädte, Kilwa im Süden, Pemba und Mombasa im Norden, waren Stadtstaaten »im gleichen Sinn wie Venedig und Genua im Mittelalter... Während vieler Jahrhunderte war Ostafrika die Hauptquelle des Goldes für Asien und Arabien, während ostafrikanisches Elfenbein für Indien und China... unersetzlich war« (L 79, nach L 156, S. 61).

Der Grund für die Landung der portugiesischen Seeleute unter der Führung von Vasco da Gama im Jahre 1497 war – wie konnte es anders sein – der Welthandel. Vasco da Gama war auf der Suche nach einem neuen Seeweg nach Indien. »Doch die großartigen Entdeckungen, die er erhofft hatte, stellten sich schon vorher ein. Fünf Monate bevor er nach Indien segelte, stieß da Gama auf eine Zivilisation, von der kein Europäer je etwas gesehen oder gehört hatte. Entlang der ganzen Ostküste ... besuchten da Gama und seine Leute eine Stadt nach der anderen und staunten immer wieder über den Reichtum und den städtischen Luxus, über die hohen Schiffe aus unbekannten östlichen Ländern und über den Handel mit Gold und Elfenbein.« (L 79, nach L 156, S. 61)

Vasco da Gama hätte im übrigen ohne die Hilfe eines ostafrikanischen Lotsen Indien nie erreicht. Der »neue Seeweg«, den er angeblich entdeckte, war die meistbefahrene Strecke des Indischen Ozeans. Vasco da Gama kam nicht zufällig am 20. Mai 1498 in der Hafenstadt Kalikut an. Kalikut war nämlich das Zentrum des Seehandels zwischen Ostafrika und Indien. Als Dank für die afrikanische Hilfe bei seiner Indienreise erschien Vasco da Gama im Jahre 1502 zum zweiten Mal an der ostafrikanischen Küste und zwang den Herrscher von Kilwa, dem wohl größten Zwischenhandelszentrum, einen jährlichen Tribut als Zeichen der Abhängigkeit an den Herrscher von Portugal zu entrichten. 1503 wurde auch Sansibar zur Tributzahlung gezwungen.

1505 kam der spätere Vizekönig de Almeida mit der größten portugiesischen Flotte nach Kilwa. Nachdem er und seine Leute die Gastlichkeit des Königs von Kilwa und der Stadtbewohner genossen hatten, begannen sie, die Stadt zu plündern, und setzten sie 2 Tage später in Brand.

Die portugiesischen Kolonialherren konnten sich nicht viel länger als 100 Jahre an der Macht halten. »Nachdem sie allen transportablen Reichtum, den sie fanden und wegschaffen konnten, gestohlen hatten..., machten sich die Portugiesen daran, den uralten Handel zwischen dem westlichen Indien und Ostafrika umzugestalten. Dies mißlang völlig.« (L 79, nach L 156, S. 63 f.) Aus bekannten, vorhin erwähnten Gründen zerfiel die portugiesische Kolonialmacht in Ostafrika. Zu Beginn des 17. Jahrhunderts waren die Portugiesen nicht einmal imstande, die verlorenen Schiffe zu ersetzen und untüchtig gewordene Schiffe zu reparieren. Aber in weniger als 100 Jahren Zerstörung hatten sie vieles von der Arbeit von Jahrhunderten zunichte gemacht. Vom Weltmarkt wurden die Portugiesen durch die Holländer, Franzosen und Briten verdrängt.

Araber aus Oman lebten schon in den Küstenstädten, bevor die Portugiesen kamen. Um die Jahrhundertwende sahen die Swahili eine Chance, die portugiesische Herrschaft zu beenden. Sie holten »brüderliche Hilfe« aus Oman. 1658 kamen die Araber, vertrieben die Portugiesen und übernahmen selbst die Macht.

Mit der arabischen Herrschaft blühte wieder der Handel mit Indien auf der Ozean-Route. Immer mehr indische Kaufleute wurden ins Land geholt, und ihnen wurde zunehmend der Handel überlassen; so meint Alpers, daß die indischen Kaufleute das »Rückgrat des Handels« für Kilwa bedeuteten (L 12, in L 156, S. 67).

Noch ein anderes Geschäft florierte prächtig: der Sklavenhandel. Die Franzosen schlossen im Jahr 1776 mit dem Sultan von Kilwa einen Vertrag ab. Demnach verpflichtete sich der Sultan, jährlich 1000 Gefangene als Sklaven abzuliefern. Bald stiegen die holländischen und britischen Sklavenhändler in das Geschäft ein, die Zahl der Sklavenlieferungen stieg in astronomische Höhen. Da auch das Festland erschlossen war, wurde nicht mehr nur nach Elfenbein, Gold, Holz und Fellen gejagt, sondern jetzt auch nach Sklaven. »Die Bauern waren zu einem guten Teil in die Berge geflüchtet und wagten sich kaum noch in ihre früheren Siedlungsgebiete zurück. Die Folge waren Hungersnöte, die die Bauern den Sklavenhändlern direkt in die Hände trieben.« (L 35, S. 9)

Die beiden Hafenstädte Sansibar und Kilwa wurden nun auch bedeutende Zentren für den Sklavenhandel, noch verstärkt, als in Westafrika dieser Handel verboten wurde.

Da die Schätzungen über die Folgen der Verschleppung von Sklaven weit auseinandergehen, soll die Bevölkerungsentwicklung dreier Kontinente im Vergleich eine Vorstellung davon vermitteln, welche Verluste Afrika durch den Sklavenhandel erlitten hatte. Während sich die Zahl der Bevölkerung in 250 Jahren, von 1650 bis 1900, in Europa gut vervierfachte (von 103

Millionen auf 423 Millionen) und in Asien mehr als verdreifachte (von 257 auf 857 Millionen), blieb die Bevölkerungszahl in Afrika fast gleich (von 100 auf 120 Millionen). »Dafür«, so meint der bedeutende afrikanische Historiker Walter Rodney, »kann als Ursache nur der Sklavenhandel in Frage kommen.« Den europäischen Sklavenhandel bezeichnet Rodney »als Hauptursache der Unterentwicklung« Afrikas (L 250, S. 82, 79).

Auch die arabischen Herrscher wußten sich der Sklaven zu bedienen. 1818 führte Sultan Sayyid Said Gewürznelken von den Molukken in Sansibar ein und begann, sie plantagenmäßig anzubauen. Heute noch ist Sansibar der größte Produzent und Exporteur der Welt von Gewürznelken. Da man damit Erfolg hatte, wurden auch andere Produkte wie Kokospalmen und Kopra plantagenmäßig angebaut. Für die Plantagenarbeit wurden Sklaven eingesetzt. Im 19. Jahrhundert war die Hälfte der Bevölkerung auf den Inseln Sansibar und Pemba Sklaven.

Schon im Jahr 1738 hatte die britische East India Company mit dem Sultan von Maskat und Oman einen Freundschafts- und Handelsvertrag abgeschlossen. Als 1840 der Sultan Sayyid Said seinen Hauptsitz nach Sansibar verlegte, eröffneten dort die Briten das erste diplomatische Konsulat. Da die Bedeutung Sansibars als Handelszentrum unübersehbar war, zogen die anderen europäischen Handelshäuser – darunter auch deutsche – bald mit Vertretungen nach.

Ohne Kolonien zu besitzen waren die deutschen Handelshäuser – schon lange vor der Gründung des Deutschen Reiches 1871 – im Welthandel tüchtig tätig. Die Superreichen wie Welser und Fugger beherrschten das »präkoloniale« Kolonialgeschäft. Bartholomäus Welser hatte mit einem Vertrag die Rechte für die Ausbeutung der Kupferminen in Haiti und der Bodenschätze Venezuelas gesichert, zudem besaß er 4 Jahre lang ein Monopol am Sklavenhandel. Jakob Fugger verzehnfachte Ende des 15. Jahrhunderts sein Vermögen innerhalb von 20 Jahren und kontrollierte den europäischen Kupfermarkt. Die Fugger hatten die zweite Reise von Kolumbus nach Amerika und anderswohin deshalb mitfinanziert, weil Kolumbus diesmal Zuckerrohrwurzeln mitnahm. Die Welser überlebten mit Mühe den Dreißigjährigen Krieg, und die Fugger gingen Mitte des 17. Jahrhunderts durch die Zahlungsunfähigkeit Spaniens zugrunde.

Es dauerte zwar einige Zeit, bis die Deutschen wieder gut ins Geschäft kamen, aber die Verbindungen waren nie völlig abgerissen. Beispiele dafür sind der Barockfürst Jakob von Kurland (1610–1681), der den Handelskrieg zwischen England und Holland für sich nutzte und sich im Dreieckshandel einzusetzen wußte, oder der Handel des oben erwähnten Baron Schimmelmann, woran die Hansestadt Hamburg beteiligt war. Gegen Mitte des 18. Jahrhunderts entstand die erste Baumwollmanufaktur in Berlin.

Dennoch war Deutschland eine »verspätete Nation«. Ende der vierziger Jahre des 19. Jahrhunderts, »am Vorabend des explosiven Durchbruchs der Industrialisierung in diesem Land«, konnte man behaupten, »daß keine vorstellbare Industrialisierung in der Lage sei, stets noch wachsenden Bevölkerungsüberschuß der Armen zu beschaffen« (L 159, S. 49f.). »Die Grundlage des Aufschwungs hatte die Schwerindustrie in ›Kohle und Eisen‹ gelegt. In den vierzig Jahren verfünffachte sich ... die Eisenerzförderung, die Roheisenerzeugung verneunfachte sich, ... noch deutlicher wurde die Überlegenheit bei der Stahlproduktion ...: Um 1900 zog Deutschland mit Großbritannien gleich (5 Millionen Tonnen), 1910 produzierte es mehr als doppelt soviel Stahl: 16 Millionen Tonnen gegenüber 7 Millionen ... Innerhalb weniger Jahre war Frankreich überrundet, 1900 war Großbritannien als führende Industriemacht Europas entthront.« (L 23, S. 6)

Ähnlich wichtig wie die Entwicklung von Werften, wie die Zucker- und Baumwollplantagen war nun die Entwicklung der Stahlindustrie und in deren Folge der Ausbau der Eisenbahn für das Zeitalter des Imperialismus – 3 Jahrzehnte vor dem Ersten Weltkrieg. Erst die Eisenbahn ermöglichte den schnellen Transport und erschloß das Kommunikationssystem. Nicht minder wichtig war das Aufkommen der Elektroindustrie. Die Eisenbahn war wiederum ohne die Entwicklung der Chemieindustrie nicht denkbar. Der Welthandel stieg sprunghaft an: von 1800 bis 1840 um knapp 100 Prozent, von 1850 bis 1870 um 260 Prozent (L 159, S. 51).

Da die Briten darauf drängten, den Sklavenmarkt von Sansibar zu schließen, bot der Sultan 1875 dem Deutschen Reich an, das Protektorat über sein Sultanat zu übernehmen. Bismarck lehnte ab, da er nicht von den Vorteilen überzeugt war. Ein Jahr später wurde die Sklavenausfuhr von Sansibar verboten.

Die Gründe für die Inbesitznahme fremder Länder sind vielfältig und mitunter widerspruchsvoll. Für das 19. Jahrhundert gilt mit Sicherheit, daß die sich zunehmend ausbreitende Industrie und deren Geldgeber, die Banken, der Hauptmotor waren. Ihre Anliegen waren in erster Linie: Rohstoffe billig und reichlich selbst zu besitzen; auch neue Quellen zu eröffnen für Metalle und Mineralien wie Bauxit für die Aluminiumherstellung, Salpeter für Düngemittel; billige Arbeitskräfte für die Plantagenarbeit und für die Ausbeutung der Rohstoffe (ohne die Verdienste der Gruppen zu schmälern, die aus humanitären Gründen für die Abschaffung des Sklavenmarktes gekämpft haben, ist erwähnenswert, daß die europäischen Kolonialherren nicht ohne Eigennutz in der Berliner Kongo-Konferenz 1884 beschlossen, den Sklavenhandel zu verbieten: Jetzt brauchten sie die billigen Arbeitskräfte in Afrika); die Abhängigkeit von Nordamerika für bestimmte Rohstoffe wie Baumwolle zu überwinden; Absatzmärkte für die industrielle Massenproduktion abzusichern.

Das Interesse des Militärs, insbesondere der Marine, ist ebenso klar wie das damit zusammenhängende Interesse der Werft- und Stahlindustrie.

Die Haltung des Deutschen Reiches, insbesondere des Reichskanzlers Bismarck, war – wie die Ablehnung des Protektorat-Angebots von 1875 zeigt – nicht so eindeutig. So ist es kein Zufall, daß die »Gesellschaft für deutsche Kolonisation« durch die Initiative einer Privatperson, Carl Peters, zustande kam und seine Abenteuerreise und »Eroberung« Ostafrikas privat war, das heißt, von der Industrie und den Banken finanziert wurde (L 23, S. 62). Diese Privatperson erwarb das Kernland des späteren Deutsch-Ostafrika, nicht das Deutsche Reich! Carl Peters' Vertragsabschluß dauerte ganze 7 Tage, und die Reise kostete 2000 Reichsmark. Mit vier Deutschen – Graf Behr-Bandelin, Dr. Jühlke, Dr. Lange und Graf Pfeil – und 42 Einheimischen trat Peters in theatralischer Pose auf und ließ

Sultan Mafungu Biniani am 23. November 1884 einem Vertrag per Handzeichen zustimmen, dessen Inhalt der Sultan wahrscheinlich nicht verstand.

Carl Peters, »ein guter deutscher Untertan, kleinbürgerlich, gehorsam, Monarchist« (L 35, S. 10), gleichzeitig ein machtbesessener Abenteurer, aber nicht der erste und der einzige Rassist unter seinen Zeitgenossen, der Schwarze für geborene Sklaven hielt, war überzeugt, daß Kolonien im nationalen Interesse auszubeuten seien. »Koloniale Ausgaben sind doch nur dann im nationalen Interesse, wenn sie den einzelnen und möglichst vielen solchen Gewinn bringen. Kolonien, welche nichts einbringen, sind unpatriotische Gründungen« (L 240, S. 97).

Über die Geschichte der deutschen Kolonisation in Afrika und die brutale Vorgehensweise gibt es zahlreiche Bücher (vgl. L 12; L 23; L 35; L 62; L 79; L 100; L 147; L 156; L 250; L 305). Für unseren Zusammenhang interessieren an sich nur die Ziele und Motive dieser Eroberungen.

Bismarcks überraschende Aktionen in Togo und Kamerun in den Jahren 1883 und 1884 waren kein Zeichen seiner veränderten Haltung. Er wollte nur einfach die Teilung der Welt nicht den anderen Kolonialmächten überlassen. Für seine Selbstbeschränkung spricht, wie der Historiker Wolfgang Mommsen meint, auch die Berliner Kongo-Konferenz 1884, mit der er den »freien Zugang für den Handel aller Nationen« absichern wollte (L 213, S. 154 ff.). David Fieldhouse pflichtet Mommsen bei: »Bismarcks Entschluß, in die koloniale Auseinandersetzung einzugreifen, wurde durch die Erfordernisse der Politik des europäischen Mächteausgleichs bestimmt«, und er fügt ein weiteres Motiv hinzu: möglicher Stimmengewinn bei den Reichstagswahlen des Jahres 1884 (L 113, S. 179).

Gleichwohl unterschrieb der Reichskanzler den kaiserlichen Schutzbrief »für die Gebietserwerbungen der Gesellschaft in Ostafrika« am 27. Februar 1885. Das Inderesse von Kaiser Wilhelm war klar: Er wurde der größte Aktionär der Deutsch-Ostafrikanischen Gesellschaft (DOAG, gegründet 1886), mit einer Beteiligung von einer halben Million Reichsmark; an zweiter Stelle stand der Bankier von der Heydt mit 400 000 Reichsmark, an dritter Stelle der Bankier Mendelssohn-Bartholdy und der Industrielle F. A. Krupp (L 23, S. 62).

August Bebel, Führer der Sozialdemokraten und Mitglied des Reichstags, nahm in einer Rede vor dem Reichstag am 26. Januar 1889 unmißverständlich die Gegenposition ein: »Wer ist denn diese Ostafrikanische Gesellschaft? Ein kleiner Kreis von Großkapitalisten, Bankiers, Kaufleuten und Fabrikanten, das heißt ein kleiner Kreis von sehr reichen Leuten, deren Interessen mit denen des deutschen Volkes gar nichts zu tun haben, die bei ihrer Kolonialpolitik nichts als ihr eigenes persönliches Interesse im Auge haben, die... nur den Zweck hatten, auf Grund größerer Mittel gegenüber einer schwächeren Bevölkerung sich auf alle möglichen Weisen zu bereichern. Einer solchen Kolonialpolitik werden wir nie unsere Zustimmung geben. Im Grunde genommen ist das Wesen aller Kolonialpolitik die Ausbeutung einer fremden Bevölkerung in der höchsten Potenz.« (Zit. L 169, S. 21)

Ähnlich wie die Arbeiter in England waren aber die Sozialdemokraten in der Frage der Kolonialpolitik gespalten. So hieß es im ›Vorwärts‹ vom 16. Oktober 1903: »Wir sind durchaus Gegner der Kolonialpolitik, stehen aber den in Afrika betriebenen Versuchen, dort die Baumwollkultur einzuführen und auszudehnen, sympathisch gegenüber.«

Nachdem das Deutsche Reich 1890 den Helgoland-Sansibar-Vertrag mit den Briten abgeschlossen hatte (Großbritannien trat Helgoland an Deutschland ab, Deutschland übergab seine Schutzherrschaft über Witu den Briten), gingen die deutschen Kolonialherren zum Plantagenanbau für den Export über. Nacheinander wurden Plantagen angelegt für Sisal (1893), Kautschuk (1900), Baumwolle (1903) und Kaffee. Doch sie bekamen erhebliche Schwierigkeiten, da die Landesbevölkerung nicht in den Plantagen arbeiten wollte.

Diesem Widerstand versuchte man mit rassistischen Vorurteilen zu begegnen, die durch pseudowissenschaftliche Aussagen untermauert wurden: Die Afrikaner wurden der Rohheit, Faulheit, Verschlagenheit und des »Schmarotzens und Herumlungerns« bezichtigt; es wurde behauptet, sie seien als »unwürdige Schwarze nicht reif zur Selbstbestimmung«; die Deutschen seien »Vertreter einer höheren Rasse« (L 23, S. 83). Gleichzeitig wußte man es aber auch besser: Der Staatssekretär Solf schrieb in sein Tagebuch: »Von dem Begriff des faulen Negers bleibt wenig übrig, wenn man die Landwirtschaft der Eingeborenen um das ostafrikanische Tabora gesehen hat.« (Zit. L 23, S. 96)

In einem Aufsatz im Rahmen eines Preisausschreibens der Deutsch-Ostafrikanischen Gesellschaft bewunderte 1885 der erste Preisträger, der Missionssuperintendent a.D. Merensky, nicht nur die Muskulatur und Gesundheit der Ostafrikaner, sondern auch ihre Geschicklichkeit beim Häuserbauen, bei der Geräteherstellung und beim Anfertigen von Waffen. »Er kleidet sich... den Verhältnissen angemessen, er hat meist einen reinlichen Hof und ein reinliches Haus und ißt und trinkt dabei gut... Der Afrikaner ist also ein reicher Mann.... Der freie Neger arbeitet deshalb nicht gern bei weißen Leuten, weil in seinem Lande noch fruchtbarer Boden in Menge vorhanden ist, durch dessen Bearbeitung er seine Bedürfnisse reichlich befriedigen kann. Afrika ist zu dünn bevölkert, deshalb brauchen die Bewohner dieses Erdteils weder untereinander noch bei den Weißen zu dienen, sie finden ihren Unterhalt auf leichtere Weise.« (Zit. L 305, S. 18 ff.)

Die »Unwilligkeit« der einheimischen Bevölkerung, den deutschen Kolonialherren zu dienen, erklärt sich auch daraus, daß Landbesitz im europäischen Sinn unbekannt war: »Auf keiner Entwicklungsstufe in der unabhängigen Geschichte dieser Staaten des Seenhochlandes«, schreibt Walter Rodney, »wurde der Landbesitz zu einem vollkommen persönlichen Besitz, den eine bestimmte Klasse an sich reißen konnte, wie im klassischen europäischen Modell. Das Vieh stellte... den Reichtum dar, der private Herdenbesitz trennte die Produzenten vom Produktionsmittel.« (L 250, S. 106)

Aber Merensky wußte hierfür einen Rat: »... ein Mensch (arbeitet) nur dann bei einem anderen – auch für Lohn –, wenn er dazu gezwungen ist.« Er empfahl, eine Hüttensteuer einzuführen; keine Kopfsteuer, da die Steuerzahler sowohl bei der Registrierung als auch bei der Steuereintreibung einfach verschwinden würden. Der Grundgedanke war, daß, um Steuern zahlen zu können, die Einwohner Geld haben müssen, und Geld können sie nur bekommen, wenn sie bei den Kolonialherren arbeiten, also *müssen* sie arbeiten (vgl. L 305, S. 18 ff.). So wurde neben der direkten Zwangsarbeit über die Steuer eine indirekte Zwangsarbeit eingeführt. Und als die Afrikaner immer noch nicht im erhofften Maß arbeitswillig waren, wurde die Prügelstrafe eingeführt. Ein Mann, »der seine Steuern nicht bezahlt hatte, wurde gefesselt und so lange durchgepeitscht, bis einer seiner Verwandten die Steuer freiwillig zahlte« (L 23, S. 91).

Nach der Einführung des kolonialen Baumwollanbaus – Baumwolle gab es auch früher in Ostafrika – leisteten die Bauern einen erbitterten Widerstand: Am 30. Juli 1904 begann der Maji-Maji-Aufstand von Kilwa und breitete sich bald aus. »Maji« bedeutet »Wasser«, die Kämpfer waren der Meinung, wenn sie ihren Körper mit Wasser einrieben, seien sie immun gegen deutsche Waffen. Der Aufstand wurde nach 4 Jahren brutal niedergeschlagen. Insgesamt wurden zwischen 75 000 und 120 000 Bauern getötet. Ab da waren die Plantagenbesitzer offenbar erfolgreich: 1913 lieferte Ostafrika 2162 Tonnen gereinigte Baumwolle nach Deutschland (L 147, S. 12). Der Handel Deutschlands mit seinen Kolonien wuchs schnell an. (Für eine Weiterbeschäftigung und für die Planung und Gestaltung einer Unterrichtseinheit über den deutschen Kolonialismus sind 4 Bücher, die mit vielen Bildern, Landkarten und Grafiken versehen sind, zu empfehlen: NL 310, NL 330; NL 166; NL 257.)

Nach dem Ersten Weltkrieg war dann alles vorbei. Das Ziel, der »Griff nach der Weltmacht«, mit dem unter anderem auch der Kolonialbesitz in Afrika zugunsten Deutschlands verändert werden sollte, wurde verfehlt. Auf dem Kriegsschauplatz Ostafrika verlor über eine halbe Million Afrikaner das Leben, etwa die Hälfte davon als Träger auf beiden Seiten, die andere Hälfte durch Hunger und Krankheiten. 1918 unterstellte der Völkerbund den größten Teil Deutsch-Ostafrikas der britischen Regierung als »Treuhandgebiet«. Das Land wurde nach dem See »Tanganyika« genannt. Die Herren wechselten, die Plantagen blieben. 1961 wurde Tanganyika, 1963 Sansibar unabhängig, 1967 schlossen sich die beiden Länder zusammen und nannten den neuen Staat Tansania. Aber immer noch sind die Plantagen da, und das Geld, von dem dieses Land abhängt, heißt jetzt Devisen.

4. Zum Verständnis des Problems: die ungleiche Verteilung

Die Folgen der Kolonialherrschaft

> »Ich spreche von Millionen Menschen,
> denen man geschickt das Zittern,
> den Kniefall, die Verzweiflung,
> das Domestikentum eingeprägt hat.«
>
> Aimé Césaire: Über den Kolonialismus

Die Aussage, daß der Kolonialismus nicht allein für die heutige Misere der Weltwirtschaft verantwortlich ist, ist durchaus begründbar und stimmig. Die Begründungen dafür sind:

1. Nicht alle nicht-weißen Länder waren der Kolonialherrschaft der Europäer unterworfen (zum Beispiel China oder Nepal). »Nur« etwa 700 Millionen von 2 Milliarden der Erdbevölkerung gehörten den unterworfenen Völkern an (L 22, S. 105). Auch wenn man die Länder von Mittel- und Südamerika dazu rechnet, die zum großen Teil in der ersten Hälfte des vorigen Jahrhunderts »unabhängig« wurden, geht die Rechnung nicht auf, daß der gegenwärtige Anteil der Armen in der Welt der Bevölkerungszahl der früheren Kolonien entspricht.

2. In manchen Ländern, die von den europäischen Kolonialmächten vereinnahmt wurden, gab es schon vorher Fremdherrschaft und Ausbeutung: So waren in Guatemala eindringende Indianerstämme, vor allem die Kichés, im Begriff, die Macht über das Land zu übernehmen und die Bevölkerung auszubeuten; in Indien waren es die Mogule, an der ostafrikanischen Küste die arabischen Sultane.

3. Die Kolonialherren hatten den Ländern, die sie ausbeuteten, nicht nur Schaden zugefügt, sondern – wenn auch unbeabsichtigt – Nutzen gebracht. So muß man mit Salentiny anerkennen, daß den Portugiesen die wirtschaftliche Erschließung Brasiliens, Angolas und Moçambiques gutzuschreiben ist. Die Por-

tugiesen brachten das Zuckerrohr, die Tabakpflanze und den Kaffeebaum nach Brasilien, die Maniokwurzel, den Mais und die Batate von Südamerika nach Afrika, und die portugiesische Plantagenwirtschaft war den nachrückenden Kolonialmächten sehr willkommen (L 253, S. 343 f.).

Pierre Bertaux fügt noch hinzu, daß die britischen Kolonisatoren Rücksicht auf die örtlichen Bräuche und Traditionen genommen haben, daß die französischen Kolonialherren die Kolonialbevölkerung zu »Staatsbürgern« erziehen wollten, die deutschen Kolonisten aus Afrikanern disziplinierte und wirtschaftlich rentable Untertanen zu machen bestrebt waren. Darüber hinaus hatten die Kolonisatoren etwa den Afrikaner seßhaft gemacht, in die Kolonien Schulen und den Eisenbahnbau gebracht (L 38, S. 202 ff.).

Nicht so entscheidend ist, ob diese Vorteile wirklich immer als solche für die betreffenden Länder angesehen werden können – wichtiger ist, daß ein wesentlicher Punkt dabei ausgespart wird: die Struktur des Welthandels, den die koloniale Herrschaft zugunsten der eigenen Industrialisierung auf Kosten der kolonisierten Welt geschaffen hat. Es entstand ein Weltwirtschaftssystem, das die Welt in zwei Teile trennte: in einen industriell-zivilisierten, »entwickelten«, und einen »unterentwickelten« – wobei der letztere für die Entwicklung des ersteren, auch nach Beendigung des Kolonialismus, weiterhin beitragen muß: Dies ist durch das System abgesichert.

Einiges, was von Salentiny und Bertaux zum Nutzen des Kolonialismus für die unterentwickelten Länder aufgezählt wird, ist deshalb nicht eindeutig der Kategorie »Nutzen« zuzuordnen, weil es zum Fortbestehen dieses Systems dient oder zumindest nicht zuläßt, das System zu ändern. Beispiele sind die Einführung von Zuckerrohr, der Tabakpflanze und des Kaffees. Zuckerrohr- und Tabakanbau schädigen den Boden durch die Plantagenwirtschaft, die das spätere einheimische Großgrundbesitztum begründete und Boden für die einheimische Nahrungsmittelproduktion wegnahm. Darüber hinaus binden diese Luxus-Agrarprodukte diese Länder so an das Weltwirtschaftssystem, daß man nicht mehr von der Exportorientierung wegkommt, beziehungsweise meint, nicht mehr wegkommen zu können.

Die von den Kolonisatoren eingeführten Schulen haben eine kleine Minderheit ausgebildet und diese zur Elite der Nation erklärt. Dieser Minderheit haben sie eingeprägt, was Entwicklung, Kultur und Zivilisation sind. Dieser Minderheit überließen sie die Macht, als sie die Länder in die Unabhängigkeit entließen. Diese Elite regiert seither im Sinne der Kolonisatoren. Bei einem Kommunikationsmittel wie der Eisenbahn muß man sich vergegenwärtigen, wozu sie gebaut wurde.

»In der Kolonialzeit wurden keine Kommunikationsmittel geschaffen«, schreibt Walter Rodney, bezogen auf Afrika, »damit Afrikaner ihre Freunde besuchen konnten. Vor allen Dingen wurde nichts getan, um den Innenhandel mit afrikanischen Waren zu erleichtern. Es gab keine Straßen, die die verschiedenen Kolonien sowie die verschiedenen Teile der Kolonien für die Bedürfnisse und Entwicklung Afrikas... untereinander verbunden hätten. Alle Straßen und Eisenbahnen führten zum Meer. Sie wurden gebaut, um Gold oder Mangan oder Kaffee oder Baumwolle herauszuholen. Sie wurden gebaut, um die Geschäfte der Holz- und Handelsgesellschaften sowie der ausbeuteberechtigten landwirtschaftlichen Firmen und der weißen Siedler zu ermöglichen.« (L 250, S. 180)

Die Struktur der Weltwirtschaft ist so beschaffen, daß sich ihr kaum ein Land – nicht einmal eines, welches keine Kolonie war – entziehen kann. Es sei denn, ein Land weigert sich, überhaupt am Welthandel teilzunehmen. Diese Weigerung hat dann Konsequenzen für die Außenpolitik, weil sie nämlich zugleich den Verzicht auf Außenbeziehungen bedeutet – Länder wie China, Nordkorea, Birma und Albanien haben dies zeitweise praktiziert. Wer nicht weltweiten Handel treibt, der ist verdächtig, der wird von der »Weltgemeinschaft« ausgeschlossen.

Diese Struktur der Weltwirtschaft – eine kleine Gruppe von Herrschern und eine viel größere Masse von Beherrschten – hat der Kolonialismus erst geschaffen. Der Grundsatz des einstigen britischen Seeräubers Raleigh, daß, wer die See beherrscht, auch den Handel und damit die Reichtümer der Erde beherrscht, hat heute noch Gültigkeit, nur mit dem Unterschied, daß zur Seebeherrschung nicht mehr Kanonen benötigt werden, sondern gutausgerüstete Transportschiffe – beispielsweise mit Kühlanlagen für verderbliche Waren.

Schon in der Antike kannten die Menschen Techniken für das Speichern von Nahrungsmitteln, um einen Vorrat für schlechte Zeiten zu schaffen. Von der Vorratskammer und dem Keller bis hin zu natürlichen Konservierungsmitteln wie dem Zucker gab es allerlei Methoden, Nahrung für die Zukunft aufzuheben. Doch erst die Entwicklung der Kältetechnik revolutionierte das Transportwesen und damit den Handel mit Nahrungsmitteln. Diese Entwicklung ließ wiederum die Veredelungsindustrie entstehen und vertiefte die Teilung der Welt (vgl. NL 12, S. 215–256). Diese Änderung hat weltweit massiven Einfluß auf den Geschmack, den Genuß und auf die Eßgewohnheiten ausgeübt.

Obgleich die entwickelte Welt, genauer deren multinationale Konzerne und Reedereien, den Seetransportweg beherrschen, wäre das Monopol auf diesem Gebiet nicht einmal unbedingt notwendig. Es genügt, wenn man diktieren kann, welche Ware zu welchem Preis verkauft und eingekauft werden darf, wenn man die Art und Menge der Warenproduktion in einem Land bestimmen kann und vor allem den Geldverkehr kontrolliert sowie die Währung für den internationalen Warenaustausch festlegt.

Wie wir von Ausgrabungen wissen, waren das Prägen und Nutzen von Geld und Münzen vielen Völkern im Altertum nicht unbekannt. Offenbar war dieses Zahlungsmittel im Alltag für das gemeine Volk aber nicht notwendig. Gebräuchlich war der Tausch von Waren. An einem Beispiel wird diese These deutlich.

Im Jahr 1912 besuchte Lukanga Mukara, ein Mann aus Ostafrika, auf Einladung des Kulturforschers Hans Paasche (1881–1920) Deutschland. Hans Paasche hatte seine berufliche Laufbahn als Marineoffizier begonnen, so Ostafrika kennengelernt; als Soldat war er bei der Zerschlagung des afrikanischen Widerstandes (1904–1906) beteiligt, weshalb er möglicherweise den Dienst quittierte und sich fortan mit der Erforschung fremder Kulturen beschäftigte. 1920 wurde er von 60 Soldaten vor seinem Gut unter einem Vorwand – er bereite einen kommunistischen Aufstand vor – erschossen. Paasche hatte auf einer seiner ethnologischen Reisen Lukanga Mukara, der bei den »weißen Vätern« Lesen und Schreiben gelernt hatte, nach Deutschland eingeladen. Lukanga Mukara schilderte seine Eindrücke über Deutschland in den Briefen an seinen König Ruoma von Kitara. Der erste Brief erschien im Mai 1912, darin schrieb er über das Geld:

»Wisse: Das Land, in dem ich jetzt reise, heißt Deutschland. Die Eingeborenen des Landes bezahlen nicht mit Rindern und Ziegen, auch nicht mit Glasperlen oder Kaurimuscheln oder Baumwollstoff; kleine Metallstücke und buntes Papier ist ihre Münze, und das Papier ist wertvoller als das Metall. Es gibt ein braunes Papier, das ist mehr wert als eine ganze Zahl Deiner Rinder. Es ist etwa so, als wenn man am Sabinjoberge 4 tragende Kühe für einen geflochtenen Grasring kaufen könnte. Dabei weiß doch jeder Hutu (= Ackerbauer), daß man für 20 Grasringe nicht so viel Brennholz bekommt, wie eine Familie braucht, um sich in der Regenzeit eine warme Nacht zu gönnen! ... Aber, großer König, ... (die) Eingeborenen des Landes empfinden diesen und noch viel größeren Unsinn als etwas Selbstverständliches ... Ja, wenn ich ihnen sage (ich spreche die Eingeborenensprache schon ganz gut), daß wir in Kitara mit anderer Münze zahlen, dann sagen sie, was sie hätten, sei besser, und fragen, ob sie kommen sollten und Dir das Bessere bringen. Sie nennen alles, was sie bringen wollen, mit einem Worte ›Kultur‹ ... Da mir das, was diese ›Menschen‹ ... haben, nicht gefällt, so antworte ich jedesmal, Du ließest ›bestens danken‹. Das ist nämlich der Ausdruck, den sie anwenden, wenn sie sagen wollen, was in unserer Sprache heißt: ›Nein, ich will nicht!‹« (NL 254, S. IX ff., 10, 12 f.) Übrigens waren diese „Briefe" das Vorbild des späteren Kultbuches ›Der Papalagi‹ (NL 88). Soweit zu den Begriffen „Geld" und „Kultur".

Wie wir an einigen Beispielen gesehen haben, fand früher der Warenaustausch häufig in der einfachsten Form, Ware gegen Ware (Subsistenzwirtschaft) statt, auch im internationalen Handel war diese Form gebräuchlich. Daneben und danach tauchte das Geld als Tauschmittel auf, wobei man Ware gegen Geld verkaufte, mit diesem Geld wieder Waren einkaufte. Dies nennt man die einfache Zirkulation Ware-Geld-Ware. Die Umkehrung dieser Form, Geld-Ware-Geld, brachte die Industrialisierung hervor. Damit gewann das abstrakte Mittel Geld – nunmehr als Kapital – enorm an Bedeutung.

In dem Buch ›Geld und Geist‹ (L 220) hat Müller minutiös herausgearbeitet, wie in der abendländischen Kultur zunehmend das Geld mit dem rationalen Denken gleichgesetzt wurde. Selbst die Identität wird über das Geld definiert, nach dem Motto: Ich habe Geld, also bin ich. Über das Geld entwickelt sich die Identität, das Denken des Individuums. Der Schein bestimmt das Sein. Daraus wird mit dem Umkehrschluß ebenfalls gefolgert, wer kein Geld hat, ist nichts; ein Volk, das kein Geld oder keine Beziehung zu Geld hat, ist irrational, ist unterentwickelt (L 220, S. 225 ff.) und besitzt kein individuelles Bewußtsein.

Wer Geld hat, hat auch die Macht. Nicht ohne Grund heißt es im Volksmund: »Geld regiert die Welt.« Das ist zweifellos ein Produkt der Industrialisierung. Und da die Industrialisierung ohne Kolonien nicht möglich war und die Abhängigkeit der kapitallosen, unterentwickelten Länder vom Geld als Kapital, und damit die Herrschaft der Industriestaaten über das Kapital, immer noch fortdauert – ist auch diese Herrschaft ein Produkt des Kolonialismus.

Die totale Monetarisierung (Vergeldlichung) der Welt ist den Industriestaaten aber erst in der nachkolonialen Zeit gelungen – durch Einbeziehung fast aller Länder in den Welthandel. Der Welthandel bestimmt nicht nur die monetäre (geldliche) Beziehung zwischen den Ländern, sondern auch dieselbe innerhalb eines jeden Landes. Da sich die Produktionsmethoden – nicht allein im Cash-crops-Bereich, sondern auch im Bereich der Nahrungsmittel – auch in den Entwicklungsländern geändert haben, sich den Produktionsmethoden der Industriestaaten angenähert haben, müssen die Bauern die Mittel zur Produktion mit Geld kaufen. Da sie dieses Geld wieder zurückgewinnen müssen, um weiterarbeiten zu können, müssen sie ihre Produkte gegen Geld verkaufen und können sie nicht mehr wie früher gegen Waren tauschen. Dies ist der Grund, warum ein Großteil der Bevölkerung eines Landes hungert, selbst wenn rechnerisch die Produktion der Nahrungsmittel in dem betreffenden Land für alle ausreicht (vgl. NL 101). Dies ist eine Feststellung und nicht Ausdruck einer Sehnsucht à la Rousseaus »Zurück zur Natur«. Das Rad der Geschichte läßt sich nicht zurückdrehen.

»Die Elemente, die heute für die Bewußtseinslage der jungen Völker und für ihr Verhältnis zur Umwelt konstitutiv sind und die das wirtschaftliche und soziale Entwicklungsproblem... bestimmen, wurden durch die Kolonialherrschaft zum großen Teil überhaupt erst geschaffen.« (L 190, S. 345) Der Kolonialismus ist also keineswegs eine zeitlich abgeschlossene Periode, die man als zwar schlimm, aber uns nicht unmittelbar betreffend, abtun könnte. Denn »den Kaufleuten folgten andere Europäer: Missionare, Soldaten und Verwaltungsbeamte« (L 28, S. 203). Sie schufen neue Werte, nicht nur Geld, Währung und Handel, sondern prägten auch soziale und geschichtliche Begriffe wie Arbeit, Religionen, Zivilisation. Für die Kolonisatoren »gab es nur eine Kultur, und das war die ihre. Daß der Kalif Harun al Raschid zivilisierter war als Karl der Große, wissen die meisten Europäer noch nicht.« (L 38, S. 202)

Die Begriffsverwirrung zwischen »Zivilisation« und »Kultur« scheint besonders in der deutschen Sprache groß zu sein. Sowohl im französischen als auch im angloamerikanischen Sprachraum werden diese Begriffe anders verstanden und fein unterschieden. In seinem mittlerweile als »klassisch« zu bezeichnenden Werk hat Norbert Elias dieses unterschiedliche Verständnis ausführlich und anschaulich dargestellt (NL 121, Bd. I, S. 7 ff.).

Der Begriff Kultur wird mit der Industriekultur gleichgesetzt, Entwicklung mit der industriellen Entwicklung. »Die Entwicklungsproblematik ergibt sich... nicht nur aus der Tatsache, daß die freigewordenen Länder einfach arm und rückständig sind, was sie zweifellos auch zum Zeitpunkt der Besetzung durch die Kolonialmächte waren. Die Problematik ergibt sich ganz besonders daraus, daß unter den Kolonialsystemen nicht nur die Wirtschaftsstruktur der überseeischen Länder äußerst einseitig entwickelt wurde, sondern auch dadurch, daß lediglich moderne Extraktions- und Exportwirtschaften aufgebaut wurden... Außerdem wurde durch die Kolonialherrschaft ein System produzierter Produktionsmittel nach ihren speziellen Bedürfnissen aufgebaut, die den weiteren Verlauf des Wirtschaftsprozesses noch heute bestimmen und den von ganz anderen Zielen bestimmten Entwicklungsprozeß behindern.« (L 190, S. 345)

Der bestimmende Faktor ist nicht mehr der bloße Besitz von Kolonien, sondern die Macht über den Welthandel. Diese Macht ist durch den Besitz von Kolonien vorgezeichnet, und sie wird mit einem Netz von feingeknüpften Maschen zusammen- und aufrechterhalten. Die entscheidenden Punkte, die im weiteren ausführlich behandelt werden, sind: Die Kolonisatoren entlassen die Kolonisierten in die Unabhängigkeit, aber die Staatsbildungen richten sich nach den kolonialen Besitzungen, willkürlich von den Kolonisatoren bestimmt, nicht nach der sozialen, historischen oder ethnischen Zugehörigkeit. Diese Grenzziehungen sorgen für eine ständige innere und äußere Spannung und sichern den Industriestaaten die politische Einflußnahme auf die jungen Staaten. (Nebenbei lassen sich so auch alte Waffen gewinnbringend verkaufen.)

Bei der Beherrschung des Welthandels heißt das Motto »freie Marktwirtschaft«. Es ist die Freiheit der Industriestaaten, alles an die Entwicklungsländer zu verkaufen, was sich verkaufen läßt, auch solche Waren, die diese nicht brauchen und das zu einem Preis, den sie selbst bestimmen. Alle anderen Waren werden nicht ins Land gelassen, und damit wird die Produktion im einzelnen Entwicklungsland bestimmt.

Darüber hinaus kontrollieren in vielen Fällen multinationale Konzerne aus den Industriestaaten die Produktion und den Transport der Waren für den Export. Durch die Kontrolle über Kapital, Währung, Kredit, Banken und durch das Verschuldungsprinzip werden – siehe das Beispiel Brasilien – Entwicklungsländer in ständiger Abhängigkeit gehalten.

Die Entwicklungshilfe dient – nicht immer, aber häufig – dazu, einen Exportmarkt zu schaffen oder zu erweitern.

Vor der kolonialen Zeit haben die meisten Völker die Fähigkeit gezeigt, »unabhängig voneinander ihr Leben durch die Ausnutzung der natürlichen Reichtümer befriedigender zu gestalten« (L 250, S. 9). Erst die koloniale Welt wurde eine zweigeteilte Welt, eingeteilt in entwickelt und unterentwickelt. »Entwicklung und Unterentwicklung« sind »nicht nur vergleichende Begriffe, sondern sie« stehen »auch in einem dialektischen Verhältnis zueinander, das heißt, sie« bringen »sich durch ihre Wechselbeziehung gegenseitig hervor«, wie Rodney schreibt (L 250, S. 63). Galeano sagt es knapper: »Die Unterentwicklung ist keine Phase der Entwicklung, sondern ihre Folge.« (L 131, S. XXV)

Die Reichen aller Länder vereint gegen die Armen

> »Der berühmte Grundsatz, daß alle Menschen gleich seien, läßt in den Kolonien nur eine Anwendung zu: Der Kolonisierte wird behaupten, daß er dem Kolonialherren gleich sei. Ein Schritt weiter, und er wird kämpfen wollen, um mehr zu sein als der Kolonialherr.«
>
> Frantz Fanon: Die Verdammten dieser Erde

Die Begründung dafür, warum das Weltwirtschaftssystem immer noch funktioniert, das ja einst von den Kolonialherren aufgezwungen worden war, ist komplex. Im folgenden wird versucht, mit Hilfe des Erklärungsmodells und der erwähnten Beispiele zu verdeutlichen, welche Mittel die Reichen dieser Welt benutzen, um heute noch mehr als in der kolonialen Zeit die Armen auszubeuten.

Nach dem Zentrum-Peripherie-Modell wird die Welt nicht geographisch, sondern machtpolitisch als ein Kreis vorgestellt. Im Mittelpunkt (Zentrum) stehen die Industriestaaten, am Rand (an der Peripherie) die Entwicklungsländer. Das Modell ist von dem norwegischen Wissenschaftler Johan Galtung ersonnen worden (L 132, S. 29 ff.). Die Macht, so Galtung, wird vom Zentrum auf die Peripherie ausgeübt. Das Mittel dazu ist die strukturelle Gewalt. Gewalt liegt nach Galtung dann vor, wenn die aktuelle Entwicklung des Menschen geringer und eher vermeidbar ist als die Möglichkeit ihrer potentiellen Verwirklichung. Die strukturelle Gewalt, auch als »soziale Ungerechtigkeit« bezeichnet, ist in der Struktur einer Gesellschaft (eines

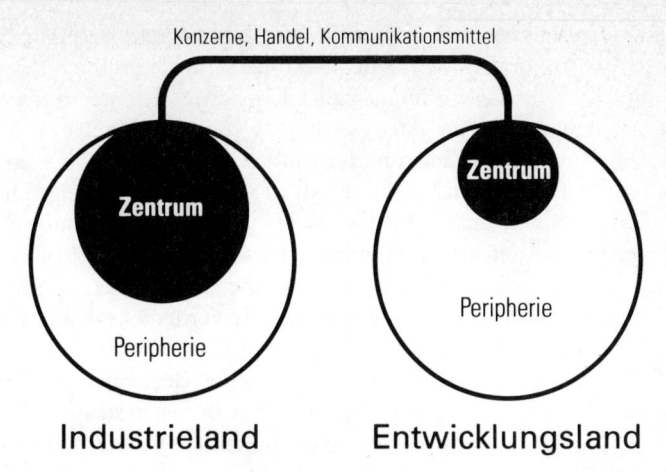

Das Zentrum-Peripherie-Modell
Strahm 1985 (NL 301)

Landes, eines politischen Blocks oder der Welt) angelegt und dient dazu, die ungleiche Verteilung aufrechtzuerhalten (L 133, S. 21 ff.).

Für das Verständnis des gegenwärtigen Weltwirtschaftssystems ist entscheidend: Nicht nur die Welt hat ein Zentrum und eine Peripherie, sondern das Zentrum (die Industriestaaten) und die Peripherie (die Entwicklungsländer) haben jedes für sich wiederum ein Zentrum und eine Peripherie, wobei das Zentrum der Industriestaaten viel größer ist (im Sinne einer größeren anteilnehmenden Bevölkerung) als das Zentrum der Peripherie (in der Regel nicht mehr als 5 Prozent der Bevölkerung). Das System funktioniert nur, weil es eine Interessengleichheit zwischen den Zentren gibt. Zwischen den Peripherien gibt es sie aber nicht, da die Lebensbedingungen der Peripherien völlig unterschiedlich sind; während die Peripherie des Zentrums einen hohen Lebensstandard erreicht hat, kämpft die Peripherie der Peripherie gegen den allgegenwärtigen Hunger. Es gibt, laut Galtung, deshalb eine Interessen*dis*harmonie zwischen den Peripherien.

Das Zentrum in der Peripherie-Nation ist der Brückenkopf der Zentral-Nation. Früher ging die Macht von den Kolonialmächten, Handelsniederlassungen und Firmen aus; diese Macht wird heute vom Zentrum der Peripherie übernommen – die nationalen Eliten, multinationalen Konzerne, Töchter der internationalen Banken. Aus welchem Grund das Zentrum der Peripherie mit dem Zentrum der Industriestaaten zusammenarbeitet, ist für das Funktionieren des Systems zweitrangig. Die Gründe können unterschiedlich sein – es kann der Glaube an die Industrialisierung des Landes sein, welche mit der Entwicklung verwechselt wird; es kann persönliche Bereicherung sein, es können Gruppenvorteile angestrebt werden, es kann um Machtabsicherung gehen.

Trotz der Interessengemeinschaft ist die Beziehung zweier Zentren (der Entwicklungsländer und der Industriestaaten) keine Beziehung zwischen zwei gleichwertigen Partnern. Diese Beziehung ist durch ungleiche Austauschbedingungen zwischen der Peripherie und dem Zentrum gekennzeichnet (Rohstoff gegen Fertigprodukt, Arbeit gegen Kapital). Auch durch Anhebung der Rohstoffpreise wird diese Ungleichheit nicht aufgehoben, da die Industriestaaten mehr Marktmittel haben und sich von einem Tag auf den anderen umstellen können.

Die Interaktion zwischen dem Zentrum und der Peripherie findet vertikal statt; da die Peripherie vom Zentrum abhängig ist, kann das Zentrum bestimmen, wie sich die Peripherie verhalten darf, welche Werte welche Produkte haben und nicht umgekehrt. Diese Umkehrung steht auch nicht zur Diskussion.

Niemand strebt an, daß die Entwicklungsländer die Chance bekommen sollten, die Industriestaaten auszuplündern, wie diese es in der Kolonialzeit getan haben. Zur Diskussion stehen vielmehr die Widersprüche zwischen den Verhaltensnormen, die die Industriestaaten anpreisen, und dem tatsächlichen Verhalten des Zentrums. Beispiel: freie Marktwirtschaft, freier Handel. Dies bedeutet freier Wettbewerb, möglichst ungehinderter Zugang zu allen Märkten der Welt, also keine oder wenig Export- und Importsteuer, die Freiheit ausländischer Firmen, Tochtergesellschaften zu gründen, und vieles mehr. Letzteres ist zum Beispiel für die Entwicklungsländer ausgeschlossen, da ihnen dafür das Kapital fehlt, beziehungsweise, genauer gesagt, da als Kapital nur zentrale Währungen zählen (Weltleitwährung ist der Dollar, daneben zählen Währungen wie englisches

Pfund, deutsche Mark, japanischer Yen, Schweizer Franken u. a.).

Diese Übermacht des Kapitals, es sei noch einmal daran erinnert, ist ein gemeinsames Produkt von Kolonialismus und Industrialisierung: Die Abänderung der Warenaustauschbedingungen von Ware gegen Ware über Ware-Geld-Ware zu Geld-Ware-Geld.

Heute werden in den Devisenmärkten der reichen Welt täglich über eine Billion Dollar, das sind über 1000 Milliarden, umgesetzt. Das ist das Spielgeld der Spekulanten. Diese Summe ist für uns eine unvorstellbare Größe. Sie entspricht etwa 40 Prozent des Geldes, das alle Länder dieser Welt im Jahr 1991 durch den Handel erwirtschaftet haben. Diese Summe ist mehr als das Bruttosozialprodukt (BSP) der 41 ärmsten Länder zusammen beziehungsweise ein Drittel des gemeinsamen BSP von 99 Ländern, die die Weltbank dem unteren und mittleren Einkommen zuordnet (vgl. NL 85, Kol. 966 f.; NL 184, S. 75). Anders ausgedrückt: Die 41 ärmsten Länder müßten 125 Jahre ihr gesamtes Geld aus dem Export zusammenhorten, um auf die Summe zu kommen, die in den Devisenmärkten an einem einzigen Tag umgesetzt wird. Und dies unter der irrealen Annahme, daß diese Länder keine negative Handels- und Zahlungsbilanz aufweisen, keinen Schuldendienst zu leisten und nichts importieren. In Wirklichkeit haben sie meist dies alles obendrein. Unter denselben irrealen Voraussetzungen bräuchte ein reiches Land wie Brasilien 100 Jahre, ein armes Land wie Botswana oder Bangladesh 1000 Jahre, um diese magische Summe von einer Billion Dollar zusammenzubekommen (vgl. NL 184, S. 159, 179, 186; NL 183, S. 2).

Auf den Devisenmärkten haben die Entwicklungsländer aber sowieso nichts zu melden. Die Landeswährung der Peripherie zählt nicht; für den internationalen Markt ist sie praktisch wertlos. Besonders deutlich ist das zur Zeit bei den sogenannten Schwellenländern – Länder, die an der Schwelle zur Industrialisierung stehen – wie Mexiko, Brasilien, Argentinien, die praktisch durch Verschuldung bankrott sind. Die westlichen Banken weigern sich gegenwärtig, deren Währungen überhaupt anzunehmen. Das Prinzip der Verschuldung wurde am Beispiel Guatemalas und Brasiliens zu verdeutlichen versucht. Das war

im vorigen Jahrhundert, nachdem die Eliten dieser Länder diese von den Kolonialmächten losgelöst hatten. Im Lauf der weiteren Entwicklung, vor allem nach dem Zweiten Weltkrieg, kam die totale Abhängigkeit von den Weltwährungen hinzu.
Alle Geschäfte laufen über die westlichen Währungen. Daher ist das Recht, freien Zugang zu den Märkten aller Länder zu haben – von den westlichen Ländern als integraler Bestandteil der freien Marktwirtschaft gepriesen – ein Recht der Stärkeren, ein Recht derer, die die Macht über das Kapital und die Währung besitzen.

Diese Macht über das Kapital ermöglicht den multinationalen Konzernen den Zugang zu den Märkten in den Entwicklungsländern, erlaubt, dort Tochterfirmen zu gründen, und sichert gegen unerwünschte inländische Konkurrenz. Die ausländischen Firmen produzieren dort solche Waren, die der Großteil der Landesbevölkerung sich nicht leisten kann. Billige Arbeitskräfte helfen Produktionskosten sparen, was Gewinn beim Export dieser Waren bringt. 100 Prozent der Kraftwagenproduktion und 100 Prozent der Reifenindustrie, 90 Prozent der Zementerzeugung, 82 Prozent des Seetransportwesens, 80 Prozent der Pharmaindustrie, 62 Prozent des Außenhandels, 50 Prozent der chemischen Industrie und 40 Prozent des Kapitalmarktes wurden in einem Land wie Brasilien schon im Jahr 1968 vom Auslandskapital kontrolliert (L 167, S. 226).

Brasilien hat sich in den sechziger und siebziger Jahren enorm entwickelt; 1979 soll es ein Bruttosozialprodukt von insgesamt 207,27 Milliarden Dollar erzielt haben (L 87, S. 197). Sein BSP steigt seither unaufhaltsam weiter. 1991 betrug es 402 Milliarden Dollar (NL 333, S. 251). Offenbar hat diese Entwicklung dem Land nicht genutzt, heute ist Brasilien der höchstverschuldete Staat der Welt, buchstäblich bankrott, 80 Prozent der Landesbevölkerung kämpfen ums Überleben, können sich kaum noch ausreichend Nahrungsmittel, geschweige denn einfachste Konsumgüter, leisten (L 296).

Am Beispiel Brasiliens läßt sich das Zusammenspiel der Zentren – des Zentrums der Peripherie und des Zentrums der Zentral-Nationen – verdeutlichen. Anfang der siebziger Jahre war man hierzulande über das Wachstum der brasilianischen Wirtschaft euphorisch. »Brasilien wächst weiter in japanischem

Tempo«, mit dieser Überschrift berichtete die ›Frankfurter Allgemeine Zeitung‹ am 13. August 1973 über die »Entwicklung« des Landes. »Wirtschaftswachstum« war das Zauberwort. Die Zentral-Nationen hatten die industrielle Entwicklung vorgeführt, und die Peripherieländer – genauer das Zentrum der Peripherie – glaubten an die Gleichung Wirtschaftswachstum = Entwicklung, ungeachtet der ungleichen Ausgangsbedingungen. Die Autoindustrie in Brasilien trug sicherlich dazu bei, das Wachstum der Wirtschaft zu fördern. Der Großteil der Landesbevölkerung hat aber kaum einen Anteil daran. Diese fatale Entwicklung war schon zu Beginn der siebziger Jahre – als der Boom noch anhielt – unübersehbar: In 10 Jahren, 1960 bis 1970, wurden die Reichen reicher, die Armen ärmer. Nach Angaben der Weltbank stieg der Anteil am Volkseinkommen der 5 Prozent Reichsten des Landes von 29 Prozent (1960) auf 38 Prozent (1970), und der Anteil der 40 Prozent Ärmsten sank von 1960 bis 1991 von 10 auf 8 Prozent (NL 69, S. 87).

Dieselbe Zeitung, die ›Frankfurter Allgemeine Zeitung‹, die im August 1973 so optimistisch über das Wirtschaftswachstum Brasiliens berichtete, hatte einige Monate zuvor nüchtern festgestellt: »Ein Jahrzehnt Militärdiktatur in Brasilien. Rapides Wirtschaftswachstum hat an der ungerechten Verteilung des Reichtums nicht viel geändert.« (FAZ vom 31. März 1973)

Die ›Süddeutsche Zeitung‹ berichtete am 23. November 1972, in Brasilien seien nur rund 40 Prozent der arbeitsfähigen Bevölkerung in den Arbeitsprozeß eingegliedert. Bei den restlichen 60 Prozent handele es sich um Arbeitslose und solche, die hin und wieder eine Gelegenheitsarbeit erhalten. Durch das Wirtschaftswachstum hatte es neben den 5 Prozent Reichen auch der Mittelstand (etwa 15 Prozent der Bevölkerung) zu einem bescheidenen Wohlstand gebracht. Nur diese 20 Prozent der Bevölkerung konnten sich die unterschiedlichen Konsumgüter überhaupt leisten.

Und diese Konsumgüter waren fest im Griff ausländischer Firmen: »Alle Konsumgüter, die wir im täglichen Leben verbrauchen, verraten ausländische Präsenz«, schrieb Alves. »Bei der Geburt werden wir mit Johnson & Johnson bandagiert. Mit Nestlé- und Gloria-Milch werden wir am Leben gehalten... Wir reinigen unsere Zähne mit Colgate-Zahnpasta und Tell-

Zahnbürsten. Wir waschen uns mit Lever- und Palmolive-Seife und rasieren uns mit ... Gilette-Klingen und -Apparaten ... (wir) trinken ... Coca Cola und seit einiger Zeit gehört sogar der Hauptherseller unseres Nationalgetränks cachaça, des weißen Rums, zu Coca Cola. Wir fahren Volkswagen und Ford und transportieren unsere Güter mit Mercedes-Benz-Lastwagen, die mit Esso- und Shell-Benzin getankt werden ... usw. usw., bis man stirbt. Aber die Elektrizitätsrechnungen müssen die Hinterbliebenen an die Canadian Light and Power zahlen und vielleicht das Holz für den Sarg von der Georgia kaufen und zwar mit Geld, das bei Thomas de la Rue oder bei der American Bank Note Company hergestellt ist.« (L 14, S. 152f.)

Diese Abhängigkeit von oben nach unten, vom Zentrum zur Peripherie, erlaubt nur eine »vertikale Interaktion« und schließt Interaktion zwischen den Peripherienationen aus, da die Bindungen der Peripherie vom Zentrum kontrolliert werden (»feudale Interaktion«). Nach Galtung ist die vertikale Interaktion die Hauptquelle der Ungleichheit. Beide Mechanismen sind aufgrund der internationalen Arbeitsteilung strukturell so festgelegt, daß keine Waffengewalt mehr notwendig ist, um die Kontrolle und Herrschaft des Zentrums zu sichern. Galtung unterscheidet 5 Typen dieser Herrschaftsmechanismen: ökonomischer, politischer, militärischer, Kommunikations- und kultureller Imperialismus, wobei die Reihenfolge zufällig ist. Der Imperialismus kann von jedem Bereich ausgehen, und er kann auf jeden anderen Bereich übergreifen (vgl. L 132; L 133; L 76, S. 29 ff.).

Beim Beispiel Brasilien ist es durchaus denkbar, daß der jetzige Zustand vom kulturellen Bereich ausgegangen ist. Wobei »Kultur« auch für Bildung, damit für die Vorstellung, was Entwicklung ist, zuständig ist: nämlich Industrialisierung. Hierzu muß man ausländischen Firmen in möglichst vielen Bereichen die Chance geben, Firmen zu gründen. Um sie anzulocken, muß man diese ausländischen Firmen steuerlich begünstigen und ihnen bei der Kapitalbeschaffung behilflich sein.

Diese Vorstellung der ökonomischen Entwicklung, die Entwicklungsnorm, kann sowohl von der historischen Erfahrung der Zentral-Nationen übernommen worden als auch von den ausländischen Ökonomen gelehrt worden sein – entweder an ausländischen Universitäten oder im Inland durch ausländische Professoren und/oder Lehrbücher.

Auf welche Weise eine Entwicklung vom Zentrum initiiert werden kann, zeigt Susan George am Beispiel Indonesiens: Als Sukarnos Partei, ausgestattet mit einer eindeutigen Mehrheit, mit der Verstaatlichung ausländischen Eigentums begann, scheiterte der vom CIA unterstützte Putsch. Großzügige Stipendien der Ford-Stiftung machten es dann einer Elite möglich, an den renommierten Universitäten Harvard, Berkeley, Cornell und MIT ausgebildet zu werden. Im Auftrag der Ford-Stiftung wurden an den genannten Universitäten die »politischen Hindernisse« für die Entwicklung Indonesiens untersucht. Daneben wurde eine Gruppe von Aristokraten in Berkeley und Armee-Offiziere auf US-Militärbasen geschult. Der zweite Putsch, 9 Jahre nach dem ersten, war erfolgreich, das Militär und die »Berkeley-Boys« blieben an der Macht, den Indonesiern ging es nicht besser (L 137, S. 62 ff.).

In Brasilien hat das Militär deshalb 1964 die Macht übernommen, weil die Entwicklung des Landes nicht schnell genug voranging. Also wurde durch einen Militärputsch die politische Voraussetzung geschaffen, um die ökonomische Entwicklung voranzutreiben. Galtung geht davon aus, daß es unwichtig ist, von welchem der oben erwähnten 5 Bereiche die Kontrolle zuerst aufgenommen wird, diese wird dann nur auf die anderen Bereiche übertragen. Damit wird die vertikale Interaktion abgesichert. Noch Ende der siebziger Jahre wurde Brasilien als Schwellenland bewundert. Dieter Senghaas, der in den siebziger Jahren ein Befürworter der autozentrierten Entwicklung und ein Kritiker des Brasilianischen Modells war, heute aber das Entwicklungsmodell Europa anpreist, erkannte noch 1977 an, daß »die Produktionskraftentfaltung der brasilianischen Ökonomie ohne Zweifel eindrucksvoll« ist (L 263, S. 152).

Spätestens im Jahr 1983 war der wahre Zustand des Landes nicht mehr zu verbergen. Nun erschienen auch Berichte und Schlagzeilen in den Zeitungen wie: »Brasiliens Militärregime unter wachsendem Druck von innen und außen. Der Riese am Ende seiner Kraft. Belastet mit dem höchsten Schuldenberg der Welt, ist der Staat nicht mehr in der Lage, der Masse der Armen das Existenzminimum zu garantieren.« (Süddeutsche Zeitung vom 1. September 1983) »Tod durch Hunger, Tod durch Krankheit.« (Hannoversche Allgemeine Zeitung vom 31. August 1983) »Lateinamerika verarmt zusehends.« (Süddeutsche Zeitung vom 23. August 1983)

Die brasilianische Militärregierung gab 1985 die Macht »freiwillig« ab – nachdem es offensichtlich war, daß diese Militärregierung mit ihrem rücksichtslosen Modernisierungskonzept völlig gescheitert war und das reiche Land in 20 Jahren an den Rand des Ruins gebracht hatte. Zwar war der Unterschied Arm/Reich in Brasilien schon vorher groß, katastrophal wurde die Lage aber erst durch die Militärregierung. Während vor der Militärherrschaft ein Drittel der Bevölkerung an Unterernährung litt, war der Anteil 1985 auf zwei Drittel der Gesamtbevölkerung angewachsen (NL 141, S. 185f.).

Neben der Machtsicherung und der Selbstbereicherung hatte das Militär das Ziel der »Entwicklung« voll auf die »Modernisierung« Brasiliens gesetzt. Das Modernisierungsmodell nennt Susan George »ein Fiasko auf Raten«. Sein Ziel ist »Wachstum ..., ohne daß die Frage gestellt wird, was eigentlich wachsen und wem das Wachstum nützen soll. Häufig bildet die Industrialisierung das Herzstück des Modells, gelegentlich auch eine exportorientierte Landwirtschaft unter Einsatz industriell erzeugter Produktionsmittel ... Die Konstrukteure des Modells hatten besonders wenig für eine kleinbäuerliche Landwirtschaft übrig, obwohl sie die Lebensquelle für das Gros der Bevölkerung darstellte.« (NL 141, S. 26f.)

Hinter dem Modernisierungsmodell steht eine falsche Annahme, die sogenannte Durchsickerungstheorie (trickle-down-theory): Wenn die Reichen reicher werden, sickert der Reichtum bis zu den Armen durch – wegen des ökonomischen Gleichgewichts. Gunnar Myrdal hat schon 1959 – nach einer langjährigen Untersuchung in Südostasien – darauf hingewiesen, daß die Veränderung genauso in entgegengesetzter Richtung verlaufen kann, so daß die Reichen reicher und die Armen ärmer werden. Die Entwicklung der Länder des Südens, die auf die »Modernisierung« gesetzt hatten, unterstreicht die Hypothese Myrdals. Seine Annahme wurde seither wiederholt bestätigt, zuletzt von einer Untersuchung der ESCAP (Economy and Social Commission for Asia and Pacific), einer Unterorganisation der UN (NL 245, S. 27; NL 151, S. 299).

Das Modernisierungsmodell läßt »nicht nur Kleinbauern unberücksichtigt, sondern überhaupt alle Menschen, die nicht zu der dünnen Schicht an der Spitze der Gesellschaft gehören, zu den sogenannten Modernisierungselementen«, schreibt Susan George und fügt hinzu, »Modernisierung« sei ebenso wie »Entwicklung« ein Zauberwort, in dessen Namen jede Zerstörung und jede Geldverschwendung ungestraft vorgenommen werden können. »Das Modell orientiert sich an den Auslandsmärkten ... Es behandelt (die Menschen) ..., als wären sie ein homogener Tonklumpen, der den feststehenden Erfordernissen des Weltmarkts und des Weltkapitals angepaßt werden muß.« (NL 141, S. 27) Folglich lautet die Devise: »Exportiere oder stirb!« (NL 141, S. 85)

Dies ist besonders im Agrarbereich deutlich. Beim Export von Agrarprodukten liegt Brasilien weltweit hinter den USA an zweiter Stelle. Exportiert werden hauptsächlich Soja, Kaffee, Kakao, Zucker, Orangensaft und Fleisch-Produkte, die in Plantagen und Großbetrieben erzeugt werden. In den siebziger Jahren vergrößerte sich etwa die Anbaufläche für Sojabohnen in Brasilien um mehr als das Neunfache (NL 141, S. 196; NL 183, S. 10).

Seit der portugiesischen Kolonialzeit ist der Landbesitz in Brasilien ungleich verteilt. Nirgendwo auf dieser Welt ist die Landverteilung so ungerecht wie in Brasilien. Noch bevor das Militär die Macht abgab, sah die Verteilung des landwirtschaftlich genutzten Bodens so aus: Während 71 Prozent der Kleinbauern sich mit 10,9 Prozent des Landes begnügen mußten, verfügten 4 Prozent der Großgrundbesitzer mit jeweils mehr als 50 Hektar Land über 67 Prozent. Je dünner die Spitze wird, desto größer ist der Grundbesitz. Von insgesamt 4,5 Millionen Grundbesitzern sind 0,05 Prozent Großgrundbesitzer, nennen also Flächen von über 10000 Hektar ihr eigen. Diese verschwindende Minderheit verfügt aber über 17,2 Prozent des bebaubaren Landes. Das Grundeigentum der 400 reichsten Großgrundbesitzer erstreckt sich über eine Fläche, die nur 15 Prozent kleiner ist als Großbritannien. Und der Reichste der Reichen, Manasa Kompanie, besitzt allein ein Land, das so groß ist wie die Niederlande. Andererseits gibt es in Brasilien über 12 Millionen landlose oder quasi landlose Bauern. Die Kleinbauern mit dem oben erwähnten Bruchteil des bebaubaren Landes decken den Nahrungsmittelbedarf des Landes zu 28 Prozent bei Reis, 55 Prozent bei Mais, 66 Prozent bei Bohnen und fast 78 Prozent bei Maniok. Aber zwei Drittel dieser Kleinbauern und landlosen Bauern leben unterhalb des Existenzminimums mit einem Einkommen, das die Hälfte oder noch weniger des Mindestlohns ausmacht. In 7 von 10 Fällen ist Unterernährung die Ursache der Kindersterblichkeit unter 5 Jahren (NL 141, S. 3, 32, 197f.).

Die Militärregierung hat das System der ungleichen Verteilung nicht geschaffen, aber nach Kräften gefördert. Selbst die Weltbank, ein bedingungsloser Befürworter der Modernisierungstheorie und trotz gegenteiliger Behauptung gänzlich unverdächtig als ein Sympathisant der Armen, kritisiert in dem Armutsbericht die brasilianische Agrarpolitik, die die Großbetriebe begünstigt (NL 327, S. 70). Verständlicherweise sind deshalb Landkonflikte an der Tagesordnung. Zwischen 1980 und 1984 gab es 279 und zwischen 1985 und 1989 488 Tote bei solchen Konflikten. Auch im Jahr 1991 kam es noch zu 383 Landkonflikten mit 59 Toten (NL 141, S. 32; NL 183, S. 9). An dem Verhältnis hat sich offenbar nicht viel geändert.

1985 übernahm die Regierung José Sarney die Macht. Diese Regierung setzte zwar 1988 eine neue Verfassung in Kraft, aber das dringende Agrarproblem blieb ungelöst, weil die Regierung die Macht des Militärs und der Großgrundbesitzer nicht anzutasten wagte. Aus den ersten freien Wahlen ging Collor de Mello 1990 als Präsident hervor, der jedoch wegen seiner unzähligen Korruptionsaffären 1992 abgesetzt wurde. Im Oktober 1992 hat Itamar Franco, der Vizepräsident war, das Präsidentenamt übernommen.

Abgesehen davon, daß diese Regierungen mehr mit sich als mit den Problemen des Landes beschäftigt waren, hatten sie auch alle Hände voll mit der ruinösen Hinterlassenschaft der Militärregierung zu tun – vor allem mit den Altschulden. Deshalb hatte der IWF (Internationaler Währungsfond) 1983 dem Land das Strukturanpassungsprogramm (SAP) verordnet (zur Bedeutung des SAP siehe Ende des Kapitels über Tansania).

Für die Schulden, die die Militärregierung mit dem mörderischen Modernisierungsplan angehäuft hatte, müssen die Folgeregierungen zahlen: Tilgung und Zinsen. Auf das Verschuldungsproblem werden wir noch eingehen.

Hier soll im Falle von Brasilien festgehalten werden, daß das gemeine Volk von den Schulden außer einer zusätzlichen Last nichts hatte. Brasilien deckt seinen Energiebedarf – vor allem den der Industrie – zu 20 Prozent durch den Ölimport (NL 183, S. 3). Der Anstieg des Ölpreises 1973/74 und 1979/80 ist die Ursache für etwa ein Viertel der Gesamtschulden. Paradoxerweise spielten die Industrialisierungsbestrebungen der Militärregierung eine Hauptrolle. Für weitere 20 Prozent sind das Spielzeug der Militärs – Waffenproduktion und -import – verantwortlich. 40 Milliarden Dollar gingen für 6 Kernkraftwerke drauf, von denen bis heute kein einziges im Betrieb ist. Weitere Milliarden verschlangen unsinnige, Mensch und Natur schädigende Projekte wie Itaipu, Sobradinho, Tucurui-Großstaudamm oder wie das Polonoreste-Projekt. Den Rest besorgen die Zinseszinsen.

Brasilien hat zwischen 1979 und 1985 69 Milliarden Dollar an Kreditzinsen bezahlt – »und das einzige, was es davon hatte«, schreibt Susan George, »waren am Ende eine größere Schuldenlast und noch höhere Zinsforderungen als je zuvor« (NL 141, S. 45, 38, 187, 217f., 67). So haben die Banken eine wundersame neue Geldvermehrungsmaschine entwickelt; schließlich sind, laut Aussage des Citicorp-Präsidenten Walter Writson, die Banken nicht dazu da, um Geld zu verleihen, sondern um Geld zu verdienen (NL 141, S. 53). Wenn ein Land zahlungsunfähig wird, beschließt ein Konsortium der Banken, dem Land neue Kredite zu geben, damit das Land wenigstens die Zinsen zahlen kann. Auf diese Weise wachsen die Schulden unaufhaltsam weiter.

Ein wichtiger Grund für so viel Anteilnahme an der Misere Brasiliens ist der, daß das Land seine Schulden nicht mehr zurückzahlen kann. Davon sind die Banken der Industriestaaten betroffen. Daß ausgerechnet Brasilien zur Zeit der höchstverschuldete Staat der Welt ist, kommt aber nicht von ungefähr. Bekanntlich erhält man einen Kredit von einer Bank nur dann, wenn man kreditwürdig ist, und zwar in einer Höhe, von der die Bank überzeugt ist, daß man diese Summe auch zurückzahlen kann. Deshalb ist es nicht ohne Bedeutung, daß nicht etwa Bangladesh – eines der ärmsten Länder der Welt – der höchstverschuldete Staat der Welt ist, sondern Brasilien. Nur ein geringer Teil dieses Schuldenberges stammt von öffentlichem Auslandskapital; im Jahr 1981 weniger als 20 Prozent der Gesamtschulden (L 311, S. 202 ff.). Die restlichen Kredite haben die westlichen Banken vergeben mit der Absicht, durch hohe Zinsen hohe Gewinne zu erzielen und die Industrien des eigenen Landes zu finanzieren, damit diese im Ausland Tochterfirmen gründen können (auch von deren Gewinnen profitieren die Banken, da die Geldtransaktionen über sie laufen).

Der Bankier Freiherr von Bethmann sagte 1983 in einem Spiegel-Gespräch, daß »die Banken letztlich nicht um einen Teilverzicht ihrer Milliarden-Forderungen an Länder wie Brasilien herumkommen« werden. Er gehe davon aus, »daß von den Forderungen gegen die überschuldeten ... Entwicklungsländer 40 Prozent uneinbringlich geworden sind. Diese uneinbringlichen Forderungen sind im wesentlichen auf überhöhte Zinsen zurückzuführen.«

Nach einer Untersuchung des US-Department of Commerce kommt nur ein unbedeutender Anteil der ausländischen Direktinvestitionen in Lateinamerika aus dem Ursprungsland (knapp 12 Prozent, errechnet durch die Abtretung von Maschinen, Abkaufen der Patente etc.), 22 Prozent hingegen stammen aus den im investierten Land erzielten Gewinnen und die restlichen 66 Prozent aus den inländischen und internationalen Kreditquellen. Diese ausländischen Direktinvestitionen verdoppeln die Auslandsschulden dieser Länder (L 131, S. XIV). Die lateinamerikanischen Auslandsschulden waren im Jahr 1975 fast dreimal so hoch wie im Jahr 1969 (L 131, S. XIV). Im Fall von Brasilien waren diese Schulden im Jahr 1983 fünfeinhalbmal so groß wie im Jahr 1975 (L 42, S. 9).

Seither haben sich die Schulden wiederum mehr als verdoppelt. Die Gesamtschulden Brasiliens betrugen Ende 1991 123 Milliarden Dollar oder 344 Prozent des gesamten Exportertrages (NL 183, S. 3). Bei einem solchen Mißverhältnis kommt das Land zwangsläufig in Handels- und Zahlungsbilanzschwierigkeiten. Die Folgen sind einerseits Zurückhaltung seitens der

Auslandsinvestoren. So gingen die Auslandsinvestitionen von 1977 bis 1990 von 8,8 Milliarden Dollar auf 0,745 Milliarden zurück und stiegen im Jahr 1992 (bis September) wieder auf 4,04 Milliarden Dollar an (NL 183, S. 14). Damit verbunden sind andererseits eine hohe Inflationsrate, Wertverlust der Landeswährung und Kapitalflucht. Die Reichen des Landes sichern ihr Geld in ausländischen Währungen und Banken. 1986 schätzte Morgan Guaranty die Kapitalflucht aus den 10 größten lateinamerikanischen Schuldnerländern (darunter Brasilien) auf gut 70 Prozent ihrer gesamten Neuverschuldung von 1983 bis 1985 (NL 141, S. 34).

Ein Teil der Auslandsschulden wird durch den Export der Güter bezahlt, die die vom Ausland beherrschte Industrie produziert. Ausländische transnationale Konzerne beherrschen zum Beispiel in Brasilien zu 85 Prozent die pharmazeutischen Produkte, zu 79 Prozent die elektrischen Maschinen und zu 100 Prozent die Autoherstellung (NL 301, S. 150f.).

»Der Teufelskreis ist perfekt«, stellt Galeano fest, »die Auslandsschulden und die ausländischen Investitionen zwingen zu einer Verdoppelung der Exporte, die sie sich selbst wieder einverleiben.« (L 131, S. XV) Rund 60 Prozent der Export-Einnahmen kommen aber aus Agrarprodukten (wie Kaffee, Sojabohnen, Zucker, Baumwolle, Kakao) und Rohstoffen (wie Eisen, Eisenerz, Holz). Je mehr aber die Rohstoff- und Agrarpreise am Weltmarkt fallen (sie fallen nicht von Natur aus, sondern die Preise werden in den Börsen der Industriestaaten ausgehandelt und von Einkäufern aus den internationalen Marketing-Firmen, ebenfalls aus den Zentral-Nationen, festgelegt), desto mehr Hunger wird im Land produziert, da, um den Verlust auszugleichen, noch mehr Waren wie Kaffee, Zucker verkauft, also auch produziert werden müssen.

Jeder Preisfall der Export-Produkte, jede Dürreperiode verschlimmern die Situation der Kleinbauern und vergrößern die Latifundien und die Viehzuchtfarmen für den Fleischexport ins Ausland. Auch die ausländischen Industriefirmen, wie etwa VW, sind in das einträgliche Fleischgeschäft eingestiegen. VW besitzt im Amazonasgebiet große Rinderfarmen. So kommt es, daß die Großgrundbesitzer immer weniger Land an Kleinbauern verpachten und statt dessen selbst Viehzucht betreiben oder ihr Land zu überhöhten Preisen als Weideland verpachten.

Das Spiel zwischen dem Zentrum der Peripherie und dem Zentrum des Zentrums funktioniert gut. Auch als der brasilianische Boom noch anhielt, profitierten davon neben den 5 Prozent Reichen allenfalls noch etwa 15 Prozent der Bevölkerung – Ärzte, Ingenieure, Juristen, Manager, Kaufleute und Facharbeiter, die zur Mittelschicht gezählt werden, und es in dieser Zeit zu bescheidenem Wohlstand gebracht haben (L 97, S. 165). Die Entwicklung ging eindeutig auf Kosten der Mehrheit der Bevölkerung.

Daß die exportorientierte Wirtschaft Lateinamerikas nur auf Kosten der Armen wachsen kann, wußten die ausländischen Konsumgüterhersteller. Sie hatten schon 1975 den potentiellen Markt untersuchen lassen: Es wurde vorausgesagt, daß ein Fünftel der Bevölkerung im Jahr 1985 unter der Voraussetzung des gleichmäßigen Wachstums in der Lage sein werde, deren Produkte regelmäßig zu kaufen, ein weiteres Drittel dies gelegentlich tun könne, der Rest der Bevölkerung aber als Käufer nicht in Frage komme. Collins/Lappé, die diese Untersuchung zitieren, kommentieren lakonisch: »Zweifellos möchte sich Mr. Van Dam gern um die Hungernden kümmern. Mit der ›kontinentalen Vision‹, daß 89 Millionen reicher Lateinamerikaner zum Kauf bereit sind, muß er sich schwerlich wegen der 208 Millionen sorgen, die so jämmerlich arm sind, daß sie nie einen Topf Hellmanns Mayonnaise oder Skippys Erdnußbutter kaufen können.« (L 69, S. 327 f.)

Die Problematik der Exportorientierung und damit der Abhängigkeit hätte Brasilien aus der eigenen Geschichte lernen können. Schon Ende des 19. Jahrhunderts war der brasilianische Staat in chronische Verschuldung gegenüber England, das industrielle Zentrum von damals, geraten, weil das damalige Zentrum Brasiliens (die Großgrundbesitzer) keine Exportsteuer zahlen wollte und das damalige Zentrum (die englische Industrie) keine Importsteuer seiner an Brasilien gelieferten Waren duldete. »Die Verschuldung war auch der Hauptgrund für das chronische Zahlungsdefizit Brasiliens vor 1930; zwischen 1890 und 1930 produzierte das Land einen beachtlichen Handelsüberschuß, weshalb also nicht der mangelnde Absatz seiner

Waren auf dem internationalen Markt die Ursache für das Zahlungsdefizit sein konnte.« (L 263, S. 123 f.) Bezeichnenderweise schaffte erst die Weltwirtschaftskrise in den dreißiger Jahren eine gewisse Lockerung der bis dahin reibungslosen Beziehung zwischen den Großgrundbesitzern, dem Staatsapparat und dem ausländischen Kapital.

Diese Lockerung ermöglichte es dem Land, eine einfache Konsumgüterindustrie (Nahrungsmittel, Getränke, Tabak, Kleidung, Papierprodukte u. a.) im Land aufzubauen. Senghaas bezeichnete diese Periode von 1930 bis 1955 als »die Importsubstitutions-Phase«. Die Zeit danach nennt er eine Zeit des »Wirtschaftswunders und der Massenverelendung« (L 263, S. 124 ff.). Eine vierte Phase, die Zeit nach 1981, war die Phase des wirtschaftlichen Zusammenbruchs. Brasilien hatte es spätestens in der zweiten Phase versäumt, eine Landreform durchzuführen und die Einkommensverteilung gerechter zu gestalten. Deshalb mündete die dritte Phase – abhängig vom Zentrum der Industriestaaten – in den Zusammenbruch. Da seit Mitte der siebziger Jahre die Weltwirtschaft – das ist: die Wirtschaft der Industriestaaten – eine andauernde Rezession erlebt, sind alle abhängigen Länder in Mitleidenschaft gezogen: Je abhängiger ein Land ist, desto katastrophaler ist seine Lage. Brasilien ist das beste Indiz dafür.

Die Militärs setzten seit 1964 auf die rapide Industrialisierung des Landes. Das Wirtschaftswunder war, wie erwähnt, ein Wunder für 20 Prozent der Bevölkerung, auf Kosten der restlichen 80 Prozent. »Daß gleichzeitig die Not der landlosen Agrarbevölkerung wuchs, die Elendsquartiere rund um die neuen Industriezentren wucherten, bevölkert von der steigenden Zahl von Industriearbeitern, deren Lohn knapp das Überleben sicherte, störte Brasiliens Wirtschaftsstrategen wenig.« (L 97, S. 165) Auch in der Zeit des Booms ging es den einfachen Arbeitern zunehmend schlechter. Während die Produktivität in 12 Jahren, 1964 bis 1976, von 100 auf 169 anstieg, sank der durchschnittliche Reallohn in der gleichen Zeit von 100 auf 41. Der gesetzlich vorgeschriebene Mindestlohn sagt zwar in Brasilien wenig aus, da er außerhalb São Paulos wahrscheinlich nirgends eingehalten wurde, aber selbst dieser Mindestlohn in São Paulo sank von 1963 bis 1970 von 100 auf 69,8 (L 42, S. 10). Der

Reallohn ist, ausgehend von 100 im Jahr 1940, im Jahr 1991 auf 40 gefallen.

Der Mindestlohn ist eine fiktive Größe. So rechnete das brasilianische Institut für Wirtschafts- und Gesellschaftsanalysen (IBASE) anhand der amtlichen Zahlen von 1983 bis 1985, »daß der nominelle Mindestlohn je nach Inflationsrate ein Fünftel bis ein Siebtel von dem betrug, was zur Befriedigung der Grundbedürfnisse einer Familie notwendig gewesen wäre. Und nicht einmal 10 Prozent der Arbeitskräfte verdienten mehr als das fünffache des Mindestlohns« (NL 222, S. 167). Anhand von brasilianischen Zeitungsberichten aus dem Jahr 1986 rechnet Susan George vor, »daß 84,8 Prozent der ›wirtschaftlich aktiven‹ Bevölkerung mehr oder weniger in Armut leben ... Und obwohl die Produktivität in Brasilien seit 1940 beinahe um das Fünffache gestiegen ist, hat die Kaufkraft eines Mindestlohns um 50 Prozent abgenommen« (NL 141, S. 168). Offenbar hat diese Kaufkraft in den letzten 6 Jahren weitere 10 Prozent abgenommen. 1992 hat die Zeitung ›O Globo‹ berichtet, während 10 Prozent der brasilianischen Bevölkerung 53 Prozent des Nationaleinkommens einstreichen, müssen 60 Millionen, das heißt 40 Prozent der Bevölkerung, mit 90 Mark oder weniger pro Monat auskommen. Das Geld reicht für eine vierköpfige Familie nicht einmal für ein tägliches Frühstück aus (NL 293).

Die durchschnittliche Inflationsrate Brasiliens betrug in den achtziger Jahren 284,3 Prozent (NL 333, S. 251), wobei diese Rate in den letzten Jahren besonders hoch ist: 1987: 345,9 Prozent, 1988: 993,3 Prozent, 1989: 1863 Prozent, 1990: 1585 Prozent, 1991: 465,8 Prozent (NL 183, S. 2) und 1992: 1129,53 Prozent (Hannoversche Allgemeine Zeitung vom 13. Januar 1993). Deshalb stellte Galeano schon früher zu recht fest, das »wichtigste Ausfuhrprodukt Lateinamerikas ist und bleibt, ob nun Fertigprodukte oder Rohstoffe exportiert werden, seine billige Arbeitskraft«, und fügt hinzu, heute »überqueren keine Sklavenschiffe mehr den Atlantischen Ozean, heute sitzen die Sklavenhändler in den Arbeitsministerien« (L 131, S. XVII). Aloysio Biondi meint, daß die Wirtschaftsstrategen nicht um des Wirtschaftswunders willen die Massenverelendung in Kauf nehmen, sondern sie betreiben vielmehr eine bewußte Politik der Einkommenskonzentration (zit. L 263, S. 142).

Das brasilianische Wirtschaftswunder ging nicht nur auf Kosten der Arbeiter, sondern auch auf Kosten der Kleinbauern und damit auf Kosten der Nahrungsmittelproduktion für das Inland. Zum einen wurden die Aufbaukosten der Industrie zum Großteil durch Agrar- und Rohstoffprodukte bezahlt, und zum anderen fehlt Brasilien billige Energie, da es keine eigenen Erdölquellen besitzt. Brasilien zahlt gegenwärtig monatlich nur für Ölimporte eine halbe Milliarde Dollar, es mußte also eine alternative Energiequelle gefunden werden. 1975 verkündete der damalige Staatspräsident Ernesto Geisel den nationalen Plan »Proálcool«: Als Ersatz für Benzin soll Alkohol aus Zucker gewonnen werden.

Am Beispiel dieses Versuchs lassen sich die Folgen solcher Maßnahmen veranschaulichen: Der Staat half mit 5 Milliarden Dollar »Proálcool«-Krediten, mit denen die schon bestehenden Zuckerimperien ihre Pflanzungen zu 100 Prozent, die Modernisierung ihrer Brennereien zu 90 Prozent finanzierten. Die 100 Millionen armer und ärmster Brasilianer hatten die Folgen zu tragen: Rund 200 gigantische Zuckerrohrplantagen und Fabriken verdrängten den Anbau von Lebensmitteln wie Reis, Mais und Bohnen. Tausende von Kleinbauern und Pächtern wurden durch die Großfarmen verdrängt, und sie wanderten zum Großteil in die Slums der Großstädte aus und vergrößerten die ohnehin große Masse der Arbeitslosen. »Die Zuckeralkoholindustrie gehört zu den größten und rücksichtslosesten Umweltzerstörern Brasiliens.« (L 182, nach L 42, S. 26)

»Für jeden Liter Alkohol gibt es ein Kilo weniger Reis oder Bohnen für die armen Leute«, lautet eine einfache Rechnung des Wirtschaftsexperten Fernando Homem de Melo. »Ein Verbrechen, Millionen Hektar guten Bodens für die Ernährung der Autos zu bepflanzen, wenn zwei Drittel der Bevölkerung unterernährt sind«, so der Ökologe und Ingenieur José Lutzenberger (L 182, nach L 42, S. 26). Millionen von Kleinbauern und Pächtern wurden besitz- und arbeitslos, nur ein kleiner Teil von ihnen findet für einige Wochen Arbeit auf den Zuckerplantagen – unter unglaublichen Bedingungen als Tagelöhner und Saisonarbeiter: 12 bis 14 Stunden am Tag müssen sie arbeiten, um die Akkordnorm zu erfüllen.

Während sie noch 1981 am Tag etwa 6 Mark 30 verdienten, fiel dieser karge Lohn auf etwa 3 Mark 50 im Jahr 1984. 1991 mußten sie sich mit einem Tageslohn von etwa 1 Mark 60 zufriedengeben. Ein Arbeiter würde 3 Tage brauchen, um die Mindestnorm zu erfüllen, wenn er allein – statt mit der ganzen Familie – arbeiten würde (L 296; NL 183, S. 2; NL 141, S. 167 f.).

Die Wirtschaft Brasiliens wuchs schnell, noch schneller wuchs der Hunger. Da die Militärs auf das schnelle Wachstum der Industrie und auf nur 20 Prozent der Bevölkerung gesetzt hatten, konnten sie nicht mehr zurück, »als deutlich wurde, daß langfristig nicht mehr genug Devisen im Export zu verdienen waren...« Sie »steckten Milliarden in Mammutprojekte, die schlicht unsinnig waren...: Ein Atomkraftprogramm, das einzig dem Wohl der Lieferanten – allen voran Siemens – dienen konnte; das größte Wasserkraftwerk der Welt, Itaipu, dessen Strom, wenn er eines Tages mal fließt, wohl niemand brauchen wird.« (L 97, S. 165) »In Brasilien steckt die Regierung Geld, das sie nicht hat, in Dinge, die das Volk nicht braucht«, so faßt der Wirtschaftskolumnist Joelmir Beting die Misere zusammen (zit. L 185). Kein Wunder, daß sich die brasilianischen Schulden seit 1978 vervierfacht haben, diese »Entwicklung« kostet sehr viel Geld.

Aloysio Biondi kommt zu dem Schluß, daß die Wirtschaft Brasiliens auf 3 falschen Annahmen aufgebaut ist. Daß 1. die Handelsbilanz für die ökonomische Entwicklung maßgebend sei, daß 2. die Ölpreiserhöhung für die jetzige Handelsbilanzlücke verantwortlich sei und daß dennoch das Land für eine lange Zeit Öl einführen müsse, selbst wenn einige Zeit das Wachstum gebremst würde, und daß 3. hohe Wachstumsraten des Bruttosozialprodukts Entwicklung bedeuten würden (nach L 263, S. 140). Biondi widerlegt alle 3 Annahmen, worauf hier nicht weiter eingegangen werden muß. Allein das Beispiel der Zuckerplantagen zeigt, daß die 3. Annahme (wirtschaftliches Wachstum gleich Entwicklung) am verhängnisvollsten ist. Da das Machtzentrum im Zusammenspiel mit dem Zentrum der Industriestaaten blindlings auf das Wachstum gesetzt hatte, wurde in unsinnige Mammutprojekte investiert, damit das Bruttosozialprodukt steigt.

Wenn auch Armut und Hungersnot in Brasilien keine Neuheit sind, so ist die Situation der Armen doch noch viel schlimmer geworden. Zwei Drittel der Bevölkerung leben in Brasilien in Armut und ein Großteil davon sogar in absoluter Armut. 35 Millionen Kinder leben am Rand der Gesellschaft (NL 305). In den letzten 3 Jahren wurden 4611 Straßenkinder von professionellen Killern getötet, vermutlich im Auftrag der »Geschäftsleute« für ein »Kopfgeld« von 10 Dollar (NL 42). Auch sonst sind in den Großstädten Morde und Plünderungen an der Tagesordnung. Kein Wunder, nirgends auf dieser Welt ist das Verhältnis von Reich zu Arm so groß wie in Brasilien. Während 40 Prozent der Bevölkerung 8,1 Prozent des Nationaleinkommens unter sich teilen, verfügen 10 Prozent der Reichen über 53 Prozent desselben. Die 20 Prozent der reichsten Brasilianer verdienen 26,1 mal mehr als die 20 Prozent der Ärmsten (zum Vergleich: in Indien ist der Faktor 5,1; NL 312, S. 160f.).

Die zwei maßgeblichen Gründe für die Anteilnahme der Industriestaaten an der jetzigen Situation Brasiliens seien noch einmal zusammengefaßt:

1. Von der Zahlungsunfähigkeit Brasiliens sind mehr als 1000 Banken der Industriestaaten betroffen. Falls Brasilien tatsächlich nicht mehr zurückzahlt, kommt das gesamte internationale Bankensystem ins Wanken. Einige Banken werden dann pleite gehen. Auch in dieser Situation versuchen noch einige, Geschäfte zu ihren Gunsten zu machen: Sie bieten anderen Banken an, die Schuldscheine – natürlich mit einem Abschlag – abzukaufen, und hoffen, später mit Zinsen abzukassieren.

2. Von der jetzigen Misere Brasiliens sind nicht nur die 80 Prozent Armen, sondern auch die Mittelständler hart betroffen: »Nicht allein die Armen versinken im Strudel des wirtschaftlichen Chaos. Auch jene Millionen Brasilianer, die es in den Jahren des Aufschwungs zu bescheidenem Wohlstand brachten, bangen ums reine Überleben.« (L 97, S. 161) Mit der gegenwärtigen Inflationsrate von über 1100 Prozent sinken auch deren Realeinkommen, so daß auch sie sich kaum mehr Konsumgüter leisten können. Davon wiederum sind die ausländischen Konsumgüterindustrien betroffen.

Die Misere Brasiliens liegt auf der Hand – doch wenn man die Statistiken liest, scheint es den Brasilianern gutzugehen. Rein statistisch gesehen hat das Land Brasilien – trotz des Geredes vom verlorenen Jahrzehnt – in den achtziger Jahren enorme Fortschritte gemacht. Das BSP pro Kopf ist von 2050 Dollar im Jahr 1980 auf 2680 Dollar im Jahr 1990 angestiegen (L 82, Sp. 255; L 70, S. 251) und das ist zehnmal mehr als etwa in China. Der kleine Unterschied ist nur der, daß China seit Jahrzehnten keine Hungersnot mehr gehabt hat. Vielleicht stimmt etwas mit den Statistiken nicht? Es lohnt sich, sich näher mit ihnen zu befassen.

Vorsicht: Statistiken

>»Es gibt Wahrheiten, Halbwahrheiten und Statistiken.«
>
> George B. Shaw

Statistiken sind nützlich und notwendig, aber sie haben ihre Tücken. Sie bestehen aus Zahlen, sind also abstrakt, und wenn es um Weltstatistiken geht, erscheinen sie häufig in Milliarden-Einheiten. Solche Zahlen erfordern vom Leser eine ungeheure Vorstellungskraft, wenn er sich die hinter den Zahlen verborgene Wirklichkeit klarzumachen versucht. Die zweite Schwierigkeit ist die, daß die Zahlen selten einen Zusammenhang verraten. Statistiken werden nicht in Beziehung zueinander gesetzt. Deshalb ist es schwer, die tatsächlichen Verhältnisse aus Statistiken genau zu erkennen.

Diese Aussage läßt sich am Beispiel Ghana und seiner Kakao-Produktion demonstrieren. Die Tabelle gibt die Informationen (L 87, S. 224). Ihnen ist zu entnehmen, daß im Jahr 1980 auf der ganzen Welt – im Fall von Kakao nur in den Entwicklungsländern – 1,557 (1990: 2,398) Millionen Tonnen produziert und 1,036 (1990: 1,778; NL 131, S. 176; NL 129, S. 195) Millionen Tonnen exportiert wurden. Die afrikanischen Länder sind am

Kakaobohnen (Produktion in 1000 t)

Land	1969/71	1975	1980	1990
Elfenbeinküste	195	227	325	700
Brasilien	183	266	294	360
Ghana	430	396	255	245
Nigeria	261	216	175	155
Kamerun	115	96	110	115
Ecuador	57	75	95	95
Kolumbien	20	21	41	55
Mexiko	27	34	35	50
Malaysia	4	15	34	250
Dominik. Republik	32	33	32	59
Papua-Neuguinea	27	33	30	40
Togo	27	17	18	9
Venezuela	19	19	17	16
übrige Länder	96	87	96	249
insgesamt	1491	1535	1557	2398

Rund zwei Drittel der Produktion von Kakaobohnen (1980: 1,036 Mio t, 1990: 1,778 Mio t) ist Export und stammt zu rund 70 Prozent (1990: 61 Prozent) aus afrikanischen Ländern.

Neben dem Kakaopulver (1980: 173000 t, 1990: 322040 t) wird das aus der Kakaomasse gewonnene Fett, Kakaobutter, in der Pharmazie und Kosmetik genutzt. 1980 betrug der Weltexport von Kakaobutter 185800 t, 1990: 366226 t, die in größeren Mengen von den USA (34700 t, 1990: 92165 t), Großbritannien (29600 t, 1990: 34967 t) und Deutschland (28000 t, 1990: 50002 t) importiert wurde. An Schokoladen und Schokoladenprodukten wurden 1980 577000 t exportiert. Davon betrug der europäische Anteil 86 Prozent (L 87; NL 131).

Weltexport von Kakao mit 70 (1990: 61) Prozent, darunter Ghana mit 19,7 (1990: knapp 13) Prozent, beteiligt. Der Leser muß jetzt ausrechnen, daß diese 19,7 (1990: knapp 13) Prozent bei Ghana 198 000 (1990: 230 000) Tonnen ausmachen. Wenn der Leser jetzt wissen möchte, was mit dem Rest der Kakao-Produktion in Ghana geschehen ist, schließlich hat es 255 000 (1990: 245 000) Tonnen produziert, muß er zurückblättern. Auf Seite 87 desselben Buches, der ›Diercke Weltstatistik‹, kann er dann entdecken, daß Ghana auch Kakao-*Produkte* exportiert. Damit sind aber nicht etwa Schokolade und Schokoladen-Produkte gemeint, denn dieses Geschäft ist, wie aus der Tabelle zu ersehen ist, zu 86 (1990: 91) Prozent den Europäern vorbehalten (wo, wohlgemerkt, keine einzige Bohne wächst). Also müssen diese Kakao-Produkte etwas anderes sein. Auf der genannten Seite 87 kann man nachlesen, daß Ghana auch Kakao-Pulver und Kakao-Butter – im Preis mit Schokolade gar nicht vergleichbar, sie werden in der Pharmazie und Kosmetik benötigt – liefert. Man schließt daraus, daß Ghana auch daran beteiligt sein muß. Um diese Vermutung zu überprüfen, nimmt man ein umfangreiches Statistik-Buch, zum Beispiel das FAO-Trade-Yearbook, zur Hand. Darin findet man, daß Ghana im Jahr 1980 11 000 (1990: 7000) Tonnen Kakao-Pulver und -Butter (1990: 8000) exportiert hat (L 117, S. 185; NL 131, S. 176; NL 129, S. 195 ff.). Wenn man jetzt alles zusammenrechnet – einschließlich Verluste in der Lagerung, beim Transport etc. –, wird einem klar, daß den Bewohnern des Erzeugerlandes kaum mehr Kakao für den eigenen Bedarf übrigbleibt, sie können ihn sich auch gar nicht leisten. Susan George erklärt diesen Zustand in drastischen Worten: »Agrarexportprodukte können nichteßbar sein (Baumwolle, Blumen, Kautschuk) oder eßbar ohne Nährwert (Kaffee, Tee und eben Kakao, d. Verf.) oder eßbar mit Nährwert – also Produkte vom Zucker über Bananen oder Erdnüsse bis zum Weizen. Die Agrarexportprodukte (ob eßbar oder nicht) unterscheiden sich von Erzeugnissen für die Ernährung im Inland danach, wer sie ißt oder nutzt. Das sind, um es deutlich auszudrücken, fast nie diejenigen, die sie erzeugen.« (L 137, S. 24)

Von der abgebildeten Tabelle ist abzulesen, daß die Produktion von Kakao in Ghana kontinuierlich zurückgegangen ist.

Dasselbe Statistik-Buch teilt gleichzeitig auf der erwähnten Seite 87 mit, daß noch 1975 76 Prozent des Exports von Ghana Kakao und Kakao-Produkte ausmachten. Der Leser muß sich jetzt fragen – da die sonstigen Zahlen bis 1980 angegeben sind –, wieviel Prozent er 1980 ausmachte. Darauf findet er keine Antwort. Ebenso bleibt die Frage, warum die Kakao-Produktion in Ghana zurückgegangen ist, unbeantwortet.

Liegt es daran, daß die Preise zurückgegangen sind und deshalb der Anreiz fehlte? Oder daran, daß es Naturkatastrophen gegeben hat? Oder sind die Bauern fauler geworden? Oder bauen sie etwas anderes an, etwa Nahrungsmittel für das Binnenland? Es gibt zwar keine direkte Antwort auf diese Fragen, aber einen Hinweis: Ghana hat seine Landwirtschaft ausgeweitet – auf Ananas, Zuckerrohr, Tabak, Baumwolle, Sisal, Kautschuk. Ist dies die vielgepriesene Politik der Diversifikation (um von der Monokultur unabhängig zu sein)?

Die Kakao-Preise sind tatsächlich gefallen. Der Jahresbericht der Weltbank von 1982 teilt mit, daß die Nahrungsmittelpreise – insbesondere für solche Produkte, die die Entwicklungsländer exportieren – von 1975 (Index 1974/1976 = 100) bis 1980 auf 70 gefallen sind. Die Kakao-Preise zum Beispiel sind in einem Jahr, von 1980 bis 1981, um 20,1 Prozent zurückgegangen.

Die Preise fallen weiter. Zwischen 1985 und 1990 ist der Kakaopreis von 105 amerikanischen Cents auf 60 pro Pfund gefallen (NL 132, S. 37). Da aber der Marktpreis von Land zu Land unterschiedlich ist, sind Statistiken und Tabellen der Produktion nicht leicht zu interpretieren. Nach unserer Tabelle – die wir nach Angaben der FAO erstellt haben – ist die Kakaoproduktion in 10 Jahren in Elfenbeinküste mehr als doppelt gestiegen, in Ghana hingegen um etwa 10 000 Tonnen gefallen. Ob die Produktion in Ghana tatsächlich gefallen ist, weiß niemand. Viele Kleinbauern, die Kakao produzieren, gehen über die Grenze und verkaufen ihre Produkte auf den Märkten der Elfenbeinküste, weil sie dort höhere Preise erzielen als im eigenen Land. So geben die Produktionsvolumen weder der Elfenbeinküste noch von Ghana das wahre Bild wieder.

Gleichzeitig sind aber auch die Preise für Kautschuk um 22,9 Prozent, für Tabak um 11 Prozent und für Zucker um 40,8 Prozent gefallen. Daraus erklärt sich, warum Ghana in

3 Jahren, von 1978 bis 1981, in terms of trade (das Verhältnis von Exportpreis zu Importpreis) 36 Prozent verloren hat (L 310, S. 28 ff.).

Seither fallen die Preise für Rohstoffe – ohne Öl – unaufhaltsam weiter. Von einem Index 1980 = 100 ausgehend, haben die Rohstoffe nur einen Wert von 60 (1990). Nach demselben Index waren die Rohstoffe um die Jahrhundertwende, also um 1900, doppelt soviel wert wie heute (NL 65, S. 4). Landwirtschaftliche Produkte haben eine unterschiedliche Entwicklung. Preise für Produkte, die die Industriestaaten liefern, wie Weizen, Milch und Milchprodukte, Eier, Wein, steigen kontinuierlich. Hingegen fallen die Preise für Produkte, die die Entwicklungsländer liefern dürfen, wie Tee, Kaffee, Kakao, Bananen, Tabak. Die Folge ist klar: Die Schere öffnet sich. Während die Entwicklungsländer, um den fallenden Preis wettzumachen, mengenmäßig immer mehr exportieren, erhalten sie immer weniger Geld und die Industriestaaten kassieren den Löwenanteil. So haben die Entwicklungsländer (Index 1979–1981 = 100) im Jahre 1990 das Exportvolumen auf 137 gesteigert, dafür ist nach demselben Index der Exportpreis auf 88 (1990) gefallen. Die Industriestaaten haben zwar das Exportvolumen ebenfalls erhöht, auf 111, dafür aber einen unverhältnismäßig höheren Exportpreis, nämlich 129, erzielt (NL 131, S. 35).

Die Tragweite der Fehlentscheidung wird einem klar, wenn man ein weiteres Statistik-Buch hinzuzieht, das FAO-Production-Yearbook, Band 35, für 1981. Darin kann man lesen, daß die Nahrungsmittelproduktion pro Kopf in Ghana von 1970 (Index 1969–1971 = 100) bis 1981 auf 72 gefallen ist, während gleichzeitig der prozentuale Anteil der in der Landwirtschaft Beschäftigten von 58,4 Prozent auf 50 Prozent zurückgegangen ist (L 116, S. 79, 63). Da die Agrarexportgüter (Kakao, Zucker, Tabak u. a.) zunehmend mechanisiert produziert werden, hat diese Diversifikationspolitik offenbar mehr Bauern arbeitslos gemacht, eine geringere Nahrungsmittelproduktion für das Inland verursacht und so mehr Hunger produziert.

Die politischen Verhältnisse Ghanas verdienen eine nähere Betrachtung: Kwame N'Krumah gründete 1949 die Konventionelle Volkspartei (C.P.P.) und erstritt 1957 die Unabhängigkeit von den Briten. N'Krumah, der sich als »Christ, Sozialist und

Marxist« bezeichnete, verfolgte einen unabhängigen, nationalistischen Modernisierungskurs samt Industrialisierung, Bildungs- und Agrarreform. Sein Land geriet aber in finanzielle Schwierigkeiten. Die traditionelle, konservative Armee des Landes putschte gegen ihn, einerseits, um das Land aus der internationalen Isolation herauszuholen, und andererseits, um sich mit Hilfe der Industriestaaten selbst bereichern zu können. Es gab zwar seither immer wieder Wahlen, so 1969, 1977 und zuletzt 1992. Aber die gewählten Regierungen hatten kurze Lebensdauern, weil die Armee regelmäßig putschte, so 1969, 1977 und 1982. An den Wahlen von 1969 durfte übrigens N'Krumahs C.P.P. nicht teilnehmen. Kwame N'Krumah starb 1972 in Bukarest im Exil. Die zuletzt 1992 gewählte Regierung könnte länger überleben, da Jerry Rawlings, der durch den Putsch an die Macht gekommene General, auch die Wahl gewonnen hat. Obgleich er gegen die Oppositionellen mit den üblichen Unterdrückungsmethoden hart vorgeht, scheint er unter den Armen beliebt zu sein.

Er hat auch einige Erfolge vorzuweisen. So ging die Inflationsrate in seiner Regierungszeit von 200 Prozent auf 25 Prozent zurück. Da er als ein braves Kind alle Bedingungen des IWF-Strukturanpassungsprogramms (SAP) vollkommen akzeptiert hat, wurde Ghana zu äußerst günstigen Konditionen mit weiteren Krediten belohnt. Ghanas Auslandsschulden beliefen sich 1992 auf etwa 4 Milliarden Dollar. Das Akzeptieren des SAP vom IWF hatte natürlich fatale Folgen. Ursprünglich war das Land zu 34 Prozent von tropischem Wald bedeckt. Etwa ein Viertel davon ist noch übrig. Knapp die Hälfte (42 Prozent) davon ist kein tropischer Wald mehr, sondern besteht aus kommerziellen Bäumen für den Holzexport, sekundärer Vegetation und unreifen Bäumen. Kakao (41 Prozent) und Holz (14 Prozent) machen immerhin über die Hälfte des gesamten Exports aus. Offenbar hat Rawlings dennoch die Nahrungsmittelproduktion gefördert. So sind die Produktion pro Kopf (Index 1980 = 100) auf 102 (1990) bei einer Wachstumsrate von 3,2 Prozent und der Anteil der in der Landwirtschaft tätigen Bevölkerung von 50 Prozent (1980) auf 51 Prozent (1990) gestiegen (NL 184, S. 296 ff.; NL 85, Kol. 363 f.).

Das Export-Import-Geschäft zwischen Ghana und der Bundesrepublik Deutschland sah im Jahr 1981 so aus: Die Bundesrepublik hat insgesamt Waren für 187,8 Millionen Mark aus Ghana importiert, wobei fast zwei Drittel dieser Waren Kakao und Kakao-Produkte, Nahrungsfette und Ölfrüchte waren. Umgekehrt hat die Bundesrepublik Waren im Wert von 242,7 Millionen Mark an Ghana geliefert, also um über 50 Millionen Mark mehr. Über die Hälfte dieser Waren machten Kraftfahrzeuge (26,1 Prozent), Landmaschinen, Ackerschlepper, sonstige Maschinen, chemische und pharmazeutische Erzeugnisse und Getreide aus (L 280, S. 63). Die Import-Export-Beziehung Ghana-Deutschland ist zwar im Jahr 1990 erheblich zurückgegangen – Deutschland hat 1990 Waren im Wert von 170,43 Millionen Dollar importiert und im Wert von 76,45 Millionen Dollar dorthin exportiert – die Struktur der Waren ist aber dieselbe geblieben (NL 85, Kol. 364).

Die Welternährungsorganisation FAO stellte in einer Studie Prognosen für das Jahr 2000 auf, und zwar 2 Typen von Voraussagen: A (optimistisch) und B (weniger optimistisch). Die Voraussagen waren auf der Grundlage bisheriger Entwicklungen bis 1976 erstellt. Die Studie ging davon aus, daß der Hunger beziehungsweise die ernsthafte Unterernährung auf der Welt kontinuierlich zurückgehen werde. Und zwar so: 1974 bis 1976 gab es in 86 der 90 Entwicklungsländer ernsthafte Unterernährung, 435 Millionen Menschen waren davon betroffen. Im Jahr 2000 wird es, laut dieser Studie, zwar in allen Ländern weiterhin Hunger geben, aber viel weniger Menschen, 390 Millionen (B) beziehungsweise 260 Millionen (A) würden davon betroffen sein (L 118, S. 33).

Abgesehen davon, daß die Entwicklung genau entgegengesetzt verlief (im Jahr 1983 gab es auf der Welt mehr hungernde und unterernährte Menschen als im Jahr 1976), ist eine weitere Annahme dieser Studie interessant.

Obwohl sie davon ausging, daß es in allen Regionen weiterhin Hunger geben werde, glaubte sie, daß die Entwicklungsländer ihre Agrarproduktexporte (Kaffee, Kakao, Tee, Baumwolle, Kautschuk u. a.) von 1980 bis 2000 fast verdoppeln würden (von 35 Milliarden auf 60 Milliarden Dollar, B, beziehungsweise auf 70 Milliarden, A). Gleichzeitig würden sich deren Agrarproduktimporte (Getreide, Nahrungsmittel) ebenfalls verdoppeln – von 25 Milliarden Dollar 1980 auf 40 Milliarden (B) beziehungsweise 45 Milliarden (A) im Jahr 2000 (L 118, S. 45). Die Studie nahm an, daß es an der vertikalen Interaktion zwischen den Industriestaaten und den Entwicklungsländern keine Veränderung geben werde.

In welche Richtung die landwirtschaftliche Entwicklung in den Entwicklungsländern gehen soll, konnte man der Studie nur dann entnehmen, wenn man die Maßstäbe, die die FAO zur Messung der Entwicklung anlegt, genau betrachtet. So vergleicht die Studie den Düngemittelverbrauch in den Industriestaaten mit dem in den Entwicklungsländern: Das Verhältnis war 75 zu 25 (L 118, S. 66 ff.). Unberücksichtigt blieb dabei, daß ein Teil der Düngemittel in den Industriestaaten für grünen Rasen und vieles mehr, also nicht zur Nahrungsmittelproduktion verwendet wird. Organische Düngemittel haben zwar Vorteile und chemische Nachteile, aber mit dem Durchbruch für den Einsatz organischer Düngemittel in den Entwicklungsländern, meinte die Studie, sei nicht vor dem Jahr 2000 zu rechnen (L 118, S. 68 f.).

Gerade für die Lösung des Nahrungsmittelproblems in den Entwicklungsländern wäre es notwendig, verstärkt die Anwendung organischer Düngemittel zu fördern, da die Kleinbauern, die vornehmlich Nahrungsmittel für das Inland produzieren, sich chemische Düngemittel nicht leisten können – und außerdem schadet der chemische Dünger nicht nur dem Boden, sondern ruft auch körperliche Schäden hervor, da die Bauern meistens barfuß arbeiten. Der chemische Dünger wird erhalten bleiben, da die beiden Zentren – der Großgrundbesitzer, der industriemäßig in Großplantagen für den Export Agrarprodukte produziert, und die Chemiedünger produzierenden Industriestaaten – davon profitieren.

Diese Entwicklung wurde im Weltnahrungsbericht 1983 noch klarer. Darin sah die FAO die landwirtschaftliche Entwicklung der Länder mit niedrigem Durchschnittseinkommen so: Im Jahr 2000 würden sie viel mehr Traktoren brauchen (in Afrika eine Steigerung von 2 auf 8 Prozent, in Fernost von 2 auf 9 Prozent, in Lateinamerika von 9 auf 54 Prozent und in Nahost von 12 auf 36 Prozent), entsprechend werde der Anteil der in der Landwirtschaft Beschäftigten in den Entwicklungsländern von insgesamt 60 Prozent (1980) auf 43 Prozent (2000) zurückgehen (L 120, S. 26, 50).

Dahinter steckte eine fatale Modernisierungstheorie: Ein Staat ist dann entwickelt, wenn sein Anteil der Beschäftigten im Agrarsektor gering ist, also wenn wenige Menschen, aber mit Hilfe der Maschine und chemischer Erzeugnisse (Dünge- und Pflanzenschutzmittel) arbeiten. Daß alle diese »Fortschritte« auch anderes bedeuten können, wurde nicht einmal in Betracht gezogen.

Dabei war es nicht schwer, die Entwicklung anders zu deuten: Weniger Menschen in der Landwirtschaft bedeuten mehr Arbeitslose, mehr Gelegenheits-, Saison- und Lohnarbeiter, mehr Landflucht und Überwucherung der Slums in den Großstädten; mehr Maschinen, Dünge- und Pflanzenschutzmittel begünstigen die Plantagenbesitzer auf Kosten der Kleinbauern und infolgedessen die Exportagrarprodukte auf Kosten der Nahrungsmittelproduktion für das Inland. Und das bedeutet mehr Hunger.

Die offiziellen internationalen Organisationen – allen voran die FAO – sind offenbar immer noch davon überzeugt, daß das Hungerproblem der Welt nur durch eine »Modernisierung«, das heißt Industrialisierung der Landwirtschaft, gelöst werden kann. Deshalb wird die »Entwicklung« eines Landes danach gemessen, wie viele Maschinen (Traktoren), Energie, Chemikalien (Pestizide, Fungizide) dieses Land in der Landwirtschaft verwendet. Solche Zahlen tauchen in allen Statistiken auf. Wie viele soziale und ökologische Schäden diese Errungenschaften verursachen, wird nicht in Rechnung gestellt. Die angesehene Zeitschrift ›The Ecologist‹ hat die UN-Organisation FAO als eine Hungermaschine bezeichnet. Aus diesem Grund hat die internationale Bewegung für eine ökologische Landwirtschaft in einer Resolution in Penang 1990 die FAO aufgefordert, die Entwicklungspolitik grundlegend zu ändern (NL 306, insbesondere S. 107 ff.).

Die Statistiken haben eine weitere Tücke: zum Beispiel die Durchschnittswerte. Denn diese sagen nur wenig über die tatsächliche Verteilung aus. Wenn beispielsweise von zwei Menschen einer ein Brathähnchen ißt und der andere, weil er sich so etwas finanziell nicht leisten kann, nur eine Schale Reis, dann

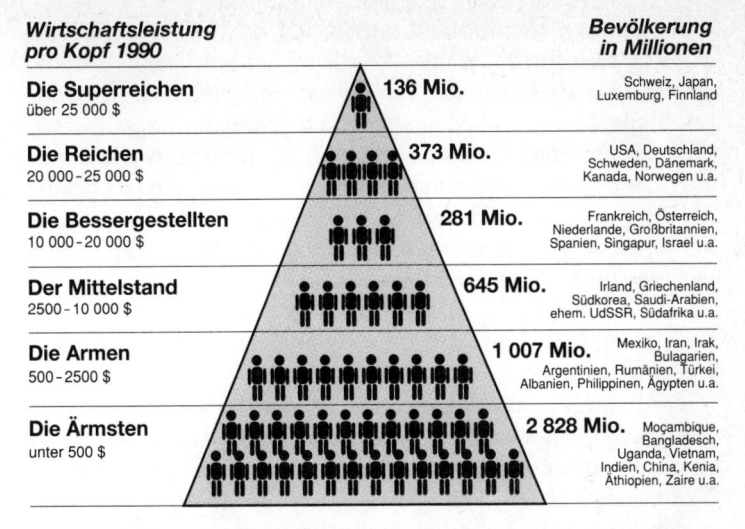

Wirtschaftsleistung pro Kopf 1990		Bevölkerung in Millionen
Die Superreichen über 25 000 $	136 Mio.	Schweiz, Japan, Luxemburg, Finnland
Die Reichen 20 000 - 25 000 $	373 Mio.	USA, Deutschland, Schweden, Dänemark, Kanada, Norwegen u.a.
Die Bessergestellten 10 000 - 20 000 $	281 Mio.	Frankreich, Österreich, Niederlande, Großbritannien, Spanien, Singapur, Israel u.a.
Der Mittelstand 2500 - 10 000 $	645 Mio.	Irland, Griechenland, Südkorea, Saudi-Arabien, ehem. UdSSR, Südafrika u.a.
Die Armen 500 - 2500 $	1 007 Mio.	Mexiko, Iran, Irak, Bulagarien, Argentinien, Rumänien, Türkei, Albanien, Philippinen, Ägypten u.a.
Die Ärmsten unter 500 $	2 828 Mio.	Moçambique, Bangladesch, Uganda, Vietnam, Indien, China, Kenia, Äthiopien, Zaire u.a.

Die statistisch ermittelte Einkommensverteilung auf der Erde (Einkommenspyramide)

hat jeder – statistisch gesehen – ein halbes Brathähnchen und eine halbe Schale Reis gegessen.

Von Zeit zu Zeit scheinen in den Zeitungen Welt-Einkommenspyramiden oder Teilungsmodelle, wie sie hier abgebildet sind. Man sollte zum Beispiel die Bandbreite einzelner Stufen in der Einkommenspyramide genau betrachten.

Vermutlich ist diese Grafik nach Angaben der Weltbank (NL 333, S. 250f.) aufgebaut. Abgesehen davon, daß die Stufen der Weltbank nicht mit denen dieser Grafik übereinstimmen, suggeriert diese Pyramide eine Wirklichkeit, die so nicht existiert. Die Unterschiede sind vielleicht nicht so gravierend: Die Weltbank teilt die Einkommenspyramide in 5 Stufen – mit niedrigem (bis 600 Dollar), mittlerem (bis 2400 Dollar), oberem (bis 9000 Dollar) und hohem Einkommen (darüber bis 32 680 Dollar). Nach dieser Grafik gehören zum Mittelstand sowohl Bolivien (630 Dollar pro Kopf/Jahr) als auch Mexiko (2490 Dollar pro Kopf/Jahr) und zur untersten Stufe gehören sowohl Moçambique (80 Dollar) als auch Mauretanien (500 Dollar). Unter der Annahme, daß die »Entwicklung« so weitergeht wie bisher und diese Angaben etwas bedeuten, wird es vermutlich für Bolivien auch im Jahr 2030 ein Traum bleiben, an das Durchschnittseinkommen von Mexiko, oder für Moçambique, an das von Mauretanien zu gelangen.

Die Grundfrage ist also, welche Einkommensgruppen welcher Länder hier miteinander verglichen werden. Die Pyramide erweckt den Eindruck, als ob es den Lateinamerikanern viel besser ginge als den meisten Asiaten oder Afrikanern. Länder wie Brasilien, Argentinien und Mexiko gehören dem Mittelstand an, sie werden »Schwellenländer« genannt. Der Begriff redet dem Leser ein, daß diese Länder an der Schwelle zur Industrialisierung stehen.

Das Bruttosozialprodukt dieser Länder ist tatsächlich enorm gestiegen. Geht es einem Brasilianer aber wirklich besser als einem Bangladeschi? Und welchem Brasilianer? Dem, der im Nordosten lebt und vom Hungertod bedroht ist, kein Wasser hat und sich von Rattenfleisch ernährt? Geht es ihm besser als dem ärmsten, landlosen, hungernden Bangladeschi? Oder wird der Großgrundbesitzer in Brasilien mit dem Großgrundbesitzer in Bangladesh verglichen? Das Vergnügen, zu dieser privilegierten Schicht zu gehören, kann dort eine Person schon mit 10 Hektar Landbesitz haben, in Brasilien dagegen braucht man dafür über 100 000 Hektar.

Laut einer Studie der internationalen Arbeitsorganisation (ILO) der Vereinten Nationen lebten in den siebziger Jahren in Lateinamerika 110 Millionen Menschen, mehr als ein Drittel der Bevölkerung, in absoluter Armut, 70 Millionen davon wurden als bettelarm bezeichnet. »42 Prozent der brasilianischen Bevölkerung, 43 Prozent der Kolumbianer, 29 Prozent der Chilenen, 35 Prozent der ekuadorianischen Bevölkerung, 49 Prozent der Einwohner Honduras', 31 Prozent Mexikaner, 45 Prozent Peruaner«, so berichtete eine Wirtschaftskommission der Vereinten Nationen, »hatten zu der gleichen Zeit ein Einkommen, das unterhalb der Grenze der Mindestkosten für eine ausgeglichene Ernährung liegt.« (L 131, S. XXI)

Nach übereinstimmender Meinung aller Sachverständigen ist die Lage der Armen im letzten Jahrzehnt viel schlechter geworden. In Brasilien zum Beispiel verfügen fast 60 Prozent der Bevölkerung nicht einmal täglich über ausreichende Nahrungsmittel. In der ärmsten Region – im Nordosten – Brasiliens liegt die Sterblichkeitsrate um 13 Jahre unter dem Landesdurchschnitt (NL 133, S. 8, 11).

Doch Statistiken vereinfachen nicht nur die Realität, gelegentlich widersprechen sie sich beträchtlich. Beispielsweise zeigt eine Grafik in einem von der UNCTAD, der Welthandels- und Entwicklungskommission der UNO, 1982 veröffentlichten Bericht, daß das Pro-Kopf-Einkommen in Lateinamerika 1978 über 1000 Dollar betrug und es sich – nach den Preisen von 1975 – von 1960 bis 1978 verdoppelt hat (L 299, S. 59). Ein Jahr später berichtete die Bank für inneramerikanische Entwicklung, daß das Einkommen und die Produktivität in Lateinamerika im Jahre 1982 deutlich zurückgegangen und jeder dritte der arbeitsfähigen Bevölkerung entweder arbeitslos oder unterbeschäftigt sei. In 10 Ländern Lateinamerikas gab es für jeden Einwohner 1981 weniger Nahrungsmittel als zwischen 1969 und 1971 (L 195).

Dieser Rückgang der Nahrungsmittelproduktion hat sich in den achtziger Jahren fortgesetzt. So hat die Sojabohnenproduktion – für den Export – in Brasilien zwar von 1 Million Tonnen 1970 auf 23 Millionen Tonnen 1988 zugenommen, gleichzeitig aber ist die Produktion von Mais und schwarzen Bohnen – wovon die Armen leben – erheblich zurückgegangen (NL 133, S. 8).

Hat einer in den widersprüchlichen Statistiken eine Unwahrheit verbreitet? Sehr unwahrscheinlich, denn meistens werden Zahlen zu den Entwicklungsländern von der gleichen Quelle bezogen. Ungleichheiten ergeben sich daraus, daß in vielen Fällen exakte – offiziell dokumentierte – Zahlen gar nicht vorhanden sind. Selbst wenn in vielen Entwicklungsländern die Bürokratie übermächtig ist: Wer soll beispielsweise in einem Dorf alles registrieren? Deshalb werden Zahlen häufig geschätzt, aus Indizien zusammengerechnet. Gravierende Unterschiede entstehen auch durch vorausgehende Annahmen, die vom Ziel und Zweck der Datenzusammenfassung abhängig sind.

Der UNCTAD-Bericht geht offensichtlich von der verbreiteten und hier schon mehrfach erwähnten Annahme aus, daß je größer der Anteil der Industrie am Bruttosozialprodukt eines Landes ist, desto höher das Pro-Kopf-Einkommen, und desto

»entwickelter« sei das Land. Da Lateinamerika – unter den Entwicklungsländern, die nicht Öl exportieren – das höchste Pro-Kopf-Einkommen mit einem Industrialisierungsgrad von 40 Prozent des Bruttosozialprodukts hat (gegenüber 30 Prozent in Asien und 25 Prozent in Afrika), sind die lateinamerikanischen Länder mit der Entwicklung besser dran – zumindest so, wie die Berichterstatter sich eine Entwicklung vorstellen. Bei dieser Berechnung sind die am wenigsten entwickelten Länder herausgenommen beziehungsweise extra aufgeführt – möglicherweise zugunsten einer »sauberen« Berechnung.

Die Abhängigkeit des Einkommens vom Industrialisierungsgrad wird im genannten Bericht mit einem weiteren Indiz untermauert: Mit dem Stadt-Land-Gefälle. In den Städten mit einem Industrialisierungsgrad von über 20 Prozent ist das Einkommen dreimal höher als auf dem Land, wo der Industrialisierungsgrad niedriger ist.

Die Berechnungen auf der Grundlage des Bruttosozialprodukts beziehungsweise der Pro-Kopf-Einkommen haben unzählige Tücken. Das Bruttosozialprodukt sagt nichts darüber aus, wodurch das Geld erwirtschaftet wurde. Ein Entwicklungsland kann auf Kosten des größeren Teils der Bevölkerung Industrieprojekte, auch sinnlose, durchführen, wie am Beispiel Brasiliens gezeigt wurde. Wenn die reichen internationalen Banken sich daraus ein einträgliches Geschäft erhoffen und von der »Kreditwürdigkeit« des Landes überzeugt sind, dann leihen sie auch Geld für völlig sinnlose Projekte aus. Auch durch solche Projekte steigt das Bruttosozialprodukt des Landes.

Die Steigerungsrate aber ist nicht notwendigerweise an eine Entwicklung gebunden. Wenn es in einem Industriestaat beispielsweise mehr Autounfälle als im Vorjahr gibt, tragen diese Unfälle dazu bei, das Bruttosozialprodukt des Landes zu erhöhen, da beim Unfall Polizei, Versicherung, Transport, Krankenhaus, Pharmaindustrie, Apotheken, Autowerkstatt etc. Dienstleistungen erbringen, also viele daran »verdienen«.

Es ist durchaus möglich, ja wahrscheinlich, daß durch die zunehmende Industrialisierung die Zahl der Arbeitslosen – sowohl auf dem Land als auch in den Städten – steigt. Es kann – wie am Beispiel Brasilien zu sehen ist – eine Kapitalkonzentration stattfinden, der Staat und die Industrie verschulden sich, um weitere Projekte zu finanzieren. Die Industrie kann, um höhere Gewinne zu erzielen, Arbeiter entlassen oder, wie es fälschlicherweise heißt, immer mehr rationalisieren. (Für wen ist diese Maßnahme rational?)

Die höhere Verschuldung des Staates kann eine Kette von Folgen haben: Da ein Entwicklungsland, gleichgültig, wie weit die Industrialisierung fortgeschritten ist, zum großen Teil durch Rohstoffe und Agrarprodukte seine Devisen im internationalen Markt verdient, produziert es immer mehr landlose Bauern und begünstigt den Großgrundbesitzer, der dem Kleinbauern noch mehr Land abnimmt, um in noch größeren Plantagen mehr Cash-crops zu produzieren. Diese Entwicklung ruft einerseits mehr Nahrungsmittelknappheit und mehr Arbeitslose hervor, andererseits zwingt sie das Land, Nahrungsmittel zu importieren, wozu es noch mehr Kreditgelder benötigt. Die Folge ist Inflation, Abwertung der Landeswährung, Verlust des Realeinkommens, damit mehr Armut für immer größer werdende Gruppen der Bevölkerung. Vielleicht zwang das Jahr 1983 zur Erkenntnis, denn die sogenannten »Schwellenländer« standen am Rande des Ruins: Argentinien hat 1983 die Rekordinflationsrate von 400 Prozent erreicht, Mexikos Lebensstandard wurde halbiert, der Riese Brasilien ist am Ende (vgl. L 56; L 185; L 312).

Was die Rekorde der Inflationsraten angeht, haben wir nach 1983 ganz andere Dimensionen erlebt. Die jährliche Inflationsrate betrug für Mexiko (1980–1989) 70,3 Prozent, für Brasilien 284,3 Prozent (NL 184, S. 419, 184). In einem Jahr stiegen die Preise zum Beispiel in Peru um 5600 Prozent (1991), in Argentinien um 1600 Prozent (1991), in Brasilien 1992 um 1129,95 Prozent (Süddeutsche Zeitung vom 30. 1. 1992, Hannoversche Allgemeine Zeitung vom 13. 1. 1993). Was solche Preissteigerungsraten für die Armen bedeuten, kann man sich leicht vorstellen.

Die Zahlen, die der UNCTAD-Bericht von 1982 zitiert (L 299), konnten 1978 ihre Gültigkeit gehabt haben, aber die Entwicklung dieses Prozesses war auch zu diesem Zeitpunkt bereits vorhersehbar gewesen. Da aber solche Berichte die »Leistungen« der sogenannten Schwellenländer würdigten, wurden die Kreditgeber in der Hoffnung auf immer größere Gewinne

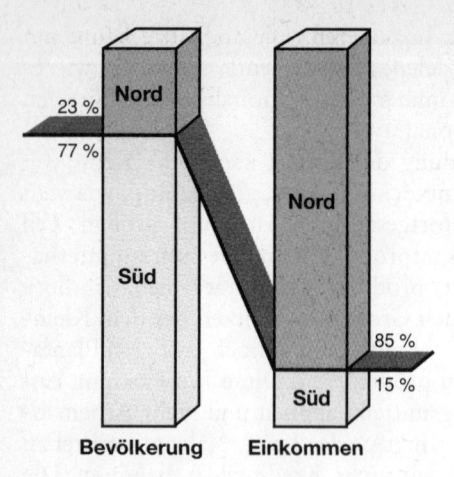

Bevölkerung und Einkommen
Nach Third World Guide 93/94 (NL 184)

bestärkt und liehen immer mehr Geld, so daß diese Länder auf der Pyramide nicht mehr an der Schwelle zu den wohlhabenden Staaten stehen, sondern hinuntergerutscht sind.

Noch einmal zurück zu dem Beispiel vom Brathähnchen- und Reis-Esser. Wenn der Brathähnchen-Esser irgendwann seinen Konsum steigert, nun 2 Brathähnchen und dazu noch eine halbe Schale Reis ißt, der andere aber seine Schale Reis mit einem anderen teilen muß, dann ist der Pro-Kopf-Konsum gestiegen, da jeder statistisch zwei Drittel Brathähnchen und eine halbe Schale Reis verzehrt. Wenn aber diese Entwicklung fortschreitet, kommt eine Zeit, in der der Pro-Kopf-Konsum zu sinken beginnt: Der Reiche ißt zwei Brathähnchen, eine halbe Schale Reis und ein Pfund Salat dazu, die Armen teilen zwei Schalen Reis unter 9 Personen. Jeder hat nun – jedenfalls rein statistisch – ein Fünftel Brathähnchen, eine Viertel Schale Reis und ein Zehntel Pfund Salat gegessen.

Wenn der Brathähnchen-Esser dem Leser zu gierig erscheint, sei hier eine Untersuchung des Nahrungsmittelverbrauchs nach Einwohnern in Nordost-Brasilien zitiert: Demnach mußten sich die ärmsten Menschen täglich mit 1240 Kalorien begnügen, während sich die Reichsten an 4290 Kalorien gütlich taten

(L 317, S. 9). Das war eine Untersuchung, die vor 20 Jahren durchgeführt wurde, inzwischen geht es den ärmsten Brasilianern – wie jeder Zeitungsleser weiß – noch viel schlechter.

Diese Beispiele sollten ausreichend verdeutlicht haben, daß das Durchschnittseinkommen also nicht der Maßstab für den Entwicklungsgrad eines Landes sein kann. Es besagt wenig über die ungleiche Verteilung des Einkommens, des Grundbesitzes, der Arbeit, der Nahrung, über die ungleichen Bedingungen der medizinischen und sozialen Versorgung.

Bei der Messung des Bruttosozialprodukts eines Entwicklungslandes gibt es eine weitere Schwierigkeit: Die Schattenwirtschaft ist groß, unvergleichbar größer als die eines Industriestaates. Die Schattenwirtschaft ist die, die nicht öffentlich gemessen, registriert und wahrgenommen wird. In einem Industriestaat wie der Bundesrepublik gehören dazu sowohl Schwarzarbeit wie Do-it-yourself, Hausarbeit, aber auch Drogenhandel und verbotenes Glücksspiel. Der geschätzte Anteil der Schattenwirtschaft am Bruttosozialprodukt betrug 1982 in Japan 3,9 Prozent, in der Schweiz 4,5 Prozent, in der Bundesrepublik 8,3 Prozent und in Schweden 13,2 Prozent. Da aber in den Entwicklungsländern ein Großteil der Waren nicht über den Markt geht, sondern zwischen den Nachbarn ausgetauscht wird und gegenseitige Nachbarschaftshilfe eine große Rolle spielt, ist der Anteil der Schattenwirtschaft groß: beispielsweise in Indien schätzungsweise 50 Prozent (L 255; L 173).

Noch einmal zurück zu den beiden sich scheinbar widersprechenden Berichten: dem der UNCTAD und dem der Bank für inneramerikanische Entwicklung. Da die Berichte Zahlen zitieren, die etwa 4 Jahre auseinanderliegen, sind sie nicht unglaubwürdig. Zu demonstrieren war, daß der UNCTAD-Bericht von einer Vorstellung von »Entwicklung« ausging, die bei der Bewertung der Industrialisierung deren Folgen – Nahrungsmittelknappheit, Arbeitslosigkeit etc. – übersah. Nicht die Zahlen sind unrichtig, sondern der Interpretationsansatz. Gerade deshalb ist es angebracht, beim Studium von Statistiken besonders aufmerksam zu sein.

Bevor wir zu anderen Meßmöglichkeiten übergehen, soll hier nur angemerkt werden, daß auch Einkommensstatistiken eine gewisse Aussagekraft haben. Da die globale Monetarisierung

(Vergeldlichung) dank der reichen Länder schon stattgefunden hat und vermutlich nicht rückgängig gemacht werden kann, kann man anhand der Zahlen und Grafiken ablesen, wer sich auf wessen Kosten wie entwickelt. Um dies zu verdeutlichen, stellen wir hier zwei Grafiken vor: Die erste Grafik (Seite 120) zeigt, wie das Einkommensverhältnis Nord-Süd zur Zeit aussieht, die zweite, wie die »Entwicklung« in den letzten 30 Jahren vonstatten gegangen ist.

Das UNDP – United Nations Development Program – hat ein neues Meßverfahren entwickelt, genannt HDI: Human Development Index. Bei diesem Verfahren werden nicht Bruttosozial- und Bruttonationalprodukt (BSP und BNP) pro Kopf berücksichtigt, sondern eine Reihe von anderen Kriterien wie zum Beispiel die Lebenserwartung bei der Geburt, der Alpha-

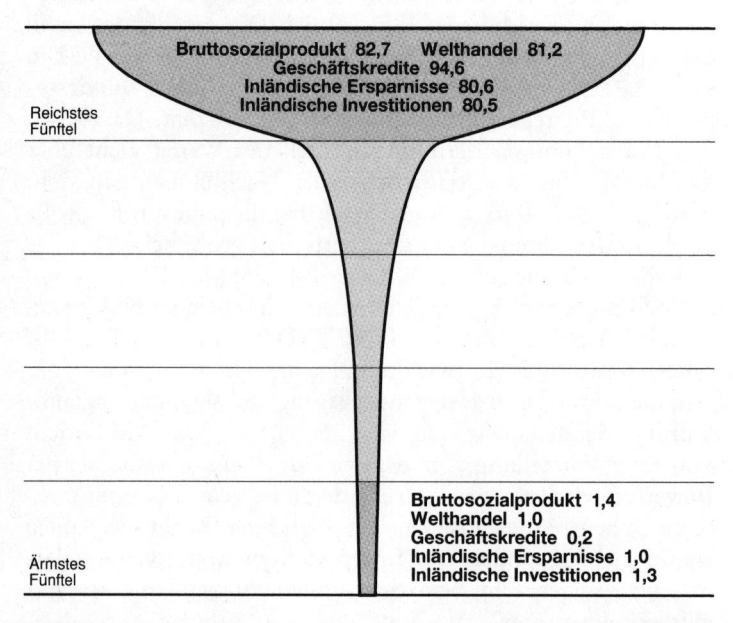

Reichstes Fünftel

Bruttosozialprodukt 82,7   Welthandel 81,2
Geschäftskredite 94,6
Inländische Ersparnisse 80,6
Inländische Investitionen 80,5

Ärmstes Fünftel

Bruttosozialprodukt 1,4
Welthandel 1,0
Geschäftskredite 0,2
Inländische Ersparnisse 1,0
Inländische Investitionen 1,3

Globale Wirtschaftsdisparitäten. Die Verteilung der ökonomischen Aktivität 1989 in Prozentanteilen. Jeder Streifen repräsentiert ein Fünftel der Weltbevölkerung nach Einkommen.

Nach UNDP 1992 (NL 312)

betisierungsgrad, der Prozentsatz der Bevölkerung, die unter dem Existenzminimum lebt, und jener, die Zugang zu Gesundheitsvorsorge, sauberem Wasser und sanitären Anlagen haben, verfügbare Kalorien pro Kopf/Tag, Einschulungsrate, Kindersterblichkeitsrate unter 5 Jahren, Unterschied Mann/Frau und ähnliches. Das UNDP berücksichtigt alle diese Kriterien, gewichtet sie und stellt eine Reihenfolge der 160 Länder her. Nach dieser Tabelle steht Moçambique mit dem niedrigsten BNP pro Kopf/Jahr (80 Dollar) nicht an letzter Stelle, sondern Guinea mit einem fünfmal höheren BNP (430 Dollar pro Kopf/Jahr). Algerien mit einem BNP von 2230 Dollar steht an der 95., Guyana mit nur 340 Dollar BNP an der 92. Stelle der HDI-Skala. Ähnlich sieht es bei den reichen Staaten aus. Kanada (1. Stelle) hat das niedrigste BNP unter den ersten 5 Staaten; nach dieser Tabelle hat sogar Luxemburg (19. Stelle) mehr BNP pro Kopf/Jahr als Kanada.

Auch das HDI sei unvollkommen, meinen manche Wissenschaftler. Sie schlagen einen anderen Index vor: ELC – Elementary Living Conditions (elementare Lebensbedingungen). Bei diesem Index sollen unter anderem der Zugang der Bevölkerung zu Gesundheit, Nahrung, Kleidung, Behausung, Bildung, Wasser/Sanitäranlagen mehr berücksichtigt und besser gewichtet werden. Nach diesem ELC-Index steht Barbados (nach HDI an 20. Stelle) sehr nah bei Kanada (NL 312, S. 120 ff.).

Herman Daly und John Cobb haben ein anderes Meßinstrument entwickelt: ISED (Index of Sustainable Economic Welfare), bei dem sowohl das Verteilungsproblem als auch ökologische Schäden berücksichtigt werden.

Am Beispiel der USA läßt sich der Unterschied der Tabellen verdeutlichen. Nach dem Kriterium der Weltbank hat sich das Land enorm »entwickelt«, da das reale BSP um mehr als das Zweieinhalbfache gestiegen ist. Nach dem HDI steht das Land an sechster Stelle. Nach Daly/Cobb sind die USA im Jahr 1990 hinter den eigenen Entwicklungsstand von 1950 gefallen (NL 184, S. 68 f.). Hinter all diesen Meßmethoden steht eine bestimmte Vorstellung von Entwicklung. Es kommt immer darauf an, was man messen will. Augustinus soll gesagt haben: »Mein Gott, ich kann es messen, nur weiß ich nicht, was ist das, was ich messe.« (NL 28, S. 31)

Ungleiche Überschüsse

»Reicher Mann und armer Mann
standen da und sahen sich an.
Und der Arme sagte bleich
Wäre ich nicht arm, wärst du nicht reich.«

Bertolt Brecht

Die Warnung vor Statistiken bedeutet nicht, daß wir sie nicht brauchen. Sie sind notwendig, vorausgesetzt, sie werden zum Nutzen aller Beteiligten gebraucht und nicht, wie gegenwärtig, zum Vorteil einer Partei auf Kosten einer anderen. Wenn ein Land zu viel Getreide produziert, ein anderes zu viel Gemüse, dann kann man die mengenmäßigen Überschüsse statistisch feststellen und mit Hilfe der Statistiken die jeweilige Überproduktion austauschen – zum Vorteil beider Länder. Die Industrieländer nutzen freilich die Statistiken anders. Diese Wirklichkeit läßt sich wie ein Märchen erzählen.

Es war einmal ein Getreide-Land und ein Gemüse-Land. Das Land, das zu viel Getreide produzierte, übernahm das Bestimmungsrecht der Preise sowohl von Getreide als auch von Gemüse. Es setzte den Getreidepreis hoch, den Gemüsepreis niedrig an, verkaufte sein Getreide nicht an das Gemüse-, sondern an ein Drittland, das diese höheren Preise zahlen konnte. Mit dem Gewinn kaufte das Getreide-Land nicht nur die überschüssige Produktion vom Gemüse-Land, sondern auch einen Großteil von dessen Eigenbedarf.

Die Gemüsebauern beklagten sich jetzt bitter, daß der erzielte Preis nicht einmal die Kosten der Produktion abdecke. Das Getreide-Land eilte zu Hilfe und klärte den Gemüsebauern auf, daß das Mißverhältnis zwischen Preis und Produktion an der rückständigen Produktionsweise liege. Die Gemüsebauern müßten mehr Landmaschinen, Dünge- und Pflanzenschutzmittel einsetzen, dann bräuchten sie nicht so viel zu arbeiten, die Produktion, damit auch der Gewinn, werde enorm steigen.

Doch woher sollten die Gemüsebauern jetzt Landmaschinen, Pflanzenschutz- und Düngemittel bekommen, wovon sollten sie das alles bezahlen? Das Getreide-Land konnte helfen. Es war großherzig und gab dem Gemüse-Land Kredit, damit das Gemüse-Land diese Wunderdinge kaufen konnte. Natürlich mußte das geliehene Geld irgendwann mit Zinsen zurückgezahlt werden, aber das hatte keine Eile. Im übrigen konnten die Gemüsebauern ja von dem erzielten höheren Gewinn nach und nach zurückzahlen.

Die Kleinbauern hatten aber nicht viel von dem Angebot. Sie waren nicht »kreditwürdig«, das heißt, sie konnten keine Sicherheiten vorweisen, da ihre Landstücke zu klein waren. Wegen der winzigen Landstücke waren Landmaschinen, Pflanzenschutz- und Düngemittel sowieso nicht verwendbar. Die Kleinbauern hatten bislang neben ein wenig Gemüse vor allem Reis, Mais, Bohnen und Obst erzeugt – für den täglichen Bedarf und, wenn das Wetter gut war, ein wenig mehr, damit sie durch den Verkauf oder Austausch sonstige Güter für den Familienbedarf einkaufen konnten.

Da die Kleinbauern kleine Landstücke besaßen oder gepachtet hatten, waren sie auch in guten Erntejahren nicht in der Lage Reserven für die Zukunft anzusammeln. Oft waren sie verschuldet – gewöhnlich beim ortsansässigen Großbauern.

Der Großbauer dagegen war kreditwürdig. Da sein Grundbesitz groß genug war, konnte er gewinnbringend Landmaschinen einsetzen. Er konnte auch seinen Landbesitz leicht erweitern, indem er die Landstücke der bei ihm verschuldeten Kleinbauern abkaufte. Jetzt lohnte es sich, für den Export Gemüse anzubauen.

Die Kleinbauern wanderten aus, flüchteten in die Städte, in der Hoffnung, dort Arbeit zu finden, landeten ohne Arbeit in den Slums, kämpften ums Überleben mit Gelegenheitsjobs – oder sie blieben im Dorf, verdingten sich durch Tagelöhner-Arbeit beim Großbauern. Sie blieben so lange im Dorf, bis der Großbauer neue, »fortschrittlichere« Maschinen kaufte, um seine Lohnkosten zu senken. Wieder wurden einige Arbeitskräfte überflüssig, sie mußten wiederum abwandern.

Mit dem Gewinn kaufte der Großbauer weiter Grundstücke der Kleinbauern, setzte verstärkt Maschinen, Dünge- und Pflanzenschutzmittel ein, und im nächsten Jahr kaufte er noch mehr Grundstücke auf. Die nun landlosen Bauernfamilien

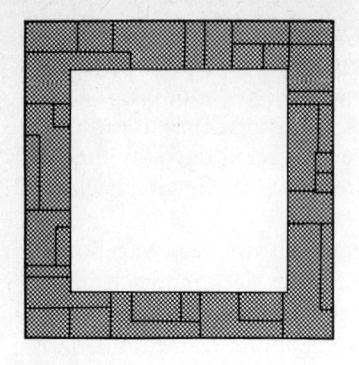

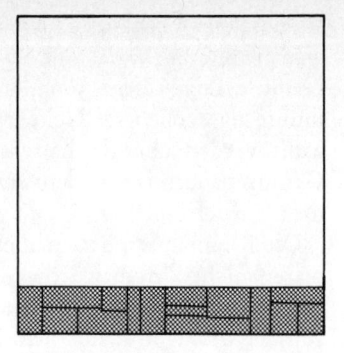

Wie der Landbesitz des Großbauern, der Gemüse für den Export anbaut, den Landbesitz der Kleinbauern (schraffiert), die für den Eigenbedarf sorgen, verdrängt

suchten Zuflucht in den Städten, versuchten dort durch Gelegenheitsjobs ihren Lebensunterhalt zu bestreiten. Der Rest blieb vorläufig im Dorf, arbeitete als Tagelöhner oder Saisonarbeiter beim Großbauern – bis auch sie überflüssig wurden und ebenfalls in die Städte flüchteten. Nach einer Weile sah die Gemüseplantage des Großgrundbesitzers dann so aus wie auf dem rechten Bild.

Der Großbauer machte natürlich allmählich immer größere Gewinne. Und das Gemüse-Land verdiente durch den Export harte Devisen. Das Geld wurde für den Aufbau der Industrie in den Städten investiert, da sich dort jetzt eine riesige Masse Arbeitsloser angesammelt hatte. Die notwendige Ausrüstung für den Aufbau der Industrie hatte das Land nicht. Also kaufte es diese aus dem Ausland, genauer, aus dem Getreide-Land, das sie hatte. Nur das durch den Export verdiente Geld reichte dafür nicht aus. Die Ausrüstung war teuer, sehr teuer sogar. Der Preis dieser Ausrüstung wuchs – im Gegensatz zum Preis von Exportgemüse, der ständig fiel. Das Land mußte schnell entscheiden. Ein Teil des fehlenden Geldes gab das Getreide-Land als Kredit mit großzügigen Bedingungen: sehr wenig Zinsen, rückzahlbar in 20 Jahren.

Dieses Geld nannte das Getreide-Land »Entwicklungshilfe«. In Wirklichkeit war das Geld nur ein Teil des Gewinns, den das Getreide-Land durch den Import von Gemüse gemacht hatte.

(Ein konkretes Beispiel: Der Betrag, den die Bundesrepublik zwischen 1970 und 1980 in Brasilien investierte, entspricht 46 Prozent des Verlustes, den Brasilien beim Rohstoffexport durch den Preisverfall hatte. Oder: Die Bundesrepublik nahm zwischen 1952 und 1961 insgesamt über 5 Milliarden Mark Steuern bei lateinamerikanischem Kaffee ein, etwa ein Zehntel dieser Summe, 577 Millionen Mark, erhielten die lateinamerikanischen Länder zwischen 1950 und 1962 als Entwicklungshilfe von der Bundesrepublik. L 167, S. 136f.).

Doch die günstigen Entwicklungshilfe-Kredite reichten natürlich nicht. Zusätzlich lieh sich das Gemüse-Land von den internationalen und privaten Banken Geld. Die Bedingungen der Privatbanken sahen anders aus: kurze Rückzahlungsfristen, hohe Zinsen. Es gab mittlerweile immer weniger Nahrungsmittel im Land, denn die Kleinbauern hatten ihre Landstücke verkauft, jetzt wurde überwiegend Gemüse für den Export angebaut. Das Land mußte jetzt auch Nahrungsmittel importieren – gegen harte Devisen. Außerdem brachten die Industrieländer bereitwillig Industriegüter in die Städte, wo ja die Bevölkerung enorm zugenommen hatte – ebenfalls gegen harte Devisen.

Im nächsten Jahr konnte das Land die fällige Rückzahlung der Kredite und die Zinsen nicht leisten, da ein Teil des Kredits vom letzten Jahr durch den Nahrungsmittelimport aufgezehrt wurde. Der Rest reichte nicht aus, den Aufbau der Industrie fortzuführen, weil die Importpreise für Industrieanlagen inzwischen wieder gestiegen und die Preise für das Exportgemüse auf dem Weltmarkt wider Erwarten gefallen waren (Begründung: »Überangebot«). Das Land nahm noch mehr Kredit auf, um mit einem Teil davon seine Schulden zu bezahlen.

Als die Industrie halbwegs produktionsbereit war, hatte das Heer der Arbeitslosen immens zugenommen. Die Industrie konnte nur etwa 5 Prozent der Arbeitslosen aufnehmen. Die Regierenden des Landes sahen keinen anderen Ausweg, als noch mehr Industrie aufzubauen. Die internationalen Banken und die Regierungen der reichen Länder weigerten sich, noch mehr Kredit zu geben, da das Land jetzt zu hoch verschuldet sei.

Es traf sich gut, daß es im Getreide-Land eine große Autofirma gab. Diese zeigte sich hilfsbereit und sagte, sie wolle eine

Autoindustrie aufbauen. Allerdings müßte ein großes Grundstück bereitgestellt und die Aufbaukosten der Montage- und Lagerhallen müßten übernommen werden.

Für Autos gab es aber im Gemüse-Land keinen Bedarf, weil 85 Prozent der Bevölkerung täglich ums bloße Überleben hart kämpfen mußten. Das macht nichts, sagte die Autofirma, wir produzieren für den Export. Der Export werde Devisen bringen, die das Land so dringend brauche. Die Autos könne man spielend auf dem Weltmarkt absetzen, vorausgesetzt, die Produktionskosten blieben niedrig. Darüber hinaus müsse das Gemüse-Land einige Vergünstigungen einräumen – niedrige Exportsteuern, und alle, auch künftige Investitionsgelder müßten möglichst steuerfrei bleiben. Damit die Autos exportiert werden können, bräuchte man freilich eine eigene Infrastruktur, etwa asphaltierte Straßen von den Lagerhallen zum Hafen.

Da das Land in Geldnot geraten war, beschloß die Regierung, diese Verpflichtungen einzugehen. Dafür brauchte sie wiederum Geld, das sie aus dem Ausland, diesmal von den Privatbanken, besorgte. Die Privatbanken verlangten höhere Zinsen und räumten dafür kürzere Fristen für die Rückzahlung ein. So wurde eine Industrie aufgebaut, deren Produkt das Land nicht brauchte. Die Schulden wuchsen unaufhaltsam weiter.

Als nun diese Industrie fertig aufgebaut war, stellte die Landesregierung fest, daß wiederum nur 5 Prozent der Arbeitslosen dort eine Beschäftigung finden konnten. Inzwischen war das Heer der Arbeitslosen längst weiter angewachsen.

Die Autoindustrie verdiente zwar gut, sehr gut sogar, investierte aber weder in die Erweiterung der vorhandenen noch in neue Industrien, sondern in neue Maschinen, um die Lohnkosten zu senken und Arbeitskräfte einzusparen. Zur Begründung wurden die harten Preiskämpfe auf dem Weltmarkt angeführt. Ein Teil der Belegschaft wurde deshalb entlassen. Außerdem wurde investiert in Landwirtschaft und Viehzucht für den Export, dies mit der Begründung, daß die Verluste im Autoexport ausgeglichen werden müßten.

Da die Nahrungsmittel und sonstigen Güter für den täglichen Bedarf zu immer höheren Preisen importiert werden mußten und die Gemüsepreise auf dem Weltmarkt fielen, die erhofften Gewinne durch den Export von Autos ausblieben, hatte das

Land mittlerweile astronomische Auslandsschulden. Die Folgen: eine hohe Inflationsrate, steigende Arbeitslosenzahl und Lebenshaltungskosten sowie sinkendes Realeinkommen.

Die internationalen Überwachungsorganisationen wie IMF/IWF (International Monetary Fund/Internationaler Währungsfonds) und die Weltbank, in denen die reichen Länder eine solide Stimmenmehrheit besitzen, sagten dem Gemüse-Land, es sei übermäßig verschuldet und müsse seinen Haushalt sanieren. Dazu gehört: weniger Import, mehr Export (damit die Schulden abgebaut werden), Abwertung der Landeswährung, Senken der Reallöhne und »Liberalisierung« der Wirtschaft (also keine Einschränkung für Investitionen aus dem Ausland, Zulassung von mehr Auslandsfirmen und Bedingungen, die es ermöglichen, im Land für den Export zu investieren). Erst wenn diese Bedingungen erfüllt seien, könne man das Gemüse-Land vor der Zahlungsfrist retten und weitere Kredite gewähren.

Und wenn sie nicht gestorben sind, beutet das Getreide-Land weiterhin das Gemüse-Land nach besten Kräften aus und lebt zufrieden und glücklich. Auch das Gemüse-Land macht Fortschritte – und zwar von der Armut hin zur Verelendung.

Sollte dem Leser dies alles wie ein Grusel-Märchen vorkommen, so sei zugegeben, daß die Funktionsmechanismen des heutigen Weltmarktes viel komplizierter und undurchsichtiger sind. Aber im Prinzip läuft es genau so ab.

Von dem beschriebenen Zustand ist heute eine Reihe von Ländern besonders betroffen: Argentinien, Brasilien, Nigeria, Venezuela, Mexiko – die sogenannten »Schwellenländer«. Die Lage der ärmeren Länder ist nicht viel besser. Das Getreide-Land kann durch einen beliebigen Industriestaat, das Gemüse-Land durch irgendein Entwicklungsland (ausgenommen solche, die sich mehr oder weniger vom Weltmarkt abgekoppelt haben wie Nordkorea, Albanien, Birma, China) ersetzt werden. Auch die Exporterzeugnisse sind mit Produkten wie Kakao, Kaffee, Tee, Kautschuk, Zucker, Baumwolle, Bananen, Ananas oder Metalle und Mineralien austauschbar.

Die Sachlage wird komplizierter und undurchsichtiger, wenn die Export-Agrarprodukte in ausländische Hände geraten. Es gibt mehrere Möglichkeiten für ausländische Kontrolle: Ausländische Firmen besitzen schon Ländereien oder Plantagen (wie in unserem Beispiel 3: Guatemala) oder kaufen nur ein, wenn es keine Einschränkung dafür gibt. Im Fall einer solchen Einschränkung benutzen sie Decknamen. Ein Bürger des Landes fungiert als Strohmann, oder sie schließen Verträge mit den Großgrundbesitzern, die sich verpflichten, jährlich eine bestimmte Menge eines Produkts an die Vertragsfirma ins Ausland zu liefern.

Eine »Überproduktion« bestimmter Agrarprodukte, die von Auslandsinteressen bestimmt und vom Land durch den Export abgezogen werden, hat folgende Auswirkungen: Die Kleinbauern verlieren ihre Grundstücke; die Nahrungsmittelproduktion für den Inlandsbedarf nimmt ab; die Arbeitslosigkeit – sowohl auf dem Land wie auch in den Großstädten – steigt; die wenigen reichen Großgrundbesitzer werden reicher, die Masse der Armen größer und noch ärmer; der Einfluß des Auslands – durch die zunehmende Kontrolle über die inländische Wirtschaft – wächst, der Staat verliert entsprechend seine politische Macht.

Unter den Entwicklungsländern ist Mexiko in vielerlei Hinsicht eine Ausnahme. Das Land hat eine Revolution (1910) und eine Agrarreform (bis 1940) hinter sich, besitzt eine liberale, weltoffene Tradition, verfügt über eine politische Ordnung, die, »halb Demokratie, halb Diktatur«, sich »schon immer als besonders elastisch erwiesen hat« (L 312, S. 224). Mexiko ist ein unermeßlich reiches Land, besitzt Rohstoffe in riesigen Mengen, einschließlich Öl – vermutlich hat kein Land außer der ehemaligen Sowjetunion so viele Ölreserven wie Mexiko.

Da Mexiko so reich, also kreditwürdig ist, haben alle Banken der Industriestaaten immense Summen Geld ausgeliehen. Deshalb ist es bezeichnend und aufschlußreich, daß das erste überschuldete Land, das 1982 in den Genuß eines Experiments – nämlich das Umschuldungsprogramm – kam, Mexiko war. Diese »Erleichterung« hat dem Land offenbar nicht sehr viel geholfen. Die Schulden des Landes sind trotzdem – oder gerade deshalb – seither um mehr als das Doppelte gestiegen. (Für Erklärungen über den Prozeß des Schuldenmachens siehe das Kapitel über Entwicklung und Schulden.)

Mexiko soll im Jahre 1980 ein Pro-Kopf-Einkommen von 2090 Dollar gehabt haben (L 229, S. 634). Da es hier um das

Aufzeigen der Gesellschaftsstruktur geht, verzichten wir darauf, neuere Daten hinzuzufügen. Alle statistischen Daten deuten darauf hin, daß die Struktur nicht nur so geblieben ist, sondern die Lage der Armen sich in den achtziger Jahren weiter verschlimmert hat. Die Interpretation der neueren Daten wird noch in diesem Kapitel vorgenommen.

Das Land gehörte 1980 noch zum Mittelstand auf der Einkommenspyramide. Da aber die Pesos nur noch ein Sechstel dessen wert sind, was sie 1980 wert waren, dürfte das Land auf die unterste Stufe gefallen sein. Dafür gibt es mehrere Gründe. Insgesamt hat das Zusammenspiel zwischen den Zentren (des Landes und der Industriestaaten) bislang gut funktioniert. Die Reichen wurden reicher, die Armen ärmer. Die Hälfte der Bevölkerung lebt in absoluter Armut, etwa ebenso viele der arbeitsfähigen Einwohner sind ohne Beschäftigung, beziehungsweise unterbeschäftigt. Der Reallohn eines Arbeiters sank auch in den Boom-Jahren um etwa 30 Prozent. Abgesehen von der kurzen Periode um 1940, ist das Besitzverhältnis an Grund und Boden fast unverändert geblieben. Schon vor gut 20 Jahren war ein Drittel der 300 größten Firmen des Landes zu 50 Prozent und mehr in ausländischen Händen. 1979 stammten 70 Prozent der ausländischen Direktinvestitionen aus den USA. Die multinationalen Konzerne haben Mexiko im Agrarbereich fest im Griff. Wie im vorhin erzählten Märchen verlieren immer mehr Kleinbauern ihr Land.

Ernest Feder hat am Beispiel der mexikanischen Erdbeerplantagen gezeigt, warum und zu wessen Nutzen diese Produktion von Kalifornien nach Zamora und Irapuato verlegt wurde. Er rechnete anhand einer Anbaufläche von 5000 Hektar unter Berücksichtigung der höheren Produktionskosten für Saatgut, Düngemittel, Landmaschinen etc., der höheren Produktivität der kalifornischen und niedrigen Löhne der mexikanischen Arbeiter genau aus, daß die Lohnkostenersparnisse für die beteiligten Firmen zwischen 15,1 und 53,9 Millionen Dollar lagen (L 111, S. 97 ff.). Erdbeeren wurden in Mexiko unter der Kontrolle der US-Firmen ausschließlich für den Export angebaut.

Erdbeeren sind nur ein Beispiel. Früher wurde in Kalifornien so viel Spargel produziert, daß ein Teil nach Europa exportiert werden konnte. »Seit 1975 wurde ... weißer Spargel nicht mehr in Kalifornien angebaut. In Mexiko kontrollieren zwei Firmen 90 Prozent der Spargelerzeugung. Eine davon ist Del Monte.« (L 69, S. 294) Die amerikanischen Spargelfarmer erhielten 1973 23 Cents pro Pfund ihrer Ernte, der mexikanische Vertragspartner nur 10 Cents, wovon er nur einen winzigen Teil an seine Saisonarbeiter zahlte. Auf gleiche Weise, für den gleichen Zweck, unter den gleichen Bedingungen produziert Mexiko Zwiebeln, Gurken, Auberginen, Tomaten.

Diese Entwicklung ist bis heute enorm fortgeschritten. Mexikos Erdöl-Geschäft blüht zwar noch nicht lange, aber das Agro-Business steht ihm vermutlich in nichts nach. Mexiko hat im Jahr 1980 zweieinhalbmal so viel Obst und Gemüse exportiert wie im Jahr 1976. In der gleichen Zeit stieg der Nahrungsmittelimport um fast das Achtfache (von 303 Millionen auf 2,309 Milliarden Dollar). Knapp die Hälfte davon (1,097 Milliarden) gab Mexiko für den Import von Getreide und Getreideerzeugnissen aus (L 276, S. 26).

Die Besitzverhältnisse des landwirtschaftlichen Bodens sahen 1970 wie folgt aus: 24,6 Prozent der Betriebe mit einer Größe unter 1 Hektar haben 0,1 Prozent der gesamten Betriebsfläche, 26,5 Prozent der Betriebe mit einer Größe zwischen 1 und 5 Hektar haben 3,4 Prozent, 0,5 Prozent mit einer Größe über 5001 Hektar haben 48,5 Prozent der gesamten Betriebsfläche – also Großbauerntum und Plantagenwirtschaft.

Mexiko ist, wie gesagt, nur ein Beispiel. Wie widersinnig diese Exportproduktion ist, die durch Gewinnsucht der ausländischen Multis und der einheimischen Großgrundbesitzer immer mehr ausgeweitet wird und infolgedessen fast zwangsläufig Hunger im Land verursacht, zeigen auch andere Beispiele.

Joseph Collins und Frances Moore Lappé erwähnen 2 solcher Fälle: Zwischen 1966 und 1975 ist der Wert der importierten Schnittblumen in den USA über das Sechzigfache auf mehr als 20 Millionen Dollar gestiegen, 90 Prozent davon kamen aus Lateinamerika. »1973 schätzte ein Wirtschaftswissenschaftler der kolumbianischen Regierung, daß ein mit Nelken bepflanzter Hektar Land 1 Million Pesos einbringt, der gleiche Hektar mit Weizen oder Mais brächte nur 12 500.« (L 69, S. 294)

Selbst wenn genügend Nahrungsmittel im Land produziert werden, ist dies keine Gewähr dafür, daß diese auch der Landesbevölkerung zur Verfügung stehen. Rein rechnerisch dürfte es beispielsweise weder in Mexiko noch in Brasilien Unterernährung, geschweige denn Hunger geben. Mexikos Getreideproduktion wuchs von 1970 bis 1981 insgesamt auf 155 und die von Brasilien von 102 auf 172 (Index 1969–1971 = 100); auch unter Berücksichtigung des Bevölkerungszuwachses ist der Anstieg pro Kopf in der gleichen Zeit beträchtlich: in Mexiko von 100 auf 111, in Brasilien von 102 auf 131 (L 116, S. 75, 79).

Wie erwähnt, deuten alle neueren Daten darauf hin, daß diese Art der Entwicklung – weitere Verarmung der armen Bevölkerung – voranschreitet. Mexiko gehörte 1990 mit einem Jahreseinkommen pro Kopf von 2490 Dollar zu einer der wohlhabenden Nationen unter den Entwicklungsländern. Andererseits verfügten 40 Prozent der armen Bevölkerung nicht einmal über 60 Mark pro Kopf im Monat (NL 184, S. 87). Kein Wunder, in Mexiko sterben die Armen 20 Jahre früher als die Reichen (NL 80, S. 6). Dafür gibt es Gründe – auch diese kann man von den Statistiken ablesen. Die Arbeitslosigkeit – offene und versteckte – ist in Mexiko offenbar hoch. Im Vergleich zu anderen Ländern ist der Prozentsatz der arbeitenden Bevölkerung – auch unter Berücksichtigung der Alterspyramide – auffallend niedrig, nur 36,8 Prozent (zum Vergleich: in Industriestaaten sind es im Durchschnitt 48,8 Prozent, in Entwicklungsländern ebenfalls im Durchschnitt 43,9 Prozent; NL 312, S. 195). Mexiko macht anscheinend eine Entwicklung durch, wie ich sie in dem Märchen dargestellt habe.

Der Anteil der in der Landwirtschaft tätigen Bevölkerung ist in Mexiko von 50 Prozent im Jahr 1965 auf 22,9 Prozent im Jahr 1989 zurückgegangen. In derselben Zeit ist auch der Anteil der in der Industrie Beschäftigten von 23,0 Prozent auf 20,1 Prozent geschrumpft. Hingegen ist der Anteil am Dienstleistungssektor von 29,0 Prozent auf 57,0 Prozent gestiegen (NL 312, S. 158). Neben den Arbeitslosen gibt es 30 Prozent Unterbeschäftigte (NL 85, Kol. 463). 43 Prozent der landlosen und quasi-landlosen Bauern haben nur eine zeitlich begrenzte Beschäftigung (NL 61, S. 34). Indizien für Landflucht sind der Rückgang der Zahl der Bauern und die Zunahme der städtischen Bevölkerung. Der Anteil der städtischen Bevölkerung ist von 51 Prozent (1960) auf 73 Prozent (1990) gestiegen. Die

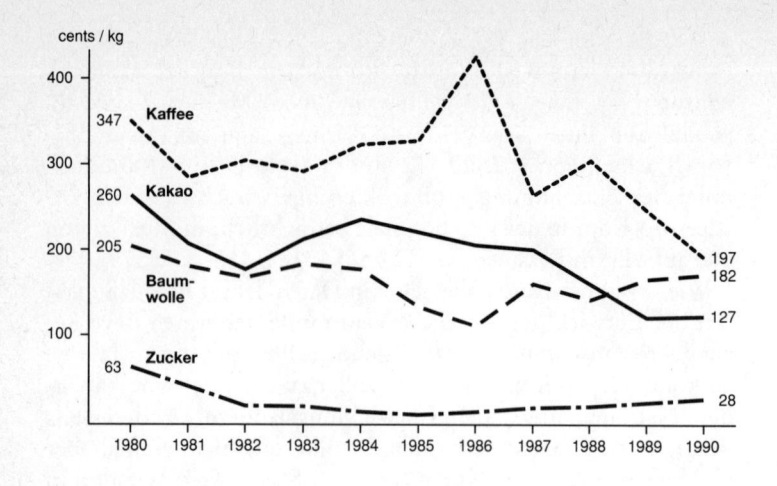

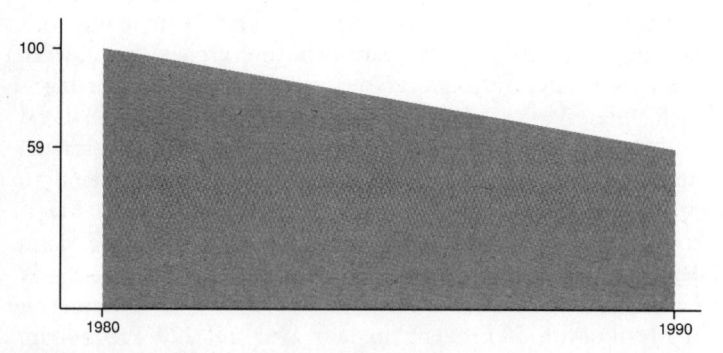

Rohstoffpreisschwankungen (oben) und der reale Preisverfall (unten, für alle Rohstoffe außer Öl)

Nach Dritte-Welt-Haus Bielefeld 1992 (NL 103)

Nahrungsmittelproduktion ist als eine Folge dieser Entwicklung, von einem Index 1979–1981 = 100 ausgehend, pro Kopf im Jahr 1990 auf 96 gefallen (NL 184, S. 419). Nicht nur pro Kopf, auch in absoluten Zahlen sanken zum Beispiel die Reis- und Maniokproduktionen, besonders wichtig für die arme Bevölkerung, von 528 000 Tonnen (1979–1981) auf 354 800 (1991), beziehungsweise von 28 000 (1979–1981) auf 1 000 (1991)

(NL 130, S. 72, 94). Da Mexikos Export aus kostspieligen Gütern besteht – über zwei Drittel des Exports machen Öl, Ölprodukte, Autos und Kfz-Teile aus –, ist es erstaunlich, daß der Anteil der Agrarprodukte immer noch 8 Prozent ausmacht (NL 85, Kol. 464).

Die Lösung findet man im FAO-Produktionsjahrbuch 1991. Demnach sind die Produktionen von Soja, Tomaten, Gurken u.a. erheblich gestiegen (NL 130, S. 107, 130, 135). Andererseits ist Mexiko zu 17 Prozent vom Nahrungsmittelimport abhängig. Aber die importierte Nahrung können die Armen nicht bezahlen.

In den 6 Jahren zwischen 1985 und Dezember 1991 sind die Verbraucherpreise über das Hundertachtzigfache (vom Index 100, 1985, auf 1865, 1991) gestiegen (NL 184, S. 419). Ob selbst ein Großteil der arbeitenden Bevölkerung dies zahlen kann, ist mehr als fraglich. Das Realeinkommen aller Beschäftigten ist im Durchschnitt pro Jahr zwischen 1980 und 1988 um 5,2 Prozent gesunken (NL 312, S. 158). Dennoch ist Mexiko nicht nur nach der Weltbank ein wohlhabendes Land, sondern auch nach den Kriterien des UNDP (HDI) gehört Mexiko zu den wenigen Ländern, die eine hohe menschliche Entwicklung vorweisen können.

Wie gesagt, Mexiko ist nur ein Beispiel. Da die Vergeldlichung der Welt weit forgeschritten ist und die Entwicklungsländer durch die Anbindung an den Weltmarkt, an die Entwicklungshilfe und wegen der übermäßigen Rückzahlungsverpflichtungen auf das »Verdienen« von ausländischen Devisen angewiesen sind, verkaufen sie alles, woraus sich irgendwie Geld, also ausländische Währung, machen läßt. Bei dem Zusammenspiel zwischen dem Zentrum der Peripherie und der Metropole haben die Armen zwar nichts zu melden, sie zahlen aber die Zeche.

So bauen manche Hungerländer statt Nahrungsmitteln für den Eigenbedarf Blumen für den Export an. Simbabwe hat den Schnittblumenexport von 1326 Tonnen 1987 auf 4362 1990 erhöht. Ecuador exportiert Rosen, Nelken, Chrysanthemen, Guatemala Nelken; Mexiko hat im Jahre 1989 für 15,5 Millionen Dollar Schnittblumen (darunter 60 Prozent Rosen) exportiert (NL 41, S. 13). Das vermutlich einzige Flugzeug, das jeden

1 Lokomotive
aus der Schweiz

kostete die
Entwicklungs-
länder

1980:
12 910
Sack Kaffee

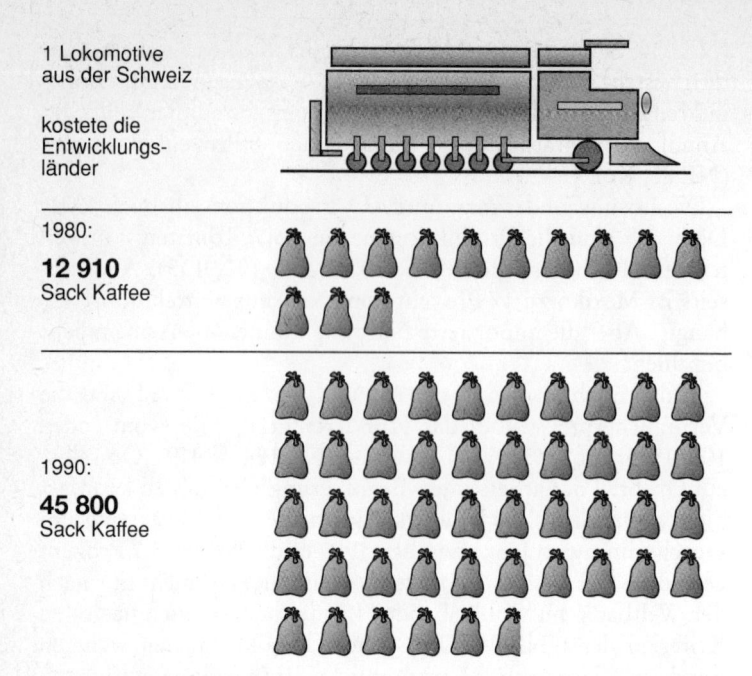

1990:
45 800
Sack Kaffee

Tausche Kaffee gegen Lokomotive

Nach Dritte-Welt-Haus Bielefeld 1992 (NL 103)

Tag mit Sicherheit pünktlich vom Flughafen Nairobi startet, ist das Flugzeug mit 500 000 Blumen.

Unter den blumenexportierenden Entwicklungsländern hat Kolumbien einen der ersten Plätze erobert. 1989 exportierte das Land etwa 2 Milliarden Schnittblumen (80 Prozent in die USA, 15 Prozent nach Europa; NL 41, S. 13). »70 Prozent der Beschäftigten in der kolumbianischen Blumenindustrie sind Frauen. Sie erhalten für die monotone, wegen der Pestizide gesundheitsschädigende Arbeit etwas mehr als den gesetzlichen Mindestlohn... Der Arbeitstag dauert inklusive Anfahrt 10 bis 12 Stunden.« (NL 103, S. 135) Von jeder Mark, die man hierzulande für eine importierte Nelke oder Rose ausgibt, erhalten die Blumenarbeiterinnen etwa 3 Pfennige (vgl. NL 103, S. 134).

Obgleich 62 Prozent aller Beschäftigten in Kolumbien sowieso nicht mehr als einen Mindestlohn erhalten, reicht dieser nach offiziellen Angaben gerade, um den halben Lebensunterhalt zu decken (NL 41, S. 16). 70 Prozent der Bevölkerung haben jährlich ein Einkommen von 300 Dollar oder darunter, 35 Prozent leben unter dem Existenzminimum (NL 54, S. 83f.). Kolumbien weist »eine der extremsten Landkonzentrationen Lateinamerikas auf. Während 80 Prozent der Landbevölkerung nur 8,7 Prozent des Anbaulandes besitzen, verschlingen 2,4 Latifundisten 63 Prozent des Landes.« Fast eine Million Campesinos sind land- und besitzlos, und eine Dreiviertel Million Campesinos verfügen über wenig Land. Ein Großteil des Kaffees wurde früher von diesen Kleinbauern produziert. Kolumbien ist das klassische Kaffeeland mit (1990) einem Anteil von 34,7 Prozent des Weltkaffeexports (NL 87). Nachdem der Kaffeepreis seit 1980 kontinuierlich sinkt (siehe Grafik), deckt der Preis nicht einmal die Produktionskosten.

Allein zwischen 1989 bis Juli 1992 ist der Preis für ein Pfund (453 Gramm) Rohkaffee in New York von 130 auf 47 Cents gefallen (NL 87). So bleibt den Kleinbauern gar nichts anderes übrig, als umzusteigen auf Blumen oder auf Drogen. Die Drogenmafia zahlt zwar auch einen unvorstellbar minimalen Preis an die Produzenten, aber der ist viel höher als der Kaffeepreis. Der Verdacht liegt nahe, daß es einen Zusammenhang zwischen dem Rohstoffpreisverfall und dem vermehrten Anbau von Drogen in den Entwicklungsländern gibt. Wenn es stimmt, dann bekämpft man in den Industriestaaten ein Problem, das man woanders selbst verursacht hat.

Noch einmal zurück zur Erdbeerindustrie in Mexiko. Ernest Feder, den die Erdbeerindustrie als solche nicht interessierte, wollte an diesem Beispiel untersuchen, »welchen Einfluß dieser Sektor auf die agrarische oder nicht-agrarische Ressourcennutzung hat, auf die Menschen in und außerhalb der Landwirtschaft sowie auf die Politik«. Feder stieß an die Grenzen genauer Berechnung und mußte gestehen, daß die Verflechtung der ausländischen Multis in Mexiko nicht genau auszurechnen ist: »In den sogenannten nationalen Industrien steckt nicht selten ausländisches Kapital..., was Abhängigkeit von Industriestaaten bedeutet, und die gängige Praxis, ›Strohmänner‹ vorzuschieben, verhindert genaue Erkenntnisse darüber, ob die mexikanischen Firmen wirklich den Mexikanern gehören.« An den Daten ist nicht abzulesen, wie weit die Kontrolle des ausländischen Agro-Business über Grund und Boden, Produktionsmenge und Kapital »in Wirklichkeit bereits fortgeschritten ist« (L 111, S. 16, 298).

Guatemala oder Wie eine Bananenrepublik entsteht

> »Nein Mr. Maker Thomson, so geht das nicht. Was wir brauchen, sind Unterlagen, die uns als die rechtmäßigen Eigentümer ausweisen.« – »Diese Unterlagen beschafft man sich, indem man die hohen Tiere kauft...«
>
> Miguel Angel Asturias: Der grüne Papst

Heute spielen zwar Bananen sowohl im Export als auch in der Politik eine untergeordnete Rolle, aber die heutige politische Situation Guatemalas wäre ohne Bananen, genauer: ohne die Macht des multinationalen Konzerns United Fruit Company (UFCo), nicht verständlich.

Guatemalas Oberschicht lud gleich nach der Unabhängigkeit 1821 ausländisches Kapital ins Land. Das Land verschuldete sich bald übermäßig gegenüber England; 1856 hatten die Engländer im Vertrag von Dallas-Clarendon auf ihre Interessen in Mittelamerika zugunsten der Nordamerikaner verzichtet (L 176, S. 50). Auch die deutschen Unternehmen mischten sich kräftig ein, sie bauten beispielsweise Kaffeeplantagen auf und übernahmen die Elektrifizierung der Städte. Der Einfluß der Deutschen war dennoch relativ gering, aber auch auf den mußten sie mit Beginn des Ersten Weltkriegs verzichten. Die Regie übernahmen die US-Firmen.

Die Entstehung der UFCo war mehr oder weniger zufällig. Ein Reeder namens Lorenzo Dow Baker brachte im Jahr 1870 eine Schiffsladung Bananen aus Jamaika mit, weil er nicht mit einem leeren Schiff zurückfahren wollte, und verdiente sehr viel Geld damit. Er konnte die Bananen zu einem phantastischen Preis, der zehn- bis fünfzehnmal höher als sein Einkaufspreis war, in New York verkaufen. Fortan verdiente er an Bananen. Minor C. Keith baute ab 1871 die Eisenbahn in Mittelamerika von Mexiko bis El Salvador. Als die Eisenbahn fertiggestellt war, hatten die International Railways of Central America (IRCA) Schwierigkeiten, den Unterhalt zu finanzieren. So begann auch Keith, Bananen anzubauen und in die USA zu exportieren. 1883 besaß Keith schon 3 Bananenfirmen, die jährlich 5 Millionen Stämme Bananen auf die US-Märkte exportierten. Als er dennoch mit anderthalb Millionen Dollar Schulden in Schwierigkeiten geriet, konferierte er mit dem Bostoner Bankier Andrew Preston. Am 30. März 1899 gründeten Baker, Keith und Preston die UFCo (L 208, S. 15 ff.).

Die UFCo hatte von Anfang an eine Monopolstellung im Bananengeschäft angestrebt und erreichte diese auch in relativ kurzer Zeit. Ihr Kapital belief sich im Jahr 1900 auf 11,23 Millionen Dollar. In 30 Jahren hatte die UFCo ihr Kapital fast verzwanzigfacht: 1930 waren es 205,9 Millionen Dollar (L 43, S. 180, 287 ff.). Die Zusammenarbeit von Baker, Keith und Preston erwies sich für die UFCo als sehr erfolgreich. Keith kaufte – auch auf krummen Wegen – Ländereien ein, Baker sorgte für den Transport und Preston kümmerte sich um das Geld. Baker, der mit einem veralteten Schiff begann, hatte die Reederei der UFCo 1910 schon fast auf 100 Schiffe ausgebaut, 1910 begann die UFCo, Bananen auch nach Europa zu exportieren. Guatemala geriet unter den direkten Einfluß der UFCo, als das Land 1901 einen Verschiffungsvertrag mit ihr abschloß.

Ich möchte auf 2 interessante und spannende Bücher, die die Machenschaften der UFCo sehr kenntnis- und detailreich schildern, hinweisen: auf den Roman ›Der grüne Papst‹ des Nobelpreisträgers Miguel Angel Asturias (L 18) und auf ein Buch des Amerikaners Thomas P. McCann, der 18 Jahre der UFCo gedient hatte (L 208). McCann hatte als junger Mann eine untergeordnete Stelle bei der UFCo angenommen und machte schnell Karriere: Er stieg bis zum Vizepräsidenten, dem zweitwichtigsten Mann der UFCo, auf. Die Aneignung von Ländereien durch die UFCo erfolgte auf legalem und illegalem Weg: Terror, Mord, Brandstiftung, Bestechung der Beamten und Politiker waren an der Tagesordnung. Bis 1906 riß die UFCo 68000 Hektar Land an sich. 1904 hat die IRCA, inzwischen Tochtergesellschaft der UFCo, die Konzession für den Bau einer Eisenbahn zum Transport von Bananen erworben. Die Konzession war mit der Auflage verbunden, eine Anschlußverbindung von 60 Kilometern zwischen der Hauptstadt und der Küste zu legen. Dafür wurde der IRCA das Nutzungsrecht weiterer Landstriche auf 99 Jahre überschrieben. Nach und nach übernahm bis zu Beginn des Ersten Weltkriegs die UFCo das Monopol über die Eisenbahn, den internationalen Post- und Schiffsverkehr und die Stromversorgung des Landes. Auch den Hafen Puerto Barrios betrachtet die UFCo als ihr Eigentum.

Etwa 10 Jahre lang, zwischen 1944 und 1954, erlebte das Land eine gewisse Demokratisierung. Juan José Arévalo, der mit 85 Prozent aller Stimmen zum Präsidenten gewählt worden war, leitete diesen Prozeß behutsam ein. Er erließ ein Arbeitsgesetz, das das Recht auf gewerkschaftliche Betätigung, das Streikrecht, den Abschluß von Arbeitsverträgen anordnete und Mindestlöhne festlegte. Allerdings wurden zur Gewerkschaftsgründung 500 Beschäftigte, 50 Mitglieder, davon mindestens zwei Drittel Alphabeten, benötigt. Bedeutender noch war der Versuch einer Landreform. Die Großgrundbesitzer waren verpflichtet, ihr brachliegendes Land zu verpachten. Arévalos Regierung hatte aber Schwierigkeiten mit der Durchführung, so daß der Versuch im Ansatz steckenblieb.

Sein Nachfolger Jacobo Arbenz, der mit dem Anspruch, »aus Guatemala ein wirtschaftlich unabhängiges, *modernes kapitalistisches Land* zu machen ... und für die große Mehrheit der Bevölkerung einen hohen Lebensstandard zu schaffen« (L 176, S. 56), angetreten war und mit 63 Prozent aller abgegebenen Stimmen gewählt wurde, ging energischer ans Werk. Er legte sich auch bald mit der UFCo an (beim Lohnkonflikt, bei der Anforderung, rückständige Steuern zu zahlen). Die Agrarreform wurde umgewandelt – nunmehr sollte das brachliegende Land nicht mehr zwangsverpachtet, sondern enteignet werden, natürlich gegen Entschädigung, und es sollte unter den landlosen Bauern verteilt werden. Ab Januar 1953 wurde die Enteignung und Verteilung systematisch vorgenommen. Bis Juni 1954 wurden 16,3 Prozent des brachliegenden Landes aus Privatbesitz verteilt.

Dies traf die UFCo hart. 1952 besaß sie über 1,2 Millionen Hektar Bananenplantagen, wovon aber nur 55 600 Hektar mit Bananen bepflanzt waren. Der Rest galt als »Reserve«. Diese große Reserve war, wie McCann berichtet, eine Garantie dafür, daß weder Konkurrenten noch sonstige Farmer mit ihnen in Wettbewerb treten konnten. Außerdem besaß die UFCo zu der Zeit 40 800 Hektar Zuckerplantagen. Sie kontrollierte 33 Prozent des Welt- und über 50 Prozent des US-Bananenmarktes, hatte 66 000 Aktionäre, denen sie 12 Prozent Dividende zahlte, obwohl der Gewinn viel höher lag (L 208, S. 39f.).

Guatemala war von der UFCo zu Beginn des Jahrhunderts für ihre Bananenplantagen ausgewählt worden, weil die Regierung des Landes als die schwächste, korrupteste und dienlichste in Mittelamerika galt. Verständlicherweise versuchte die UFCo nun, die Wahl von Arbenz zu verhindern. Doch er wurde gewählt, und die UFCo ging umgehend daran, ihn zu Fall zu bringen: Einerseits überflutete sie die amerikanische Öffentlichkeit mit einer Fülle von falschen Informationen; ihr Werbechef war Barnay, Autor eines Buches über Propaganda und ein Neffe von Sigmund Freud. Andererseits zeigte sie auf sogenannten »fact-finding-tours« Journalisten das Land, und sie durften das sehen, was die UFCo für vorzeigbar hielt.

Arbenz ließ 162 000 Hektar enteignen und bot eine Entschädigungssumme an, die genau der in den Bilanzbüchern der UFCo ausgewiesenen Summe von 1,185 Millionen Dollar entsprach. Die UFCo empfand dieses Angebot als eine Beleidigung, da sie, um Steuern zu sparen, den Wert im Bilanzbuch niedrig angesetzt hatte. Sie verlangte 16 Millionen Dollar. Der Konflikt war da (L 176, S. 56f.).

Die UFCo bezichtigte Arbenz kommunistischer Tendenzen, obwohl sie wußte, daß dies Unsinn war. Sie hatte nicht nur die amerikanische Öffentlichkeit sehr gut vorbereitet, sondern auch die besten Verbindungen zur Politik, sowohl zur Exekutive als auch zu den Gesetzgebern. Der damalige US-Außenminister John Foster Dulles, früher Justitiar der UFCo und Großaktionär, und der CIA-Chef Allen Dulles, ein Bruder des John Foster und ebenfalls ein Großaktionär der UFCo, gaben grünes Licht für eine militärische Invasion, die später im Sicherheitsrat der UNO als »Bürgerkrieg« deklariert wurde. Die Invasion wurde vorbereitet von einem CIA-Agenten namens E. Howard Hunt, der später durch die Einbrüche im Zusammenhang mit Watergate Weltruhm erlangte. Am 18. Juni 1954 drangen an die 200 Soldaten von Honduras aus in das Land ein, begleitet von US-Luftangriffen auf Guatemala-City und andere Städte.

Arbenz zog sich resigniert zurück. Am 8. Juli wurde Oberst Castillo Armas als Präsident eingesetzt. Allerdings war Armas weder die erste Wahl des CIA noch der UFCo, schreibt McCann, sondern Fuentes. Fuentes aber akzeptierte die Konditionen nicht, nämlich die UFCo zu begünstigen, die Gewerkschaften zu zerschlagen und eine starke Militärregierung zu bilden. Armas dagegen leistete im Sinne der UFCo gute Arbeit: Bereits im Januar 1956 waren 99 Prozent des verteilten Landes an die alten Besitzer zurückgegangen. 553 Gewerkschaften wurden aufgelöst (L 208, S. 44 ff.; L 176, S. 54 ff.; L 131, S. 130 ff.; L 227, S. 144 ff.).

Der Glücksstern der UFCo begann merkwürdigerweise nach diesem großen Triumph zu sinken. Wegen ihrer marktbeherrschenden Stellung hatte sie Schwierigkeiten mit dem US-Kartellamt. Trotz dessen Auflage, die Vormachtposition im Bananengeschäft abzubauen, versuchte die UFCo, ihre Übermacht auszudehnen. Erst nach dem Sieg der Kubanischen Revolution 1959 und Enteignung der UFCo-eigenen Zuckerrohrplantagen stellte die Firma ihre Politik um und erweiterte ihre Produktangebote (Obst, Früchte, auch Konserven).

Nach der Fusion mit AMK 1969, einer fleischproduzierenden Firma, heißt die UFCo jetzt United Brands Co. (UBC) und betreibt in Guatemala auch Viehzucht. Ihre Ranchs liefern unter anderem Fleisch für McDonald's Big Macs in den USA. Ein Großteil der Bananenplantagen – 222 Quadratkilometer – in Guatemala hat UBC 1972 für 2,5 Milliarden Dollar vertragswidrig an Del Monte verkauft (L 150, S. 33); die frühere Geschäftsleitung der UFCo in Guatemala leitet sie. Ansonsten ist UBC – besonders in Mittelamerika wegen der politischen »Unsicherheit« – dazu übergegangen, ihren Landbesitz an einheimische Bauern zu verkaufen mit der Verpflichtung, die Produkte ausschließlich an UBC zu verkaufen.

Wegen der politischen Unsicherheiten in Mittelamerika hatten die Bananenmultis ihre Plantagen zu einem Großteil auf die Philippinen verlagert, wo sie nach dem alten Prinzip anbauten. Die Bananenproduktion der Philippinen ist von 1969/71 bis 1980 auf das Fünffache gestiegen (L 87, S. 225). Drei Multis: UBC (Marke: Chiquita), Castle & Cooke (Marke: Dole), Del Monte (Marke: Del Monte), beherrschen 70 Prozent des Bananen-Weltexportmarktes und damit auch die Bananenlieferungen in die Bundesrepublik (L 150, S. 33; L 184, S. 21f.).

Von jeder Mark, die man hierzulande für Bananen ausgibt, streichen die beteiligten Plantagenbesitzer, Exporteure, Importeure und Einzelhändler 50 Pfennige ein. Die Plantagenarbeiter – und zwar nicht jeder einzelne, sondern alle zusammen – erhalten 3,3 Pfennige; Verpackungsmaterial, Lagerung und Weiterverarbeitung kosten jeweils doppelt soviel und Frachtkosten, Versicherung u. ä. viermal soviel. Da alle diese Arbeitsvorgänge von den Multis selbst beherrscht werden, ist es schwer auszumachen, wieviel sie tatsächlich daran verdienen (L 150, S. 48f.). Obwohl sich der Bananenexport Guatemalas von 1970 bis 1980 verdreifacht hat – offenbar hat Del Monte die anfänglichen Schwierigkeiten überwunden –, spielten Bananen Anfang der achtziger Jahre als Export keine so große Rolle mehr wie früher.

Das 1954 angeblich zur Bekämpfung des Kommunismus eingesetzte Militär ist geblieben. Es putschte immer häufiger, und ein General löste den anderen ab. Nach 30 Jahren erfolgreicher Bekämpfung des Kommunismus sah der Zustand des Landes Anfang der Achtziger so aus: 81,4 Prozent aller Kinder unter 5 Jahren waren unterernährt, 20 Prozent der arbeitsfähigen Bevölkerung waren arbeitslos, 54 Prozent unterbeschäftigt, 10 Prozent der Bevölkerung verfügten über 80 Prozent der Nutzfläche und produzierten 99,3 Prozent der Agrar-Exportprodukte; Minifundien hingegen erwirtschafteten 47,6 Prozent der Produktion für den Inlandsverbrauch; 75 Prozent der Bevölkerung lebten auf dem Land, 89 Prozent davon waren entweder landlose Arbeiter oder Kleinbauern.

Guatemala hatte laut Statistik 1980 ein Durchschnittseinkommen von 1080 Dollar pro Kopf, 1978 hatten 70 Prozent der Bevölkerung aber ein Durchschnittseinkommen von nur 75 Dollar pro Kopf (L 229; L 49; L 208; L 278). Die ausländischen Investoren und Multis focht das nicht an. 150 amerikanische und 40 deutsche Firmen waren in Guatemala tätig (L 150, S. 18; L 176, S. 230 ff.).

Das Militär regierte das Land mit starker Hand: In Guatemala seien, laut Bericht des Council of Hemispheric Affairs in New York, 1983 rund 5000 Zivilisten politischer Gewalt zum Opfer gefallen, »die meisten gingen auf das Konto von Armee und Regierung« (L 149; L 16, S. 171).

Da es in diesem Kapitel darum ging, an einem Beispiel aufzuzeigen, wie und mit welcher »Hilfe« eine Bananenrepublik entsteht und wie diese »am Leben« gehalten wird, braucht hier über eine »neuere Entwicklung« des Landes wenig hinzugefügt zu werden. Die Weltöffentlichkeit und die Medien hatten sich in den achtziger Jahren auf die Guerillakämpfe in den mittelamerikanischen Ländern Nicaragua und El Salvador konzentriert, so konnte der systematische und kontinuierliche Völkermord in Guatemala fast unbemerkt weitergehen.

Der Besitz in Guatemala ist – wie in vielen lateinamerikanischen Ländern – sehr ungleich verteilt. 75 Prozent der Bevölkerung leben in extremer Armut und etwa 50 Prozent sind entweder arbeitslos oder unterbeschäftigt (NL 204, S. 271). Zwar sind nicht alle Ladinos (Mischlinge zwischen Spaniern und Indigenas, 30 Prozent der Bevölkerung) reich, aber die Reichen sind ausschließlich Ladinos. Indigenas (65 Prozent der Bevölkerung) sind indianischer Abstammung, leben im Hochland von der Subsistenzwirtschaft (vom Anbau von Mais und Bohnen für den Eigenbedarf). Indigenas werden – wenn sie nicht in den Plantagen arbeiten und nicht freiwillig ihre Lebensweise aufgeben – verfolgt, gejagt und gemordet. In den letzten 30 Jahren »sind über 100 000 Menschen meist als Opfer staatlicher Unterdrückung ums Leben gekommen, 40 000 Menschen verschwanden..., etwa 250 000 Menschen flohen... nach Mexiko, fast eine Million Guatemalteken sind Flüchtlinge im eigenen Land« (NL 204, S. 271). Eine der prominentesten Flüchtlinge ist Rigoberta Menchú, deren gesamte Familie umgekommen ist. Für ihren Kampf mit friedlichen Mitteln gegen die Ungerechtigkeit, für die Sache der Armen und für ihr Volk wurde ihr 1992 der Friedensnobelpreis verliehen.

Wegen der anhaltenden Menschenrechtsverletzungen hatte Jimmy Carter die Militärhilfe für Guatemala gestoppt. Eine der ersten Amtshandlungen von Ronald Reagan nach seiner Wahl war, die »Militärhilfe« wieder aufzunehmen. Seit 1986 gibt es zwar »zivile« Regierungen – 1986: Regierung des Christdemokraten Vinicio Cerezo, seit 1991: José Serrano –, aber an den Wahlen durften die linken Parteien nicht teilnehmen. Und das Militär hat die Macht – so Kurtenbach – nicht wirklich abgegeben. Dennoch gab es zwei Putschversuche gegen Cerezo (NL 204, S. 281 ff.). Vor allem bekämpft das Militär unermüdlich die »Guerillabewegung«. 1982 schlossen sich die Guerillagruppen zusammen zur »Unión Revolucionara Nacional Guatemala« (URNG). An der URNG sind die Indigenas gemäß ihrem Bevölkerungsanteil beteiligt. Die URNG fordert ein Fünf-Punkte-Programm: die Beendigung der Repression, Befriedigung der Grundbedürfnisse, Gleichberechtigung der Indigenas und Ladinos, eine vom Volk gewählte Regierung und blockfreie Außenpolitik (NL 204, S. 281). Aber da die URNG nach Meinung des Militärs aus Guerilleros besteht, wird sie weiterhin bekämpft. Laut einem Bericht des Menschenrechtsanwalts an das Parlament gab es 1992 in Guatemala 387 politische Morde, verübt von staatlichen Institutionen. Ferner wurden 99 Fälle von »Verschwundenen« registriert (NL 331).

In der Regierungszeit von Cerezo sanken die Reallöhne um 70 Prozent. Zudem war die Regierungspartei in Korruptionsaffären und Drogengeschäfte verwickelt. Der Nachfolger Serrano hat zwar eine »Initiative für den totalen Frieden« gestartet, trotz der Friedensgespräche gehen aber – wie erwähnt – die Morde weiter. Ob die Friedensgespräche überhaupt eine Aussicht auf Erfolg haben, wird davon abhängen, ob Serrano sich vom Militär lösen kann. Serrano war übrigens ein enger Berater des Militärdiktators Rios Montt, der sich 1982 an die Macht geputscht hatte (NL 204, S. 284).

Was die wirtschaftliche Entwicklung angeht, kann man am Beispiel des Landes Guatemala zeigen, wie sich das verlorene Jahrzehnt ausgewirkt hat. Das Durchschnittseinkommen pro

Kopf ist von 1080 Dollar 1980 auf 900 Dollar gefallen (NL 333, S. 250). Der Anteil der arbeitsfähigen Bevölkerung ist 1990 auffällig niedrig: 33,5 Prozent. Zugleich ist der Anteil der in der Landwirtschaft tätigen Bevölkerung von 64 Prozent 1965 auf 49,8 Prozent 1990 zurückgegangen. Ein Rückgang der Beschäftigten auch im industriellen Sektor: von 15 Prozent auf 12,3 Prozent (NL 312, S. 158). Die Produktion in der Landwirtschaft ist, von einem Index 100 (1979–1981) ausgehend, auf 89 im Jahre 1990 gefallen, die Nahrungsmittelproduktion ebenfalls von 100 auf 95 pro Kopf. Das Verhältnis von Import zu Export mit einem Wert von 1,1 Milliarden Dollar hält sich die Waage. Mit 37,5 Prozent des BSP oder 175,2 Prozent des Exportwertes war das Land im Jahr 1990 verschuldet (NL 184, S. 308; NL 85, S. 222). Der Kaffee stellt mit einem Anteil von 36 Prozent des Gesamtexports die wichtigste Einnahmequelle dar, wobei der Weltmarktanteil nur 2,4 Prozent ausmacht (NL 184, S. 308; NL 87). Da der Kaffeepreis unaufhörlich fällt, sind viele Kleinbauern auf Drogenproduktion umgestiegen. In Guatemala werden Opium und Haschisch angebaut (NL 168, S. 49).

Und die Bananen? Diese spielen in Guatemala kaum noch eine Rolle (Exportanteil 1990: 3 Prozent; NL 85, Kol. 380). 1990 wurden weltweit 46,9 Millionen Tonnen Bananen produziert, mit 478 000 Tonnen war daran Guatemala – etwa ein Tausendstel – beteiligt (NL 130, S. 168). Davon hat das Land über 379 000 Tonnen exportiert (NL 131, S. 160).

In der Weltpolitik spielen Bananen aber offenbar immer noch eine große Rolle. Mittlerweile ist in der EG ein Bananenkrieg ausgebrochen. Gegen die Stimmen Dänemarks und Deutschlands haben die Bürokraten in Brüssel beschlossen, auf Bananen aus Lateinamerika – »Dollar-Bananen« – von Juli 1993 an einen prohibitiven Zoll von 1700 Mark je Tonne zu erheben, soweit die Einfuhren 2 Millionen Tonnen im Jahr übersteigen. Der Zoll entspricht etwa 180 Prozent des derzeitigen Importpreises. Dieser Schutzzoll soll bananenproduzierenden südeuropäischen sowie AKP-Ländern (Afrika, Karibik, Pazifik) helfen. Die Situation ist deshalb grotesk, weil die EG manches mittel- und südamerikanische Land darin unterstützt hatte, Bananenplantagen für Kleinbauern anzulegen. Wenn sich die EG-Vorstellung durchsetzt, müßten nach Schätzung der »Union der Bananen exportierenden Länder« 12 Prozent der Bananenanbaufläche still gelegt werden, 175 000 Plantagenarbeiter oder Bananenbauern würden arbeitslos, damit wären mehr als 600 000 Menschen ihres Lebensunterhalts beraubt (NL 37; NL 164). Soll nun nach den »Bananenrepubliken« eine »Bananenstaatengemeinschaft« entstehen?

Es bleibt anzumerken, daß United Fruit beziehungsweise United Brands Co. (UBC, Bananenmarke »Chiquita«) ihre Geschäftspraktiken geändert haben. UBC hat nicht nur ihr Bananengeschäft in Guatemala dem anderen Multi, Del Monte, überlassen, sondern wegen ihres schlechten Images bediente sich die Firma in Lateinamerika der Dienste der Einheimischen – entweder Strohmänner oder »joint ventures« (NL 54, S. 52). Ansonsten konzentriert sich die UBC mehr auf das Geldgeschäft. Mit anderen Konzernen und 200 US-Banken hat die UBC Investitionskonsortien gebildet: ADELA – Atlantic Community Groups for the Development of Latinamerica. »So kann durch Absprache und Investitionen die wirtschaftliche Struktur eines ganzen Kontinents unauffällig gesteuert werden.« (NL 54, S. 52) Damit liegt die UBC gut im Trend. Man kann mit Geld viel mehr Geld machen – auf Kosten anderer, die dabei wegen des fehlenden Geldes nicht mitspielen können. So schreitet die globale Monetarisierung fort.

Indien oder Wie eine Demokratie die Landreform verhindert

> »Wenn die Kluft zwischen Arm und Reich groß ist, stolpert die Demokratie bei jedem Schritt.«
>
> Rabindranath Tagore

So massiv auch die Auswirkungen der Fremdherrschaft gewesen sein mögen, allein durch den Kolonialismus läßt sich die Unterentwicklung des heutigen Indien nicht erklären. Aber das

Zentrum der Peripherie Indien ist ein Produkt der Fremdherrschaft. Auch nach der Unabhängigkeit ist das Zentrum intakt geblieben. Diese Behauptung läßt sich an der landwirtschaftlichen Entwicklung, an der Verhinderung der Landreform, wenn nicht beweisen, so doch mit eindeutigen Indizien belegen. Fraglos haben die Fremden eine gesellschaftliche Struktur hinterlassen, die einer Entwicklung entgegenwirkte: eine parasitäre Oberschicht, zu viele landlose Bauern, die Zerschlagung der Manufakturbetriebe und vieles mehr.

So war es schon vor der Unabhängigkeit klar, daß die Entwicklung Indiens nur durch die Umstrukturierung der ländlichen Gesellschaft, verbunden mit einer Landreform, möglich war. Zu dieser Erkenntnis war schon 1929 die Indian Nation Congress Conference (INCC) gekommen – die Kongreß-Partei, die trotz mehrmaliger Spaltung seit der Unabhängigkeit mit einer kleinen Unterbrechung das Land regiert. Sie verabschiedete 1935 eine entsprechende Resolution. Doch alle indischen Regierungen haben es bislang verstanden, erfolgreich eine Landreform zu verhindern.

Obgleich auf dem Papier Landreformgesetze existieren – Tenancy Act 1949, Ceiling Act 1960 –, hat sich an den Besitzverhältnissen kaum etwas verändert. Die Gründe liegen auf der Hand: Die Durchführung dieser Gesetze wird den einzelnen Bundesstaaten überlassen und in den State Assemblies (den Landtagen ähnlich) machten die Zamindare, die Großgrundbesitzer, ihren Einfluß geltend, so daß ein wesentlicher Passus, die »persönliche« Bodenbearbeitung, die permanente Arbeit beziehungsweise dauerhaften Wohnsitz auf dem Besitz vorschrieb, nicht in den Gesetzestext aufgenommen wurde (L 76, S. 83 ff.; L 223, S. 210). Freiwillig gaben die Großgrundbesitzer nur solches Land ab, das unbewässert und schwer zu bearbeiten war, und kassierten immense Summen als Entschädigung.

Zum Zeitpunkt der Unabhängigkeit besaßen die Großgrundbesitzer, 18 Prozent der Landesbevölkerung, zwei Drittel des bebauten Landes. 1976 besaßen 15 Prozent allein der Großgrundbesitzer den gleichen Anteil, 85 Prozent der Landbevölkerung ein Drittel des bebauten Landes. Die Landverteilung sah so aus: 51 Prozent der bäuerlichen Anwesen waren kleiner als 1 Hektar, das waren 9 Prozent des bebauten Landes, nur

4 Prozent der landwirtschaftlichen Betriebe waren größer als 10 Hektar. Diese Entwicklung schritt weiter fort. Für 1982 gaben Statistiken an, daß nur 3 Prozent der Betriebe größer als 10 Hektar waren, hingegen 54,6 Prozent kleiner als 1 Hektar (L 285, S. 58).

Alle Regierungen haben bisher – insbesondere vor Wahlen – Reformen versprochen, sich die Beseitigung der Armut und die Selbstverantwortung der Bevölkerung zum Ziel gesetzt, aber immer, wenn es zu einem Interessenkonflikt kam, sicherten sie die Interessen der Ober- und Mittelschicht. Es hat auch immer wieder Bauernbewegungen und Landbesetzungen gegeben – Telangana, Naxaliten, Gherao (vgl. L 272). Da aber diese zu unterschiedlichen Zeiten in vereinzelten Regionen auftraten, ist es den Regierungen bislang gelungen, diese erfolgreich zu zerschlagen.

Mahatma Gandhi, der der Vater der Nation genannt wird und nie ein politisches Amt bekleidet hat, war der Meinung, daß Indiens Entwicklung eher durch arbeits- als durch kapitalintensive Wirtschaft zu erreichen sei. Folgerichtig plädierte er zeitlebens für eine Umverteilung des Bodens und forderte Heimarbeit und Manufaktur sowie Kleinindustrie zu unterstützen. Auch Rabindranath Thakur (Tagore) war überzeugt, daß das Dorfleben das Herz Indiens ist und die Entwicklung des Landes eine Verringerung der Kluft zwischen Arm und Reich, eine Gemeinschaft des Dorflebens, die den Namen verdient, voraussetzt. Jawaharlal Nehru, der erste Premier und ein Großbürgersohn (sein Vater war Multimillionär), träumte aber von einem unabhängigen, »modernen« Staat mit Großindustrie.

Gewiß hat Indien im industriellen Bereich, der auch die Waffenproduktion einschließt, große Fortschritte gemacht. Indien stand Anfang der achtziger Jahre an zehnter Stelle der Welt-Industrieproduktion (an fünfter der Baumwollindustrie), hat 1971 eine Atombombe gezündet, besitzt seit Jahrzehnten Atommeiler, schickte 1980 Raketen in den Weltraum und hat in den achtziger Jahren eine Silicon-City aufgebaut, in der Amerikaner und Japaner Hardware und Software herstellen lassen. Die Industrie bringt heute 29 Prozent des Bruttosozialprodukts, woran 11 Prozent der arbeitenden Bevölkerung beteiligt sind. Die Industriearbeiter, gut in Gewerkschaften organisiert, bilden aber kein Proletariat, sondern sind eher privilegiert. Der Klassenunterschied in Indien besteht zwischen Arbeitern und Arbeitslosen – und dies ist die Kehrseite der indischen Entwicklung.

Nach Schätzung der Janata Planungskommission Anfang der Achtziger gibt es in Indien etwa 40 Millionen amtlich registrierte Arbeitslose, das entspricht etwa der Zahl der Beschäftigten der Bundesrepublik und Frankreichs zusammen. Davon hat ein Viertel ein abgeschlossenes Hochschulstudium, mehr als Belgien Einwohner hat (L 171). Wohlgemerkt: Dies sind die registrierten Arbeitslosen. Auf dem Land gibt es kein Arbeitsamt, keine Registrierung. Dort leben aber 65 Prozent der gesamten Bevölkerung, wovon 50 Prozent entweder arbeitslos oder chronisch unterbeschäftigt sind. Die Landbevölkerung erarbeitete 1991 31 Prozent des Bruttosozialprodukts (NL 85, Kol. 389). Daß die Stadtbevölkerung in 10 Jahren (1971–1981) um 46,1 Prozent zugenommen hat, ist ein Indiz für die Landflucht und die zunehmende Verarmung auf dem Land (L 285, S. 42). Dies hat zur Folge, daß die Slumbildung der Städte enorm zunimmt.

In den Slums – 33 bis 40 Prozent der städtischen Bevölkerung leben dort – sind die ehemaligen Dorfbewohner besonders hart von den schlechten Wohnverhältnissen betroffen. Offensichtlich können die Landflüchtlinge aber immer noch besser in den Slums der Großstädte als auf dem Land leben. »Nicht in den Slums der Millionenstädte der Dritten Welt herrscht die größte Armut«, sondern »ausgerechnet auf dem Land«, stellte 1983 eine FAO-Studie fest (L 83).

Vom indischen Zensus-Bericht 1981 wird diese Aussage bestätigt: Während 1977/78 38,19 Prozent der Stadtbevölkerung unter der Armutsgrenze lebten, betrug der Prozentsatz für Landbewohner 50,82 Prozent, für Indien insgesamt 48,13 Prozent. Die Armutsgrenze wurde danach bemessen, ob ein Landbewohner 2400 Kalorien pro Kopf und Tag und ein Stadtbewohner 2100 Kalorien zur Verfügung hat (L 285, S. 11).

Diese Entwicklung hat so verlaufen können, weil die Regierenden sich wie Kolonialherren verhalten und falsche Prioritäten gesetzt haben. So wurden Landwirtschaft und Kleinindustrie am meisten vernachlässigt. Indien hat zwar in den letzten

30 Jahren (1961-1991) durchschnittlich relativ hoch in die Landwirtschaft investiert, etwa 15 Prozent des jährlichen Budgets, dies gibt aber einen falschen Eindruck. Denn die Investitionen in der Landwirtschaft begünstigen nur den Großbauern (mit Krediten für Maschinen, Dünge- und Pflanzenschutzmittel etc.), machen Kleinbauern landlos und treiben sie in die Städte. Gewiß hat Indien die Getreideproduktion enorm gesteigert, von 50 Millionen Tonnen 1947 über 142 Millionen 1983 auf fast 190 Millionen im Jahr 1991 (L 76, S. 90; L 271; NL 155, S. 49). Diese Entwicklung ging auf Kosten der Kleinbauern, Pundschabs grüne Revolution ist das beste Beispiel dafür. Die Kornkammer Indiens hat zwar die Getreideproduktion gesteigert, noch mehr aber die Zahl der ländlichen Arbeitslosen (L 69, S. 48).

Oft wird von Indiens selbstverschuldeter Armut, von hausgemachter Unterentwicklung gesprochen. Doch der Grund dafür ist nicht der Protektionismus Indiens, sondern eher der blinde Glaube an eine Entwicklung nach dem Muster der Industriestaaten. Indiens Protektionismus ist mehr formal, denn tatsächlich ist Indien durch »Kapitalhilfe« genauso an den Welthandel gebunden wie jedes andere nicht-protektionistische Land.

Indien hat in absoluten Zahlen riesige Kapitalhilfe erhalten (L 104); finanziert wird die Rückzahlung dieser Hilfe nach wie vor durch den Export von Rohstoffen und Agrarprodukten (L 285, S. 94 f.). Diese Kapitalhilfe hat Projekte wie große Dämme, Stahlwerke, Atommeiler gefördert, die das Land nicht braucht, und das Land, so stellte eine Studie des Birla Institute of Scientific Research fest, von der Verarmung zur Verelendung geführt (L 44, S. 99 ff.). Auch hier: Das Zusammenspiel der Zentren – Indiens und der Industriestaaten – erhält das System am Leben.

Trotz des relativ niedrigen Pro-Kopf-Einkommens (1990: 350 Dollar; NL 184, S. 329) hat Indien, rein statistisch gesehen, enorme »Fortschritte« gemacht. Indien zählt nach dem Maßstab der Weltbank und des IWF – neben den vier asiatischen Tigern und Brasilien – zu den »Schwellenländern« (NL 248, Bd. 1, S. 24). Die Formaldemokratie funktionierte von Anfang an gut und relativ stabil. Seit 1991 regiert eine Minderheitsregierung der Kongreß-Partei unter Narasimha Rao. Die letzte

Wahlbeteiligung war zwar relativ niedrig (53 Prozent), war aber, gemessen an den USA, nicht besorgniserregend. Abgesehen von den großen regionalen Unterschieden, gibt es nach einer Untersuchung von ›India Today‹ keinen wesentlichen Unterschied im Wahlverhalten zwischen Stadt und Land, Analphabeten und Akademikern (NL 140, S. 20 ff.). Verglichen mit den lateinamerikanischen Ländern ist der Unterschied zwischen Arm und Reich in Indien relativ moderat. Die untersten 20 Prozent der Bevölkerung haben einen Anteil am Gesamteinkommen von 8,1 Prozent, die Bestverdienenden 20 Prozent einen Anteil von 41,4 Prozent. (Zum Vergleich: in Brasilien ist das Verhältnis 2,4 Prozent zu 62,6 Prozent, in der alten Bundesrepublik 6,8 Prozent zu 38,7 Prozent; NL 248, Bd. 1, S. 224).

Der Prozentsatz jener, die unter der Armutsgrenze leben, ist in Indien von 51,5 im Jahr 1972 auf 29,9 im Jahr 1988 zurückgegangen – in den Städten jeder Fünfte, auf dem Land jeder Dritte (NL 140, S. 27). Auch nach FAO-Maßstäben hat sich Indien im Agrarsektor sehr gut entwickelt. Der Anteil der bewässerten Anbauflächen und des Maschineneinsatzes ist in den letzten 30 Jahren (1961–1991) etwa auf das Doppelte und der Verbrauch von Pestiziden auf das Dreißigfache gestiegen. (NL 140, S. 49 ff., insbesondere S. 56). Der Anteil der in der Landwirtschaft tätigen Bevölkerung in Indien ist von 73 Prozent (1965) auf 62,6 Prozent (1989) zurückgegangen (NL 312, S. 159). Auch dies ist ein »Kriterium« der Entwicklung laut FAO. Nach dem Muster der Industriestaaten meint die FAO, je weniger Menschen in der Landwirtschaft tätig sind, desto »entwickelter« ist das Land. Rechnerisch dürfte es überhaupt keinen Hunger in Indien geben. Allein in den letzten 10 Jahren hat sich Indiens Pro-Kopf-Nahrungsmittelproduktion, von einem Index 100 (1979–1981) ausgehend, auf 117 im Jahre 1990 gesteigert (NL 184, S. 329). All diesen »Erfolg« hat Indien der sogenannten grünen Revolution zu verdanken.

Die grüne Revolution ist ein Produkt der Modernisierungstheorie. Die Kongreß-Partei, die, trotz mehrmaliger Spaltung und mit einer Unterbrechung von 3 Jahren (1977–1980), seit der Unabhängigkeit auf der Bundesebene das Land regiert, hat von Anfang an auf die »Modernisierung« gesetzt. Den Kongreß-

Regierungen stand mit einer kurzen Unterbrechung bis zur Ermordung von Rajiv Gandhi die Nehru-Gandhi-Familie vor. Während Nehru selbst ein überzeugter Modernist war, gewann seine Tochter Indira Gandhi zwar mit der Parole »garibi hatao« (Armut beseitigen) die Wahlen von 1979, verfolgte aber denselben Modernisierungskurs. Rajiv Gandhi, der Sohn von Indira, ein Berufspilot, setzte sich dann wieder öffentlich für eine Modernisierung des Landes ein. Vor diesem Hintergrund wird verständlich, warum die grüne Revolution überhaupt in Indien eine Chance hatte.

Da es mittlerweile bereits eine Bibliothek voller Bücher über die Nachteile dieser grünen Revolution gibt, will ich hier nur die wichtigsten Punkte erwähnen.

1. Ökologische Schäden durch Pestizid-Produktion: In Indien wurden 1992 hundertmal mehr Pestizide produziert als vor 30 Jahren. Westliche Firmen produzieren dort Chemikalien, die in ihren Ländern verboten sind, zum Beispiel DDT. Kleinere und größere Unfälle mit Todesfolgen sind in Indien an der Tagesordnung. Stellvertretend sei hier nur die Bhopalkatastrophe erwähnt. In Bhopal ereignete sich am 3. Dezember 1984 die weltweit größte Chemiekatastrophe. Beteiligt war Union Carbide, USA. Es gab 4000 Tote und 200 000 Totalinvaliden. Weitere 500 000 Menschen wurden schwer- bis teilbehindert. Fast 700 000 Menschen hatten Schadensersatzansprüche gestellt. Die indische Regierung hat sehr nachsichtig mit der US-Firma verhandelt und sich mit einem Schadensersatz von 470 Millionen Dollar zufriedengegeben. 8 Jahre nach dem Unfall hat die Regierung begonnen, beschämend wenig Geld an die Betroffenen auszuzahlen. Trotz der Gutachten unabhängiger Kommissionen erkennt die Regierung einen großen Teil der Ansprüche der Betroffenen nicht an (NL 319).

2. Ökologische Schäden und menschliches Leiden durch Pestizid-Anwendung: Die vehementeste Kritikerin der grünen Revolution, Vandana Shiva, hat diese in ihrem Buch ›The Violence of Green Revolution‹ ausführlich dargestellt (NL 288, vgl. insbesondere S. 171 ff.). Obgleich die Dritte Welt nur mit 21 Prozent am Weltpestizidverbrauch beteiligt ist, leiden dort die Menschen am meisten darunter. Nach einem Bericht des International Development Research Centre, Ottawa, sterben jähr-

lich 10 000 Menschen an Pestizid-Vergiftung, weitere 400 000 erkranken in der Dritten Welt jährlich daran. Offenbar halten sich die Pestizide nicht an das, wofür sie gedacht sind. In 10 Jahren (1976–1986) hat Indien den Pestizid-Verbrauch um das Doppelte gesteigert. Gleichzeitig sind aber die Verluste durch Pflanzenkrankheiten und -schädlinge ebenso stark – von 33 Milliarden auf 60 Milliarden Rupien – gestiegen (NL 157). Dies hat mit dem nächsten Punkt zu tun.

3. Vernichtung der Saatgut-Vielfalt: In Indien wurden früher 30 000 verschiedene Sorten von Reis angebaut. Diese Vielfalt schützte nicht zuletzt vor Krankheiten und Schädlingen. Nach der Methode der grünen Revolution werden nur wenige High Yielding Varieties (Hochertragssorten) angebaut. Durch diese Monokultur sind 40 neue Insekten und 12 neue Krankheiten entstanden, die gegen Pestizide resistent sind (NL 288, S. 200). Wenn die Entwicklung so weitergeht, werden in 15 Jahren, so schätzt H. K. Jain vom indischen Agrarforschungsinstitut, nur noch 10 Sorten 73 Prozent der gesamten Reisanbaufläche des Landes bedecken (NL 237, S. 85 f.).

4. Bewässerungssystem durch große Staudämme: Wegen der Landwirtschaftsmodernisierung hat Indien sehr früh begonnen, große Staudämme zu bauen. Obwohl mittlerweile ökologische Schäden, das Leiden der Menschen und die Fragwürdigkeit des Nutzens durch zahlreiche Studien bekannt sind, setzt Indien immer noch auf solche Großprojekte. Anhand von Beispielen zeigen die indischen Wissenschaftler auf, wie unsinnig große und wie sinnvoll und kostengünstig kleine Staudämme sind (NL 94, S. 35 ff.; NL 95, S. 76 ff.; NL 109, S. 29 ff.). In dem achten Fünf-Jahres-Plan (1990–1995) hat zwar die indische Regierung 17 Groß- und Kleindammprojekte vorgesehen, der Großteil der Investitionen geht aber in Großprojekte (NL 94, S. 14 f.). Es gibt zwar schon seit langem Bürgerbewegungen gegen solche Projekte, aber die Regierung führt ihr Programm unbeirrt fort. Beispielsweise ist die international bekannt gewordene Chipko-Bewegung unter anderem auch durch die Schäden, die der Tehri-Großstaudamm verursacht hatte, entstanden (NL 290, S. 141 ff.). Das Narmada-Staudamm-Projekt ist zur Zeit das meist diskutierte Problem Indiens. Wenn dieses Projekt – trotz des großen Widerstandes der Bevölkerung und

des internationalen Protests – verwirklicht werden sollte, werden neben den unabsehbaren ökologischen Schäden über 100 000 Menschen vertrieben, Wälder vernichtet, staatliche Institutionen wie Schulen, Krankenstationen unter Wasser gesetzt. Insgesamt werden 6 Millionen Menschen betroffen sein (vgl. NL 94, S. 28; NL 318; NL 317; NL 289; NL 143; NL 156). An diesem Projekt sind unter anderem die Weltbank und die EG-Länder beteiligt. Dieses Projekt, genauer: die Bewegung dagegen, ist mittlerweile ein Symbol des Widerstandes geworden. Mit solchen Projekten haben die indischen Regierungen die grüne Revolution vorangetrieben. Der Anteil der bewässerten Anbaufläche ist zwischen 1961 und 1991 von 18,3 Prozent auf 32,3 Prozent der Gesamtfläche gestiegen und ist fast gänzlich den modernen Bauern zugute gekommen. So konnten diese Bauern den Anteil der Fläche und Produktion von Hochertragssorten von 15,4 Prozent auf 63,9 Prozent beziehungsweise von 15,1 Prozent auf 62 Prozent (1971–1991) steigern (NL 155, S. 60).

5. Verringerung der Landbesitzer: Die grüne Revolution machte die Bauern land- und arbeitslos und versperrte den Armen den Zugang zu Nahrungsmitteln. Wie erwähnt, ist der Anteil der Bauern unter der arbeitenden Bevölkerung von 1965 bis 1991 zurückgegangen. Zugleich ist aber der Anteil der Landlosen und Quasi-Landlosen (dazu zählen Familien, die weniger als 0,2 Hektar Land besitzen) von 30 Prozent 1961 auf 58,1 Prozent 1986 gestiegen (NL 171, S. 103; NL 261, S. A-51). Auch andere Indizien sprechen für die Misere der Landbevölkerung. Die Landflucht hat in den letzten 2 Jahrzehnten enorm zugenommen. Vor 10 Jahren (1981) gab es in Indien 12 Millionenstädte, 1991 schon 18 solcher Städte (NL 155, S. 45 ff.). Die Slums wachsen im entsprechenden Tempo, damit auch Umweltprobleme und Krankheiten. Dennoch ist die Stadtbevölkerung besser gestellt als die Landbevölkerung – wie an dem vorhin erwähnten Anteil der unter der Armutsgrenze lebenden Bevölkerung abzulesen ist. Die verbliebenen Bauern werden auf das schlechtere, weniger fruchtbare Land verdrängt. Die landlosen und quasi-landlosen Bauern müssen ihren Lebensunterhalt durch die Tagelohnarbeit verdienen. Nach einer Studie – die in drei Bundesländern 1984 bis 1985 durchgeführt wurde –,

hatten nur 4 Prozent solcher Bauern eine Arbeit für 9 Monate, 68 Prozent für 7 Monate, der Rest für 6 Monate und weniger, und dies für 12 Rupien pro Mann und 8 Rupien pro Frau und Tag (NL 241, S. 32). Deshalb ist es verständlich, daß diese Menschen den hohen Preis, der für Nahrungsmittelprodukte aus dem »modernen« Agrarsektor verlangt wird, nicht bezahlen können. Die Preise sind zwangsläufig hoch, weil die Produktionskosten hoch sind. Die staatlich unterstützten Preise für Weizen zum Beispiel sind von 1981 bis 1992 um mehr als das Doppelte gestiegen (NL 155, S. 54), die Produktionskosten aber noch stärker. Deshalb ist es sogar verständlich, warum die indische Regierung Rindfleisch nach Saudiarabien und Reis in die frühere UdSSR exportiert – die Armen könnten dies nicht bezahlen. So ist die Kritik Dogras zu verstehen, der der Regierung vorwirft, mit der grünen Revolution mehr Hunger und Abhängigkeit produziert zu haben (NL 101, S. 91 ff.).

Was ist Armut, wer ist arm, wie leben die Armen? Die Weltbank zählt alle Länder zu den armen, zur untersten Stufe des Welteinkommens, die im Durchschnitt weniger als 500 Dollar pro Kopf/Jahr vorweisen können. Dies ist in zweifacher Hinsicht Unsinn: Erstens sagt der Durchschnitt nichts, wie erwähnt, über die Unterschiede Arm/Reich aus, und zweitens sind westliche Devisen der Maßstab. Dies ist nicht nur Monetarisierung der Welt, sondern zugleich auch Vereinnahmung der Welt durch die westlichen Devisen. Das hat zwar eine gewisse Logik, spiegelt aber nicht immer den wahren Zustand eines Landes wieder.

Ein Land kann durch vielerlei Bindungen – Welthandel, Schulden – und Unfähigkeit der Regierungen den Wert der Landeswährung gegenüber westlichen Devisen verlieren, dies bedeutet aber nicht, daß diese Währung trotz hoher Inflationsrate denselben Wertverlust *innerhalb* des Landes erfährt. Nigeria zum Beispiel war 1980 relativ wohlhabend mit 1010 Dollar pro Kopf/Jahr; 1990 rutschte das Land auf die unterste Stufe mit nur 370 Dollar pro Kopf/Jahr. Der Wertverlust der Landeswährung kann für verschiedene Personengruppen unterschiedliche Bedeutung haben: für politisch und wirtschaftlich handelnde Personen, für die städtische und die ländliche Bevölkerung, für Kaufleute und Subsistenzbauern.

Mit einem Beispiel wird das deutlich: In einer Großstadt in Indien – Madras oder Kalkutta – kann man in einem ganz einfachen Restaurant ein einfaches Mittagessen für 20 Rupien bekommen (1 Mark = 18 Rupien 50; 1 Dollar = 30 Rupien 30; Stand 15. 2. 1993). In einem Dorf im Bundesstaat Bihar oder Orissa kann eine fünfköpfige Familie mit 20 Rupien pro Tag gut auskommen – ohne große Not zu leiden. Auch aus diesem Grund ist eine Definition der Armutsgrenze schwierig und manchmal willkürlich – ähnlich wie die des Durchschnittseinkommens. Wenn die Geldwirtschaft überhandnimmt, wird für Menschen, die bislang von der Subsistenz wirtschaftlich und ohne viele Geldwirtschaft gelebt haben, das Überleben schwieriger.

Die Armutsgrenze, weil abstrakt, erweckt möglicherweise einen weiteren falschen Eindruck, als ob nämlich alle, die unter dieser Grenze leben, dieselben Lebensbedingungen hätten. Ein Forscherteam hat 6 Monate lang die ärmsten Familien in 6 Dörfern untersucht, um herauszufinden, wie die absolut Armen das Überleben sichern. Die untersuchten Haushalte hatten ein tägliches Durchschnittseinkommen zwischen 2,03 Rupien und 23,60 Rupien. Es gab zwar ein Kaloriendefizit, in den meisten Haushalten ein Defizit von 10 bis 70 Prozent, diese Quoten waren aber nicht immer deckungsgleich mit den Unterschieden im Haushaltseinkommen. Auch beim Nahrungsmittelkonsum und beim Besitz von Kleidung und Haushaltsgegenständen gab es Unterschiede und Ähnlichkeiten, die nicht immer in Korrelation mit dem Einkommen standen (NL 25, S. 373 ff.; vgl. NL 102).

Das Erstaunliche an dem Ergebnis ist, daß es offenbar Nischen zum Überleben für die absolut Armen gibt. Allerdings sind 70 bis 80 Prozent aller ländlichen Haushalte verschuldet (NL 171, S. 103). Schwieriger wird das Überleben, wenn diese Haushalte in Notzeiten, das heißt in der Zeit der Dürre, darauf angewiesen sind, Nahrungsmittel aus der Produktion des »modernen« Sektors zu kaufen. Die Dürreperioden kommen in der Hälfte aller indischen Bundesländer regelmäßig alle 2,5 bis 5 Jahre vor (NL 284, S. 989).

Je regelmäßiger die regionalen Dürreperioden kommen, und je stärker sich die grüne Revolution ausbreitet, desto schwieriger wird es für die Armen, in Nischen zu überleben. Mit zunehmender Geldwirtschaft sind sie darauf angewiesen, alles zu verkaufen, was sie haben, zum Beispiel ihre Organe oder ihre Kinder. Im Februar 1993 boten arme Inder ihre Kinder zu einem Preis von 20 Rupien an (NL 59).

Daß es dennoch relativ selten Hungertote in Indien gibt, liegt daran – so der indische Oxford-Ökonom Amartya Sen –, daß in Indien die Formaldemokratie mit einer starken Opposition und freier Presse funktioniert, die rechtzeitg Alarm schlagen, worauf die Regierung reagiert (NL 283). Andererseits werden die reichen Bauern immer unzufriedener, weil die Verdienstspanne zwischen den Preisen und Kosten fortwährend geringer wird. Nach Angaben des Worldwatch Institutes brauchte man 1950 ein Barrel Öl, um ein Buschel Weizen zu produzieren, 1991 brauchte man fünfmal mehr Öl (NL 47, S. 107). Zudem wird der Boden durch Überbeanspruchung unfruchtbarer. Nach einer Studie des World Ressources Institutes haben weltweit 10 Prozent der landwirtschaftlichen Anbaufläche in den letzten Jahrzehnten ihre natürliche Fruchtbarkeit verloren (NL 320).

Was die landwirtschaftliche Produktion angeht, muß sich Indien zwischen 2 Möglichkeiten entscheiden, meint Sen, entweder für den Gewinn oder für die Versorgung der Bevölkerung (NL 283). Klar ist, daß das zweite Ziel Priorität haben muß und dafür die grüne Revolution nicht nur nicht geeignet, sondern sogar schädlich ist.

Wir haben uns hier auf die landwirtschaftliche Entwicklung konzentriert. Zur allgemeinen Lage sei noch angemerkt, daß in Indien schon seit langem regionale Bürgerkriege herrschen – in Assam, Punjab und Kaschmir. Diese Auseinandersetzungen sind nicht nur Religionskriege, sondern zugleich Kämpfe zwischen den Privilegierten und den Benachteiligten. Ein echter Religionskrieg ist in Indien ausgebrochen, als am 6. Dezember 1992 die radikalen Hindus (Anhänger der rechtsradikalen Bharatiya Janata Partei und Shiva Sena) eine 450 Jahre alte Moschee niedergerissen haben. Damit hat Indien seinen Nimbus als der einzige, verfassungsmäßig garantierte säkulare Staat unter den Nachbarländern verloren (NL 15).

Noch immer ist es richtig, daß Indiens Misere zum großen Teil hausgemacht ist. Der Anteil des Exports macht nur 4,5

Prozent (zum Vergleich: Belgien 64,4 Prozent, Deutschland 28,7 Prozent) des Bruttoinlandsprodukts und die Entwicklungshilfe 0,6 Prozent aus (NL 13; NL 184; S. 329). Allerdings stammt das Modernisierungskonzept, das die Nehru-Gandhi-Dynastie mit allen Mitteln durchgesetzt hat, aus dem Westen. Da Indien mit diesem Konzept in der Wahnvorstellung, die Großmacht in Südostasien zu werden, auch sehr viel Geld für Waffenkäufe und -produktion ausgegeben hat, steht das Land mit 71,6 Milliarden Dollar 1991 als viertgrößtes Schuldnerland der Dritten Welt da (NL 277).

In vorauseilendem Gehorsam hat die neue indische Minderheitsregierung von Rao mit der neuen ökonomischen Politik (New Economic Policy, NEP) die Bedingungen des Strukturanpassungsprogramms des IWF schon erfüllt. Die NEP wird von allen Seiten sehr hart kritisiert. Über diese Kritik gibt es eine Anekdote: Manomohan Singh, der Finanzminister, berichtet dem Premier, »uns wird vorgeworfen, daß wir unser Interesse an das Ausland verkaufen«. »Schön und gut«, sagt daraufhin Narasimha Rao in seiner trägen, gelangweilten Art, »wer will das Land kaufen?« (NL 304).

Tansania oder Wie ein Versuch zu Ende geht

> »Menschen können nicht entwickelt werden; sie können sich lediglich selbst entwickeln.«
>
> Julius K. Nyerere

Unmittelbar nach der Unabhängigkeit setzten sich die Politiker Tansanias zum Ziel, die Lebensbedingungen der Bevölkerung schnell zu verbessern: Erhöhung des Pro-Kopf-Einkommens und der Lebenserwartung, Ausbildung von Fachleuten und ähnliches. Die Schwerpunkte wurden sowohl auf die Landwirtschaft – Tansania ist hauptsächlich ein Agrarland – als auch auf die Industrialisierung und den Aufbau eines einheimischen

Marktes gelegt (L 290, S. VII ff.). Ausländische Kapitalinvestitionen waren erwünscht. Das Konzept war marktwirtschaftlich orientiert.

Erst als die Entwicklung den Zielen entgegenlief – die Kluft zwischen Stadt und Land vergrößerte sich, die Unterstützung des Auslandes blieb weit unter dem erhofften Umfang –, besann man sich auf ein anderes Modell. Mit der Arusha-Deklaration von 1967 wurde eine neue Politik eingeleitet. Julius K. Nyerere, an der Spitze der Einheitspartei CCM (Partei der Revolution, die durch den Zusammenschluß von 4 Parteien entstand) und des Staates seit 1962, erklärte die neuen Ziele und leitete die Ujamaa-Politik ein: Zusammenhalt des Familienverbandes und Berücksichtigung der traditionellen Form des Zusammenlebens. »Weil die Wirtschaft Tansanias jetzt und künftig von Ackerbau und Viehzucht abhängt, können die Tansanier ohne Abhängigkeit von fremder Hilfe gut leben, wenn sie ihr Land angemessen nutzen. Land ist die Grundlage menschlichen Lebens, und alle Tansanier sollen es als eine wertvolle Anlage für die Entwicklung der Zukunft nutzen.« (Zit. L. 169, S. 68)

Der Grundgedanke war, daß sich die Bauern in den Dörfern zusammenschließen und kollektiv für den Eigenbedarf und zum Wohle des Staates produzieren. Das Dorfleben sollte wie früheres Familienleben aussehen, die Gemeinschaft sollte alle notwendigen Entscheidungen selbst treffen, Regierungsbeamte und Parteivertreter sollten beraten und nur, wenn notwendig, Unterstützung leisten (L 24; L 162; L 35; L 242). Durch den im Binnenmarkt erzielten Überschuß sollte eine dem Land dienliche Industrie aufgebaut werden. Die Prioritäten wurden nicht nur auf den wirtschaftlichen, sondern gleichzeitig und gleichermaßen auf den sozialen Bereich gelegt: Verringerung der Einkommensunterschiede, Erhöhung der Lebenserwartung, Bildung für alle, Verbesserung der Gesundheits- und Trinkwasserversorgung u. ä. (L 230, S. 10).

Seither sind Begriffe wie Arusha-Deklaration, Ujamaa, afrikanischer Sozialismus oder einfach Tansania Reizwörter geworden – auch im Ausland, in den Industriestaaten im allgemeinen, in der Bundesrepublik im besonderen. Diejenigen, bei denen das Wort Sozialismus Unbehagen auslöst, haben die Entwicklung mit äußerster Skepsis und Mißtrauen verfolgt. Da weder Nyerere noch seine Partei irgend etwas mit den Ostblockstaaten im Sinn hatten, standen die wenigen parteitreuen Kommunisten ihnen auch nicht sehr wohlwollend gegenüber. Eine dritte Gruppe war euphorisch, da sie in dem Versuch ein Modell sah, das, abseits vom real existierenden Kapitalismus des Westens und dem Sozialismus der Ostblockstaaten, zu einem dritten Entwicklungsweg führen könnte. Nyerere ist ein vehementer Vertreter der blockfreien Staaten. Tansania hat zwar immer Wert auf einen eigenen Weg gelegt und nicht den Anspruch erhoben, Modell für andere zu sein, doch ist die Entwicklung keines anderen Landes so aufmerksam verfolgt worden wie die Tansanias.

Fraglos hat dieses Land eine Reihe von Erfolgen vorzuweisen, die als Ergebnisse der Arbeit seit 1967 anzusehen sind: Die Lebenserwartung ist seit der Unabhängigkeit von 37 auf 54 Jahre (1990) gestiegen (L 229, S. 636; NL 10, S. 128).

Die Kindersterblichkeit ist von 17,5 auf 10,2 Prozent im Jahr 1990 gefallen. Von den über 8000 Dörfern des Landes haben 72 Prozent Genossenschaftsläden. Über 81 Prozent der Bevölkerung haben Zugang zu den Gesundheitsdiensten, 56 Prozent zu sauberem Trinkwasser und 77 Prozent zu sanitären Einrichtungen (NL 312, S. 151). Das Verhältnis zwischen den höchsten und niedrigsten Gehältern im öffentlichen Dienst wurde von 50 zu 1 (1961) auf 7 zu 1 Anfang der achtziger Jahre verringert (L 35, S. 6f.). Die Analphabetenrate ging in Tansania von 90 Prozent (1960) auf 10 Prozent (1990) zurück. Zum Vergleich: Das Nachbarland Kenia, das über ein dreimal so hohes BSP pro Kopf verfügt, hat eine Analphabetenrate von 31 Prozent (1990), Elfenbeinküste mit einem siebenmal und Gabun mit einem dreiunddreißigmal höheren BSP pro Kopf haben 46 Prozent beziehungsweise 39 Prozent Analphabeten (L 229, S. 633 ff.; NL 333, S. 25 f.; NL 85, Kol. 578).

Seit Ende der siebziger Jahre ist es offensichtlich, daß die Regierung Nyereres die selbstgesteckten Ziele – Selbstversorgung, wirtschaftliche Unabhängigkeit, Aufbau einer am Eigenbedarf orientierten Industrie, kurz Selbständigkeit – verfehlt hat. Die Reaktionen im Ausland sind überzogen. Die Befürworter des Modells sind maßlos enttäuscht, die Gegner sind erleichtert. Bei dieser Betrachtungsweise wird übersehen, daß, wie Rolf Hofmeier schreibt, »nahezu alle schwarzafrikanischen Länder sich derzeit in einer strukturellen Krise ihrer Wirtschaftsentwicklung« befinden; »die ausgesprochen düsteren Zukunftsperspektiven der meisten afrikanischen Länder« gelten »weitgehend unabhängig von der jeweils verfolgten nationalen Politik« (L 162, S. 205).

Die Krise Tansanias hat sowohl innere als auch äußere Ursachen. Zunächst die inneren Ursachen, gewissermaßen die Fehler des Konzepts: Tansania war und ist ein armes Land, sowohl auf die Rohstoffe als auch auf die Bevölkerung bezogen (90 Prozent leben auf dem Land). Auch in der Kolonialzeit war nur ein kleiner Teil der Dorfbewohner in die Plantagenwirtschaft einbezogen; der Rest lebte nach wie vor abseits des Marktes, in der Schattenwirtschaft, oder er produzierte nur für sich (Subsistenzwirtschaft). Die Ujamaa-Bewegung ging davon aus, daß sich diese ländliche Bevölkerung freiwillig in Dorfgemeinschaften zusammenschließt, Genossenschaften gründet, sowohl für sich als auch für den Staat produziert und selbständig entscheidet.

Da diese Gemeinschaftsbildung sehr langsam voranging, wurde zwischen 1973 und 1977 Zwangsumsiedlung angeordnet; damit war der Grundsatz der Freiwilligkeit dahin. Die Bauern reagierten mit passivem Widerstand, sie produzierten nicht für den Markt, sondern, wie gewohnt, für sich selbst. Auch die Preisfestsetzung schlug fehl. Erst war sie zu niedrig, bot also wenig Anreiz; dann war sie höher, die Waren zu teuer. Auch die verstärkte Kontrolle durch die Regierungsbeamten stand im Widerspruch zur erklärten Absicht und erzeugte Mißmut bei den Bauern. Das Pro-Kopf-Einkommen stieg zwar von 1960 bis 1979 um 2,3 Prozent pro Jahr, 1970 bis 1979 aber nur um 0,8 Prozent. 1981 ging es sogar zurück.

Zu all den Widersprüchen kamen Naturkatastrophen hinzu, seit 1978 erlebte Tansania abwechselnd Dürre und Überschwemmungen. Da die Landwirtschaft für die ländliche Nahrungsmittelproduktion nur zu gut einem Drittel bewässert ist, verursachte das Klima einen Rückgang der Produktion.

Die negativen äußeren Einflüsse sind möglicherweise Folge des Konzepts. Tansania hat sich nicht wie andere sozialistische

Länder – China, Albanien, Kuba, Nordkorea – vom Welthandel abgekoppelt und zunächst für den Eigenbedarf Nahrungsmittel produziert. Unabhängig von der politischen Bewertung scheinen die erwähnten Länder mit ihrer Maßnahme das Problem der Versorgung gelöst zu haben (L 169a, S. 307ff.). Tansania hat nicht nur die Plantagen beibehalten, sondern sie auch ausgebaut und modernisiert. Die Plantagen beanspruchen zwar nur 6,1 Prozent des bebauten, allerdings des besten Bodens, bringen aber dafür 46 Prozent des Bruttosozialprodukts und 80 Prozent der Exporterlöse ein (L 229, S. 549). Da das Land nur Plantagenprodukte anzubieten hat (Kaffee, Baumwolle, Sisal, Tee, Cashewnüsse, Gewürznelken), das Austauschverhältnis sich aber ständig verschlechtert, kommt es immer stärker unter finanziellen Druck.

Die Preise von Industrieprodukten steigen und die Rohstoffpreise sinken. Ein Beispiel: »Im Jahr 1972 betrug der Kostenvoranschlag für den Bau einer Fleischfabrik in Tansania 1,8 Millionen Dollar. 2 Jahre später belief sich der Angebotspreis auf 7,1 Millionen. Für uns hießt das real«, so Nyerere, »daß eine Fabrik, die uns ursprünglich 7000 Tonnen Sisal kosten sollte, jetzt fast 24000 Tonnen Sisal kostet.« (L 63, S. 182) 1980 gab Tansania – trotz erheblicher Einsparungen beim Ölverbrauch – 55 Prozent der Exporterlöse aus für die Bezahlung der Öleinfuhren; 1972 waren es noch 10 Prozent (L 162, S. 211). Zudem muß das Land, um exportfähig zu bleiben, auch in diesem Bereich investieren.

Peter Heller führte mit seinem Film ›Mbogos Ernte‹ vor, daß Tansania für den Baumwollexport neben Verarbeitungsmaschinen auch Pflanzenschutzmittel, Spritzgeräte, Batterien etc. vom Ausland kaufen muß. Der sechzigjährige Mann Mbogo, der mit seiner sechsköpfigen Familie 8 Monate lang unermüdlich schuftet, verdient am Ende für die gesamte Produktion nach damaligem Wert (1978) umgerechnet 350 Mark als Lohn (L 155). Das Verhältnis Plantagenarbeitslohn zu Fertigprodukt Jeans gleicht dem Verhältnis bei Bananen. Bei der Jeans-Hose, die etwa 80 Mark kostet, ist der Anteil des Baumwolleinsatzes etwa 7 Prozent, also etwa 5 Mark 60, was aber die Lager-, Transport-, Versicherungskosten und Steuern einschließt, so daß als reiner Lohn maximal 3 Pfennige für die Plantagenarbeit übrigbleiben.

Obgleich fast ein Drittel der Bevölkerung vom Baumwollexport lebt, ist der Anteil Tansanias am Welt-Baumwollexport so gering, daß es nicht einmal mit 1 Prozent in Weltexport-Statistiken der Baumwolle auftaucht (L 87, S. 227). Tansania hat beispielsweise 1981 in die Bundesrepublik für 3,36 Millionen Mark Baumwolle exportiert und aus der Bundesrepublik unter anderem Textilmaschinen für 25,6 Millionen Mark importiert, wobei die Export-Import-Bilanz Tansanias mit der Bundesrepublik im Jahr 1981 ausnahmsweise insgesamt positiv war (plus 6 Millionen), nachdem sich 1978 bis 1980 eine negative Bilanz von 160 Millionen Mark ergeben hatte (L 280, S. 74f.).

Nachdem Tansania auf Druck des IWF seine Wirtschaft nach den Maßgaben des SAP reorganisiert hat, geht es dem Land noch schlechter. 1991 hat das Land dreimal mehr importieren müssen, als es mit dem Export erzielt hat: Der Wert des Imports betrug 1990 935 Millionen Dollar gegenüber dem des Exports von 300 Millionen Dollar (NL 85, Kol. 579). Dies bedeutet keineswegs, daß Tansania volumenmäßig weniger exportiert. Dies liegt allein an der Preisentwicklung des Weltmarktes, vornehmlich von 2 Gütern, die Tansania exportieren darf: Kaffee und Baumwolle.

Volumenmäßig hat das Land den Kaffee-Export von 49019 (1989) auf über 60500 (1990) gesteigert, dafür aber statt 10,5 Millionen nur 7,9 Millionen Dollar erhalten (NL 131, S. 192). Je nachdem, wie die Preise dieser Waren sich entwickeln, stehen sie an erster oder zweiter Stelle des Landesexports. So standen 1989 Kaffee mit einem Anteil von 43 Prozent an erster und Baumwolle mit 12 Prozent des Gesamtexports von Tansania an zweiter Stelle (NL 184, S. 563), 1990 ist es umgekehrt: Baumwolle steht mit 23 Pozent an erster, Kaffee mit 21 Pozent an zweiter Stelle (NL 85, Kol. 579).

Vom 12. bis zum 14. Dezember 1989 fand ein Kongreß der afrikanischen nicht-staatlichen Organisationen (Non Governmental Organizations , NGO) über »alternative Entwicklungsstrategien für Afrika« in Daressalam statt. In seiner Eröffnungsrede sagte der amtierende Präsident Tansanias, Ali Hassan Mwinyi: »Während sich die Baumwollproduktion in Tansania von 1985/86 bis 1987/88 um mehr als 100 Prozent erhöhte, fiel der Weltmarktpreis im gleichen Zeitraum auf die Hälfte« (von

68 Cents auf 34 Cents pro Pfund; NL 252, S. 9). Kein Wunder, daß wegen der defizitären Handelsbilanz die Auslandsschulden ständig steigen.

Die Auslandsschulden des Landes haben 1990 eine für Tansanias Verhältnisse astronomische Höhe erreicht: über 5,8 Milliarden Dollar (NL 333, S. 290, 254). Dies ist zwar in absoluten Zahlen – verglichen mit anderen Ländern wie Brasilien oder Indien – relativ niedrig, gemessen am BSP aber sehr hoch: 250 Prozent; zum Vergleich: Brasiliens oder Indiens Verschuldung haben jeweils einen Anteil von weniger als 30 Prozent des BSP (NL 333, S. 254f., 290f.).

Die Geschichte des tansanischen Experiments, des Dritten Wegs oder des afrikanischen Sozialismus, ist eng mit der Person des charismatischen Politikers Julius K. Nyerere verbunden. Nyerere ist als Politiker in vielerlei Hinsicht einmalig, nicht nur im afrikanischen Kontext. Er ist einer der letzten Vertreter der sterbenden Politikerspezies, der integer – also nicht korrupt – ist, der eine politische Vision hat, der es versteht, Politik mit Moral und Anstand zu verbinden. Viele Erfolge – wie oben erwähnt, etwa im Bildungs- und Gesundheitssektor –, die Tansania immer noch vorweisen kann, hat das Land dem studierten Pädagogen zu verdanken. »Nyerere hat Tansania zu einer echten nationalen Einheit gemacht.« In kaum einem Land Afrikas, schreibt Hubert Kahl weiter, »leben die verschiedenen Volksgruppen so friedlich nebeneinander wie in Tansania, und das bei über 100 Stämmen« (NL 192). Zugegebenermaßen war Nyereres ökonomische Vorstellung naiv. Er hat die Regeln des internationalen Wirtschafts- und Finanzspiels entweder nicht verstanden oder bewußt ignoriert. So lag er 2 Jahre lang – vor dem unfreiwilligen Ausscheiden aus dem Präsidentenamt – ständig im Streit mit der Weltbank und dem IWF.

Der gute Vorsatz Nyereres, die Auslandsschulden so zu begrenzen, daß das Land nicht mehr als 10 Prozent der Exporterlöse als Schuldendienst zu leisten hat, war von Anfang an zum Scheitern verurteilt. In seinem aussichtslosen Kampf gegen die 2 mächtigen, von den Industriestaaten beherrschten Institutionen (die Weltbank und der IWF) hatte er keine Chance. Vielleicht hatte er weiterhin Unterstützungen vom Ausland erhofft. Da das arme Land keinen kommerziellen Kredit erwarten

Löhne blockieren
senkt Kaufkraft

Sozialausgaben senken
trifft Spitäler, Schulen, Soziales

Nahrungsmittel-Subventionen streichen
erhöht Preise der Grundnahrungsmittel

Währung abwerten
Exportpreise sinken – Importpreise steigen
exportieren statt konsumieren

Gewinne abziehen lassen
Konzerne profitieren

SAP-Bedingungen des Internationalen Währungsfonds (IWF) für die Schuldnerländer

Nach Strahm 1985 (NL 301)

konnte, haben die skandinavischen Länder und die Bundesrepublik Tansania lange sehr wohlwollend behandelt. Allein von der Bundesrepublik erhielt das Land 1981 1,3 Milliarden Mark Entwicklungshilfe.

Seit 1983 war Tansania nicht mehr in der Lage, den Bauern einen vom Weltmarkt unabhängigen, festen Preis zu garantieren. Die Gegner des Konzepts sahen nun die Chance, das Experiment zu beenden. Stellvertretend stellte der IWF – wie immer bei solchen Gelegenheiten – harte Bedingungen für neue Kredite (siehe Grafik).

Die Bedingungen des IWF bedeuten: drastische Einschränkung der Rolle des Staates und staatlicher Institutionen im Wirtschaftsleben; Aufgabe der staatlichen Preiskontrolle und der Subvention von Grundnahrungsmitteln (Folge: die Armen müssen Hunger leiden); mehr Freiraum für Privatinitiative und für den Privatunternehmer (Folge: statt Wohlfahrt Profitunternehmen); Einfrieren der Mindestlöhne und Gehälter (Folge: die untere Einkommensgruppe wird zunehmend verarmen); Reduzierung der Haushaltsdefizite und der staatlichen Kreditaufnahme bei der Zentralbank (Folge: der Staat kann seine Sozialpolitik nicht mehr leisten); drastische Abwertung der Landeswährung (Folge: Importpreise werden verteuert, Exportpreise verbilligt – also muß das Land mehr exportieren und weniger importieren). (Vgl. L 162, S. 217)

Wie erwähnt, leistete Nyerere 2 Jahre lang Widerstand. »Die Probleme meines Landes und anderer Länder der Dritten Welt«, schrieb Nyerere schon 1980, »sind schwerwiegend genug ohne die politischen Eingriffe von IWF-Beamten. Wenn sie nicht helfen können, sollen sie wenigstens aufhören, sich einzumischen.« (L 231, S. 9) Auf dem Höhepunkt des Konflikts mit dem IWF formulierte Nyerere dann drastischer: »Die Dritte Welt muß allmählich begreifen, daß diese Institutionen (die Weltbank und der IWF), die ursprünglich für eine Kooperation zwischen den Industriestaaten geschaffen worden waren, – zunehmend als Kontrollinstrumente der Dritten Welt gebraucht werden ... Sie werden, um über die Dritte Welt zu herrschen, als Machtinstrumente gebraucht.« (NL 262, S. 193)

Da Nyerere sich dem IWF gegenüber nicht durchsetzen konnte, trat er 1985 zurück und übergab das Präsidentenamt an Mwinyi. 1992 hat er auch das Amt des CCM-Parteivorsitzenden abgegeben. Auf Druck der westlichen Industriestaaten hat Tansania die Verfassung 1992 geändert und ein Mehrparteiensystem zugelassen (NL 118, S. 9). Aller Voraussicht nach wird dennoch die CCM die nächste Wahl mühelos gewinnen. »Die Popularität der CCM«, schreibt Kahl, »ist um so erstaunlicher, als sie das Land in die wirtschaftliche Misere geführt hat.« (NL 192).

Und die »Erfolgsbilanz« der IWF-Maßnahmen? Nach dem Rücktritt Nyereres hat Tansania alle Bedingungen des IWF vollkommen akzeptiert. Die Erfolgsbilanz sieht so aus: 1981 war Tansania mit einem Pro-Kopf-BSP von 280 Dollar an 91. Stelle, 1991 ist es mit einem BSP pro Kopf von 100 Dollar das zweitärmste Land der Welt (NL 326, S. 174; NL 333, S. 250).

Die Auslandsschulden sind von 1,4 Milliarden (1981) auf 5,2

Milliarden Dollar (1990) gestiegen (NL 333, S. 204, 290). Konsequenterweise hat die Landeswährung nur noch ein Viertel des früheren Wertes (1981:1 Mark = 5 Tansanische Schilling, 1991:1 Mark = 20 Tansanische Schilling). Die Verbraucherpreise sind von 1980 bis Ende 1989 um das Elffache gestiegen, die Nahrungsmittelproduktion pro Kopf (Index 1979–1981:100) ist auf 90 im Jahr 1990 gefallen (NL 184, S. 563). Je ärmer das Land wird, desto weniger Entwicklungshilfe bekommt es. 1981 erhielt das Land 1,3 Milliarden Mark allein aus der Bundesrepublik, 1990 von allen OECD-Ländern zusammen 1,1 Milliarden Dollar (NL 333, S. 288). Damit werden aber 70 Prozent des Staatsbudgets bestritten.

Der »Erfolg« des IWF ist unverkennbar. Es ist ihm gelungen, das Land aus dem internationalen Meinungsstreit vollkommen verschwinden zu lassen. Damit hat der IWF das hoffnungsvolle Experiment beendet. Zugleich aber haben die IWF-Maßnahmen Tansania von der Armut zur Verelendung geführt, ohne die Probleme, für deren Bewältigung die Maßnahmen verordnet wurden, auch nur ansatzweise lösen zu können. Jetzt ist Tansania, wie viele andere Länder Afrikas, nur noch ein armes Land, von dem niemand mehr spricht. Die »Mode-Theoretiker«, die aus »humanitären Gründen« für eine »internationale Intervention« sind, erwähnen Tansania und die Folgen solcher Intervention mit keinem einzigen Wort.

5. Alles hängt mit allem zusammen

Hier Bauerntod – dort Hungersnot

> »Darum hat die Landwirtschaft dieser Nation so eine strategische Position ... Andere Nationen mögen Ölmacht haben, aber wir Agrarmacht – und im Überfluß ... Wir müssen unsere Agrarmacht weise und kraftvoll einsetzen.«
>
> Earl Butz, Ex-Landwirtschaftsminister der USA
>
> »Nur wer im Wohlstand lebt, lebt angenehm.«
>
> Bertolt Brecht

So sehr die westlichen Industriestaaten alle Länder dieser Welt mit der Marktwirtschaft beglücken möchten, zumindest in einem Sektor sind sie entschieden dagegen: in der Landwirtschaft. So sagte der 1992 aus dem Amt geschiedene deutsche Landwirtschaftsminister Ignaz Kiechle in einem Interview: »Ich bin gegen den Markt.« (NL 176) Mit dieser widersprüchlichen Politik steht weder die Bundesrepublik noch die EG unter den westlichen Industriestaaten allein. Nicht anders gehen die anderen vor. Die USA haben damit erst begonnen.

Ein kurzer Rückblick auf die Geschichte der US-Landwirtschaft mag exemplarisch verdeutlichen, wie das System der Agrarproduktion auf der nördlichen Halbkugel entstanden ist. Bis 1840 lebten die weißen Siedler in den USA noch zu 70 Prozent von der Land- und Viehwirtschaft. Sie waren zum großen Teil Selbstversorger. Erst der Bürgerkrieg (1861–1865) und dann die zunehmende Industrialisierung und Verstädterung machten einen kommerziellen Anbau und eine Marktbindung der Produkte nötig. Mit der Marktbindung begann auch das Unheil der Farmer. Sie wurden abhängig von den Transportunternehmen und Händlern. Da die Farmer auf diese Weise durch die Kosten-Preis-Spirale ausgequetscht wurden, mußten sie sowohl die Anbaufläche vergrößern als auch ihre Anbaumethode industrialisieren. Die Vergrößerung der Anbaufläche für den einen bedeutete die Aufgabe der Farm für den anderen. Mit der Industrialisierung begann eine weitere Abhängigkeit der Bauern – von der Maschinenindustrie und der chemischen Industrie. Da dadurch die Kosten stiegen und damit die Schulden der Farmer, mußten sie immer mehr produzieren. Der Binnenmarkt war bald gesättigt, die Händler setzten die Produkte zunehmend im Ausland ab. In diesem historischen Prozeß haben die amerikanischen Regierungen drei folgenreiche Fehlentscheidungen getroffen:

1. Um die Unsicherheit der Bauern zu beseitigen, schuf die US-Regierung schon im 19. Jahrhundert eine Produktionsversicherung (eine Variante der gegenwärtigen EG-Agrarpreisgarantie).

2. Während der Großen Depression gingen so viele Farmer in Konkurs wie nie zuvor. Es war auch der US-Regierung wegen der Monopolstellung der Getreidehändler klar, daß die Farmer sich nicht auf dem freien Markt behaupten konnten. Konsequenterweise hätte man die Macht der Händler beschneiden müssen. Statt dessen ersann 1933 die Regierung des damaligen Präsidenten Franklin D. Roosevelt mit der New-Deal-Politik die Agrarsubvention (sie wurde ebenfalls von der EG kopiert).

3. Um die Absatzmärkte zu sichern und um die Entwicklungsländer vom Nahrungsmittelimport abhängig zu machen, schuf die US-Regierung im Jahr 1954 das Public Law 480 mit dem irreführenden Titel »Food for Peace« – mit welcher Wirkung zeigen Wessel und Hantman (NL 337, S. 12) am Beispiel Südkoreas. Dies hat verheerende Folgen für die Landwirtschaft: Die Zahl der Farmer geht zurück, die Überschüsse und Subventionen steigen unaufhörlich. (Die EG subventioniert den Export direkt.)

Jeder Marktwirtschaftler wird den Kopf schütteln, wenn die Produktionskosten höher liegen als die Erlöse aus den Produkten. Nicht so in der Landwirtschaft. Man investiert zum Beispiel ein Vielfaches an Energie, um 1 Kalorie zu erzeugen. Die US-Farmer brauchten 1950 ein Barrel Öl für die Produktion von einem Buschel Weizen. Damals war der Ölpreis sehr niedrig. 1991 brauchte man 5 Barrel Öl, um die gleiche Menge Weizen zu produzieren (NL 47, S. 106f.).

So paradox es auch klingen mag, der Hunger in der Dritten Welt ist eine direkte Folge der zunehmenden Industrialisierung der Landwirtschaft in den Industriestaaten. Die innewohnende Logik des Systems (höhere Gewinne durch mehr Wachstum) zwingt den Bauern in den Industriestaaten, immer mehr Überschuß zu produzieren. Mehr Produktion erfordert mehr Einsatz von Maschinen, Dünge- und Pflanzenschutzmitteln. Diese kann man nur dann gewinnbringend einsetzen, wenn die Betriebsfläche groß genug ist – also sterben die Kleinbauern aus. Je größer ein landwirtschaftlicher Betrieb ist, desto rentabler ist er. »Rentabel« ist ein Betrieb, wenn er seine Produkte auf dem Markt verkaufen kann – für die Dritte Welt hat dies zur Folge, daß die Betriebe für den Export und zunehmend weniger für die inländische Versorgung produzieren müssen.

Schon vor fast 20 Jahren besaßen 2,5 Prozent der Grundbesitzer auf der ganzen Welt mit mehr als 100 Hektar pro Kopf über 75 Prozent des gesamten Grund und Bodens, davon 0,23 Prozent über 50 Prozent (L 137, S. 42). Auch in den Industriestaaten werden landwirtschaftliche Betriebe zahlenmäßig weniger und flächenmäßig größer.

Durch den Einsatz von Chemikalien sind weite Teile Amerikas dermaßen vergiftet, daß es – wenn man jetzt damit aufhören würde – Generationen dauern würde, um die Gifte halbwegs loszuwerden. Ganze Landstriche sind von der Versteppung bedroht; das Grundwasser sinkt gefährlich ab. Während die Macht der Monopole steigt (Landmaschinenhersteller, Düngemittelerzeuger, Nahrungsmittel-Verarbeitungs- und Veredelungsindustrie und Getreidehandel), geht die Zahl der Farmer zurück. 1930 gab es noch 7 Millionen Farmer in den USA. 1980 nur noch 2,4 Millionen, die durchschnittliche Betriebsgröße hat sich verdreifacht. Die obersten 5 Prozent mit einem Jahresumsatz von einer halben Million Dollar decken 80 Prozent des amerikanischen Bedarfs. Nach einer Prognose der US-Regierung werden 50 000 Farmen alles produzieren können, was die Bevölkerung der USA im Jahre 2000 konsumiert. Die Bauern stehen bei den Banken mit insgesamt 215 Milliarden Dollar in der Kreide. Das sind soviel Schulden wie die 3 am meisten verschuldeten Länder der Dritten Welt – Brasilien, Mexiko und Argentinien – 1985 zusammen hatten. Allein die Zinsen für die Schulden verschlingen im Jahr mehr als 21 Milliarden Dollar, beinahe soviel Geld, wie die gesamte amerikanische Landwirtschaft in einem Jahr an Erlösen einbringt. Noch 1980 galten die oberen 5 Prozent als finanziell gesichert und zukunftsweisend, heute sind auch sie in ihrer Existenz bedroht.

Die Landwirtschaft der EG im allgemeinen und der Bundesrepublik im besonderen ist nach dem gleich Muster aufgebaut. Die oben erwähnten Fehlentscheidungen hat die EG übernommen – mit einer Ausnahme: Statt des Programms »Food for Peace« subventioniert sie direkt den Agrarexport. Da die EG eine aggressivere Verkaufsstrategie verfolgt, hat sie einen größeren »Erfolg« vorzuweisen. Während die EG 1970 noch 22 Millionen Tonnen Korn einführte, exportierte sie 1990 über 16 Millionen (NL 131, S. 46f.); in derselben Zeit hat sie den Weizenexport verfünffacht. Vom größten Geflügel-Importeur der Welt im Jahr 1965 ist sie zum größten Exporteur aufgestiegen; sie ist ebenfalls der größte Exporteur von Molkereiprodukten (Weltmarktanteil 60 Prozent), zweitgrößter Fleischexporteur und so weiter. Auch die Kehrseite zeigt das gleiche Bild. 1950 gab es in der Bundesrepublik zum Beispiel 1,647 Millionen landwirtschaftliche Betriebe, 1985 720 800, 1991/92 nur noch 582 000 (NL 153; NL 180), wobei die Tendenz zur Größe unverkennbar ist. Zwischen 1950 und 1977 gaben 75 Prozent aller Betriebe unter 10 Hektar auf, hingegen verdoppelte sich die Zahl der Betriebe über 50 Hektar. In 10 Jahren, zwischen 1973 und 1982, mußten 30 Prozent der Landwirte ihren Beruf aufgeben.

Seither haben bis 1984 mehr als 40 000 landwirtschaftliche Betriebe die Produktion eingestellt, jährlich eine Viertel Million. 1992 gaben wieder 22 000 landwirtschaftliche Betriebe ihre Höfe auf (NL 153). Von allen Berufssparten in der Bundesrepublik verdienen die Bauern im Durchschnitt am wenigsten. Das Jahresbruttoeinkommen eines Landwirtehepaars (Vollerwerb) betrug 1991/92 52 737 Mark, darin enthalten 16 378 Mark, die das Ehepaar vom Staat erhielt. Ein Drittel des Einkommens steuerte also der Steuerzahler bei (Süddeutsche Zeitung vom 6. April 1993). Bei jeder neu ersonnenen Ausgleichszahlung, Subvention oder bei sonstigen Zuschüssen wächst die Kluft, weil die Reichen weit üppiger kassieren als die Armen. Von den noch übriggebliebenen landwirtschaftlichen Betrieben sind nur noch 50 Prozent vollerwerbstätig, für den Rest ist der Bauernhof entweder Zu- oder Nebenerwerbstätigkeit.

Die Konzentration der landwirtschaftlichen Anbaufläche sieht so aus: 1949 besaßen 0,9 Prozent der Großbetriebe 10 Prozent der Anbaufläche, 1990 besaßen die 7,6 Prozent der größten Betriebe 32 Prozent der Anbaufläche. Umgekehrt besaßen 77 Prozent der Kleinbetriebe – mit weniger als 10 Hektar – 39 Prozent der Anbaufläche, 1990 besaßen 47 Prozent der Kleinbetriebe nur noch 11 Prozent der Anbaufläche (NL 103, S. 70f.).

Die Subventionspolitik der EG begünstigt Großbetriebe und läßt immer mehr kleinere Höfe sterben. Dies hat eine gewisse Logik. Da die Bauern immer weniger Geld bekommen, müssen sie dies mit größeren Mengen, die auch größere Anbauflächen erfordern, wettmachen. Von jeder Mark Subvention, die die EG ausgibt, erhält der Bauer nur 17 Pfennige, der Rest geht an Händler, Lieferanten und die Lagerung, wovon den Großteil der Händler kassiert (über 60 Pfennige; vgl. NL 51, S. 56). So entsteht eine groteske Situation: Während immer mehr Höfe sterben, die Bauern verarmen, steigt die Produktion. Fairerweise soll noch erwähnt werden, daß die EG mit ihrer Subventionspolitik nicht allein steht. Während der Anteil der Subventionen am Wert der Produkte in der EG bei 48 Prozent liegt, beträgt dieser in den USA 30 Prozent, in Australien 11 Prozent und in Japan 78 Prozent (NL 103, S. 139).

Das durchschnittliche Einkommen aller landwirtschaftlichen Betriebe liegt weit unter dem Einkommen vergleichbarer Berufe, Einkommenskonzentrationen verstärkten sich langfristig (das heißt, nur Großbetriebe verdienen übermäßig gut). Auch 1991/92 haben die Großbetriebe ein Plus von 7,7 Prozent erzielt, während die Kleinbetriebe sich mit einem Plus von 2,1 Prozent zufriedengeben mußten (NL 153). So ist es kein Wunder, daß die Bücher, die sich mit diesem Problem beschäftigen, solche Titel tragen wie ›Wer Hunger pflanzt und Überschuß erntet‹ oder ›Die Abschaffung der Bauern‹ (NL 51; NL 345). Unter den jetzigen Bedingungen haben nur 20 Prozent aller landwirtschaftlichen Betriebe eine Chance zum Überleben (L 151, S. 104ff.). Die EG-Maßnahmen sind bürokratisiert, unübersichtlich bis verwirrend. Sie kosten den Steuerzahler viel Geld.

Grundlagen der EG-Agrarpolitik sind hauptsächlich 4 Instrumente: Marktintervention, Abschöpfung, Exporterstattung und Protektionismus.

1. Marktintervention: Es wird vom EG-Ministerrat jedes Jahr ein Richtpreis für Agrarprodukte festgelegt. Sinkt der Erzeugerpreis, weil etwa das Angebot größer als die Nachfrage ist, werden die überschüssigen Mengen aus dem Markt genommen, um den Preis zu stabilisieren – auf dem Niveau des Richtpreises. Diese überschüssigen Mengen werden in private Lagerhallen gebracht (dadurch entstehen die sogenannten Lagerkosten), bis sie denaturiert, also für den menschlichen Verzehr unbrauchbar gemacht, exportiert (mit Erstattung, was ebenfalls Geld kostet) oder in Sonderprogrammen verbilligt abgegeben werden (»Weihnachtsbutter«).

2. Abschöpfung: Da die EG-Erzeugerpreise meistens höher als die Weltmarktpreise liegen, werden ausländische Produkte künstlich verteuert. Die EG verlangt einen Schwellenpreis, der sich aus dem Richtpreis abzüglich Transportkosten ergibt.

3. Exporterstattung: Da der EG-Marktpreis fast aller Agrarprodukte viel höher als der Weltmarktpreis liegt, erstattet die EG den Exporteuren die Differenz, einschließlich der Transportkosten zum EG-Exporthafen (NL 20, S. 34f.).

4. Protektionismus: Mit allerlei Tricks und Bestimmungen – Einfuhrzölle, Mengenbeschränkungen, freiwillige Beschränkungen, sonstige Bestimmungen – behindert die EG ein Drittel aller Exporte aus der Dritten Welt (NL 103, S. 118f.). Dies hat die EG jetzt sogar zum Gesetz erhoben. Die EG-Länder, die zuwiderhandeln, werden verklagt. »Freihändler vor dem Kadi«, kommentiert die ›Süddeutsche Zeitung‹ (NL 137).

Wie unsinnig und grotesk zuweilen EG-Beihilfen und Subventionsmaßnahmen sind, kann man am folgenden Beispiel nachvollziehen: Die Kälber bekommen nicht Kuhmilch, sondern Futtermittel (ein Großteil kommt aus den Entwicklungsländern), da Futtermittel billig sind. Die überschüssige Menge Milch wird in Trockenmilch umgewandelt (kostet zwar Geld, der Bauer bekommt aber dafür Beihilfe), diese Trockenmilch wird gelagert (das kostet ebenfalls Geld), mit hohen Subventionen wird ein Teil exportiert, der Rest wird für Beimengungen in Futtermittel verbilligt wieder an den Bauern verkauft. Da die EG-Agrarpolitik Großbetriebe begünstigt, wirkt sich dies bei der Tierhaltung so aus: Der Anteil der Bauern, die mehr als 20 Kühe im Stall haben, hat sich von 1965 bis 1977 vervierfacht, bei Mastschweinen (Höfe mit mehr als 200 Schweinen) sogar im gleichen Zeitraum versiebenfacht (L 151, S. 46).

Sosehr sich die EG auch gegen Billig-Importe aus den Entwicklungsländern abschirmt, gegen Futtermittelimport ist sie machtlos, da US-Firmen daran beteiligt sind. Sie drohen, daß jeder protektionistischen Maßnahme mit Gegenmaßnahmen begegnet wird. Ein erbitterter Handelskrieg ist zwischen der EG und den USA ausgebrochen (L 303).

Abgesehen von den verheerenden Folgen auf die Entwicklungsländer hat der billige Futtermittelimport auch für das Inland Folgen: Heimische Futterpflanzen, etwa Hülsenfrüchte, sind nicht mehr wettbewerbsfähig, deshalb wird darauf verzichtet, stickstoffbildende Zwischenfrüchte anzubauen; das führt dazu, daß die Bauern zunehmend mehr chemische Stickstoffdüngung verwenden müssen, die wiederum das Grund- und Trinkwasser schädigt (L 96). Die EG-Agrarpolitik zwingt den Bauern, die Produktion ständig zu steigern.

Eine solche Überproduktion – Endpreise hin, Subventionen her – müßte sich auch auf den inländischen Verbrauch auswirken (alles kann man ja nicht exportieren). In 50 Jahren (1930 bis 1980) ist der Verbrauch von Fleisch je Einwohner über 14 Jahre um 95 Prozent, von Eiern um 97 Prozent, von Butter und Margarine um 53 Prozent, von Zucker um 48 Prozent gestiegen (L 130). Am Rande angemerkt ein Zahlenverhältnis von Anfang der achtziger Jahre: Das importierte Kilo Rindfleisch, das zu einem Preis von 8 Mark an der EG-Grenze ankam, verteuerte sich durch Zoll, Abschöpfung, Währungsausgleich und Mehrwertsteuer auf 20 Mark 47, damit die Produkte aus der EG konkurrenzfähig blieben (L 304).

Wie gesagt, die Überproduktion kann nicht auf dem Binnenmarkt abgesetzt werden. Auch wenn man die Verbraucher so weit gebracht hat, daß sie sich übermäßig und ungesund ernähren, gibt es eine Grenze. Also muß man die Überproduktion ins Ausland verkaufen. Um dies tun zu können, muß man dafür sorgen, daß die Abnehmerländer nicht die gleichen Produkte erzeugen. Mit den Entwicklungsländern läßt sich dieses Ziel erreichen, indem man Lieferverträge für Cash-crops, Kaffee, Kakao etc. abschließt, damit die Anbauflächen für die Konkurrenzprodukte klein bleiben. Außerdem sorgt man dafür, daß die eigenen Exportprodukte nicht so teuer wie im Inland auf dem Weltmarkt angeboten werden können, also man subventioniert; die EG hat 1990 ihren Agrarexport mit über 15 Milliarden Mark subventioniert (NL 90).

Dagegen haben nicht etwa die Entwicklungsländer protestiert – sie haben dazu nicht die wirtschaftliche Macht –, sondern ein mächtiges Agrarexportland, die USA. Die EG-Exportsubvention im Jahr 1990 mit über 15 Milliarden Mark ist höher, als ein Großteil der Entwicklungsländer es sich als Jahresetat leisten kann oder abzüglich des Schuldendienstes durch den Export eingenommen hat.

1954 entwickelten die USA das Programm »Food for Peace« (Nahrungsmittel für den Frieden), um – wie Susan George und Richard J. Barnet nachweisen – andere Länder vom US-Agrarexport abhängig zu machen. »Vorrangig sollte das Programm ... dazu dienen«, zitiert Barnet eine Studie des US-Kongreß-Forschungsdienstes von 1977, »neue Märkte für amerikanische Agrarprodukte zu erschließen, die amerikanischen Agrarüberschüsse abzustoßen, Hunger und Unterernährung zu bekämpfen ... und die Außenpolitik der Vereinigten Staaten zu fördern.« »Die wichtigste politische Bedeutung der Nahrungsmittelhilfe liegt«, laut Barnet, »in der weitreichenden Abhängigkeit, in die viele Staaten durch sie geraten. Weil billige amerikanische Weizenüberschüsse verfügbar waren, hat sich die Ernährungsweise in aller Welt geändert ... Eßgewohnheiten schaffen übrigens merkwürdige Abhängigkeiten. So beherrscht ›weicher‹ französischer Weizen den Markt in früheren französischen Kolonien. Amerikanisches Getreide und ... Mühlen sind marktbeherrschend in Ländern, die sich dem Anbau des aus Amerika stammenden sogenannten Wunderweizens verschrieben haben.« (L 29).

Andererseits sind in Zentralamerika und in der Karibik mehr als zwei Drittel der Kinder unterernährt und gleichzeitig wird die Hälfte der landwirtschaftlichen Nutzfläche dafür verwendet, Tomaten, Erdbeeren, Blumen und ähnliches für den nordamerikanischen Markt zu produzieren (L 86, S. 18). Auch auf den Philippinen, dem Land, das 93 Prozent des Weizens aus den USA importiert, waren schon in den siebziger Jahren 55 Prozent der landwirtschaftlichen Nutzfläche für Agrarexportprodukte belegt (Zucker, Kokosnüsse, Bananen, Kautschuk, Ananas, Kaffee und Kakao – das Exportgeschäft liegt zum großen Teil in den Händen der multinationalen Konzerne). Das Land hat zum Beispiel die Bananenproduktion dank Del Monte in 10 Jahren (1970–1980) fast verfünffacht – für den Export. Die pro Kopf verfügbaren Kalorien sind zwar in der gleichen Zeit auf 2315 gestiegen (L 116, S. 179, 248), dieses sagt aber über den Unterschied zwischen Arm und Reich nichts aus und bleibt immer noch unter der Grenze ausreichender Nahrung. Eine FAO-Studie von 1992 berichtet, daß 183 Millionen der 300 Millionen Lateinamerikaner in Armut leben. Davon werden 87,7 Millionen als »extrem arm« eingestuft, das heißt, sie haben weder Arbeit noch ein Dach über dem Kopf. Rund 60 Millionen, 52 Prozent davon sind Kinder unter 12 Jahren, leiden an Anämie (NL 173).

Gibt es einen Zusammenhang? Wenn weder die produzierenden Bauern noch die Konsumenten von den Überschüssen profitieren – wer dann?

Da ist zum Beispiel die Maschinenbauindustrie, die Landmaschinen herstellt, da sind Chemie-Konzerne, die Pflanzen- und Düngemittel erzeugen, mit Saatgut experimentieren und den Markt beherrschen, da gibt es die treibstoffverarbeitenden und -vertreibenden multinationalen Konzerne, und da sind die Nahrungsmittelindustrie und vor allem die Getreide-Händler.

Statistiken, die erwähnen, daß ein Bauer in den USA 59, in der EG 19,2 in Indien 4 und weltweit 5,1 Menschen ernährt (L 192, S. 9), vermitteln einen irreführenden Eindruck. Zur Produktion muß man auch die Verarbeitung und den Vertrieb hinzurechnen – Wirtschaftszweige, die in keinem anderen Land so eine große Rolle spielen wie in den USA: Vor 10 Jahren arbeiteten 30 Prozent aller Beschäftigten in der Nahrungsmittelbranche, dem größten Arbeitsbereich in den USA (L 137, S. 30).

Getreidefirmen bauen kein Getreide an, sie kaufen und verkaufen es. Das Risiko tragen die Farmer. 5 Getreidehandelsfirmen – Cargill, Continental Grain, Louis-Dreyfus, Bunge und André – kontrollieren fast den gesamten Getreidehandel der Welt. »Zwar sind die Ölmultis, die ›sieben Schwestern‹«, wie Dan Morgan in seiner Studie ›Merchants of Grain‹ meint, »bekannter als die 5 Getreidefamilien. Sie üben aber weniger Kontrolle aus.« Diese kontrollieren alles, vom Anbau über den Transport und das Mahlen bis hin zum Verbrauch. Und weil sie »die einzigen Gesprächspartner für große internationale Lieferungen sind, setzen die fünf praktisch die Preise fest.« (Zit. L 29)

Erst durch diese These wird verständlich, warum Rohstoffpreise, auch Preise für Agrarprodukte, die die Entwicklungsländer liefern, Jahr für Jahr fallen, Preise für die Agrarprodukte hingegen, die die Industriestaaten absetzen, kontinuierlich steigen.

Die größte Getreidefirma ist Cargill, die zweitgrößte Continental Grain, beide zusammen wickeln 50 Prozent des Getreidehandels ab. Cargill verfügte 1980 weltweit über 600 Silos mit einer Lagerkapazität von 9 Millionen Tonnen Getreide und besitzt außerdem die größte amerikanische Binnenflotte (L 192, S. 82 f.). Da alle 5 Firmen in Privatbesitz sind, ist es nicht leicht, an deren Bilanzen heranzukommen.

Der sechstgrößte Getreidehändler, Alfred Toepfer, ist eine deutsche Firma. Wie die anderen 5 ist Toepfer ein Familienbetrieb, fünftgrößtes Handelsunternehmen der Bundesrepublik (also weit vor Edeka, Karstadt, Quelle, Kaufhof) mit einem Jahresumsatz von 11,8 Milliarden Mark (1984). Dafür beschäftigt die Firma nur 600 Arbeitnehmer. (Der Elektromulti Siemens braucht für einen viermal höheren Umsatz 319 000 Beschäftigte, die größte Kaufhauskette, Karstadt, hat mit einem Jahresumsatz von 10,7 Milliarden 68 200 Arbeiter und Angestellte.) 75 Prozent des Umsatzes bestreitet die Firma Toepfer mit dem Auslandsgeschäft. Da mehr als 70 Prozent der Verkaufserlöse aus der Landwirtschaft aus tierischer Produktion stammen, wählen wir als Beispiel Futtermittel, woran Firmen wie Toepfer und Cargill maßgeblich beteiligt sind: Die EG hat 1982 fast 25 Millionen Tonnen Futtermittel aus den Entwicklungsländern importiert. 96 Prozent des Tapioka-Imports der Bundesrepublik zum Beispiel stammen aus Thailand, 84 Prozent des Sojaschrots aus Brasilien.

Das Land hat in den vergangenen 15 Jahren die Anbaufläche für Soja um das Fünfzehnfache vergrößert und die Produktion verzwanzigfacht. Sojabohnen stehen jetzt als Exportartikel an erster Stelle, noch vor Kaffee. Die Produktion von Maniok in Brasilien – den dort die Armen essen – ist im gleichen Zeitraum zurückgegangen (NL 337, S. 15).

Da aber Getreidehandelsfirmen, und nicht nur sie, nicht aus humanitären Gründen handeln und deshalb auch keine gerechte Verteilung anstreben, sondern ihre Waren dem verkaufen, der auch gut bezahlen kann, liegt die ungerechte Verteilung der verfügbaren Getreidemenge zwischen Arm und Reich zwangsläufig in der Logik des Geschäftemachens. Die Getreidemengen, die alljährlich weltweit in steigendem Maß produziert werden – laut FAO 1990 1,955 Milliarden Tonnen (NL 129, S. 67) –, reichten, wie erwähnt, aus, jeder Frau, jedem Mann und jedem Kind dieser Welt pro Tag 2600 Kalorien zuzuführen. Die Getreidefirmen verkaufen aber nur an diejenigen, die dafür zahlen können; also müssen die reichen Länder immer mehr Getreide konsumieren. »Diese kriminelle Mißverteilung der Weltnahrungsmittelvorräte«, schreibt Paul Harrison, »ist nur deshalb möglich, weil das Einkommen so ungleich verteilt ist.« (L 152, S. 222)

Die reichen Länder müssen im Durchschnitt fünfmal mehr konsumieren als die armen. »Westler, die sich den Kopf darüber zerbrechen, welchem Bevölkerungsdruck die Weltnahrungsmittelproduktion ausgesetzt ist, sollten daran denken, daß ihre Durchschnittsfamilie von 4 Angehörigen mehr Korn verbraucht als ein armes indisches Ehepaar mit 18 Kindern.« (L 152, S. 221) Es ist nicht möglich, so viel Getreide zu verzehren, deshalb wird es »veredelt«, unter anderem zu Fleisch.

Barnet teilt die Welt in eine Pyramide mit 4 Eßkulturen ein. Den untersten Rang bilden Wurzelesser (vorwiegend Afrikaner), dann kommen die Reisesser (vorwiegend Asiaten). Die Weizenesser gehören zur Mittelschicht (dank des Food-for-

Peace-Programms die Mittel- und Südamerikaner). An der Spitze stehen die Fleischesser, die in der Regel auch Weizenesser sind und in den reichen Ländern leben (L 29). Der Fleischkonsum in den Industriestaaten steigt ständig. »Und Fleisch frißt Menschen«, meint Harrison, »die Fleischfresser der westlichen Welt sind auch Kannibalen, Menschenfresser.« Zur Erklärung erwähnt er, daß »etwa ein Drittel der Kornvorräte an Getreidekörnern, zwei Drittel der Ölsamen, die Hälfte des Fischmehls und ein Drittel der Milcherzeugnisse an Vieh verfüttert werden« (L 152, S. 220).

Paradoxerweise kommen auch die Futtermittel zum Großteil aus den armen Ländern. Sojabohnen könnten zum Beispiel eine Lösung des Hungerproblems sein. Doch Brasilien hat, wie erwähnt, die Sojabohnenproduktion enorm gesteigert – aber für den Export als Futtermittel. Nicht nur Futtermittel, auch Fleisch liefern die Entwicklungsländer an die Reichen. Brasilien ist der drittgrößte Geflügelfleischexporteur der Welt. In Guatemala betreibt United Brands Co. Viehzucht, um die McDo-

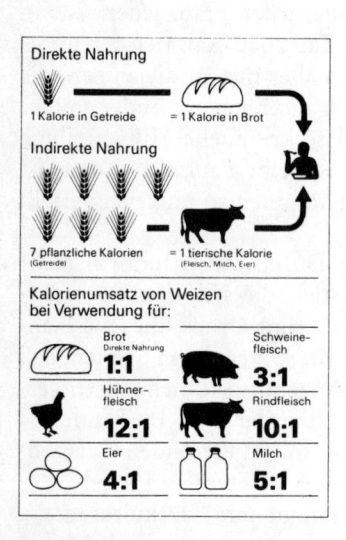

Getreideverschwendung durch Fleischproduktion

Strahm 1981 (L 283)

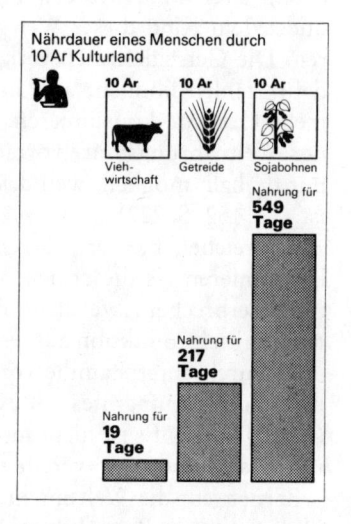

Die Zukunft liegt bei Soja und Getreide

Strahm 1981 (L 283)

nald's-Kette in den USA mit Rindfleisch zu versorgen. Und Indien exportiert Fleisch nach Saudi-Arabien.

Neben den Getreidehandelsfirmen nimmt die nahrungsmittelverarbeitende Industrie Einfluß auf die Eßgewohnheiten der Weltbevölkerung, insbesondere auf die Konsumenten der reichen Länder. Fertigprodukte beherrschen die Märkte der Industriestaaten. Bereits Anfang der achtziger Jahre ergab sich folgendes Bild: Beatrice Foods (Rang 35 der Fortune-Liste mit über 9 Milliarden Dollar Jahresumsatz), General Foods (Rang 39 mit über 8,3 Milliarden Jahresumsatz) oder auch Unilever (Rang 15 mit über 50 Milliarden Dollar Jahresumsatz) und Oetker (über 3,2 Milliarden Mark Jahresumsatz) diktieren zunehmend, was man zu essen hat. Die Folge davon ist, daß in den USA seit dem Zweiten Weltkrieg der Konsum von Milchprodukten um 21 Prozent, Obst um 25 Prozent, Gemüse um 23 Prozent zurückgegangen ist. Der Verkauf von süßem Gebäck nahm dagegen um 70 Prozent zu. 4 Lebensmittelkonzerne teilten sich um 1980 91 Prozent des Frühstücksmarktes in den USA (L 192, S. 130f.).

Die steigende Verwendung von Zucker und das Anwachsen des Süßwarenkonsums hat auch mit der Überproduktion von Zucker zu tun. In der EG zum Beispiel hatte Zucker 1980 schon 40 Prozent des Weltverbrauchs erreicht (laut Bundeslandwirtschaftsminister wären 25 Prozent genug). Die deutsche Süßwarenindustrie verarbeitete im Jahr rund 450 000 Tonnen Zucker, 250 000 Tonnen Milchprodukte und 25 000 Tonnen Butter. Dazu kamen 240 000 Tonnen Getreide, 150 000 Tonnen Kartoffeln und 150 Millionen Eier. Sie zählte damit zu den besten Kunden der deutschen Landwirtschaft (L 23), was sich bis heute nur verstärkt hat.

Die Gesundheitsschäden, die solche Nahrung mit sich bringt, steigern das Bruttosozialprodukt und den Umsatz von Pharmaund Agrochemiekonzernen, die auch an der Herstellung von Dünge- und Pflanzenschutzmitteln und Saatgut beteiligt sind. Die Chemiesektoren – Saatgut, Chemikalien, Medikamente – sind miteinander eng verbunden und erfordern hohe Forschungsinvestitionen. Nur wenige Großkonzerne sind in der Lage, sich den Luxus der Forschung leisten zu können. Sie sind ein exklusiver Kreis und marktbeherrschend.

Beispielsweise sollen die Schweizer Firmen Ciba-Geigy und Sandoz die Saatgut-Marktführer sein (L 215, S. 116). Unter den weltgrößten Industriekonzernen rangieren sie aber weit hinter den 3 deutschen Pharmafirmen Hoechst, BASF und Bayer, die 1982 zusammen über 100 Milliarden Mark umgesetzt haben (L 186).

Das Ziel solcher Chemie-Forschung ist es, die Farmer vom Saatgut abhängig zu machen, aus einer selbstbefruchtenden Pflanze wie Weizen eine Hybridpflanze zu entwickeln: So muß der Bauer sein Saatgut jedes Jahr neu kaufen (L 192, S. 60f.). Auch Mooney meint, daß »der größte Teil der Forschungs- und Entwicklungsanstrengungen meist in Marktanalysen und Produktwerbung« fließt, und nennt als weitere Ziele, »Pflanzensorten zu entwickeln, mit deren Hilfe die Chemiekalienverkäufe erhöht werden können« (L 215, S. 111, 126). Erhöhte Chemikalieneinsätze bringen möglicherweise höhere Produktion, aber auch Kosten und Folgeprobleme wie Boden- und Gesundheitsschäden mit sich. Anne-Marie Holenstein beschreibt am Beispiel eines Barfußbauern, welche Probleme durch die Verwendung eines Wunderreis-Saatguts samt Chemikalien entstehen können (L 164).

Um solche Schäden zu verhindern – und die Produktivität zu erhöhen –, muß man Maschinen und damit auch mehr Energie einsetzen. Das Kosten-Nutzen-Verhältnis sieht folgendermaßen aus: Von 1973 bis 1980 stiegen in der Bundesrepublik die Preise für Stickstoffdünger um 85 Prozent, für Kali um 70 Prozent, für Phosphor um 100 Prozent und für Volldünger um 85 bis 90 Prozent (auch die Dritte Welt bekommt es nicht billiger). Weltweit ist der Verbrauch von 1950 bis 1991 auf das Zehnfache – von 14 Millionen Tonnen auf 136 Millionen – gestiegen, die Getreideproduktion hat aber nur etwa eine dreifache Steigerung, von 631 Millionen auf 1,955 Millionen Tonnen, erreicht (NL 47, S. 41, 25).

Zwischen dem traditionellen philippinischen und dem amerikanischen Reisanbau besteht ein Ertragsverhältnis von 1 zu 4,7, das Verhältnis der eingesetzten Energie aber ist 1 zu 375 (L 145, S. 151). Ein Amerikaner verbraucht soviel Energie wie 2 Bundesdeutsche oder 60 Inder oder 1100 Ruandesen. Zudem ist der Erdölpreis bekanntlich seit 1973 um etwa 1000 Prozent gestiegen. Viele Entwicklungsländer, die in der Erwartung einer schnelleren Entwicklung Maschinen von den Industrienationen gekauft haben, geben für jede Mark Entwicklungshilfe 2 Mark für den Ölimport aus, wobei sie die Entwicklungshilfe früher oder später zurückzahlen müssen (L 82, Sp. 881; L 76, S. 48).

Neben dem hohen Energieverbrauch produziert der Maschineneinsatz Arbeitslose: Jeder Traktor ersetzt ungefähr drei Arbeiter in Chile, ungefähr 4 in Kolumbien und Guatemala, 65 Mähdrescher ersetzen 20000 Erntearbeiter im indischen Punjab (L 69, S. 47ff.; L 192, S. 35). Die zunehmende Zahl der Arbeitslosen verschlimmert die Situation und verstärkt die Angst der Reichen vor dem Bevölkerungswachstum der Armen. Die Angst, daß zu viele Arme dieser Welt den Reichen Nahrungsmittel wegnehmen, müßte eigentlich umgekehrt sein, da das reiche Viertel der Weltbevölkerung Dreiviertel der vorhande-

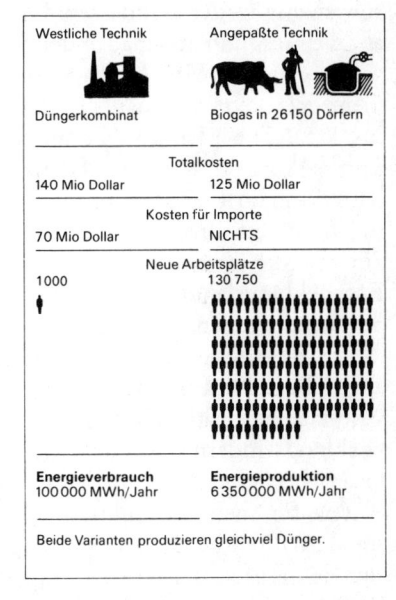

Westliche Technik	Angepaßte Technik
Düngerkombinat	Biogas in 26150 Dörfern
Totalkosten	
140 Mio Dollar	125 Mio Dollar
Kosten für Importe	
70 Mio Dollar	NICHTS
Neue Arbeitsplätze	
1000	130 750
Energieverbrauch	Energieproduktion
100 000 MWh/Jahr	6 350 000 MWh/Jahr

Beide Varianten produzieren gleichviel Dünger.

Die 2 Möglichkeiten der Düngerherstellung in Asien: mit westlicher Technik oder an die Umwelt angepaßt

Strahm 1981 (L 283)

nen Ressourcen verbraucht. Wenn alle Welt soviel Energie verschwenden würde wie die USA, wäre das ganze heute bekannte Energiereservoir auf der Welt in 11 Jahren verbraucht (L 87, S. 238).

Und die Überschüsse? Haben sie etwas mit dem Hunger in der Dritten Welt zu tun? Ein Großteil dieser Überschüsse werden, wie erwähnt, zu Fleisch »veredelt« für diejenigen, die es zahlen können, für die reichen Länder. 1990 wurden 38 Prozent der gesamten Getreideproduktion als Futtermittel verbraucht (NL 103, S. 96 f.). Die Weltfleischproduktion ist von 1950 bis 1991 von 46 Millionen Tonnen auf 173 Millionen und der Pro-Kopf-Verbrauch von 18 auf 32 Kilogramm angewachsen (NL 47, S. 29). An dem unterschiedlichen Konsum kann man auch die Machtverhältnisse ablesen. 1990 konsumierte jede Person in den USA 112 Kilogramm, in Frankreich 91, in der Bundesrepublik 89, in Thailand 8, in Indien 2 Kilogramm Fleisch (NL 347, S. 83).

Mit welchen Mafia-Methoden die Fleischproduzenten beispielsweise in der Bundesrepublik vorgehen – ohne Rücksicht auf die Gesundheitsschäden der Konsumenten und auf die Umwelt –, haben Wolf-Michael Eimler und Nina Kleinschmidt mehrmals sehr anschaulich dargestellt (NL 197; NL 116; NL 115). Die Mengen, die auf diese Weise nicht verbraucht werden können, werden auf dem Weltmarkt abgeladen. Die EG hat 1990 in Drittländer – also außerhalb der EG – Agrarprodukte für insgesamt über 31 Milliarden Mark verkauft (NL 17). Eine Summe, die etwa dreimal so hoch ist wie das, was die ärmsten Entwicklungsländer gemeinsam durch den Export – ohne Abzug der Schuldendienste – eingenommen haben (NL 85, Kol. 967).

Der Rest wird als Nahrungsmittelhilfe in die Dritte Welt abgegeben. Dies mindert zwar die Lagerkosten in den Industriestaaten, schadet aber den einheimischen Bauern in den Entwicklungsländern ungemein, weil sie mit billigen oder kostenlosen Waren nicht konkurrieren können. Dies nimmt ihnen den Anreiz für mehr Produktion. Mit sinkender Produktion entsteht ein Mehrbedarf an Nahrungsmittelhilfe usw. So schließt sich der Teufelskreis der Abhängigkeit. Entgegen dem landläufigen Glauben machen nur 18 Prozent der gesamten Nahrungsmittelhilfe Katastrophenhilfe aus, 24 Prozent sind für Projekte, 58 Prozent sind allgemeine Lieferungen (NL 103, S. 172 f.). Aus diesem Grund haben die nichtstaatlichen Organisationen (NGO) gemeinsam mit der Arbeitsgemeinschaft bäuerlicher Landwirtschaft (AbL) in einer Resolution von der Bundesregierung Deutschland gefordert, mit Ausnahme der Katastrophenhilfe die Nahrungsmittelhilfe einzustellen. Auch bei Katastrophen, so die Empfehlung, ist es ratsam, Nahrungsmittel von Nachbarländern zu kaufen und diese in die Katastrophenregion zu bringen. Allein unter dem Gesichtspunkt der unterschiedlichen Transportkosten ist dieser Vorschlag sinnvoll (NL 218).

Viel verhängnisvoller ist aber, daß Cash-crops in den Entwicklungsländern ganz nach dem Muster der westlichen Industriestaaten gestaltet wird. Aus welchem Grund auch immer – entweder aus Eigennutz der Eliten, also durch Machtmißbrauch, oder in der Illusion des »komparativen Preisvorteils« – wenn sie sich einmal darauf eingelassen haben, geraten sie immer mehr in ausweglose Abhängigkeit. Je mehr der Preis fällt, desto mehr geraten sie in Schulden. Um der Rückzahlungsverpflichtung nachzukommen, müssen sie mehr exportieren, der Verlust muß wieder wettgemacht werden.

So entsteht eine makabere Situation wie 1985: Als in der EG mit Hilfe der Medien eine große Hilfsaktion für die Hungerkatastrophe in Afrika angelaufen war, wurde bekannt, daß das vom Hunger am meisten betroffene Land, nämlich Äthiopien, jede Woche rund 5 Tonnen Obst und Gemüse per Luftweg nach London lieferte (NL 68). Oder im Hungerjahr 1984: Damals hat es, wie erwähnt, eine Rekordernte von Baumwolle in 5 Sahel-Staaten gegeben.

Es besteht kein Zweifel, daß es einen Zusammenhang zwischen Überschuß und Hunger gibt. Alle unabhängigen Institutionen und Fachleute, die sich mit diesem Thema beschäftigen, haben dies unmißverständlich zum Ausdruck gebracht. Allein die Titel vieler Bücher wie ›The Hunger Machine‹, ›Zapping the Third World‹, ›Cultivating Hunger‹, ›Die Abschaffung der Bauern‹ oder ›The Trade Trap‹ machen diese kausale Beziehung deutlich (vgl. NL 63; NL 213; NL 23; NL 179; NL 345; NL 51). Die ›Süddeutsche Zeitung‹ schrieb 1986 über die OECD – eine Organisation, die wohl kaum im Verdacht steht, linksgerichtete Thesen zu vertreten: »In einem alarmierend klingenden Bericht warnt die OECD vor den Fehlentwicklungen, die sich in den verschiedenen landwirtschaftlichen Bereichen der 24 Mitgliedsländer durch Überproduktion und Absatzengpässe immer mehr ausdehnen. Die globalen strukturellen Ungleichgewichte, die bei allen großen Agrarproduktionen vorherrschen, haben sich nach einer Untersuchung der Organisation von Jahr zu Jahr vergrößert und ein bedrohliches Maß angenommen.« (NL 106)

Was tun?

1. Man muß mit der Heuchelei aufhören: Bei uns wird im Agrarsektor der Markt außer Kraft gesetzt, in der Dritten Welt aber mit aller Macht erzwungen. Mindestens in 10 Entwicklungsländern gab es eine »Brot-Revolution« nach gewaltsamer Durchsetzung des SAP, das vom IWF verordnet wurde. (Nachdem der Staat die Nahrungsmittel nicht mehr subventionieren durfte. In den westlichen Industriestaaten wurde dies aber weiterhin und reichlich getan.)

2. Man muß Abschied nehmen von der empirisch widerlegten Vorstellung, daß man durch Überproduktion Nahrungssicherheit erzielen kann (NL 345, S. 130 ff.).

3. Man muß Abschied nehmen von dem Prinzip, Nahrungssicherheit durch Geldverdienen erreichen zu wollen. Es arbeitet nach dem Motto: »Warum einfach, wenn es kompliziert auch geht.«

Auch in der Bundesrepublik gibt es Untersuchungen, nach denen – wenn man Massentierhaltung und Futtermittelimporte verbietet und zur bedarfsgerechten Produktion sowie zum biologischen Anbau übergeht – 1,4 Millionen neue Arbeitsplätze geschaffen werden können (NL 249). Nebenbei würden ökologische Zerstörung gestoppt, Subventionen entbehrlich werden und gesunde Nahrungsmittel zu billigeren Preisen zu haben sein. Für eine grundsätzliche Umorientierung hat sich das Agrarbündnis ausgesprochen – der Umwelt und Gesundheit zuliebe. Stickstoffdüngung hat um das Fünffache, und Pestizideinsatz hat seit 1950 um das Dreifache in der Bundesrepublik zugenommen (NL 3). Auch Klaus Töpfer, der Umweltminister, plädiert dafür mit dem Argument, daß eine Umstellung auf ökologischen Landbau nicht nur die Umwelt schont, sondern auch finanzielle Vorteile für die Landwirte bringt (NL 226; vgl. auch NL 67).

Die unabhängige britische Entwicklungsorganisation Oxfam

nennt ihre Studie über Nahrungsmittel, Macht und Armut sehr treffend ›Cultivating Hunger‹ (NL 311). Wenn man den Hunger nicht wie bisher kultivieren, sondern bekämpfen will, so schlägt die Studie vor, müsse man mindestens an 5 Faktoren Korrekturen vornehmen: Verschuldung, Hilfe, Handel, Agrarpolitik des Nordens und Rüstung.

Da aber alles mit allem zusammenhängt, und es daher keine Veränderungen in den Entwicklungsländern geben kann ohne eine Änderung in den westlichen Industrienationen, da die Bauern sterben, die Natur vernichtet wird, mögen die Vorschläge für die Agrarpolitik des Nordens von James Wessel und Mort Hantman mehr Beachtung finden: Das Verhältnis zwischen Produktionskosten und Erzeugerpreis muß stimmen, neue Kriterien der Produktion müssen angelegt werden (ökologische Gesichtspunkte gegenüber Steigerung der Produktion), eine Obergrenze für Landbesitz ist festzulegen, aggressive Verkaufsstrategien sind einzustellen, übermäßige Gewinne mittels Preismanipulationen der Multis sind durch internationale Überwachungsorganisationen zu kontrollieren und einzuschränken. Vor allem die Demokratie verliert ihren Wert, so die Autoren, wenn immer weniger Menschen die Entscheidungen treffen werden, von denen das Wohlergehen der Bevölkerung abhängt. Demokratie beinhaltet ein Mitspracherecht auch bei Fragen der Wirtschaft, die für den individuellen Lebensunterhalt und den öffentlichen Wohlstand entscheidend sind (NL 337, S. 178 ff.). Die Verwirklichung dieser Vorschläge würde eine Reform und mehr Demokratie bedeuten und helfen, den Hunger in der Welt tatsächlich zu bekämpfen.

Die Industrie- und Kostenabhängigkeit ruiniert den Bauern, nötigt den Verbraucher, Eßgewohnheiten zu ändern, produziert Hunger in der Dritten Welt. »Wenn wir einen gerechten Preis in unserem Land bekommen können«, sagte ein junger US-Farmer in dem Film ›Septemberweizen‹, »dann müssen wir keine Farmer in anderen Ländern kaputtmachen.« (L 192, S. 37) Diese einfache und zutreffende Erkenntnis scheint bei den maßgebenden internationalen Institutionen noch nicht durchgedrungen zu sein.

Der Welthandel und die Werkzeuge der Macht

> »Nur die kein Pfündlein haben
> Was machen denn dann die?
> Die lassen sich wohl begraben,
> Und es geht ohne sie?
> Nein, nein, wenn sie nicht wären,
> Dann gäbs ja gar kein Pfund,
> Denn ohne ihre Schwielen und Schwären
> Macht keiner sich gesund.«
>
> Bertolt Brecht: Dreigroschenroman

Der Handel im allgemeinen und der Welthandel im besonderen sind nicht per se schlecht. Wie erwähnt, existierte der Welthandel schon fast 7000 Jahre, bevor die industrielle Revolution begann. Und der Welthandel ist nicht allein an der gegenwärtigen Misere der Entwicklungsländer schuld. Im Gegensatz zu den Modetheoretikern, die jetzt aus »humanitären Gründen« eine Intervention von außen befürworten und in den siebziger Jahren für eine Abkoppelung waren, habe ich nicht dafür plädiert. Die Gründe dafür sind:

1. Über Jahrhunderte – auch durch den Kolonialismus – langsam gewachsene Beziehungsgeflechte Nord-Süd kann man nicht abrupt abbrechen, weil es international gültige, rechtsverbindliche Verträge gibt, die man mit der Abkoppelung nicht abschütteln kann.

2. Wenn man dennoch den Schritt wagt, können die Völker des Südens sich vom Norden befreien, die korrupte, autoritäre und auf Eigennutz bedachte Regierung verjagen und eine selbstbestimmte, demokratische Entwicklung einleiten – so das Wunschdenken der Modetheoretiker. Zu einer solchen Entwicklung kommt es nicht zwangsläufig. Die Abkoppelung garantiert weder eine bessere Regierung noch mehr Unabhängigkeit von außen.

Deshalb sind meine Schlußfolgerungen nicht die Abkoppelung, sondern

1. Veränderungen der Beziehungsbedingungen, und damit

2. Veränderungen der Vorstellung vom Norden, auf welchem Weg, mit welchem Ziel die Länder des Südens sich zu entwickeln und welche Form der Demokratie sie zu wählen haben.

Also nicht der Welthandel an sich, sondern Voraussetzungen, Bedingungen und der Stellenwert des Handels sind dringend änderungsbedürftig. Ob sich ein Land am Außenhandel beteiligt, kann es anhand von 3 Fragen entscheiden, die Klaus Rose stellte (L 251, S. 13):

    1. Welche Güter sollen ausgetauscht werden? (Stimmen Bedarf und Überschuß überein?)

    2. Welche Faktoren bestimmen das reale Austauschverhältnis (terms of trade)?

    3. Wie beeinflußt der Außenhandel die Wohlfahrt der Individuen, der Länder oder der ganzen Welt?

Wenn die Antworten auf diese 3 Fragen positiv ausfallen, dann lohnt es sich für ein Land, Außenhandel zu betreiben.

Diese Entscheidungsfreiheit hatten die Entwicklungsländer, als sie politisch unabhängig wurden, nicht. Ein Großteil dieser Länder war schon als Kolonie in den Welthandel eingebunden – unfreiwillig als Rohstofflieferant. »Die Entwicklungsländer sind im Welthandel die Zweitankömmlinge und damit durch viele Hindernisse benachteiligt. Die westlichen Industrieländer haben die Welthandelsstrukturen auf ihre eigenen Interessen zugeschnitten«, meint Strahm. »Viele Entwicklungsländer sind immer noch stark vom Export von Rohstoffen ... abhängig. Rohstoffe unterliegen auf dem freien Markt der Spekulation und großen Preisschwankungen zum Nachteil der Produzenten.« (NL 301, S. 113)

An den Spekulationen sind nur Menschen der Industriestaaten beteiligt, die daran riesige Summen gewinnen – oder manchmal auch verlieren. Wenn man die Spielregeln beherrscht, kann man sowohl beim Preisanstieg als auch beim Verfall Geld »verdienen«. Wie das geht, hat Strahm mit einer Grafik veranschaulicht (NL 301, S. 118 f.). Da aber an Terminbörsen mit hohen Summen und in Devisen gehandelt wird, haben dort die Entwicklungsländer nichts zu melden.

Besondere Aufmerksamkeit verdienen in diesem Zusammenhang UNCTAD und GATT.

Wenn die Entwicklungsländer schon früher keine Entscheidungsfreiheit hatten, ob und welche Waren sie austauschen können, haben sie diese heute noch weniger. Sie sind mit Krediten, Schulden, »Hilfsgeldern«, neuen Projekten und immer schlechter werdenden Austauschverhältnissen (terms of trade) so sehr eingebunden, daß sie kaum mehr einen Handlungsspielraum haben. Bezeichnend dafür ist die Entwicklung der UNCTAD (United Nations Conference on Trade and Development), eine Institution, die in den sechziger Jahren geschaffen wurde, weil die Entwicklungsländer mit der GATT (General Agreement on Trade and Tariffs, das allgemeine Zoll- und Handelsabkommen) unzufrieden waren. Die Entwicklungsländer waren der Meinung, daß GATT dem Interesse der Industriestaaten dient (NL 65, S. 47). UNCTAD wurde als ein permanentes Dialoggremium gegründet, um Differenzen zwischen Nord und Süd über Handel und Entwicklung auszugleichen. An der Gründung von UNCTAD hatte die Gruppe der 77 (die offiziell 1967 in Algier etabliert wurde, seit 1982 125 Entwicklungsländer umfaßt) einen wesentlichen Anteil. Die UNCTAD hatte zwar nie eine Entscheidungsmacht, da aber die Beschlüsse der UNCTAD – die eher Willenserklärungen waren – auch in offiziellen Verlautbarungen der Industriestaaten häufig berücksichtigt oder auch aufgenommen wurden, bekam sie und die Gruppe der 77 ein gewisses Gewicht in Verhandlungen.

Die erste Konferenz fand 1964 in Genf und die bislang letzte (UNCTAD VIII) 1992 in Cartagena de Indias (Kolumbien) statt. Daß die achtziger Jahre ein verlorenes Jahrzehnt für die Entwicklungsländer waren, merkt man unter anderem an dem Bedeutungsverlust der UNCTAD und der Gruppe der 77. Stattdessen beherrscht die Diskussion wieder die Uruguay-Runde der GATT. Und die Neue Weltwirtschaftsordnung (NWWO), die von der UNCTAD und den Entwicklungsländern nachdrücklich gefordert, von der UN-Generalversammlung am 1. Mai 1974 sogar beschlossen wurde, spielt keine Rolle mehr. Die NWWO war als ein Stabilisierungsinstrument gegen den Verfall der Rohstoffpreise gedacht gewesen (vgl. hierzu NL 301, S. 194 ff.).

Seit Beginn der achten, bislang letzten GATT-Konferenz im September 1986 in Punta del Este (Uruguay) ist offensichtlich, daß die Entwicklungsländer keinen Einfluß mehr haben. Der Grund dafür, warum diese Runde noch nicht abgeschlossen werden konnte, ist nicht etwa ein Konflikt zwischen Industrie- und Entwicklungsländern, sondern Interessenkonflikte zwischen der EG und den USA, den USA und Japan, Japan und der EG, und zwar darüber, wer wieviel subventionieren darf beziehungsweise welche einheimischen Waren geschützt werden dürfen.

Die erste GATT-Runde fand 1947 in Genf statt. Daran nahmen 23 Länder teil, und verhandelt wurde über ein Handelsvolumen von 10 Milliarden Dollar. An der jetzigen Runde nehmen 105 Länder teil, verhandelt wird nicht nur über Handel und Protektionismus, sondern auch über geistige Urheber- (Patent-)rechte, über Dienstleistungen (Umfang etwa 560 Milliarden Dollar 1988). Die Verhandlungsobjekte haben ein Volumen von über 2000 Milliarden Dollar (NL 65, S. 104 ff.).

Die GATT-Runde läuft voll im Interesse der Industriestaaten. Wenn diese Runde zu Ende gebracht wird, wird die Position der Entwicklungsländer noch mehr geschwächt, die Umwelt und die Nahrungsmittelsicherheit dieser Staaten noch mehr gefährdet sein. Dies prognostizieren alle Kritiker, die sich mit dieser Runde auseinandersetzen (vgl. NL 65, S. 114 ff.; NL 52, S. 140 ff.; NL 282, S. 101 ff.). GATT ist undemokratisch und dient dem Interesse der Mächtigen, so Belinda Coote. Deshalb sollte der Vorschlag der Entwicklungsländer verwirklicht werden: Es soll eine neue Organisation ITO (International Trade Organization) gegründet werden, die GATT und UNCTAD ersetzt. Der Vorschlag hat wohl keine Chance, da die EG mit einem Gegenvorschlag (MTO: Multilateral Trade Organization, eine Art Super-GATT) gekommen ist (NL 65, S. 120).

Ob die Industriestaaten tatsächlich davon überzeugt sind, was sie seit 40 Jahren den Entwicklungsländern suggerieren, daß Entwicklung nur durch ein stetiges Wachstum und dieses Wachstum durch den Handel zu erreichen sei, ist schwer herauszufinden. Ebenso schwierig ist festzustellen, warum die Führungen der Entwicklungsländer noch immer nach dieser Maxime handeln. Vielleicht ist es bei beiden Eigennutz, Profitgier, Machterhaltungstrieb oder aber wirklich Überzeugung.

Um dies herauszufinden, müßte man eine großangelegte Motivforschung betreiben. Da diese nicht vorliegt, sind alle Überlegungen Spekulationen. Festgehalten werden kann zum Beispiel der Widerspruch zwischen dem, was die Industriestaaten verkünden, und dem, wie sie handeln, sowie zu den Ergebnissen des langandauernden Versuchs »Entwicklung durch Wachstum, Wachstum durch Handel«. Ein Ziel dieser Entwicklung war, die Kluft zwischen Arm und Reich zu verringern. Die Ergebnisse der letzten 30 Jahre sprechen entschieden dagegen, daß diese Annahme richtig war.

Aber das erschreckende Bild zeigt nicht die ganze Wahrheit. Nach einem Bericht der IFAD (International Fund for Agrarian Development, eine Unterorganisation der UNO) hat die Zahl der Armen auf dem Land in den letzten 20 Jahren um 40 Prozent zugenommen. Betroffen sind mehr als eine Milliarde Menschen in 114 Entwicklungsländern. Fast die Hälfte der Bevölkerung in Lateinamerika lebt unterhalb der Armutsgrenze (NL 16). Es ist zwar offensichtlich und mittlerweile unbestritten, daß es ohne eine Umverteilung und ohne Partizipation des Volkes keine wie auch immer geartete Entwicklung geben kann. Für die Armen ist nicht einzusehen, warum sie, wenn sie durch die Produktion für den Markt immer ärmer werden, weiterhin für diesen produzieren sollen. Warum nicht umgekehrt: Erst den Eigenbedarf decken, dann den Überschuß verkaufen?

Obgleich gerade die Entwicklungsländer, die bisher auf schnelle Industrialisierung und Steigerung des Außenhandels gesetzt haben, zur Zeit besondere Not leiden, gehen die Entwicklungsstrategen immer noch davon aus, daß Außenhandel und Industrialisierung Voraussetzungen für die Entwicklung eines Landes seien. Bezeichnenderweise erscheint der Handel unter den Kategorien »Maßnahmen« an erster Stelle der internationalen Entwicklungsstrategie der Vereinten Nationen. Darin heißt es: »Alle Länder verpflichten sich zu einem offenen, expandierenden Handelssystem, zur weiteren Liberalisierung des Handels und zur Förderung von Strukturanpassungen, die die Dynamik des komparativen Vorteils unterstützen.« (L 65, S. 11)

Der Welthandel wird nach dem Belieben der Industriestaaten gestaltet. »Freier Handel« ist ein Begriff, den die westlichen

Industriestaaten sehr häufig gebrauchen. »Trade, not aid«, sagte US-Präsident Reagan vor dem Weltwirtschaftsgipfel, der im Oktober 1981 in Mexiko stattfand, gemeint war wieder »Entwicklung durch freien Handel«. Nur, wenn ein Handel zwischen einem Multimillionär und einem bankrotten Straßenverkäufer stattfindet, wer hat die Freiheit zu bestimmen, unter welchen Bedingungen der Handel getrieben wird? Das Prinzip, nach dem die Industriestaaten mit den Entwicklungsländern Handel treiben, heißt: »Heads-I-win-tails-you-lose«, wie der indische Journalist Sabay meint (L 2).

Die Macht – im Sinne der Verfügungsgewalt, die Bedingungen des Handels zu bestimmen – hat der, der den Handelspartner zwingen kann, welche Ware zu welchem Preis, in welcher Menge abgeliefert werden darf und umgekehrt, welche Ware zu welchem Preis, in welcher Menge der Abhängige abzunehmen hat. Das Abhängigkeitsverhältnis besteht zweifellos in beiden Richtungen. Wer aber die Macht hat, kann dies Verhältnis zu seinen Gunsten verändern. Das Prinzip derer, die diese Macht haben, heißt, nur das kaufen, worauf man angewiesen ist (Rohstoffe, Nahrungs-, insbesondere Genußmittel), alle Konkurrenzprodukte sich möglichst vom Hals halten, aber verkaufen, was sich verkaufen läßt, auch solche Waren, die man woanders nicht absetzen kann: schlechten, minderwertigen, mitunter auch verdorbenen Weizen, Medikamente, die im eigenen Land nicht zugelassen sind, Pestizide, die nachweislich gesundheitsschädlich sind, und Waffen, jede Menge Waffen.

In den achtziger Jahren wurde weltweit mehr Geld für Waffen als für Getreideimporte ausgegeben. Es ist ein Irrtum zu glauben, daß sich das Verhältnis nach der Auflösung des Ostblocks geändert hat. Auch 1990 und 1991 war es so (NL 47, S. 104 f.). Es werden reichlich Waffen in die Dritte Welt exportiert. Unter den größten Waffenexporteuren in die Dritte Welt steht die Bundesrepublik an 6. Stelle. Die Reihenfolge lautet: 1. die ehemalige UdSSR, 2. die USA, 3. Frankreich, 4. Großbritannien, 5. VR China, 6. Deutschland (NL 324). Bezeichnenderweise enthält das SAP (Strukturanpassungsprogramm), das der IWF jedem überschuldeten Entwicklungsland verordnet, keine Klausel, die dem Land verbietet, Waffen aus dem Ausland zu kaufen.

Wer verdient was auf wessen Kosten? Einerseits verlieren die rohstoffliefernden Entwicklungsländer ständig durch den Preisverfall, andererseits kassieren Handelsmonopole, Banken, Mittelsmänner und Groß- und Kleinhändler der Industriestaaten den Löwenanteil von dem wenigen Geld. So wie weltweit 6 Konzerne den Getreidehandel monopolisiert haben, so beherrschen 3 Konzerne den Bananenhandel zu 63 Prozent, 2 Konzerne den Kakaohandel zu 75 Prozent, 6 Konzerne den Baumwollhandel zu 85 Prozent (NL 301, S. 126f.; NL 49, S. 71).

Michael Barratt Brown (NL 49, S. 65ff.) zeichnete eine Kette von der Produktion bis zum Verkauf eines Agrarprodukts im Laden eines Industriestaats und hielt gleichzeitig in jedem Schritt fest, wer auf welcher Stufe was verdient. Die Kette sieht so aus:

Im Erzeugerland: Produktion → Technische Beratung → Verarbeitung und Lagerung → Finanzierung → Haltbarmachung und Verpackung → Transport → (Innen- und Außen-) Markt → Export.

Außerhalb des Landes: Verschiffung und Versicherung → Import, Überprüfung und Dokumentation → Handel → Finanzierung (Kreditgarantie) → Buchung → Manufakturierung → Großhandel → Werbung und Promotion → Verteilung/Transport → Kleinhandel.

Sicher ist, daß nur beim ersten Schritt, bei der Produktion, das Erzeugerland allein beteiligt ist. Im weiteren kann es zwar vorkommen, daß im eigenen Land einheimische Lagerstätten, Transportunternehmen, Staatsbanken zusammenarbeiten und mitverdienen, in der Regel sind aber bereits diese Stufen fest in ausländischer Hand. Auf der zweiten Stufe, außerhalb des Landes, hat das Erzeugerland sowieso nichts zu melden. Pro Mark, die man für ein solches Produkt im Laden ausgibt, bleiben für das Erzeugerland im Durchschnitt etwa 15 Pfennige. Davon erhält der Bauer oder die Bäuerin 1 bis 2 Pfennige.

Anzumerken bleibt, daß 48 von insgesamt 52 Staaten Afrikas, des ärmsten Kontinents, für den Export zu 75 Prozent und mehr auf Rohstoffe angewiesen sind (NL 48, S. 22). Der Haupthandelspartner von Afrika ist die EG mit einem Anteil von 49 Prozent des Imports und 56 Prozent des Exports (NL 48, S. 26). Wenn es um Geld geht, verstehen die reichen

Länder »gute Geschäfte« zu machen. Nach einer Weltbank-Studie haben Frankreich, Großbritannien, Portugal und Spanien ihre früheren afrikanischen Kolonien – durch überhöhte Preise – kräftig ausgebeutet. In 26 Jahren haben die Franzosen bis 1987 im Durschschnitt 26 Prozent, die Briten 20 Prozent mehr als den marktüblichen Preis genommen. Bei den ehemaligen französischen Kolonien entstand dadurch ein Verlust von 2 Milliarden Dollar; das ist soviel, wie 12 afrikanische Länder 1987 insgesamt langfristige Auslandsschulden hatten (NL 2).
So sehr die Industriestaaten den Entwicklungsländern unentwegt die Handelsliberalisierung anpreisen, notfalls mit Hilfe des IWF auch brutal durchsetzen, so sehr schützen sie sich und ihre eigenen Märkte einerseits durch Subventionen und andererseits durch tarifliche und nicht-tarifliche Maßnahmen. Man predigt anderen Wasser und trinkt selbst Wein. Im letzten Kapitel wurde dieser Widerspruch anhand der Agrarsubventionen in den Industriestaaten und des Verbots derselben in den Entwicklungsländern durch den IWF dargestellt. 1989 haben die 24 OECD-Staaten die eigene Landwirtschaft mit etwa 500 Milliarden Mark subventioniert. Eine gewaltige Summe, mit der man alle hungrigen Menschen dieser Welt ein Jahr lang mit Nahrungsmitteln versorgen könnte (NL 65, S. 31).
Was tarifliche Hemmnisse sind, weiß jedes Schulkind. Je mehr ein Rohstoff verarbeitet ist, desto mehr Tarif (Zoll) muß das exportierende dem importierenden Land zahlen. Dies steht völlig im Widerspruch zu der Liberalisierungsmaxime. Einerseits werden die Entwicklungsländer zu mehr Selbständigkeit, Industrialisierung usw. ermuntert, und deshalb verkaufen die Industriestaaten so gerne die Maschinen dafür. Halten sich die Entwicklungsländer aber an den Rat, blocken die Importeure die Waren mit Staffeltarifen ab. Diese Staffeltarife sind in der EG, Japan und den USA nicht gleich. Für Rohkaffee zum Beispiel verlangt die EG 9 Prozent, Japan und die USA keinen Zoll, auf gerösteten Kaffee schlägt die EG 16,5 Prozent, Japan 20 Prozent auf, die USA nichts. Auf Kaffeeextrakt sind die entsprechenden Tarife: EG 18 Prozent, Japan 20,5 Prozent, USA 0 Prozent. Beim Rohtabak: EG 30 Prozent, Japan 0 Prozent, USA 15,9 Prozent; verarbeiteter Tabak: EG 81 Prozent, Japan 68,9 Prozent, USA 16,8 Prozent (NL 65, S. 94).

Zu den nicht-tariftliche Maßnahmen zählen Vorschriften für Sicherheit, Normen für Verpackungen, Etiketten und Gewichte, die von Importgebiet zu Importgebiet unterschiedlich sind. Die Entwicklungsländer sind häufig nicht in der Lage, die Vielzahl der verschiedenen Anforderungen zu erfüllen. Daneben gibt es freiwillige Einschränkungen, Kontingentierungen (der Lieferant darf eine bestimmte Menge einer Ware nicht überschreiten) und vielerlei Abkommen wie Multifaser (für Textil), AKP-Abkommen, also mit den Ländern in Afrika, in der Karibik und im pazifischen Raum, und anderes (NL 65, S. 96 ff.). Mit manchen Abkommen wird eine bestimmte Ländergruppe begünstigt auf Kosten anderer Länder. Das jüngste Beispiel ist, wie erwähnt, die Kontingentierung des Bananenimports aus Lateinamerika. Dies geschieht zugunsten der AKP-Länder (dazu gehören 69 afrikanische, karibische und pazifische Länder). Nach dem AKP-Abkommen von 1990, das 10 Jahre gilt, sollen die armen AKP-Länder von der EG bevorzugt behandelt werden – im Interesse der ehemaligen Kolonialherren, vor allem Frankreichs. So gut dieses Abkommen für die AKP-Länder ist (die Transferleistungen werden mit EG-Krediten abgesichert), es wird damit, wie erwähnt, ein Problem mit Folgen produziert. In Ecuador werden durch diese Maßnahme etwa 50 000 Plantagenarbeiter überflüssig; von diesen hängen weitere 200 000 Menschen als Familienmitglieder ab. Teilweise wurde armen Kleinbauern mit EG-Krediten dazu verholfen, Bananenplantagen anzulegen. Es sei naheliegend, so der ecuadorianische Botschafter in einem Fernsehinterview, wenn die arbeitslosen Plantagenarbeiter jetzt zum Drogenanbau übergehen.

Bis 1982 hat GATT etwa 600 nicht-tarifliche Hemmnisse gezählt. Die Zählung wurde nicht fortgesetzt, weil diese Hemmnisse immer komplizierter und raffinierter wurden. Sie haben kontinuierlich zugenommen. Im Gegensatz zu den tariflichen Hürden, die offensichtlich, fest und kalkulierbar sind, sind die nicht-tariflichen undurchsichtig und unkalkulierbar (NL 65, S. 102). Die Gründe, warum die Entwicklungsländer weiterhin Rohstoffe an die Industriestaaten liefern müssen, haben mit der Verschuldungskrise und der sogenannten Entwicklungshilfe zu tun. Elmar Altvater hat am Beispiel des reichen und höchst verschuldeten Landes Brasilien gezeigt, wie sich der Weltmarkt auswirkt und zum Sachzwang geraten kann (NL 9, insbesondere S. 94ff.).

Der Widerspruch zwischen dem Ruf nach Liberalisierung und dem selbstpraktizierten Protektionismus funktioniert nur, weil die Positionen des Beherrschenden und des Beherrschten klar abgegrenzt sind. Dieses Spiel läßt sich mit Hilfe eines Auszugs aus ›Der Belagerungszustand‹ von Albert Camus verdeutlichen. An einer Stelle im zweiten Teil fragt Nada, der Zerstörer und Herrscher:

»Was ist dir lieber? Der Artikel 208 des 62. Kapitels des 16. für das 5. Generalreglement erlassenen Zirkulars oder der Abschnitt 27 des Artikels 207 des 15. für das Privatreglement erlassenen Zirkulars?«

Der Mann: »Ich kenne sie beide nicht.«

Nada: »Natürlich nicht! Sowenig wie ich. Aber da wir uns entscheiden müssen, werden wir dir alle beide zubilligen.«

Der Mann: »Das ist schön, Nada, ich danke dir.«

Nada: »Nichts zu danken. Denn es scheint, daß der eine dieser Artikel dir das Recht verleiht, einen Laden zu eröffnen, während der andere dir das Recht abspricht, etwas darin zu verkaufen!« (NL 56a, S. 154)

Da die Industriestaaten es verstanden haben, Importe von verarbeiteten oder industriellen Produkten aus den Ländern der Dritten Welt durch oben erwähnte Maßnahmen erfolgreich abzublocken, müssen diese Länder versuchen, durch mehr Produktion im Rohstoffbereich das fehlende Geld aufzutreiben, um ihren Zahlungsverpflichtungen nachzukommen. Je mehr sie Rohstoffe produzieren und anbieten, desto mehr sinkt der Preis, da die Nachfrage nicht entsprechend steigt. Im übrigen nimmt die Bedeutung der Rohstoffe auf dem Weltmarkt ohnehin durch Einsparungen, Recycling und synthetischen Ersatz ab: Der Anteil der Rohstoffe an allen Exporten betrug 1980 43 Prozent, 1990 nur noch 26 Prozent (NL 103, S. 122f.). Ob die Preise steigen oder fallen, hängt zusätzlich davon ab, wer der Lieferant ist. Hersteller von Industrieprodukten in den Industriestaaten erhöhen die Preise bei Absatzschwierigkeiten, um die Verluste wettzumachen (dafür sind zum Beispiel die Autohersteller bekannt). Dies können die Rohstoffproduzenten nicht. Die Folgen sind Preisverfall, sinkende Weltmarktanteile

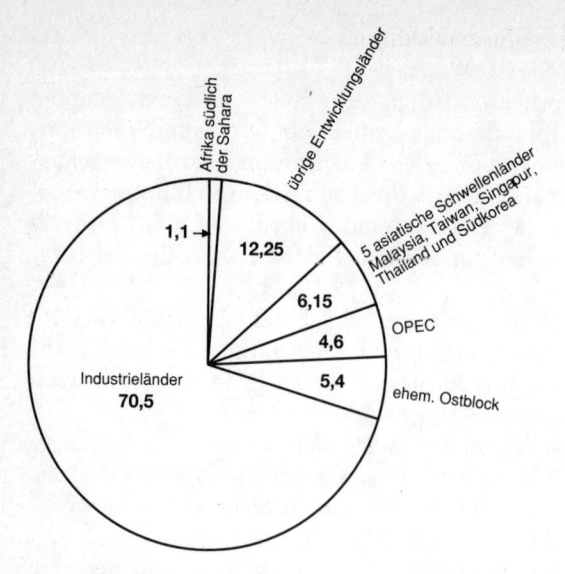

Pie chart:
- Industrieländer: 70,5
- Afrika südlich der Sahara: 1,1
- übrige Entwicklungsländer: 12,25
- 5 asiatische Schwellenländer Malaysia, Taiwan, Singapur, Thailand und Südkorea: 6,15
- OPEC: 4,6
- ehem. Ostblock: 5,4

Anteile am Welthandel 1991; Gesamtwert: 3524,75 Milliarden Dollar

Nach Fischer Weltalmanach 1993

und die Verschlechterung des Tauschverhältnisses (terms of trade).

Von 1963 bis 1991 ist der Weltmarkt von 154,7 Milliarden auf 3524,750 Milliarden Dollar, nominal um das Zwanzig-, real um das Achtfache angestiegen. 1950 hatten die Entwicklungsländer einen Anteil von 31 Prozent am Weltmarkt (davon hatten die ölexportierenden Länder einen Anteil unter 3 Prozent). 1991 ist der Anteil, wenn man die OPEC und die 5 asiatischen Länder herausnimmt, auf etwa ein Drittel gesunken (siehe Grafik).

Das Tauschverhältnis ist für die Entwicklungsländer heute schlechter als in der Kolonialzeit (siehe auch die Grafik Kaffee-Lokomotive im Tansania-Abschnitt).

Verschuldung und Entwicklung

> »Woran arbeiten Sie«, wurde Herr K. befragt.
> Herr K. antwortete: »Ich habe viel
> Mühe, ich bereite meinen nächsten Irrtum
> vor.«
>
> Bertolt Brecht

Die Geschichte der Entwicklungspolitik der westlichen Industriestaaten ist die Geschichte einer nicht endenwollenden Kette von Irrtümern. Manchmal ist es nur Kurzsichtigkeit aus Eigennutz, manchmal ist es eine falsche Annahme oder Überzeugung, und selten findet man die Bereitschaft, aus Fehlern zu lernen. Deshalb kommt es häufig zu dem Versuch, ein Problem durch eine Korrektur der Symptome zu lösen, und oft zur fast krankhaften Weigerung, den Gesamtzusammenhang zu sehen und entsprechend zu handeln. Weil alle diese Probleme und der Welthandel sowie die zunehmende Armut auf dieser Welt eng miteinander zusammenhängen, können hier Einzelprobleme nicht ausführlich behandelt werden. Zum einen ist es allein aus Platzgründen nicht möglich; zweitens sind wegen des Gesamtzusammenhangs monokausale Erklärungen fehl am Platz; und drittens ist die gegenwärtige globale Krise nur durch eine Erkenntnis über die Zusammenhänge und eine gleichzeitige und gleichgewichtige Behandlung der Probleme mit Berücksichtigung der Wechselwirkungen zu bewältigen.

Manche Kritiker neigen zwar dazu, den Beginn der Verschuldungskrise schon im Jahr 1947 anzusetzen (NL 39, S. 108 ff.), einig sind sich aber alle über die Gründe und den Beginn der jetzigen Verschuldungskrise (vgl. NL 47, S. 68 f.; NL 65, S. 33 f.; NL 6, S. 123 f.). Diese begann im Jahr 1973 mit dem Ölpreisboom. Als die 13 OPEC-Länder den Ölpreis vervierfachten, gerieten die Industriestaaten in eine Rezession. Andererseits bekamen die ölexportierenden Länder plötzlich viel Geld, die sogenannten »Petrodollars«. Diese deponierten sie in den Privatbanken der USA, der EG und Japans. Die Banken mußten dafür Zinsen zahlen. Bekanntlich leben die Banken davon, daß sie das Geld verleihen und dafür viel höhere Zinsen einnehmen – von dem, der Kredit aufnimmt –, als sie an Zinsen auszahlen an den, der das Geld deponiert hat. Deshalb suchten die Banken 1973 potentielle Kreditkunden. Zudem fühlten sich die Banken verpflichtet, die Rezessionsphase im eigenen Land überwinden zu helfen, also den Export zu unterstützen. Entwicklungsländer brauchen Geld in Form von Devisen, um Produkte aus den Industriestaaten kaufen zu können. Deshalb haben die Banken, auch mit Risiko, immer mehr Geld an die Entwicklungsländer ausgeliehen. Der ermordete Präsident der Deutschen Bank, Herrhausen, hat ausdrücklich auf diese nationale Pflicht in einem Spiegel-Gespräch hingewiesen (NL 177).

Für die Banken kam es nicht darauf an, *was* die Entwicklungsländer kauften, sondern nur darauf, *daß* sie kauften. Die Länder der Dritten Welt, besonders die, die auf das Zauberwort »Wachstum« gesetzt hatten, kauften alles, womit sie das Ziel »Wachstum« zu erreichen glaubten, »ohne daß die Frage gestellt wurde, was eigentlich wachsen, wem das Wachstum nützen soll ... Es läßt nicht nur Kleinbauern unberücksichtigt, sondern überhaupt alle Menschen, die nicht zu einer dünnen Schicht an der Spitze der Gesellschaft gehören, zu den sogenannten ›Modernisierungselementen‹ ... ›Modernisierung‹ ist ebenso ... ein Zauberwort, in dessen Namen jede Zerstörung und jede Geldverschwendung ungestraft vorgenommen werden können.« (NL 141, S. 27).

Das Spiel läuft, sehr vereinfacht gesagt, so: Die Regierung eines Landes möchte das Land »modernisieren«, Industrie aufbauen, Staudämme für Agrargroßflächen bauen (gleichgültig wofür, groß muß es sein) – dafür braucht sie Gelder. Ohne westliche Devisen gibt es nichts zu kaufen. Die ersehnten Devisen bekommt sie vom Westen als Kredit, einen Teil manchmal auch als Zuschuß. Die Kredite müssen zurückgezahlt werden – mit Zinsen. Fairerweise muß man erwähnen, daß die staatlichen Kredite häufig sehr günstig sind – niedrige Zinsen, lange Rückzahlungsfristen. Nur: Damit läßt sich lediglich ein Teil der Kosten decken, den Rest muß die Regierung auf dem »freien« Markt besorgen – sprich von westlichen Banken. Je reicher an natürlichen Ressourcen ein Land ist, desto kreditwürdiger ist es.

Am Beispiel von Brasilien, dem größten Schuldnerland in der

Dritten Welt, läßt sich das Zusammenspiel zwischen den Mächtigen des Landes und den Geldgebern aus dem Westen am augenfälligsten aufzeigen. Für die Militärregierung, die mit Gewalt 1964 die Macht an sich riß, ging der Industrialisierungsprozeß nicht schnell genug. Die Regierung investierte in alle möglichen Großprojekte, ohne Rücksicht auf den Schaden für die Armen in der Bevölkerung. Staudämme wie Itaipu und Sobradinho haben Hunderttausende von Menschen entwurzelt, obdachlos gemacht, von einem Teil des Landes zum anderen Teil hin- und hergeschoben. Die Menschen haben jegliche Perspektive verloren (vgl. NL 239). Die Militärs haben in ihrer Regierungszeit (1964–1985) 7 Milliarden Dollar in Atomkraft investiert und Kraftwerke auch in geologisch gefährdeten Gebieten wie Angra dos Reis gebaut, die nicht in Betrieb genommen werden können. Jeder Tag Verzögerung kostet das Land 1 Million Dollar Zinsen (NL 216). Brasilien hat Stahlwerke, Staudämme, Kernkraftwerke und ähnliche Riesenprojekte im Wert von mehr als 90 Milliarden Dollar gebaut – dies entspricht fast den gesamten brasilianischen Auslandsschulden im Jahr 1984 (NL 194, S. 56).

Noch ein Blick auf die Kreditwürdigkeit: Banken verleihen Geld in der Regel an jemanden, bei dem sie sicher sind, daß er das Geld zurückzahlen beziehungsweise eine Sicherheit vorweisen kann. Das nennt man »kreditwürdig«. Dies ist in der privaten Kreditwirtschaft nicht anders als bei der Geldverleihung an ein Land oder genauer: an eine Regierung. Daher ist es nicht verwunderlich, daß die reichsten Länder Lateinamerikas – Brasilien, Mexiko, Argentinien und Venezuela – sehr hoch verschuldet sind. Auch Länder wie Indonesien, Indien und die Philippinen oder Nigeria, die ebenso hoch verschuldet sind, gelten entweder wegen deren Ressourcen oder wegen ihrer Devisenreserven als kreditwürdig.

In ihrem Geschäftsziel: durch Geldverleih mehr Geld zu gewinnen, haben sich die Banken nicht immer an ihren Grundsatz, Kredite nur an potente Kunden zu geben, gehalten und haben sich allerlei Tricks ausgedacht: Die privaten US-Banken bildeten mit Hilfe der US-Regierung ein Konsortium in Afrika, um auch an jene Länder Geld zu verleihen, die keine Sicherheiten vorweisen konnten (NL 49, S. 142 f.). Die Folge war, daß manche afrikanische Länder zwar in absoluten Zahlen relativ niedrig, aber in Relation zu ihrem Bruttosozialprodukt (BSP) sehr hoch verschuldet waren. Laut einem Bericht des ›Spiegel‹ (25/1987, S. 127) sahen die Schulden folgender Länder im Prozentsatz des BSP 1987 so aus: Mauretanien 215,6 Prozent, Sambia 171,4 Prozent, Gambia 145,5 Prozent, Togo 139,2 Prozent, Somalia 113,8 Prozent, Zaire 113,1 Prozent und Senegal 110,5 Prozent.

Es lassen sich noch weitere Gründe für den Anstieg der Schulden anführen:

1. Ölpreisboom 1973 und 1979: Gut die Hälfte der Gesamtschulden in der Dritten Welt bis 1982 ist schätzungsweise auf diesen Preisanstieg zurückzuführen, wobei die ölimportierenden Entwicklungsländer am stärksten beteiligt waren. (NL 65, S. 34). Die ölexportierenden Länder wie Mexiko, Venezuela, Nigeria und Indonesien waren ebenso leidtragend, weil sie in der Hoffnung, die Preise würden stabil bleiben, mehr Kredite aufgenommen hatten. Bekanntlich fielen die Ölpreise aber wie-

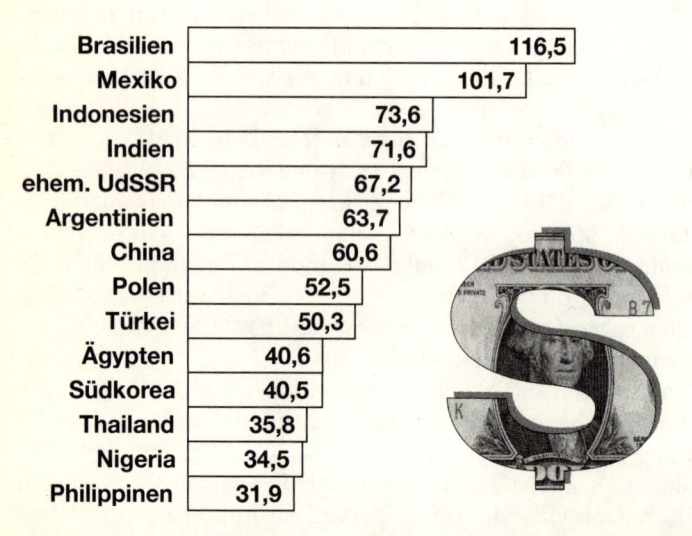

Land	
Brasilien	116,5
Mexiko	101,7
Indonesien	73,6
Indien	71,6
ehem. UdSSR	67,2
Argentinien	63,7
China	60,6
Polen	52,5
Türkei	50,3
Ägypten	40,6
Südkorea	40,5
Thailand	35,8
Nigeria	34,5
Philippinen	31,9

Schuldenlast der Entwicklungsländer Ende 1991; Verbindlichkeiten in Milliarden Dollar der, und das Tauschverhältnis (terms of trade) insgesamt wurde zunehmend schlechter. So wurde Mexiko 1982 zahlungsunfähig.

2. »Back-to-back«-Kreditgeschäfte: Je mehr ein Land durch Auslandsschulden in Zahlungsschwierigkeiten gerät, desto mehr verliert die einheimische Währung ihren Wert, unter anderem durch die SAP-Maßnahmen des IWF. Die Reichen und Kleptokraten des Landes sichern ihr Geld durch Anlegen in ausländischen Währungen bei westlichen Privatbanken. Für die Banken ist das Geschäft einträglich. Sie geben an den Anleger weniger Zinsen, als sie durch Weiterverteilung – manchmal an dasselbe Land – an Zinsen verlangen. Schätzungsweise ist etwa ein Drittel der Gesamtschulden der Dritten Welt in die westlichen Banken zurückgeflossen. »Allein die Citibank beschäftigt rund 1500 Leute, die sich weltweit ausschließlich diesen Aufgaben widmen. Dank dieser Privateinlagen ... schuldet die Citibank lateinamerikanischen Kunden vermutlich mehr Geld, als deren Regierungen der Bank schulden.« (NL 141, S. 35) Die Kapitalflucht aus Mexiko zwischen 1979 und 1983 wird auf 90 Milliarden Dollar geschätzt – eine größere Summe als die gesamte Schuldenlast Mexikos zu diesem Zeitpunkt (NL 141, S. 74). Die Gewinnsucht der Banken hat das Verhältnis von staatlichen zu privaten Krediten völlig verändert. 1970 betrug dieses Verhältnis für Lateinamerika noch 36 zu 64, 1985 18 zu 82 (NL 271, S. 11).

3. Anstieg der Schulden trotz sehr hoher Rückzahlungen: Die Schulden haben eine Eigendynamik entwickelt. Im Jahre 1985 haben die Entwicklungsländer soviel alte Kredite und Zinsen zurückgezahlt, wie sie 1974 insgesamt Schulden hatten – nämlich 100 Milliarden Dollar (NL 194, S. 54). Ein Jahr später bereits sind diese Rückzahlungen auf 150 Milliarden Dollar angestiegen (NL 124).

Durch die Zinsen und Zinseszinsen haben die Banken inzwischen bereits ein Vielfaches des ausgeliehenen Geldes erhalten. Nach Darstellung des UNDP haben die Banken im übrigen etwa dreifach höhere Zinsen bei den Entwicklungsländern verlangt, als sie in ihren eigenen Ländern kassieren (NL 312, S. 49).

So sagte schon 1983 der Bankier Freiherr von Bethmann im ›Spiegel‹: »Ganz schlimm ... ist, daß die Banken bei ihrer Umschulderei den überlasteten Ländern immer noch höhere Zinsen aufbürden.« (31/1983, S. 53) »Umschuldung« bezeichnet Susan George als »eine vornehme Umschreibung« dafür, daß »die alten Schulden durch neue« finanziert werden. Zwischen 1975 und 1985 gab es 144 Umschuldungen offizieller Zahlungsverpflichtungen. »Offiziell« wurde die Verschuldungskrise, als Mexiko 1982 zahlungsunfähig wurde und mit 20 Milliarden Dollar umgeschuldet werden mußte. Mittlerweile ist Mexiko mehrmals umgeschuldet worden (NL 6, S. 215 ff.).

Die massiven Schulden der Entwicklungsländer bringen den Industriestaaten ganz nebenbei andere und weitere Vorteile:

1. Verfall der Rohstoffpreise, weil die Entwicklungsländer wegen der Rückzahlungsverpflichtungen (Devisen) erstens darauf angewiesen sind, an die westlichen Industrieländer zu verkaufen, und zweitens das zu verkaufen, was der Westen abnimmt: hauptsächlich Rohstoffe. Je mehr sie produzieren und miteinander konkurrieren, desto mehr fallen die Preise.

2. Die internationalen Institutionen, die von den westlichen Industriestaaten dominiert werden und unverhohlen das Interesse dieser Staaten vertreten – wie GATT, die Weltbank, der IWF –, hatten an Bedeutung und Macht seit der Entstehung der Gruppe der 77 verloren. Mit Beginn der Schuldenkrise sind sie wirkungsvoll auf die Weltbühne zurückgekehrt (vgl. z. B. NL 6, S. 46 ff.; auf eine ausführliche Darstellung der Weltbank und des IWF wird hier mit dem Hinweis auf NL 269, NL 270 verzichtet; die drei Bücher geben eine verständliche, gute Einführung).

Dies ist ein Pyrrhus-Sieg. Die Armen dieser Welt geraten in eine Falle, die in drei Stufen funktioniert – auf lokaler, nationaler und globaler Ebene (NL 104, S. 26 ff.). Je mehr die Armen bedrängt werden – durch den Zwang zur Cash-crops-Produktion, wofür sie immer weniger Geld bekommen – und das inländische Geld immer mehr an Wert verliert, desto mehr sind die anderen Bereiche bedroht. Da der IWF ohne Rücksicht seine rigorosen SAP-Maßnahmen verordnet, sterben nicht nur nach Meinung der UNICEF mehr Menschen und Kinder, sondern dieser Maßnahmen haben auch große Auswirkungen auf den Norden. In ihrem neuesten Buch ›The Debt Boomerang‹ zeigt dies Susan George am Beispiel von 6 Bereichen – Umweltschäden, Drogen, Kosten der Steuerzahler, Verluste von Arbeit

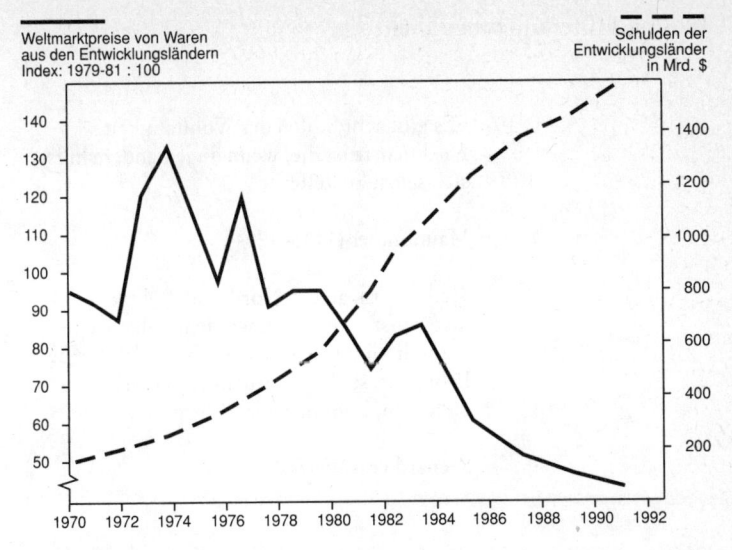

Entwicklung der Weltmarktpreise von Waren aus der Dritten Welt und der Schulden der Entwicklungsländer

Nach Durning 1992 (NL 104), UNDP-, WB-, IWF-Jahresberichte

und Markt, Fluchtbewegung von Menschen aus der Dritten Welt in die reichen Länder und Zunahme von Konflikten und Kriegen – minutiös auf (NL 142).

Sowohl den Baker-Plan (1985) als auch den Brady-Plan (1989), amerikanische Versuche, den Schuldnerländern durch neue Kredite und andere Aufbaumaßnahmen aus der Klemme zu helfen, kann man als gescheitert ansehen, weil sie hinter dem selbstgesteckten Ziel weit zurückbleiben. Das Ziel der beiden Pläne war und ist, die Härte des SAP zu mildern (NL 281, S. 153). Der einzige Erfolg der Brady-Initiative ist, so kommentiert das Instituto del Tercer Mundo in seinem Jahrbuch 1993/94 zynisch, daß sie zum ersten Mal offiziell anerkennen, daß viele Entwicklungsländer ihre Schulden nicht zurückzahlen können (NL 184, S. 73). Die Versuche der internationalen Gremien, die Schuldenkrise zu bewältigen, sind ein Lehrstück dafür, welchen Schaden man mit monokausalen Lösungsangeboten anrichten kann.

Was ist Hilfe und wozu dient sie?

»Es gibt acht Stufen der Wohltätigkeit.
Die höchste ist die, wenn du jemandem hilfst,
sich selbst zu helfen.«

Maimonides (1135–1204)

»Jede Kritik an der Nord-Süd-Politik
muß ernst genommen werden, selbst wenn sie
zynisch klingt ... Ohne eine nie erlahmende
Fähigkeit, stets von neuem aus Fehlern
zu lernen, kommen wir nicht weiter.«

Richard von Weizsäcker

Die Dritte Welt – gibt es sie noch?

Ein Wort voraus zum Begriff »Dritte Welt«. Gibt es sie überhaupt noch, seit die Weltmacht Sowjetunion zu existieren aufgehört hat? Ursprünglich war der Begriff »Dritte Welt« ein Wunsch: Claude Bourdet (1949) und Alfred Sauvy (1952) verbanden mit dem Begriff »Trois Mondes, une Planète« die Hoffnung, daß die in jenen und den folgenden Jahren unabhängig werdenden Staaten einen dritten Weg zwischen Kapitalismus und Kommunismus suchen werden (NL 346). Die Weltbank pervertierte den Begriff in den sechziger Jahren, indem sie die Welt hierarchisch nach dem ökonomischen Gewicht ordnete. Die Medien nahmen diese Neuordnung dankbar auf und veröffentlichten regelmäßig die »Einkommenspyramide«.

Nach dem Zerfall des Ostblocks hat der Begriff seine ursprüngliche semantische Bedeutung verloren. Aus demselben Grund sind Begriffe wie »der dritte Weg«, »neutrale oder blockfreie Staaten« nicht mehr brauchbar (vgl. NL 75). Wieder aus anderen Gründen sind Begriffe wie Entwicklungsländer (wissen wir was Entwicklung ist?) oder Zweidrittelwelt (mittlerweile eher Vierfünftel), Arm/Reich (es gibt Reiche in den armen Ländern und umgekehrt), Nord/Süd (Australien liegt nicht im Norden) problematisch. Sammelbegriffe können nicht differenzieren. »Es ist absurd«, schreiben King und Schneider zu Recht, »Saudi-Arabien und Singapore oder Brasilien, Botswana und Bangladesh in einen Topf zu werfen, und darum haben allgemeine Aussagen über Probleme der Dritten Welt... gar keine Bedeutung für einzelne Länder.« (NL 195, S. 24) Offensichtlich kommt man – wie aus diesem Zitat hervorgeht – ohne Sammelbegriffe nicht so leicht aus.

Der US-Präsident Bush hatte anläßlich des Golfkriegs und der Auflösung des Ostblocks vollmundig verkündet, eine neue Weltordnung zu schaffen, gemeint war: unter der Führung der USA. Wie die Folgeentwicklung zeigt, ist eine solche neue Weltordnung nicht in Sicht. Es gibt Tendenzen zu Veränderungen und Machtverschiebungen (NL 167, S. 164 ff.). Solange aber die neue Ordnung nicht entstanden ist und sich nicht stabilisiert hat, bleibt uns nichts anderes übrig, als mit dem alten Sammelbegriff »Dritte Welt« weiterzuleben. Gemeint sind die Länder in Süd- und Mittelamerika, Afrika und Asien, die geschichtlich, kulturell, ökonomisch, in sozialer und gesellschaftlicher Ordnung völlig unterschiedlich sind, die bislang weder den einen noch den anderen Weg gefunden haben, sich von der Beherrschung und Umklammerung des Nordens zu befreien, deren Währungen nicht zählen, die allesamt auf der Weltbühne die Verliererrolle spielen.

Privatinvestition und Hilfe

Was ist Hilfe? Das Wort »Hilfe«, so lehrt uns das Bedeutungswörterbuch des großen Duden, meint »Tat o. ä., die dazu beiträgt, eine Schwierigkeit zu überwinden oder eine Aufgabe zu erfüllen, Unterstützung« (NL 86, S. 833). Demnach ist zwar ein Eigennutz des Helfers nicht ausgeschlossen, maßgebend ist aber die Tat zur Überwindung einer Schwierigkeit, eine Unterstützung zu Erfüllung einer Aufgabe, die der Hilfesuchende für notwendig hält. Nun tauchen aber in offiziellen Statistiken auch privatwirtschaftliche Unternehmertätigkeiten als »Entwicklungshilfe« auf.

Zunächst einmal von Eigennutz und Gewinninteresse abgesehen, bleibt festzuhalten, daß die Tätigkeit der westlichen Privatunternehmer bislang in der Regel eher neue Schwierigkeiten verursacht hat, als »Hilfe« zu bringen und vorhandene Schwierigkeiten zu überwinden. Rudolf H. Strahm hat dies in seinem Buch ›Warum sie so arm sind‹ sehr anschaulich dargestellt (NL 301, S. 137–170). Die »hilfreiche« Tätigkeit privater Unternehmen in der Dritten Welt ist, wenn nicht verbrecherisch, so zumindest eine Verschleierung, eine Irreführung.

Kein Privatunternehmer investiert irgendwo, wenn er nicht Gewinne erwartet. Das ist sein gutes Recht. Wenn er in einem Entwicklungsland investiert, dann »verdient« er durchaus üppiger, als wenn er in einem Industriestaat sein Geld anlegt. Wenn etwa VW in den USA eine Fabrik für die Produktion baut, bezeichnet man dies nicht als Hilfe. Warum die gleiche Investition in einem Entwicklungsland als »Hilfe« gilt, ist nicht so recht einzusehen. Zumal die ausländischen Firmen mit versteckten Gewinnen ein Vielfaches von dem »verdienen«, was sie in einem Industriestaat erzielen können (NL 301, S. 156 ff.). Wie Galeano vorgerechnet hat, ist die Investitionssumme häufig ein Schwindel – in manchen Fällen kommen nur 12 Prozent der ausgewiesenen Summe dort an (L 131, S. XIV). Diese Investitionen werden häufig durch die Landesregierung mitfinanziert (Kredite) und mit Garantien rückversichert. Wenn man solche Anteile abzieht, bleibt etwa ein Viertel von dem Kuchen »Entwicklungshilfe«, der in Schulbüchern zu sehen ist, übrig. In den achtziger Jahren sind übrigens Privatinvestitionen dieser Art erheblich zurückgegangen, da es wegen der schlechten finanziellen Lage in der Dritten Welt nicht mehr so üppig zu verdienen gab. Von dieser Art der Hilfe ist im weiteren nicht die Rede.

Staatliche Hilfe

Der Rest – ein Viertel der Gesamtsumme, die offiziell als Hilfe ausgewiesen wird – verteilt sich in staatliche und nicht-staatliche Hilfe. An der staatlichen Hilfe in der Bundesrepublik sind der Bund, die Bundesländer und die Kommunen beteiligt.

Am gesamten Entwicklungsetat Deutschlands haben die Bundesländer und die Kommunen gemeinsam einen Anteil von etwa 0,01 Prozent. Bei den Kommunen ist es klar: Wenn eine Stadt, um ihr eigenes Image aufzupolieren, eine Partnerschaft mit der Dritten Welt eingeht, gilt dies als Entwicklungshilfe. Bei den Bundesländern sieht die Sache nicht viel anders aus. Aus wahltaktischen Gründen besuchte 1986 der damalige Ministerpräsident des Landes Baden-Württemberg, Lothar Späth, Haryana, ein gar nicht so armes Bundesland Indiens. Späth wollte bei der Entwicklung von Dorfmärkten behilflich sein. In Wirklichkeit ging es darum, neue Verdienstmöglichkeiten für die Mittelständler des eigenen Landes zu eröffnen. Johannes Rau, der Ministerpräsident des krisengeplagten Bundeslandes Nordrhein-Westfalen, besuchte im selben Jahr mit einer Schar von Industriellen ebenfalls Indien, um neue Marktchancen zu erkunden. Auch solche PR-Missionen zählen zur Entwicklungshilfe. Die 16 Bundesländer Deutschlands haben 1991 insgesamt 137,4 Millionen Mark auf diese Weise für »Entwicklungshilfe« ausgegeben (NL 35, S. 168).

Bi- und multilaterale Hilfe: Die Hilfe der Bundesregierung wird wie die von den Regierungen fast aller westlichen Industriestaaten mit ähnlichen Konditionen vergeben, als sogenannte »tied aid«, das heißt, in Höhe der Hilfe muß das Entwicklungsland Produkte kaufen. Die Bundesrepublik hat zwar mit der sozial-liberalen Koalition diese Bindung aufgehoben, dies hatte aber keine negative Wirkung auf Aufträge. Generell gibt es 2 Arten von Hilfe: bilaterale und multilaterale. Bilateral nennt man die Hilfe, die ein Land einem Entwicklungsland direkt leistet, zum Beispiel die USA an Chile. Multilateral ist die Hilfe, wenn ein Land das Geld an eine internationale Organisation – beispielsweise an OECD, EG, Weltbank, IDA, FAO – zahlt und diese Organisation die Hilfe leistet. Etwa 20 Prozent der gesamten offiziellen Hilfe der Bundesrepublik gehen über internationale Organisationen (multilateral), der Rest ist bilateral.

Motive für Hilfe: Die bilaterale Hilfe ist ein Mittel, um sich die eigene Einflußsphäre zu sichern und um direkte Geschäfte zu machen, die Exporte des eigenen Landes zu fördern. 30 bis 40 Prozent aller Exporte der USA und 25 bis 33 Prozent des Exports aller übrigen Industriestaaten des Westens gehen in die Entwicklungsländer (NL 161, S. 241). Was die Sicherung von

Diagramm

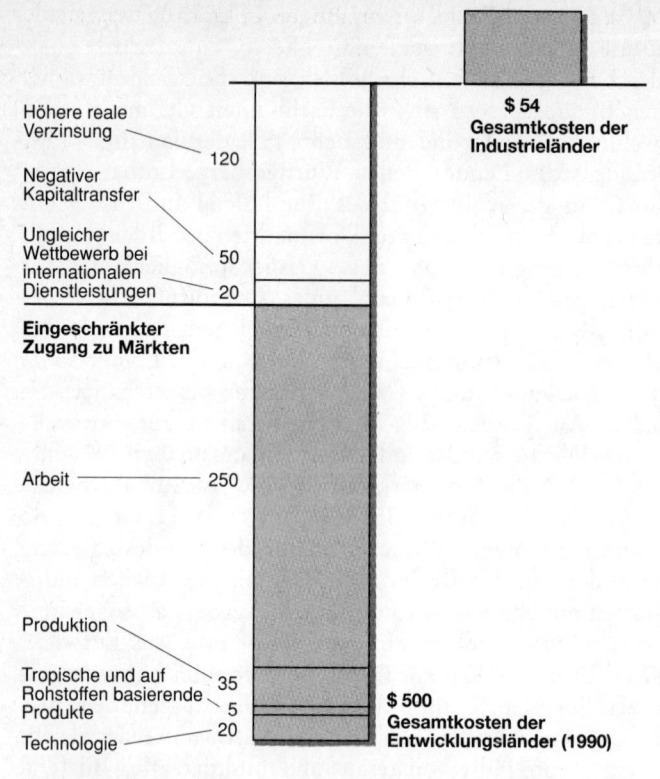

- Höhere reale Verzinsung
- Negativer Kapitaltransfer — 120
- Ungleicher Wettbewerb bei internationalen Dienstleistungen — 50 / 20
- **Eingeschränkter Zugang zu Märkten**
- Arbeit — 250
- Produktion
- Tropische und auf Rohstoffen basierende Produkte — 35 / 5
- Technologie — 20

$ 54 Gesamtkosten der Industrieländer

$ 500 Gesamtkosten der Entwicklungsländer (1990)

Ungleiche Partnerschaft: die Kosten der Entwicklungsländer für den Weltmarkt und der Einsatz der Industrieländer (in Milliarden Dollar), ein Verhältnis von 10 zu 1

Nach UNDP 1992 (NL 312)

Einflußsphären angeht, so machte das Institute for Food and Development Policy, San Francisco, deutlich, worum es geht: 6 der 10 Länder, die die meiste Hilfe von den USA erhalten, sind auch diejenigen Länder, die die höchste Militärhilfe bekommen. 51 Prozent der gesamten US-Entwicklungs- und 90 Prozent der Militärhilfe gehen an diese 10 meistbegünstigten Länder. Ägypten und Israel stehen an der ersten und zweiten Stelle bei der Entwicklungs- und in umgekehrter Reihenfolge bei der Militärhilfe. Zusammen erhalten sie knapp ein Drittel des gesamten

Entwicklungs- und etwa die Hälfte des Militärhilfebudgets der USA (NL 238, S. 18 ff.).

Die Sicherung der eigenen Einflußsphäre durch Entwicklungshilfe ist wichtig, so Hayter und Watson, um auf dem Weltmarkt unverkäufliche Produkte konkurrenzlos in die Dritte Welt abzusetzen (NL 161, S. 243). Wie schon am Beispiel der ehemaligen Kolonialherren erwähnt, führt dies auch zu erhöhten Preisen.

Das Motiv für die Vergabe von Entwicklungshilfe ist klar: Geschäfte machen, wo und wie es nur möglich ist. Dies gilt nicht nur für ehemalige Kolonialmächte wie Großbritannien und Frankreich, sondern auch für Deutschland, das seit dem Ersten Weltkrieg keine Kolonialmacht mehr war. So hat die Regierung der Bundesrepublik in den bislang letzten Grundlinien der Entwicklungspolitik offen deklariert, daß das Ziel der Entwicklungshilfe sei, ein positives Investitionsklima für deutsche Unternehmen zu schaffen und die Vergabe von der Beschäftigungswirksamkeit in der Bundesrepublik abhängig zu machen (NL 33, S. 7, 33).

Teresa Hayter und Catherine Watson stellten fest, daß Hilfe in gewisser Weise ein Mittel ist, um das Geld der Steuerzahler in Gewinne der Privatunternehmer und -banken umzuwandeln (NL 161, S. 243). Trotz mancher Schönreden und häufiger Bekenntnisse, daß man mit der Hilfe Armut bekämpfen, Hilfe zur Selbsthilfe leisten wolle (NL 35, S. 32 ff.), sind die Handlungen anders motiviert. Der Widerspruch zwischen dem, was die Geberländer sagen, und dem, wie sie handeln, ist unübersehbar (vgl. NL 73). Es gibt mehrere Indizien für diese Widersprüche:

1. Das wenigste Geld ist in jene 10 Länder geflossen, die es am nötigsten haben – 27 Prozent der Hilfe geht an die 72 Prozent der Ärmsten dieser Welt (NL 312, S. 41).

2. 25 Prozent der Hilfe haben diejenigen Länder erhalten, die das meiste Geld für die Rüstung ausgeben (NL 312, S. 41).

3. Da das Prinzip der Geldvergabe nach dem Motto »wenig geben, viel nehmen« praktiziert wird, handeln die Geberländer wie die Privatbanken. Sie geben das Geld jenen Ländern, aus denen das meiste Geld herauszuholen ist. Wie die Grafik zeigt, profitieren die Geberländer etwa mit dem Zehnfachen der Hilfe, die sie geben.

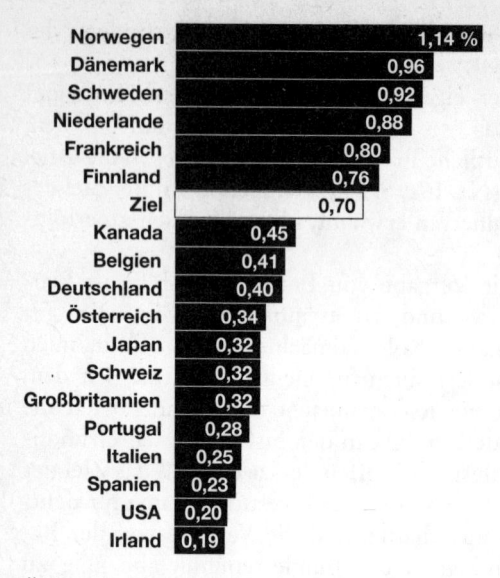

Land	%
Norwegen	1,14 %
Dänemark	0,96
Schweden	0,92
Niederlande	0,88
Frankreich	0,80
Finnland	0,76
Ziel	0,70
Kanada	0,45
Belgien	0,41
Deutschland	0,40
Österreich	0,34
Japan	0,32
Schweiz	0,32
Großbritannien	0,32
Portugal	0,28
Italien	0,25
Spanien	0,23
USA	0,20
Irland	0,19

Öffentliche Entwicklungshilfe 1991 in Prozent der Wirtschaftsleistung
Nach OECD

Willy Brandt, bis zu seinem Tod 1992 unermüdlicher Kämpfer für die Dritte Welt, hat immer dafür plädiert, daß die Geberländer die Hilfe erhöhen und in absehbarer Zeit das 1961 von der UNO festgelegte Ziel von 0,7 Prozent des Bruttosozialprodukts (BSP) erreichen sollen. 1990 kam die gesamte Hilfe auf 0,35 Prozent des BSP der Geberländer (NL 312, S. 41). Der Anteil am BSP war von Land zu Land unterschiedlich (siehe Grafik). Solange aber die Einstellung und Handlungsweise der Geberländer sich nicht gründlich ändern, würde mehr Geld nur mehr Schaden für die Dritte Welt bedeuten.

Ein Beispiel bilateraler Hilfe: Diese Hilfe wird meistens gebunden (tied aid) gegeben. Gebunden heißt, daß das Nehmerland sich verpflichten muß, für die Summe des erhaltenen Geldes von dem Geberland Produkte zu kaufen. Mit einem Beispiel läßt sich dies illustrieren: Tansania wollte in Daressalam eine Brotfabrik errichten, die täglich 100 000 Brote liefern sollte. 1969 errechnete die staatseigene National Mill Crp. (NMC) die voraussichtlichen Kosten auf 5 Millionen Tansania-Schilling. 1971 kam Kanada zu Hilfe und erklärte sich bereit, die erforderlichen Devisen für importierte Maschinen zu übernehmen, alle anderen Kosten müsse das Land tragen. Kanada schickte Experten – Angus Butler Engineering Co. –, und diese errechneten die Kosten auf 11 Millionen Schilling, wovon CIDA (Canadian International Development Agency) 7 Millionen zu übernehmen sich bereit erklärte. Allerdings mußte der Auftrag an die kanadische Firma Baker Perkins gehen. Die kanadischen Experten kassierten 1,275 Millionen Schilling – 7,5 Prozent der Gesamtkosten, da die Kosten, als die Fabrik 1975 fertiggestellt war, insgesamt 17 Millionen betrugen.

Da die Experten jedoch das Geld nicht in Tansania-Schilling nahmen, war deren Anteil etwa 18 Prozent. Als die vollautomatische Brotfabrik fertiggestellt war, stellte man fest: Die Kanadier, die am Design, an der Konstruktion und der Maschinenlieferung beteiligt waren, hatten üppig verdient, nur die Tansanier hatten nicht viel von der Aktion.

Abgesehen von der Frage, ob Tansania tatsächlich eine Brotfabrik brauchte, lauten die Vorwürfe:

1. Tansania produziert selbst nicht genug Weizen; es muß die Weizensorten, die für die Maschinen geeignet sind, aus Kanada importieren.

2. Das von den Kanadiern errichtete Gebäude ist für Tansania nicht geeignet.

3. Wegen der Anfälligkeit der Automatik wird das Land für Ersatzteile immer auf Kanada angewiesen sein.

4. Für die Hälfte des Preises hätte man eine gleichwertige Fabrik aus anderen Ländern kaufen können.

5. Für ein Drittel des Preises hätte man 10 anders geartete Fabriken – mit weniger ausländischer Hilfe – errichten können, in denen mehr Menschen Arbeit gefunden hätten und die weniger Abhängigkeit vom Ausland – geschweige von einer Firma – bedeutet hätten (NL 98; S. 137f.)

Es gibt auch andere und scheinbar positive Beispiele von bilateraler Hilfe. Die Bundesrepublik hat, wie erwähnt, seit der Zeit des Entwicklungsministers Erhard Eppler diese Bindung an eine Kaufverpflichtung aufgegeben. Dennoch bekam die Bundesrepublik für jede Mark, die sie als Hilfe leistete, Aufträge im Wert von 1 Mark 35 laut DIW, Berlin, oder 4 Mark nach epd-Entwicklungspolitik (NL 127, S. 199).

Nach dem Ende der sozial-liberalen Koalition ist die Bindung zwar nicht formal wieder eingeführt worden, aber die Regierung ist dazu übergegangen, Projekte »mischzufinanzieren«, das heißt, die Aktivitäten der Privatunternehmen in der Dritten Welt werden mit staatlichen Geldern unterstützt.

Die Strukturen der staatlichen Entwicklungshilfeministerien fast aller OECD-Länder sind übrigens so geartet, daß sie nicht in der Lage sind, Kleinprojekte – wie sinnvoll sie auch sein mögen – zu berücksichtigen, weil dann die Relation zwischen Hilfe und Verwaltungskosten nicht stimmt. Das Bundesministerium für Wirtschaftliche Zusammenarbeit rühmt sich, daß es – obwohl die Leistungen um mehr als das Zehnfache gestiegen sind – seit der Gründung des Ministeriums (1961) das Personal nicht vergrößert habe.

Multilaterale Organisationen sind solche Organisationen, die nicht einer nationalen Regierung, sondern einer internationalen Organisation wie EG, UNO, Weltbank, OECD u.ä. unterstehen. Diese unterscheiden sich von den bilateralen Organisationen in Struktur, Vergabepolitik, Bevorzugung von Großprojekten kaum. Nur lassen sie sich noch weniger von außen kontrollieren. Zwar geht jeweils nur ein geringer Teil der OECD-Hilfsgelder – die Bundesrepublik hat mit 20 Prozent einen vergleichsweise hohen Anteil – in die multilaterale Hilfe, aber die Summe macht sie interessant.

Die Rückflüsse – in Form von Aufträgen, Expertengehältern – für die einzelnen Industriestaaten sind noch eindrucksvoller. Marcus Linear macht dies am Beispiel der FAO deutlich: Für jeden Dollar Hilfe bekommen die Franzosen das Zwei-, die Deutschen das Vier-, die Niederländer das Fünf-, Großbritannien und Belgien je das Sieben- und die Italiener das Sechzehnfache in Form von Aufträgen und Personalkosten zurück (NL 213, S. 34f.).

Im folgenden einige Beispiele bi- und multilateraler »Hilfe«, die die Zweifel an der »Hilfe« für die Dritte Welt vertiefen.

Mit 20 Millionen Mark haben die Bundesdeutschen 1973/74 nach der Nahrungsmittelkrise in Äthiopien dort ein riesiges Agrarkombinat, und zwar in der besten Gegend, aufgebaut.

Das Ziel war nicht, Hungernden zu helfen, sondern durch Export Devisen zu erwirtschaften. Dort gibt es eine der größten Zitrusplantagen der Welt. Dazu gehören eine Konserven- und Saftfabrik, ein Groß- und Exporthandelsbetrieb, 16 500 Hektar fruchtbarer Boden. 14 000 Tonnen Tomaten und ebenso viele Zitrusfrüchte wurden schon im Hungerjahr 1985 dort geerntet. Ketchup, Säfte und Marmeladen wurden in der Fabrik in Dosen und Gläser gefüllt. Die Äthiopier bekamen diese nicht zu essen, und auf dem Weltmarkt konnte man nicht verkaufen – da die Preise zu niedrig, die Transportkosten zu hoch waren (NL 299).

Mit belgisch-deutscher Hilfe und Kosten von 175,6 Millionen Dollar wurden in Bolivien Blei-Silber-Hüttenwerke in Karachipampa aufgebaut. Ebenfalls wegen der fallenden Preise, die die Betriebskosten nicht decken würden, wird das Werk jetzt eingemottet. Gut verdient hat an dem Projekt Klöckner, Duisburg. Diese Firma hat das Werk zusammen mit belgischen Partnern konzipiert und errichtet (NL 175).

In Zusammenarbeit mit der Weltbank und unter finanzieller Beteiligung der Bundesregierung führt die deutsche Gesellschaft für Technische Zusammenarbeit (GTZ) seit 1975 ein Familienplanungsprojekt in Munshiganj, Bangladesh, durch. Hierüber hat Brigitte Erler ausführlich berichtet (NL 126). Ich beschränke mich daher darauf, meine persönlichen Eindrücke, die ich dort bei einem Besuch im November 1986 hatte, wiederzugeben. Sie erhellen, wie auf dem Personalsektor die Hilfsgelder verteilt werden.

Den niedrigsten Monatslohn erhielt die einheimische Hebamme, deren Arbeitsbelastung am größten war. Nach eigener Darstellung hatte sie – Notdienste mitgerechnet – eine Wochenarbeitszeit von mindestens 56 Stunden. Das Zentrum hatte drei karge Räume und eine große Veranda. Die Hebamme hatte dort eine Ein-Zimmer-Wohnung, in der sie wohnen mußte, da sie für Notdienste erreichbar sein mußte. Ihr Arbeitsgebiet umfaßte etwa 20 Dörfer, das entfernteste war 13 Kilometer vom Zentrum gelegen. Neben ihrem fest vorgeschriebenen Dienst im Zentrum – Betreuung, Pflege, Beratung – mußte sie alle Dörfer regelmäßig besuchen. Für diese harte Arbeit, sozusagen rund um die Uhr, erhielt sie im Monat 1 300 Takas (16 Takas waren 1986 1 Mark), wovon 300 Takas für die Wohnung abgezogen wurden.

Ihr Vorgesetzter war ein bengalischer Mann mit einem abgebrochenen Medizinstudium. Seine Arbeitszeit war wesentlich kürzer und geregelt. Er hatte die Arbeiten der Hebamme zu überwachen, Buchführung zu machen und Patienten mit Medizin zu versorgen. Er saß meistens am Schreibtisch und erhielt monatlich 300 Takas mehr. Eine bengalische Ärztin mit Studium in Indien erhielt monatlich 4000 Takas, was nach ihrer Meinung für einheimische Verhältnisse sehr gut war (Anfangsgehalt eines Arztes im Staatsdienst im Krankenhaus: 2600 Takas).

Ich hatte eine Verabredung mit dem deutschen Leiter im Munshiganj-Zentrum, traf ihn dort aber nicht an. Von den Mitarbeitern erfuhr ich, daß er nur ein- bis zweimal wöchentlich Munshiganj besuchte. Die mich begleitende bengalische Ärztin sagte mir, daß er mich am Abend in seiner Villa in Dhaka erwartete. Munshiganj ist zwar von Dhaka nur etwa 45 Kilometer entfernt, die Fahrzeit beträgt aber 2 bis 2,5 Stunden, da man mehrmals Flüsse per Boot überqueren muß. Am Abend traf ich den Leiter in seiner Villa in Dhaka. Er wohnte in dem teuersten Stadtviertel, wo wegen der höheren Miete nur Ausländer zu finden sind – in Gulshan. Ein prächtiges Haus, viel Grün, in der Garage ein Auto, ein Geländewagen und ein Motorrad. Für seine vierköpfige Familie 2 bis 3 einheimische Bedienstete, neben einem Hausmeister. Die Miete betrug monatlich 28000 Takas – ein Gegenwert, sagen wir, von 21 Hebammen und 7 inländischen Ärzten.

Das jüngste Beispiel grandioser Miß-„Hilfe" ist das Manantali-Staudamm-Projekt in Mali. Obgleich über die Schäden von Großstaudammprojekten unzählige Berichte vorliegen und sich alle Experten über die Sinnlosigkeit des Manantali-Staudamm-Projekts einig sind, hat der deutsche Entwicklungsminister nach einem Besuch im November 1992 entschieden, daß sich Deutschland weiterhin an dem Projekt beteiligt. Kritiker monieren verstärkt, daß die deutsche Entwicklungspolitik zum »Zugpferd für Aufträge« gemacht wird. Der Hintergrund: 1,3 Milliarden Mark wurden bislang in das nutzlose Großvorhaben gepumpt (Anteil der Bundesrepublik 220 Millionen Mark).

Nun soll mit weiteren 100 Millionen Mark die Ruine fertiggestellt werden (NL 201, vgl. auch NL 256, NL 158).

Es ließen sich ähnliche Beispiele beliebig fortsetzen. Projektevaluierungen werden meistens von bi- und multilateralen Organisationen selbst vorgenommen. Häufig ist für die Öffentlichkeit nicht ersichtlich, welche Gruppe von »Experten« eine Evaluation vorgenommen hat, ob unter den Experten auch Personen aus dem betroffenen Land vertreten sind und nach welchen Kriterien, mit welchen Methoden die Evaluation vorgenommen worden ist.

Wegen solcher Geheimnisse ist es erstaunlich, was man dennoch manchmal in den Auswertungsberichten lesen kann. Nach einem Bericht des Bundesministeriums für Wirtschaftliche Zusammenarbeit von 1986 – untersucht wurden 262 Projekte im Zeitraum 1976–1984 – waren nur 15 Prozent unbedenklich (können weitergeführt werden), 75 Prozent korrekturbedürftig und 10 Prozent sollten gestoppt werden (diese haben mehr geschadet als genutzt; NL 30, S. 55). Auf ähnliche »Erfolge« weist auch die Weltbank hin. »Mehr als ein Drittel aller Weltbank-Projekte gelten nach eigener Einschätzung als gescheitert.« Der Anteil der »›erfolglosen‹ Vorhaben von 13 Prozent im Zeitraum 1979–1981 ist auf 52 Prozent in den Jahren 1989–1991 gestiegen. Gleichzeitig erhöhte sich die Zahl der ›problematischen Projekte‹ von 10 auf 17 Prozent« (NL 323, vgl. auch NL 334).

Noch eine Anmerkung zu den hochbezahlten »Experten«. Damit sind nicht alle Entwicklungshelfer gemeint. Es gibt viele, die selbstlos für wenig Geld mit Engagement die besten Jahre ihres Lebens opfern. Meistens arbeiten sie für eine nicht-staatliche (zum Beispiel kirchliche) Organisation. Darunter gibt es zwar auch welche, die für diese Arbeit nicht geeignet sind. Da sie aber in der Regel in Kleinprojekten mit wenig Finanzmitteln arbeiten, bleiben die möglichen negativen Auswirkungen relativ beschränkt. Der Kritik müssen sich die hochbezahlten Experten stellen, die das Land, die Rahmenbedingungen nicht kennen, das Problem der Armen nicht begreifen, die Landessprache nicht verstehen, aber meinen, die richtigen Lösungen für die Probleme anzubieten.

Entwicklungshilfe ist auch eine Art Arbeitsbeschaffungsmaßnahme für die sogenannten Experten. Sie mögen zu Hause »hochqualifiziert« sein, häufig sind sie aber nicht in der Lage, unter ungewohnten Bedingungen zu arbeiten. Es gibt unzählige Beispiele für falsche Beratung durch Experten. Sie kosten aber sehr viel Geld. Ein europäischer oder nordamerikanischer Experte kostet zwischen 180000 und 200000 Dollar pro Jahr. Während der afrikanischen Nahrungsmittelkrise Anfang der neunziger Jahre waren etwa 80000 ausländische Experten in Afrika südlich der Sahara tätig. Mehr als die Hälfte der 7 bis 8 Milliarden Dollar, die von den Gebern pro Jahr aufgewendet werden, dienen dazu, diese Leute zu finanzieren (NL 308, S. 13). Zum Vergleich: Obwohl Afrika der am meisten bedrohte Kontinent ist (6,9 Millionen Quadratkilometer, die doppelte Größe Indiens, sind direkt von Verwüstung bedroht; die Hälfte der Menschen, die auf der Welt durch Verwüstung bedroht sind, leben im Sahel), gehen nur 4 Prozent der Hilfsgelder an ökologische Projekte in dieser Zone (NL 308, S. 80, 48).

Das »gute Leben« der Experten ist mittlerweile der Öffentlichkeit nicht mehr unbekannt, da die Medien gelegentlich bissig bis ironisch darüber berichten (NL 307). Wer mehr über die Problematik und die Machenschaften der multilateralen Organisationen und insbesondere über die Klasse der Experten erfahren möchte, dem ist Graham Hancocks kenntnisreiches und sehr lesbares Buch ›Händler der Armut‹ zu empfehlen (NL 159, insbesondere S. 144 ff.).

Nicht-staatliche Hilfe

Die nicht-staatlichen Organisationen (Non Governmental Organizations, NGO) sind ein ungenauer Sammelbegriff; er bezeichnet im allgemeinen eine Organisation, die dem Staat nicht direkt untergeordnet ist, sich mit den Problemen der Entwicklungsländer beschäftigt und sich hauptsächlich durch Spenden finanziert (NL 251, S. 14 f.). Die Unabhängigkeit von den nationalen Regierungen bedeutet nicht, daß solche Hilfsorganisationen keine finanzielle Unterstützung erhalten. Dabei spielt die Finanzkraft und die Größe einer NGO eine maßgebende

Rolle (Faustregel: je größer, desto mehr). Ihre Größe kann sehr unterschiedlich sein.

In Deutschland gibt es etwa 2500 solcher nicht-staatlicher Organisationen. Eine der größten ist die Deutsche Welthungerhilfe mit einem Jahresetat von über 150 Millionen Mark (1992), am anderen Ende steht etwa eine Uruguay-Gruppe, in der 3 Personen mit einem Jahresetat von einigen 100 Mark arbeiten. Nach Schätzungen der OECD erhalten etwa 200 nicht-staatliche Organisationen in den DAC-Ländern (Development Assistance Committee) 75 Prozent aller Spenden (NL 251, S. 16f.).

Die Aufgaben und Tätigkeitsfelder dieser Organisationen sind im Norden und Süden sehr verschieden; naturgemäß sind die letzteren stärker an der praktischen Projektarbeit beteiligt, während die Arbeit im Norden mehr dem Spendensammeln, der finanziellen und personellen Unterstützung u.ä. gilt. Man kann sich die Unterschiedlichkeit der NGOs nicht groß genug vorstellen, sowohl was die Organisationsarten als auch die Arbeitsweisen betrifft. Zahlenmäßig gibt es viel mehr nicht-staatliche Organisationen in den Entwicklungsländern (allein in Indien etwa 15000, in Brasilien 12000; eine Auswahlliste siehe NL 105, S. 259).

Die NGOs im Süden sind hauptsächlich in folgenden Bereichen tätig: Management der natürlichen Ressourcen (Landwirtschaft, Viehzucht, Wasser, Maßnahmen gegen Bodenerosion, Agro- und Sozialforschung), Infrastruktur der Dörfer, Gesundheitsversorgung (primary health care), nicht-landwirtschaftliche einkommenschaffende Projekte (Handwerk, Kleinindustrie, lokaler Markt), Entwicklung kommunaler Institutionen, Mobilisierung und Management nicht-natürlicher Ressourcen (Bildung, Gemeinschaftsunternehmen u.ä.; vgl. NL 316, S. 270ff.).

Mittlerweile sind die NGOs im Norden zu einer politischen Macht angewachsen. Sie haben 1990 gemeinsam über 5 Milliarden Dollar für Projekte, die Grundbedürfnisse befriedigen, ausgegeben (NL 315, S. 57). Dies ist zwar weniger als 10 Prozent des Geldes, das die Geberländer als offizielle Hilfe geben, sie erreichen aber wesentlich mehr, was die Linderung der Not der Armen betrifft. So wird geschätzt, während 6 Prozent der Kapitalhilfe und 17 Prozent der technischen Hilfe der bilateralen

Geberorganisationen die Armen erreichen, beträgt die Erfolgsquote der NGO-Projekte 60 bis 80 Prozent (NL 103, S. 162f.). Dies liegt offenbar daran, daß die offiziellen (bi- und multilateralen) Hilfsorganisationen immer noch davon überzeugt sind, daß die Entwicklung für die Armen eine Frage des Marktzugangs ist und innerhalb des bestehenden politischen Systems (autoritäre, unterdrückende Regierung, Ausbeutung der Armen durch die Reichen des Landes) machbar ist.

Hingegen sind sich alle Wissenschaftler und Experten darin einig, daß ohne Partizipation der Bevölkerung und ohne Zugang der Armen zu den Ressourcen keine Entwicklung möglich ist (vgl. NL 160, S. 227ff.; NL 244, S. 458, 488). Nicht alle, aber doch eine überwiegende Zahl der NGO-Projekte sind deshalb erfolgreich, weil sie einerseits Wert auf Partizipation legen, andererseits versuchen, den Armen Zugang zu den Ressourcen zu verschaffen.

Die Arbeit der NGOs und das Verhältnis zwischen den NGOs im Norden und im Süden sind nicht ohne Probleme und Widersprüche. Trotz des erklärten Willens der NGOs im Norden ist allein durch das Abhängigkeitsverhältnis zwischen Geldgebern und -nehmern ein gewisses Machtgefälle entstanden. Dies drückt sich unter anderem dadurch aus, daß die nördlichen NGOs in internationalen Gremien stärker vertreten sind. So sind nur 15 Prozent der über 500 NGO-Vertreter in ELOSOC, eine von der UNO gegründete Entwicklungsorganisation, aus dem Süden (NL 312, S. 78). John Clark listet in seinem sehr lesbaren Buch seitenlang die Fehler der Hilfsorganisationen sowohl im Norden als auch im Süden auf und macht Vorschläge, wie sie ihre gemeinsame Arbeit in Zukunft verbessern können (NL 62, S. 145ff., 235ff.).

Trotz aller Unterschiede, Eifersüchteleien, Konflikte untereinander, Angst und Scheu vor Behörden, Mangel an Koordination und geringer Finanzmittel leisten offenbar die NGOs bessere, wirksamere Hilfe als die staatlichen Organisationen. Zu diesem Ergebnis kommt der französische Soziologe Bertrand Schneider, der im Auftrag des Club of Rome mit einem Team 93 NGO-Projekte in drei Kontinenten untersucht hat. Schneider übersieht die Schwächen, Hindernisse und Mängel der NGOs nicht, er listet 9 Seiten lang Mißerfolge, fehlende

Kenntnisse, Hindernisse der NGO-Arbeit auf; dennoch kommt er zu dem Schluß, daß die NGOs mit einem Bruchteil des Geldes, daß die OECD-Länder insgesamt offiziell für Entwicklungshilfe ausgeben, die Lebensbedingungen der 2 Milliarden Menschen in den ländlichen Gebieten aller Entwicklungsländer wesentlich effektiver verbessern können. Um diese 2 Milliarden Menschen insgesamt zu erreichen, müßten die NGOs ihre gegenwärtige Arbeit um das Zwanzigfache ausweiten. Dafür reiche schon die Hälfte der gegenwärtigen OECD-Hilfsgelder (NL 274, S. 244 ff., 275). Voraussetzung dafür sei, daß die OECD-Länder die Ziele ihrer Hilfepolitik völlig ändern, und zwar:

1. Die Initiative für ländliche Entwicklung muß von Norden nach Süden verlagert werden,

2. der ländlichen Entwicklung muß der Vorrang vor der industriellen Entwicklung eingeräumt werden,

3. die Entwicklung des Lebensmittelanbaus muß Vorrang vor der Entwicklung des Agro-Exports haben,

4. die Entwicklung von Kleinprojekten muß der Politik der Großprojekte vorangehen und sich in eine Gesamtstrategie einfügen,

5. die Regierungen der Entwicklungsländer müssen Bodenreformen durchführen (NL 274, S. 260 ff.).

Bertrand Schneider hat in seinem Buch eine Reihe von NGO-Projektbeispielen vorgestellt (NL 274, z. B. 159 ff., 105 ff.). Es gibt zahlreiche weitere interessante Beispiele. Wer solche sucht, der kann in einigen Büchern wahre Fundgruben entdecken (vgl. NL 343, NL 262, NL 219, NL 316, NL 105, NL 145, NL 186, NL 309). Hier will ich 3 Fälle exemplarisch beschreiben. Es sind Beispiele für tatsächliche Hilfe zur Selbsthilfe, zur Armutsbekämpfung und für zukünftige Kooperation zwischen dem Süden und dem Norden.

Beispiel 1: Das Projekt Villa El Salvador in Peru bezeichnet Durning als »wahrscheinlich erfolgreichste Selbsthilfegruppe der Welt« (NL 105, S. 267). Dort haben die Armen aus eigener Kraft eine halbe Million Bäume gepflanzt, 26 Schulen, 150 Tagesstätten und 300 Straßenküchen gebaut und Sozialarbeiter ausgebildet. In einer völlig verlassenen Gegend haben die 300 000 Armen diese »shanty town« aufgebaut. Die Arbeit begann 1971. Trotz extremer Armut liegt hier die Kindersterblichkeitsrate 40 Prozent unter dem nationalen Durchschnitt, die Analphabetenrate beträgt nur noch 3 Prozent. Die Grundlage für diesen Erfolg ist das große Netzwerk der Frauengruppen und eine demokratisch strukturierte Verwaltung der Nachbarschaftshilfe, schreibt Timberlake (NL 309, S. 85f.).

Beispiel 2: In der Yatenga-Region in Burkina Faso in der Sahel-Zone ist die frühere Cash-crops-Produktion (Baumwolle) zusammengebrochen. »Die Erde ist weggetragen, die Bauern sind tot, die Brunnen sind trocken.« Die Leute in Yatenga standen mit dem Rücken zur Wand. Nach der Dürrekatastrophe 1973/74 ergriffen die Bauern Eigeninitiative, angeleitet durch den einheimischen Lehrer Bernard Lédéa Quedraogo. Es wurden kleine Dämme durch die ausgetrockneten Flußbetten gebaut, mit den bloßen Händen, Drahtgitter mit Steinen gefüllt, Erdwälle aufgeschüttet. Die Dämme sammeln den Regen, damit das Wasser in den Boden einsickern und Brunnen speisen kann, die dann für die Bewässerung genutzt werden. Die Dämme verhindern Wind- und Bodenerosion. Jetzt werden in Yatenga Gemüsearten, die im Sahel weitgehend unbekannt waren, angebaut: Kohl, Karotten, Zwiebeln, Knoblauch, Tomaten, Kartoffeln, Bohnen. In den Seen, die sich in der Regenzeit hinter den neuen Dämmen bilden, gibt es plötzlich Fische, die in der Trockenzeit in irgendwelchen Grotten verschwinden und beim nächsten Regen wieder auftauchen. Zwar wird dieses Projekt auch vom Norden – u.a. von der Deutschen Welthungerhilfe – finanziert, es ist aber ein rein afrikanischer Ansatz. Das Prinzip ist, so Quedraogo, mittlerweile Doktor der Entwicklungssoziologie: »Entwickeln, ohne zu zerstören, auf der Grundlage dessen, was der Bauer ist, kann, weiß und will.« (NL 18, S. 57ff.) Aus diesem Projekt ist mittlerweile die Bewegung NAAM entstanden. Von 1973 bis 1987 ist die Bewegung von 100 Gruppen auf über 2500 angewachsen. Ähnliche Bewegungen sind in anderen westafrikanischen Ländern entstanden (vgl. NL 251, S. 47ff.; NL 90).

Beispiel 3: die Bangladesh Grameen Bank. Bangladesh – etwa zwei Drittel größer als Österreich mit über 115 Millionen Einwohnern – ist eines der ärmsten Länder der Welt. Seit der Unabhängigkeit 1971 haben die internationalen Geldgeber das

Land mit mehr als 12 Milliarden Dollar überschüttet, für einen neuen Flughafen, neue Flugzeuge, das modernste Telefonsystem für die Hauptstadt usw. Die vergrößerte Kluft zwischen Arm und Reich war die Folge. Offensichtlich ist das Geld in die Taschen der Reichen geflossen. Wie mit den Hilfsgeldern die Reichen reicher, die Armen und Machtlosen noch ärmer und machtloser gemacht werden, hat Brigitte Erler dargestellt – das Beispiel der Handpumpen in Bangladesh ist besonders anschaulich (NL 126, S. 10 ff.). Trotz oder wegen der massiven »Hilfe« ist der Prozentsatz der unterernährten Familien von 62 Prozent (1975) auf über 80 Prozent (1984) gestiegen (NL 190, S. 18). 90 Prozent der Bevölkerung leben auf dem Land, 85 Prozent von der Landwirtschaft. Seit der Unabhängigkeit ist auch die Zahl der landlosen und fast landlosen Menschen in Bangladesh gestiegen, auf über 60 Prozent im Jahr 1984. Dennoch ist Bangladesh kein hoffnungsloser Fall, meinen Collins und Lappé, »das Land kann sich selbst ernähren, vorausgesetzt, daß die Produktion und Verteilung der Nahrungsmittel gerecht zugeht« (L 184, S. 31 f.).

Professor Yunus, ein Bangladeshi, der in Harvard Ökonomie lehrte, kehrte nach der Unabhängigkeit nach Bangladesh zurück und setzte seine Lehrtätigkeit an der Chittagong University fort. Er sah, daß die landlosen und fast landlosen Bauern (weniger als 0,2 Hektar Landbesitz) am meisten unter den Wucherern zu leiden hatten (aus diesem Grunde vergrößerte sich der Anteil dieses Bevölkerungsteils ständig). Da die Armen keine Sicherheiten vorzuweisen hatten, waren sie für die Banken nicht kreditwürdig und waren so den Wucherern ausgeliefert. Professor Yunus ging von der folgenden Hypothese aus: Wenn die Armen zu vernünftigen Konditionen mit Finanzmitteln versorgt werden, können sie ohne Außenhilfe selbst produktiv tätig werden (NL 172, S. 6).

1976 begann er mit eigenem Geld, mit 30 Takas (damals etwa 5 Mark) das Projekt. Das Ziel war nicht, die Armen mit billigen Krediten zu versorgen, sondern die Menschen sollten mit dem geliehenen Geld eine eigene Existenz aufbauen. In der Erprobungszeit 1976 bis 1979 war das Projekt so erfolgreich, daß es in die offizielle Entwicklungsplanung übernommen wurde. Jetzt ist die Regierung mit 60 Prozent der Finanzmittel an dem

Projekt beteiligt. Die ursprünglichen Regelungen sind bis jetzt beibehalten worden.

Das Prinzip ist einfach: Bevor jemand einen Kredit aufnehmen kann, muß er/sie mit 5 gleichgesinnten Personen eines Dorfes eine Gruppe bilden. Jedes Mitglied dieser Gruppe zahlt 3 Monate lang 1 Taka pro Woche. Da die Mitglieder der Gruppe meistens Analphabeten sind, werden sie während dieser Zeit unterstützt, Lesen und Schreiben – wenigstens zu unterschreiben –, Bankregularien, Buchführung zu lernen. Geholfen wird ihnen von den Mitarbeitern einer Bankeinheit. Zu einer Einheit gehört ein Feldmanager und mehrere Mitarbeiter, die 15 bis 22 Dörfer betreuen. In einem Dorf können mehrere Gruppen mit je 5 Personen gebildet werden. Die Bankmitarbeiter gehen von Dorf zu Dorf, suchen potentielle Kreditnehmer und bitten sie, eine Fünfergruppe zu bilden. Da die Gruppenmitglieder sich untereinander gut kennen, ist eine Unterwanderung durch Großbauern mit Hilfe eines Strohmannes nicht möglich. Jede Gruppe wählt einen Vorsitzenden und zwei Bedürftige aus, die zunächst, nach der Vereinbarungszeit, einen Kredit erhalten. Für die Rückzahlungssicherheit ist nicht das Individuum, sondern die gesamte Gruppe verantwortlich. Es werden meistens Kleinkredite – bis zu 2 000 Takas – mit einer Rückzahlungsverpflichtung innerhalb eines Jahres gegeben. Die Bank hat keine Zentrale, keine Geschäftszeit, die Kunden gehen nicht zur Bank, die Bank kommt zu den Kunden. Notfalls kann man auch um Mitternacht das Geld borgen. Die Rückzahlung erfolgt in Wochenraten. Das geliehene Geld wird innerhalb eines Jahres vollständig zurückgezahlt. Der Kreditnehmer muß 4 Wochen lang weiterzahlen, der 13. Monatsbetrag ist der Zinsbetrag und bildet das Kapital. Die einzelnen Fünfergruppen eines Dorfes bilden das Zentrum, dort finden wöchentlich Sitzungen statt. Das Zentrum übernimmt nach und nach die Verantwortung für das Geldgeschäft. Wenn die ersten Kreditnehmer einer Gruppe regelmäßig zurückzahlen, bekommen die anderen Mitglieder – nach einem bis mehreren Monaten – ebenfalls Kredite.

Was die Leute mit dem Geld machen – eine Milchkuh oder eine Ziege kaufen, eine Werkstatt oder einen Laden gründen, sich eine Rikscha für den Transport zulegen oder nur das Haus reparieren, entscheidet der Kreditnehmer selbst. Frauen und Männer bilden getrennte Gruppen. Zwei Drittel bis drei Viertel aller Kredite gehen an Frauen. Kredite sind zweckgebunden und werden auch für kollektive Vorhaben gegeben. In 6 Distrikten gab es Ende 1984 152 Bankeinheiten, die 2 268 Dörfer mit 121 051 Kunden betreuten (NL 81, S. 11). Die Aufteilung der Bereiche, für die Kredite vergeben wurden, sah 1983 so aus: Landwirtschaft 1,6 Prozent, Viehzucht und Fischerei 16,5 Prozent, Handwerk und Manufaktur 18,8 Prozent, Handel/Verkauf 50,1 Prozent, Verkehrsmaßnahmen 9 Prozent, kollektive Unternehmen 4 Prozent (NL 172, S. 48).

Die Erfolge können sich sehen lassen: Die Einkünfte der Kreditnehmer sind durchschnittlich jährlich um 700 Takas gestiegen. »Was das für unser Land bedeutet«, so ein Bankmitarbeiter, »kann man nur ermessen, wenn man sieht, wie viele überhaupt nichts haben.« (NL 190, S. 55) Es ist ein international vorzeigbares Projekt, das wirklich Hilfe zur Selbsthilfe leistet. Die Bank hat sich in kürzester Zeit weit verbreitet, dennoch erreicht sie zur Zeit nur etwa 5 Prozent aller Dörfer in Bangladesh. Angesichts der vorhin erwähnten Machenschaften der Reichen des Landes und der offiziellen internationalen Hilfsgelder, die kontraproduktiv agieren, bleibt abzuwarten, wie weit die Grameen Bank mit ihren bescheidenen Mitteln dagegen ankommt (NL 309, S. 147 ff.).

Die Partizipation und der Widerstand im Süden ist ohne Partizipation und Widerstand im Norden nicht möglich. Hier ist Widerstand notwendig, damit nicht die Steuergelder der Millionen in Gewinne der wenigen privatwirtschaftlichen Unternehmen umgewandelt werden können. Für jedes offizielle Projekt muß Rechenschaft von den Regierenden verlangt werden. Notwendig ist ebenfalls eine Offenlegung der Bewertungskriterien – wer von welchem Projekt begünstigt, wer benachteiligt wird. Die Regierenden müssen erklären, wie sie im Konfliktfall (Hilfe versus Eigeninteresse) sich entscheiden und warum. Es sollte für die Industrieländer möglich sein, mit Selbsthilfeprojekten des Südens zu kooperieren – die Niederländer und die Dänen können es (NL 190, S. 86 f.).

Nach einer Umfrage in den 12 EG-Ländern im Jahr 1987 sind 80 Prozent der Befragten von der Notwendigkeit der Entwicklungshilfe überzeugt und 78 Prozent außerdem davon, daß geholfen werden soll mit dem Ziel der Selbsthilfe und um die Armut zu beseitigen. Hingegen sind sie von der Wirksamkeit der staatlichen Hilfe gar nicht überzeugt (nur 11 Prozent glauben, daß diese Hilfe wirkt). Immerhin glauben 27 Prozent, daß die NGO-Hilfe wirksam ist (NL 107, S. 26, 34, 41). Wenn sie von der Wirkungslosigkeit der staatlichen Maßnahmen überzeugt sind, dann ist eine Partizipation, ein Mitspracherecht der Bevölkerung hilfreich, Ziel und Strukturen der Ministerien zu verändern. Paulo Freire schrieb 1980: »Authentisch ... ist nur die Hilfe, bei der die Beteiligten sich gegenseitig helfen und zusammen an Größe gewinnen in dem gemeinsamen Bestreben, die Realität zu erkennen, die sie verändern wollen. Denn nur in einer solchen Praxis, in der die Helfer und die, denen geholfen wird, sich gleichzeitig helfen, verkehrt sich der Akt der Hilfe nicht in Herrschaft des Helfers über den, dem geholfen wird.« (NL 138, S. 14)

Die Hälfte des Himmels – Frauen und Entwicklung

> »Wenn ich nicht weiß, wer ich bin ..., habe ich keinen Selbstrespekt, ich mag mich selbst nicht ... Wenn ich mich besser erkenne, kann ich anderen Leuten besser helfen und würde mir selbst helfen können.«
>
> Aus dem Erziehungsprogramm der honduranischen Frauen

Die Hälfte des Himmels gehört den Frauen, so sagt man. Dies mag stimmen, weil dies möglicherweise von dem Weltbevölkerungsanteil von 50 Prozent abgeleitet ist. Obwohl sie weltweit die Hauptenährer der Familie sind, mehr Arbeit als Männer leisten (65 Prozent aller geleisteten Arbeit), haben sie auf der Erde wenig zu melden. Der Frauenanteil am Einkommen beträgt weltweit nur 10 Prozent und am Eigentum fast nichts, nämlich 1 Prozent (NL 136; NL 103, S. 106f.). Gemessen an Männern (Index = 100), haben sie weniger Zugang zur Bildung (Grundschule 80, höhere Schule 72) und noch weniger zu Arbeitsplätzen, nämlich 52 (NL 103, S. 108f.). In Schwarzafrika leisten Frauen 80 Prozent aller Landarbeit, produzieren 70 Prozent der Nahrungsmittel und erhalten nur 5 Prozent der Entwicklungshilfe (NL 103, S. 108f.). Auf dem Land arbeiten Frauen 12 bis 16 Stunden pro Tag. Zu der täglichen Arbeit gehören Haushalt, Kindererziehung, Brennholz- und Wasserbeschaffung, Nahrungsmittelanbau und Produktion für den Markt (NL 103, S. 110f.; NL 240, S. 38f.). Obgleich sie für die Produktion von Nahrungsmitteln hauptverantwortlich sind, haben sie am allerwenigsten zu essen.

So leiden weltweit über die Hälfte aller schwangeren und 47 Prozent der nicht-schwangeren Frauen in den Entwicklungsländern (ohne China) an Anämie (NL 188, S. 116). Jährlich sterben etwa eine halbe Million Frauen in der Dritten Welt im Wochenbett, eine weitere Million – was im weiteren Sinne mit der Reproduktion zu tun hat – an Schwangerschaftskomplikationen, Abtreibungen und durch den unsachgemäßen Gebrauch von Verhütungsmitteln. Und noch einmal 100 Millionen tragen aus demselben Grund Krankheiten mit sich (NL 188, S. 109). Frauen und Mädchen sind Opfer sexuellen Mißbrauchs. In den Entwicklungsländern, in denen der Sextourismus blüht, wie zum Beispiel in Thailand, werden Frauen und Mädchen gezwungen, sich zu prostituieren – häufig im Kindesalter.

In vielen Ländern bekommen Frauen »traditionell« weniger Nahrung (NL 188, S. 115). Obwohl Frauen dort die Haupternährer ihrer Familie seien, heißt es in einem Bericht, »ließen ihre Ehemänner sie gewöhnlich nicht über ihr Einkommen verfügen. Was ihnen am Ende übrigbleibt, werde fast immer für die Kinder aufgewendet, während Männer ihr Geld für Alkohol, Tabak, Konsumgüter und andere Frauen ausgäben« (NL 136). ›Frauen, die letze Kolonie‹ heißt zutreffend ein Buch über Frauenfragen (NL 336).

Die Vergabepolitik der Geberländer, gepaart mit der Modernisierungseuphorie der einheimischen Regierungen, hat ein übriges getan, um die Frauen noch mehr in Bedrängnis zu bringen. So stellt Joyce B. Endely für afrikanische Frauen fest, daß verschiedene Entwicklungsmodelle – intensive, großangelegte Landwirtschaftsprojekte, integrierte Dorfentwicklungsprojekte, die grüne Revolution, die Landreform und Wiederansiedlungsprogramme – alle mehr negative als positive Auswirkungen auf die landwirtschaftlichen Tätigkeiten der Frauen hatten (NL 122, S. 132).

Ob ein Land kapitalistisch wie Nigeria oder sozialistisch wie Tansania ist, meint Endely, es haben alle afrikanischen Länder dieselbe Politik verfolgt: Es wurden mehr Aufmerksamkeit, höhere Priorität und mehr Ressourcen für agrarische Exportproduktion eingeräumt; Männer, nicht Frauen, wurden als Träger der landwirtschaftlichen Entwicklungsprogramme und -projekte anerkannt, mit der Folge, daß Männer für die kommerzielle Produktion, Frauen für die Subsistenzwirtschaft, zuständig für die Nahrungsmittelversorgung, eingeteilt wurden (NL 122, S. 132). Die Absurdität ging so weit, daß selbst in Regionen wie in Westafrika, in denen Frauen traditionell die Führungsrolle innehaben, nach demselben Prinzip gehandelt wurde: Männer wurden bei den landwirtschaftlichen Entwicklungsprojekten für den kommerziellen Anbau angeworben, Frauen bekamen Unterricht im Nähen.

Wie die Cash-crops-Produktion der Versorgung mit Nahrungsmitteln geschadet hat, haben Lloyd Timberlake und Ben Wisner – unabhängig voneinander – mit zahlreichen Beispielen anschaulich beschrieben (vgl. z.B. NL 308, S. 89 ff.; NL 343, S. 148 ff.). Diese Art von Entwicklung hat außerdem weitere Nebeneffekte: Je mehr die Cash-crops-Produktion mechanisiert wird, desto mehr Männer, die in diesem Sektor hauptsächlich beschäftigt sind, werden arbeitslos. Die Folgen sind: Entweder trinken sie noch mehr Alkohol – worunter die Frauen und Kinder zu leiden haben –, oder sie flüchten allein in die Städte. In Kenia zum Beispiel werden aus diesem Grund 40 Prozent der kleinbäuerlichen Haushalte auf dem Land und 60 Prozent der Haushalte in städtischen Slums von Frauen geführt (NL 340).

Auf internationalen Druck und wegen der zunehmenden Kritik aus den Frauenorganisationen begann eine Politik der Frauenförderung. Alle bi- und multilateralen offiziellen Hilfsorganisationen verkündeten wohlklingende Programme. Die Situationsanalyse und Ziele der Frauenförderung – nachzulesen in den überarbeiteten Leitlinien der OECD ›Frauen und Entwicklung‹, 1989 erschienen (NL 32, S. 115 ff.) – verraten das Unvermögen dieser Organisationen, sich auf Neues einzulassen und aus Fehlern zu lernen. Sie halten, so Wichterich, an einem Konzept nachholender Entwicklung fest. »Integration in die Entwicklung« war der Slogan für Maßnahmen, die den Frauen mehr von dem geben sollten, wovon sie bisher zu wenig hatten. So paßt die Frauenförderung die als defizitär definierten Frauen an Erfordernisse der Entwicklung, vor allem der Erwerbstätigkeit, an (NL 339).

Christa Wichterich beschreibt 3 Phasen der Frauenförderung:

1. Der »Häkelansatz«: Frauen wurden als Hausfrau und Mutter angesprochen. Mit Kursen für Hauswirtschaft, Hygiene und Ernährung, Nähen und Stricken wurden die Frauen im Süden traktiert.

2. Einkommenschaffende Maßnahmen (Marktintegration): Frauen wurden mobilisiert für die Lohnarbeit in den Plantagen für Cash-crops. Sie wurden ermutigt, Waren und Dienstleistungen aus dem informellen Sektor anzubieten. Es wurden Kredite vergeben an einzelne Personen oder an Gruppen für Nähmaschinen, Kleinviehzucht u. ä. (Hausfrauenkredite). Da aber nicht gleichzeitig eine Schulung für Management und Vermarktung stattfand, gerieten viele Frauen in Rückzahlungsschwierigkeiten.

3. Unterstützung der Selbsthilfeprojekte, der Eigenanstrengung der Armen: »Die vorhandene Mobilisierung von Frauen an der Basis wird als eine Art Feuerwehr zur Grundbedürfnisbefriedigung genutzt.«

Ebenso beunruhigend ist, daß auch bei dieser Unterstützung die Hilfsorganisationen nicht davon ablassen, die Träger und Trägerinnen der Projekte nicht als Subjekt, sondern als Objekt der Entwicklung zu sehen. So schlußfolgert Wichterich zu Recht, daß ohne ein »empowerment« der Frauen, einen wirklichen Zugang der Frauen zur Macht und zu den Ressourcen, keine Entwicklung möglich ist (NL 339). Ländliche Frauen haben keinen Zugang zu Bankkrediten. Nach einer Studie des IFAD haben lateinamerikanische Frauen keine Möglichkeit,

Bankkredite zu bekommen. Dies gilt nicht nur für 50 Millionen Frauen (jede vierte) in Lateinamerika, die in absoluter Armut leben, sondern auch für die, die bankübliche Sicherheiten vorweisen können (NL 342, S. 167).

Andererseits haben Frauen große Tatkraft und Initiative. Alle erfolgreichen, international vorzeigbaren Projekte ebenso wie solche, die nicht so bekannt, aber ebenfalls erfolgreich sind, werden entweder von Frauen geführt oder mehrheitlich von Frauen getragen. Dies trifft nicht nur für die erwähnten Projekte wie Villa El Salvador in Peru, NAAM in Burkina Faso oder Grameen Bank in Bangladesh zu, sondern auch für Centro de Desarrollo Vecina (CDV) in Cartagena/Kolumbien (NL 342, S. 169 ff.), die Grüngürtel-Bewegung in Kenia (NL 290, S. 127 ff.) oder die Chipko-Bewegung in Indien (NL 71, S. 141 ff.). Es gibt zahlreiche ähnlich erfolgreiche Projekte, die ausschließlich oder hauptsächlich von Frauen getragen werden. Beispiele findet man zuhauf in der Literatur (vgl. NL 336; NL 342; NL 191; NL 240).

Einerseits ist es erfreulich, daß viele herausragende Frauen durch die Basisbewegung der Frauen bewiesen haben, welche Führungsqualitäten Frauen besitzen, andererseits haben sie offenbar dieselben Schwierigkeiten wie Männer – die Stärke der Bewegung hängt häufig von einer charismatischen Figur ab. Dies ist problematisch für den Anspruch, eine Bewegung basisdemokratisch zu gestalten. Beispiel dafür sind nicht nur die Männer wie Yunus bei der Grameen Bank oder Sundarlal Bahuguna bei der Chipko-Bewegung, sondern auch Wangari Maathai bei der Grüngürtel-Bewegung, Ela Bhatt von der SEWA (Self Employed Women's Association, Ahmedabad/Indien) oder Medha Patkar von der Bewegung gegen den Narmada Staudamm. Die Leistungen dieser Persönlichkeiten sollen hier keineswegs geschmälert werden, aber der Widerspruch zwischen dem Anspruch und der Führungswirklichkeit bleibt.

Die UNO ruft von Zeit zu Zeit eine Dekade aus – unter dem Motto wie »Kinder«, »Wasser« oder »Frauen«. Häufig stellt man am Ende der Dekade fest, daß man das Ziel nicht oder nur halb erreicht hat. Eine solche Dekade hat aber auch eine positive Nebenwirkung: Die Aufmerksamkeit der Weltöffentlichkeit wird auf das Problem gelenkt. Die von der UNO deklarierte Frauendekade lief von 1976 bis 1985. 1984 entstand die Frauengruppe DAWN (Development Alternatives with Women for a New Era) in Bangalore, Südindien. Das Anliegen von DAWN war, die Entwicklung aus der Perspektive der ärmsten Frauen zu gestalten. Der Ausgangspunkt war mehr als nur eine Unzufriedenheit mit den bisherigen konventionellen Entwicklungsprojekten, die nach Meinung der dort versammelten 200 Frauen nicht nur an Männern orientiert (male bias) waren, sondern die Trennung Mann/Frau bei der ärmsten Bevölkerung sogar verschärft haben (NL 240, S. 21 ff.). Neben SEWA ist DAWN eine der erfolgreichsten Frauenorganisationen in Indien, die Projekte mit und für die ärmsten Frauen durchführen. DAWN hat eine Kategorisierung der Frauenorganisationen vorgenommen, die eine gewisse Allgemeingültigkeit besitzt. DAWN unterscheidet 6 Typen von Frauenorganisationen:

1. Traditionelle Frauenorganisationen – diese bestehen meistens schon seit langem, werden von den Mittelschichtfrauen unterstüzt und haben einen »Wohlfahrtsansatz«.

2. Frauengruppen, die Teil einer politischen Partei sind – wie beispielsweise die Frauengruppe des ANC in Südafrika.

3. Frauengruppen, die gewerkschaftlich organisiert oder einer Gewerkschaft angeschlossen sind wie SEWA in Indien.

4. Frauengruppen, die Projekte ausschließlich für die ärmsten Frauen entwickeln und durchführen (Kreditkooperativen gründen, einkommenschaffende Projekte und ähnliche andere Initiativen entwickeln, dafür Spendengelder organisieren usw.), wie etwa Villa El Salvador oder DAWN.

5. »Graswurzel«-Organisationen, die sich Problemen der Gesundheitsversorgung (Primary Health Care, PHC), Alphabetisierung, Gewalt gegen Frauen oder erweiterten politischen Fragen aus der Frauenperspektive widmen.

6. Organisationen, die sich mit Forschungen und Ressourcenmobilisierung beschäftigen und mit ihrer Arbeit politischen Einfluß auf die Regierungen und multilateralen Geberorganisationen ausüben (NL 240, S. 181 ff.).

Es ist als ein Erfolg der letztgenannten Typen zu bezeichnen, daß die international bekannten und vehementesten Kritikerinnen der bisherigen Entwicklungsarbeit in ein internationales

Gremium einberufen wurden, die die Geldvergabe für Projekte aus der Sicht der Frauen überwachen sollen: Wangari Maathai aus Kenia, Vandana Shiva aus Indien und Susan George aus den USA.

Noch eine Anmerkung zu dem Interessenunterschied der Frauen im Norden und im Süden: Während des Weltfrauenkongresses 1985 in Nairobi, als die Frauen aus den Industriestaaten den Schwestern aus dem Süden erklären wollten, welche Strategie sie gegen die Männer entwickeln sollen, sagte eine afrikanische Delegierte: »Euer Problem möchten wir haben«. Fatima Babiker Mahmoud formulierte es so: Es stimme zwar nicht, daß die Frauen in Afrika die Frauenunterdrückung durch den Kolonialismus erfahren haben. Diese gab es schon früher. Während Feministinnen aus dem Norden aber der sexuellen Freiheit eine hohe Priorität beimessen, halten die Frauen aus dem Süden Lösungen anderer Probleme für vordringlicher: Nahrungsmittelknappheit, Landraub, Krieg, Zwangsheirat und ethnische Rivalitäten. Nur wenn diese Unterschiede von beiden Seiten anerkannt und akzeptiert werden, so Mahmoud, sei eine weltweite Solidarität der Frauen möglich (NL 217, S. 146, 147).

Bevölkerungswachstum und Entwicklung

> »Wir können unentwegt atemlos laufen, um
> das Ziel zu erreichen. Wir bleiben
> auf der Stelle. Das Bevölkerungswachstum
> zehrt augenblicklich alle unsere
> Bemühungen auf«.
>
> Jawaharlal Nehru, 1950

Bis vor wenigen Jahren war eine Diskussion um das Bevölkerungswachstum noch sehr ideologiebeladen. Während die Konservativen immer mit dem Bevölkerungsgesetz von Thomas Malthus (1766–1834) argumentiert hatten, meinten die Linken, daß Malthus' ›Essay on the Principle of Population‹ (London 1820) durch die Kraft des Faktischen längst widerlegt worden sei. Bis 1960 war Hungersnot nicht so weit verbreitet und so akut wie heute. 1960 lebten schon dreimal mehr Menschen auf der Erde als in der Zeit von Malthus. 1960 gab es zwar auch Hungersnöte, diese waren jedoch – so meinten die Linken zurecht – eher ein Verteilungsproblem. So habe auch ich argumentiert. Wir haben vorgerechnet, Tschad etwa hat 3 Einwohner pro Quadratkilometer, die Niederlande 338, und haben gefragt, wer ist überbevölkert? Mittlerweile, seit 1960, hat sich aber die Weltbevölkerung fast verdoppelt. Das Verteilungsproblem hat sich ebenso verschärft. Wie schon dargestellt, haben die Industriestaaten mit ihrer Politik »wenig geben, viel nehmen« zur Verschärfung des Verteilungsproblems das ihrige schon beigetragen.

Wie viele Menschen sind zu viel? Tschad ist immer noch dünn besiedelt, und die Länder dieser Erde haben eine sehr unterschiedliche Einwohnerzahl pro Quadratkilometer: Tschad 4, Tansania 26, Guatemala 87, VR China 120, Brasilien 18, Indien 267, Bangladesh 750, Bundesrepublik 224, Japan 328, Niederlande 361 und Hongkong 5500. Wenn man von dem Grundsatz ausgeht, daß ein Land dann überbevölkert ist, wenn es seine Bevölkerung nicht ausreichend versorgen kann, dann sind Länder wie Japan, die Niederlande, die Bundesrepublik und sogar Hongkong nicht, aber Brasilien, Indien, Tansania und Tschad überbevölkert. Dies hängt natürlich mit der »kolonialen« Politik zusammen, aber gleichgültig, ob und wie diese verändert wird, eine erhebliche Verlangsamung des Weltbevölkerungswachstums ist ein maßgeblicher Faktor, die Weltprobleme der Energie, des Trinkwassers, der Waldrodung, der Nahrungsversorgung u. v. a. halbwegs zu lösen.

»Bis zu einem gewissen Grad hat jedes Land (Region, Familie) die Kapazität für einen Zuwachs an Menschen. Wo dieser ›gewisse Grad‹ liegt, ist von Land zu Land ... und auch im Zeitablauf verschieden.« (NL 211, S. 107) Dieser »gewisse Grad« ist dann erreicht, meinen die 3 internationalen Organisationen IUCN, UNFPA und WWF, die Spielregeln für eine dauerhafte Entwicklung und für das Überleben der Menschheit vorformulieren, wenn ein Land nicht in der Lage ist, pro Prozent des Bevölkerungswachstums 3 Prozent des Bruttonationalprodukts (BNP) zu steigern (NL 187, S. 45). Da aber das

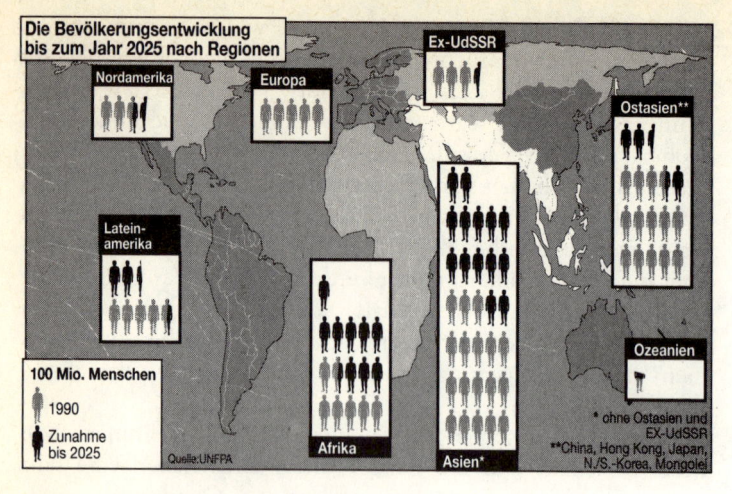

Die Bevölkerungsentwicklung bis zum Jahr 2025 nach Regionen

Martin Brinker

Wachstum Grenzen hat, wie wir schon seit über 20 Jahren wissen (vgl. NL 224, NL 38), ist diese Steigerung mehr als problematisch. So sind die Entwicklungsländer in eine Zwickmühle geraten. Für die Stabilisierung des Bevölkerungszuwachses haben die Industriestaaten etwa 200 Jahre gebraucht (NL 211, S. 207). Die Dritte Welt kann einerseits wegen der bekannten Probleme diese Entwicklung nicht nachahmen, andererseits muß sie den Zuwachs so schnell wie möglich bremsen. »Hohe Geburtenraten haben in verschiedenster Hinsicht entwicklungspolitisch unerwünschte Auswirkungen, sei es auf der Familienebene, für die gesamte Gesellschaft oder in globaler Hinsicht.« (NL 211, S. 107)

Global gesehen, sieht die Entwicklung des Weltbevölkerungswachstums so aus: Die Menschheit hat bis zum Jahre 1800 gebraucht, um auf eine Milliarde anzuwachsen. Für die zweite Milliarde waren immerhin 130 Jahre, für die dritte 30 Jahre, für die vierte 15, für die fünfte nur noch 12 Jahre nötig (NL 211, S. 42). Für die nächsten 3 Milliarden werden jeweils 11 Jahre ausreichen. Nach Berechnungen des UNFPA wird die Erde im Jahre 2025 8,5 Milliarden und im Jahre 2050 10 Milliarden Menschen zu ertragen haben (NL 313, S. 1). Dies ist eine mittlere Annahme. Da eine Zukunftsprojektion wegen vieler unbekannter Variablen überaus schwierig ist, geht das UNFPA von 3 Möglichkeiten aus: Wie sieht die Welt aus, wenn die Geburtenrate nicht allzuviel (hohe Rate), ein wenig (mittlere Rate) und gut (niedrige Rate) gedämpft werden kann (siehe Grafik).

Die verfügbare landwirtschaftliche Nutzfläche pro Person auf dieser Erde wird auf jeden Fall schrumpfen – und zwar je nach der Variante von der man ausgeht: von 0,29 Hektar pro Kopf (1988) auf 0,21 Hektar (niedrige Geburtenrate), 0,165 Hektar (mittlere Geburtenrate) oder gar auf 0,13 Hektar (hohe Geburtenrate). Bei dieser Berechnung des UNFPA (NL 313, S. 29) sind nicht einmal die Umweltschäden wie Wasser- und Brennholzknappheit, Verluste der Anbaufläche durch die Verwüstung und durch das Ansteigen der Meere mitberücksichtigt.

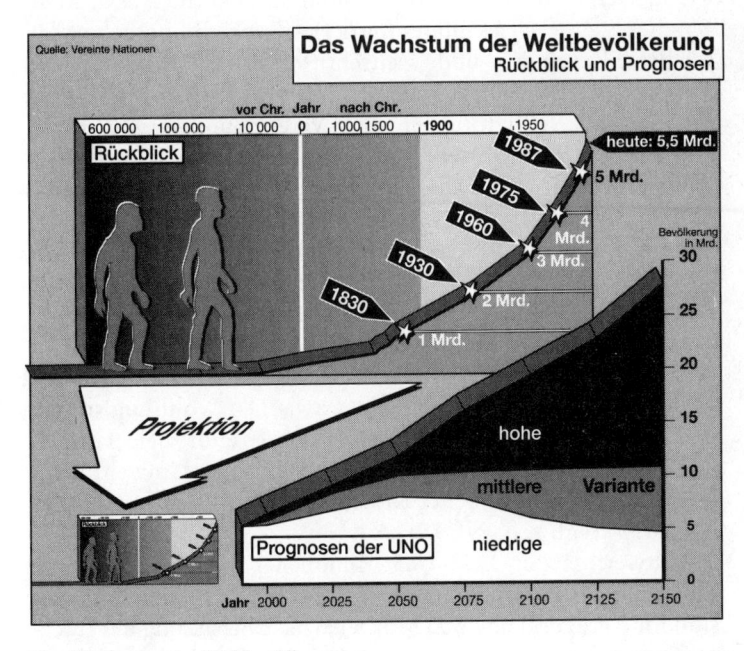

Das Wachstum der Weltbevölkerung

Martin Brinker

Diese Verluste sind weder durch eine noch intensivere Landwirtschaft noch durch Bio- und Gentechnologien wettzumachen. Im übrigen verliert der Boden weltweit durch intensive Landwirtschaft (grüne Revolution) an Fruchtbarkeit – in den letzten Jahrzehnten haben 10 Prozent der Anbauflächen ihre Ertragsfähigkeit schon verloren, weitere 24 Prozent sind »stark beeinträchtigt« (NL 320). Zwischen 1978 und 1989 blieb die Nahrungsmittelproduktion in 69 von 102 Entwicklungsländern, für die Daten verfügbar waren, hinter dem Bevölkerungswachstum zurück (NL 313, S. 28). Die Verschlechterung schreitet von Tag zu Tag voran. Jede Sekunde werden zur Zeit 3 Menschen geboren, jeden Tag 265000, 1,8 Millionen pro Woche, 97 Millionen im Jahr. 95 Prozent dieses Zuwachses gehen auf das Konto der Dritten Welt, 70 Prozent der Bevölkerungszunahme entfallen auf nur 20 Länder (NL 212, S. 26).

Die Beziehung Mensch/Natur kommt aus dem Gleichgewicht. Der Naturhaushalt wird ruiniert. Über die Auswirkungen dieses Zuwachses gibt es mittlerweile eine Bibliothek voller Bücher, Zeitungs- und Zeitschriftenartikel (vgl. NL 200, S. 47ff., 104ff., 118ff., 129ff., 161ff.; NL 199; NL 117; NL 276). Die Auswirkungen sind: Verelendung, Armut, Krieg und Bürgerkrieg, Wasser- und Energieknappheit, Hungersnot und vieles mehr – und alles hängt miteinander eng zusammen.

Nur eines der Probleme möchte ich hier aufgreifen: die Migration, die Flucht. »Neue Völkerwanderungen entwickeln sich zu einem der größten Weltordnungsprobleme«, schreiben die Autoren der ›Global Trends‹. »Sie sind Folge der Globalisierung von Produktionsstrukturen und Veränderungen auf dem Weltmarkt für Arbeit, aber auch demographischer Ungleichgewichte sowie des sozialen Gefälles zwischen Wohlstandsinseln und Armutsregionen.« (NL 281, S. 93) Es gibt viele Formen und Ursachen für die Flucht: Binnen-, Land-, Umweltflucht, legale und illegale Flucht; Krieg, Bürgerkrieg, autoritäre Regime usw. (vgl. z.B. NL 78).

Weltweit gab es 1992 18,5 Millionen grenzüberschreitende Flüchtlinge nach Schätzung der UNHCR (UN High Commission for Refugees) und 500 Millionen nach Schätzung des Internationalen Roten Kreuzes (NL 281, S. 93). Die Zahlen variieren je nach den Kriterien, die man anlegt, ob man zum Beispiel

Binnen- oder Umweltflüchtlinge mitzählt oder nicht. Im übrigen ist bislang – trotz aller Aufregung – Europa vom Flüchtlingsproblem relativ verschont geblieben. 80 Prozent aller Flüchtlinge werden von den Ländern der beiden ärmsten Kontinente Afrika und Asien aufgenommen (NL 78). Das Rote Kreuz schätzt, daß die Zahl der Umweltflüchtlinge im Jahr 2000 auf eine Milliarde steigen wird (die Weltbankschätzung: 200 Millionen; NL 281, S. 93). Alle Experten sind sich darin einig, daß sich Europa trotz aller Anstrengungen, Tricks und raffinierter Gesetze gegen einen Massenansturm nicht wird schützen können (vgl. NL 276, S. 153f.).

In den Entwicklungsländern explodieren vor allem die Städte. 1960 waren nur 3 der 10 größten Städte der Erde in der Dritten Welt, im Jahr 2000 werden nur noch 2 der 10 größten in den Industriestaaten zu finden sein (NL 200, S. 161f.; NL 276, S. 152). 1950 war das Verhältnis von Stadt- zu Landbevölkerung 1 zu 3, im Jahr 2000 wird das Verhältnis 1 zu 1 sein (NL 313, S. 21). Als Indien 1947 unabhängig wurde, gab es dort nur 4 Städte mit über 1 Million Einwohnern, 1991 waren es bereits 18 (NL 155, S. 46f.). Die Bevölkerung von Städten wie Mexico City, São Paulo, Kalkutta oder Bombay wächst alle 2 bis 3 Jahre um die Größe von München.

Durch die Arbeits-, Boden-, Besitzlosigkeit und Armut ist die Landflucht das größte Problem geworden. Ist die »B-Bombe«, wie Paul Ehrlich meint, gefährlicher als die A- oder H-Bombe (NL 114)? Es gibt zahlreiche Theorien, auch umstrittene wie die von Malthus über das Bevölkerungswachstum (vgl. z.B. NL 211, S. 93ff.), und Erkenntnisse darüber, wie man die Wachstumsrate erheblich verlangsamen kann. »Die Erfahrung der letzten 2 Jahrzehnte hat gezeigt«, meint der Bevölkerungsfonds der UN, »daß sich das Reproduktionsverhalten durchaus innerhalb eines Jahrzehnts verändern kann« (NL 313, S. II) – unter bestimmten Voraussetzungen. Die einfachste Voraussetzung ist, die unfreiwilligen Schwangerschaften zu vermeiden. Man kann davon ausgehen, daß etwas mehr als ein Fünftel der in den Entwicklungsländern geborenen Kinder unerwünscht sind, meint der UNFPA. Etwa 300 Millionen Frauen im gebärfähigen Alter haben keinen Zugang zu Maßnahmen der Familienplanung (NL 313, S. 7).

Die Formen der Familienplanung können sehr unterschiedlich sein. Indien hat vielleicht die längsten Erfahrungen – seit 1951 – mit Familienplanungsprogrammen; der Erfolg ist sehr mäßig. Indien hat mit diesen Programmen Frauen eher als Objekte behandelt. Dies gipfelte darin, daß die Regierung Indira Gandhis Mitte der siebziger Jahre mit Massensterilisation und Zwangsoperationen nach dem dritten Kind begann (NL 200, S. 78). Die Folge war Ablehnung, die Regierung wurde 1977 abgewählt. Thailand hingegen behandelt die Frauen als Subjekt, arbeitet mit Schwangerschaftsverhütung auf freiwilliger Basis. Thailand hat auf eine große Aufklärungskampagne, die Verteilung von Millionen von Verhütungsmitteln und auf finanzielle Anreize gesetzt – mit einem durchschlagenden Erfolg. Die durchschnittliche Kinderzahl einer Frau ist von 6,14 (1965–1970) auf 2,2 (1987) zurückgegangen (NL 313, S. 13). Das »Schweinezuchtprogramm« ist ein Beispiel des finanziellen Anreizes. Die halbstaatliche Institution PDA (Population and Development Association) bietet Frauen junge Schweine an. Von verbilligten Futtermitteln bis zur Mast und Vermarktung bekommen Frauen Vergünstigungen, die dann entfallen, wenn die Frau während dieser Zeit schwanger wird (NL 135, S. 9). Andere Länder haben mit anderen Formen Erfolge vorzuweisen. Am Beispiel von 7 Ländern beziehungsweise Regionen weisen Lappé und Schurmann nach, daß dort die Geburtenrate in 25 Jahren (1960–1985) zwischen 35 und 53,5 Prozent zurückgegangen ist (NL 207, S. 55 ff.).

Es gibt viele Faktoren, die die Geburtenrate beeinflussen, wobei die Ursachen und Auswirkungen schwer auszumachen sind. Dazu zählen Einkommensverhältnisse, Mütter- und Säuglingssterblichkeitsrate usw. Lappé und Schurman weisen am Beispiel Kerala/Indien nach, daß dort Einkommensverhältnisse eine geringere Rolle spielen (NL 207). Unter den Experten gibt es keine Meinungsverschiedenheiten, daß die bessere Bildung der Frauen, bessere Gesundheitsfürsorge und eine nennenswerte Alterssicherung die Geburtenrate massiv zurückgehen lassen (vgl. z. B. NL 313, S. II). Selbst die Weltbank erkennt, daß die Frauenbildung der wichtigste Faktor ist (NL 26). »Lateinamerikanische Studien weisen aus«, schreibt Schöps, »daß die Geburtenrate von Frauen, die keine Schule besucht haben, dreimal höher ist als die Quote der Schulabsolventinnen. In Brasilien etwa macht das im Durchschnitt ein Gefälle von 6,5 zu 2,5 Kindern.« (NL 276, S. 148)

Entgegen der Annahme der Weltbank meinen Lappé und Schurman, daß Frauen durch Bildung nicht mehr Aufklärung über Verhütungsmethoden erfahren, die sie auch ohne formale Bildung kennen. Frauenbildung bedeutet mehr Ansehen, mehr Mitspracherecht und Zugang zur Macht, und zwar auf allen Ebenen – von der Familie über die Kommune bis zur politischen Entscheidung in nationalen und internationalen Gremien (NL 207, S. 18). Durch die Bildung erwerben Frauen einen anderen Status, und das ist maßgebend. So lautet die erste Forderung der 3 internationalen Organisationen, um eine Stabilisierung der Weltbevölkerung zu erreichen, müsse der Status der Frauen in der Gesellschaft verbessert werden (NL 187, S. 49ff.). Dafür stehen aber die Aussichten nach wie vor schlecht. Wie schon im Abschnitt über Frauen und Entwicklung erwähnt, haben Frauen und Mädchen weniger Zugang zur Schule als Männer.

Der Erfolg des internationalen Kampfes gegen das Analphabetentum ist ein sehr relativer. In den Entwicklungsländern ist zwar die Analphabetenrate von 55 Prozent (1970) auf 39 Prozent (1985) zurückgegangen, die Gesamtzahl aber ist von 842 Millionen auf 907 Millionen gestiegen (NL 313, S. 7). Für den Bildungsbereich geben diese Länder im allgemeinen wenig Geld aus, noch weniger durch das SAP des IWF. Das meiste Geld für Bildung gilt der höheren Bildung für die Privilegierten. Für die Grundbildung – worauf es ankäme – bleibt wenig übrig. Wie miserabel der Bildungsbereich ist, habe ich andernorts dargestellt (NL 70; NL 69). Die Geberländer tragen insgesamt nicht viel bei. Die Weltbank verkündet wie die nationalen Regierungen von Zeit zu Zeit höhere Ziele. Beispielsweise hat die Bundesregierung Deutschland erklärt, daß sie Frauenbildung und -ausbildung, insbesondere die funktionale Alphabetisierung, fördern wird (NL 32, S. 34). Tatsache ist aber, daß von der gesamten Entwicklungshilfe aller OECD-Länder nur 0,4 Prozent der Grundbildung zugeflossen sind (NL 76, S.m). Widersprüche über Widersprüche.

Umwelt und Entwicklung

»Die Natur hat genug, um uns alle zu ernähren, aber nicht genug, um die Gier weniger zu stillen.«

Mahatma Gandhi

Wenn die Menschheit das Jahr 2100 noch erleben sollte, wird sie feststellen, daß das Ende des 20. Jahrhunderts mehr durch Versagen als durch Erfolge gekennzeichnet gewesen sei, schreibt Don Hinrichsen (NL 165, S. 5). Die achtziger Jahre waren gewissermaßen Ökojahre. Es sind so viele Bücher, Berichte, Zeitungs- und Zeitschriftenartikel über Umweltprobleme erschienen, daß man kaum den Überblick behalten kann. Man weiß mittlerweile ziemlich genau Bescheid über Probleme wie Erderwärmung, Treibhauseffekt, Ozonloch, Vernichtung des Regenwaldes, Haus- und Giftmüll usw. Man ist allenfalls unsicher, ob im Jahre 2030 der Temperaturanstieg 1 Grad oder 3 Grad Celsius betragen wird, weil viele beeinflußbare Faktoren eine Rolle spielen (NL 79, S. 58; NL 182, S. 36 ff.).

Aber bereits ein Anstieg von 2 Grad Celsius kann verheerende Folgen haben. Nicht nur die Inselkette der Malediven, sondern auch weite Teile von Ländern wie Bangladesh, Ägypten oder der Niederlande werden spurlos verschwinden. 75 Prozent der Bevölkerung in Südostasien und 60 Prozent der Weltbevölkerung leben an den Küsten im Randbereich von 100 Kilometern. Die Ausdehnung der Meere durch die Erderwärmung wird einen unvorstellbaren Flüchtlingsstrom auslösen (NL 79, S. 58). An der Erderwärmung sind die Treibhausgase schuld, hauptverantwortlich ist der Ausstoß von Kohlendioxid (CO_2) durch Verbrennung von fossilen Brennstoffen. An diesem Ausstoß hatten die Industriestaaten in den letzten 150 Jahren einen Anteil von rund 90 Prozent und an FCKW, hauptverantwortlich für das Ozonloch, rund 98 Prozent. Auch heute noch produzieren sie, so Ernst Ulrich von Weizsäcker, über 70 Prozent der CO_2-Emmison und über 95 Prozent des FCKW (NL 332, S. 202).

Ein anderes Beispiel ist der Regenwald: Über den Kreislauf und die ökologische Bedeutung wissen die Experten inzwischen ebenfalls ziemlich genau Bescheid. Der Regenwald reguliert weltweit das Klima, den Regenfall, die Flüsse und Wasserquellen, schützt uns und den Boden vor der Verwüstung. 50 Prozent aller Lebewesen werden vom Regenwald beherbergt (NL 21, S. 35; NL 287, S. XV). Auf etwa 6 Quadratkilometern Regenwald sind 1500 verschiedene Arten von Blumen, 750 Arten von Bäumen, 125 Säugetierarten, 400 Vogelarten, 100 Arten von Reptilien, 60 Arten von Schwimmvögeln, 150 Arten von Schmetterlingen zu finden. Etwa 50 Prozent aller Grundsubstanzen von Medikamenten, die wir heute kennen, stammen aus Heilpflanzen des Regenwaldes, von denen überhaupt erst 1 Prozent erforscht sind. Dennoch vernichten wir Jahr für Jahr – jedes Jahr ein wenig mehr – den Regenwald aus Gewinnsucht. Bis 1950 verschwanden etwa 100 Millionen Hektar Regenwald, diese Zahl erhöhte sich auf das Doppelte bis 1975. Laut einer FAO-Studie wurden in den Jahren 1981 bis 1990 154 Millionen Hektar Tropenwald abgeholzt. Diese Zerstörung nimmt jedes Jahr zu: 1980 11,4 Millionen Hektar, 1990 15,4 Millionen Hektar (NL 335).

An der Vernichtung des Regenwaldes sind die Industrieländer nicht unwesentlich beteiligt. Eine ausführliche Beschreibung findet man hierüber in dem Buch ›Raubmord am Regenwald‹ (NL 21). Hier seien nur zwei Hauptursachen, die miteinander zusammenhängen, erwähnt: Wegen der Schuldenkrise sind viele Entwicklungsländer mit Regenwald darauf angewiesen, aus dem Regenwald Geld zu machen, zum Beispiel durch den Holzexport. Der internationale Tropenholzhandel ist etwa zu 50 Prozent an der Zerstörung beteiligt. Und weitere Verluste entstehen durch Abfällen und Transporte. 48 Prozent der Exporte gehen nach Japan, 40 Prozent nach Europa (NL 21, S. 75). Ebenfalls mit dem Verschuldungs- und Exportproblem hängen die Ausbeutung von Rohstoffen (Mineralien) und die Straßenbauten (wie der RU 482 in Amazonien/Brasilien) zusammen.

Die Entwicklungsländer – genauer gesagt, deren Regierungen – sind an der Zerstörung des Regenwaldes nicht weniger schuldig, weil sie im Interesse der Großgrundbesitzer nicht wagen, eine Landreform durchzuführen. Sie lassen lieber den Regenwald roden und landlose, arme Bauern ansiedeln. Abgesehen von folgenreichen Umweltschäden, ist diese Art der Problemlösung sehr kurzsichtig, da der gerodete Regenwaldboden in wenigen Jahren unfruchtbar, für die landwirtschaftliche Nutzung ungeeignet wird. Also müssen die Menschen weitere Wälder roden. Diese Politik wird in Lateinamerika im allgemeinen und in Brasilien im besonderen praktiziert. Ähnlich verfährt auch die indonesische Regierung (NL 141, S. 222 ff.). Meyer-Abich spricht vom Öko-Kolonialismus (NL 232).

Des weiteren spielt die Energieversorgung – für Kochen und Heizen – eine große Rolle. 70 Prozent des Energiebedarfs – auf dem Land sogar bis zu 98 Prozent – werden in den Entwicklungsländern durch Holz (Brennholz, Holzkohle) gedeckt. Dennoch ist entgegen der landläufigen Meinung der Anteil an der Zerstörung des Regenwaldes für diesen Zweck relativ gering (vgl. NL 21, S. 75; NL 243, S. 20; NL 208, S. 14), er liegt unter 25 Prozent. Der Grund dafür ist, daß die Menschen, die mit und vom Wald leben, behutsam mit ihrer Lebensgrundlage umgehen. Freilich steigt mit dem Bevölkerungswachstum die Gefahr an.

Ähnliche Beispiele kann man endlos hinzufügen. Hier wird auf die Literatur im Anhang verwiesen. Darin findet man sowohl eine Behandlung des Zusammenhangs Umwelt und Entwicklung, Ökologie und Ökonomie im allgemeinen wie auch einzelner Umweltprobleme. Die Beispiele Treibhausklima und Regenwald sollen genügen, um zu verdeutlichen, wie alles mit allem zusammenhängt und warum ein Paradigmenwechsel notwendig ist. Mit dem Paradigmenwechsel ist gemeint, daß Wissenschaftler, die monokausale Lösungen für Probleme anbieten, ausgedient haben. Der amerikanische Ökonom Solow, der für seine Verdienste 1987 den Nobelpreis bekam, hat zum Beispiel gemeint, daß die Wirtschaft auch ohne jegliche natürliche Ressource wachsen kann. Insofern wäre es zwar ein Ereignis, wenn alle natürlichen Ressourcen verschwinden würden, so Solow, aber keine Katastrophe (NL 286, S. 342). Ich kann das nur für absurd halten.

Die meisten Wissenschaftler haben von dieser Art kurzsichtiger und arroganter Problemlösung schon längst Abschied genommen. Sie begnügen sich nicht mehr mit Analysen von Fehlern, sondern machen konkrete Vorschläge. So bietet Ernst Ulrich von Weizsäcker realpolitische Lösungsansätze an: Die Preise müssen die Wahrheit sagen (die Umweltkosten sollen auf die Preise umgeschlagen werden), ökologische Steuerreform durchführen (Steuern müssen gerecht verteilt werden), eine wirtschaftverträgliche Umweltpolitik gestalten (vorab miteinander reden, nur Handlungsrahmen festlegen, international harmonisieren, langfristig und berechenbar bleiben, effiziente Instrumente einsetzen; NL 332, S. 141 ff., 157 ff., 174 ff.).

Es gibt auch keinen Zweifel daruber, was jetzt sofort getan werden muß: »Das einzige, was uns keinesfalls erspart bleibt«, schreibt McKibben, »ist die sofortige und drastische Reduzierung unseres Verbrauchs von fossilen Brennstoffen.« (NL 223, S. 199) »Mindestens zwei Bedingungen sind unbestreitbar«, meinen die Autoren des Worldwatch-Instituts-Berichtes, »wenn das Bevölkerungswachstum nicht gedämpft und das Klima nicht stabilisiert wird, wird es wohl kein Ökosystem auf Erden mehr zu retten geben.« (NL 44, S. 28) Die radikale Ökofeministin Vandana Shiva bezeichnet die Marktwirtschaft als patriarchalisch, reduktionistisch und zerstörerisch, die in der Natur eine zu vergewaltigende Frau sieht. Diese Wirtschaft sieht im Wald nur Bäume, in den Bäumen nur Zellulose, woraus Papier hergestellt werden kann. Das einzige Ziel der Marktwirtschaft ist, mit den Ressourcen Gebrauchsgüter für den Markt zu produzieren und Kapital anzuhäufen.

Die Umweltkrise liegt in einer falschen Vorstellung von Entwicklung begründet. Mit der Wachstumsideologie haben die Entwicklungsländer versucht, alle ihre Ressourcen in Gebrauchsgüter umzuwandeln, um auf dem Weltmarkt zu verkaufen (NL 287, S. 3, 4, 9, 17, 23). Die Produktion von Gebrauchsgütern ist enorm gestiegen, aber parallel dazu ist die Natur geschrumpft. Die Menschen haben nun genug von dieser Art der Entwicklung, sie möchten leben (NL 287, S. 13). Die Wirtschaftswissenschaftler müssen zur Kenntnis nehmen, daß die Menschen, die im Wald von der Subsistenzwirtschaft leben, nicht zwangsläufig arm sind, weil sie alles Lebensnotwendige – Nahrung, Wasser, Brennholz, Futtermittel, Heilpflanzen – dort finden. Sie werden aber arm, wenn man sie ihrer natürlichen Ressourcen beraubt (NL 287, S. 5, 10; NL 286, S. 342f.).

Es gibt sogar ein Umdenken auch bei den Industriemanagern, wie die Publikationen des Club of Rome (der zum größten Teil von den weltgrößten Industriegiganten finanziert wird) oder das Buch von Stephan Schmidheiny, ebenfalls ein Industriemanager, zeigen. Schmidheiny schlägt konkret vor, wie die Produkte der Agroforestry gefördert werden können (NL 273, S. 285 ff.). Nur die Politiker vollziehen nicht die notwendige Umkehr.

Sie, die Vertreter der Nationalregierungen – ob im Norden oder im Süden –, sind offenbar damit beschäftigt, ihre Macht abzusichern. Deshalb bieten sie häufig Lösungen für Probleme an, die sie selbst verursacht haben, oder rufen bei der Verwirklichung dieser Lösungen langfristig mehr Schaden als Nutzen hervor. Die weltweite Politikverdrossenheit ist nur ein Symptom dafür. Zu alledem geht die Schere zwischen dem, was die Politiker sagen, und dem, was sie tun, wie in anderen Bereichen – der Entwicklungshilfe zum Beispiel – immer weiter auseinander.

Die zweite Umwelt-Konferenz (UNCED, UN Conference on Environment and Development) 1992 in Rio ist dafür ein gutes Beispiel. Die Vorbereitung der Rio-Konferenz hat über 10 Jahre beansprucht. In der Vorbereitungsphase schien es so, als ob die Kontroversen zwischen den Regierungen von Nord und Süd ausgeräumt seien. Auf der Konferenz selbst stritten die Regierungen der beiden Lager, immer auf Eigenvorteil bedacht, aber so sehr, daß eine gemeinsame Abschlußerklärung in Frage gestellt wurde.

Schließlich gab es zwar eine solche, diese wurde aber so verwässert, daß die nicht-staatlichen Organisationen aus Nord und Süd gemeinsam protestierten. Deshalb wurden sie von der offiziellen Konferenz ausgeschlossen. Sie veranstalteten eine Gegenkonferenz, ebenfalls in Rio, aber 20 Kilometer entfernt und ohne Verbindung zur offiziellen Konferenz.

Es gibt einige Lichtblicke.

Unter den Politikern ist Al Gore eine Ausnahme. Der 1992 neugewählte Vizepräsident der USA hat ein konzeptionell beachtliches Buch geschrieben, ›Wege zum Gleichgewicht‹, in dem er für ein gemeinsames Ziel und für einen globalen Marshallplan plädiert (NL 146, S. 267ff.). Allerdings hat er das Buch noch vor seiner Wahl geschrieben. Wieweit er beziehungsweise die Clinton-Regierung in der Lage sein wird, diese Ziele in Realpolitik umzusetzen, kann erst die Zukunft zeigen.

Ein Fortschritt ist auch, daß eine neue UN-Kommission mit Vertretern mehrheitlich aus den Entwicklungsländern gebildet worden ist (NL 247). Normalerweise enthalten Abschlußerklärungen der internationalen Konferenzen nur Absichten (goodwill) und bleiben meistens unverbindlich. Selbst wenn diese von Nationalparlamenten ratifiziert werden, gibt es kaum Schutz, daß die Paragraphen unterlaufen oder verletzt werden. Es gibt selten ein neutrales Gremium, das diese überwacht und gegebenenfalls einklagt. Diese neue UN-Kommission soll die Umsetzung der Agenda 21 von Rio überwachen. Allerdings ist nicht klar, wer die auf 625 Milliarden Dollar geschätzten Kosten der Umsetzung tragen soll.

Und schließlich gibt es Ansätze, gezielter als bisher auf die Praxis einzuwirken. Die schon erwähnte Definition von der dauerhaften Entwicklung der Brundtland-Kommission wurde verschiedentlich deshalb kritisiert, weil die Vorgaben (Armut bekämpfen, die Wirtschaft umweltgerecht umgestalten) nicht konkret genug seien. Jetzt haben 3 internationale Gremien: IUCN (die Welt-Konservations-Union), UNEP (das UN-Umweltprogramm) und WWF (World Wide Fund for Nature) mit Unterstützung von 33 weiteren nationalen und internationalen Organisationen 9 Prinzipien mit konkreten Aktionsvorschlägen für jedes Prinzip ausgearbeitet, um diese Definition in die Praxis umzusetzen:

1. Respekt und Fürsorge für Lebensgemeinschaften,
2. Verbesserung der Qualität des menschlichen Lebens,
3. Erhaltung der Vitalität und Vielfältigkeit der Natur,
4. Reduzierung des Verbrauchs der nicht erneuerbaren Ressourcen,
5. Einschränkung der Geburtenrate auf die tragfähige Kapazität der Natur,
6. Veränderung der persönlichen Einstellungen und Praxis,
7. Maßnahmen dafür, daß die Kommunen selbst für ihre Umwelt sorgen können,

8. Schaffung nationaler Rahmenbedingungen für eine Integration von Erhaltung und Entwicklung,

9. Bildung einer weltweiten Allianz.

Die Autoren begnügen sich nicht damit, diese Prinzipien zu neuen Verhaltensnormen zu erheben, sondern zeigen Schritt für Schritt, wie jedes dieser Prinzipien in die Praxis umgesetzt werden kann. Ein sehr lesens- und empfehlenswertes Buch (NL 187).

6. Was tun?

Angesichts der Fülle von Problemen ist man häufig ratlos. Was kann ich als ein Individuum tun gegen diese Ungerechtigkeit, ist die am häufigsten gestellte Frage. Man kann auch als ein Individuum eine ganze Menge tun. Es gibt zwei englischsprachige Bücher, die konkrete Vorschläge unterbreiten, wie man sich im Alltag verhalten soll und in verschiedenen Bereichen engagieren kann. Die Bücher sind zwar für den Leser des eigenen Sprachraums geschrieben, sie sind aber übertragbar (NL 214; NL 341). Ich möchte hier einige allgemeine Hinweise geben.

Auf individueller und privater Ebene

Bewußt einkaufen und sich bewußt ernähren: Vermeiden Sie, Produkte zu kaufen, deren Herkunft und Herstellungsprozesse Ihnen nicht bekannt sind oder von denen Sie wissen, daß diese entweder den Produzenten oder dem Land in der Dritten Welt schaden (Möbel aus Tropenholz, Blumen u. ä.).
Versuchen Sie, weniger Fleisch zu essen. Ein Drittel unseres Fleischkonsums würde völlig genügen. Kaufen Sie Fleisch dort, wo Sie wissen, daß die Produzenten Futtermittel aus der Dritten Welt, Chemikalien etc. vermeiden, zum Beispiel Produkte der AbL (Arbeitsgemeinschaft bäuerlicher Landwirtschaft). Dies gilt auch für Eier, Gemüse oder Kartoffeln.
Unterstützen Sie die örtlichen Dritte-Welt-Läden. Sie können dort Kaffee, Tee, Honig, Gewürze, Kleidung, Spielzeug, Lederprodukte kaufen. In der Regel erhalten die Produzenten aus der Dritten Welt viel mehr Geld, als sie von normalen Läden oder Handelsketten erhalten. Wo sich der nächste Dritte-Welt-Laden in Ihrem Ort befindet, können Sie entweder von der Verbraucherzentrale oder von der Dachorganisation GEPA (Hauptsitz in Deutschland in Schwelm) erfahren. Es gibt aber auch andere Ladenketten, in denen Sie ohne Bedenken einkaufen können. Eine Liste solcher Ladenketten erhalten Sie von der Organisation Transfair (Hauptsitz in Köln).

Gehen Sie sparsam mit Energie und Wasser um, vermeiden Sie Müll, wo immer es möglich ist. Die Verpackungen mit dem grünen Punkt sind nicht unbedenklich. Das System trägt nicht zur wirklichen Müllvermeidung bei.

Steigen Sie vom individuellen Verkehrsmittel, also vom Auto, auf öffentliche Verkehrsmittel (U-, S-Bahn, Bus, Bahn) um. Wenn es sich gar nicht vermeiden läßt, dann schließen Sie sich Fahrgemeinschaften an und achten Sie darauf, daß das Auto weniger umweltschädlich ist (mit Katalysator, niedriger Benzinverbrauch).

Sprechen Sie über ihre neuen Erkenntnisse, veränderte Lebensweise in Ihrem Freundes- und Bekanntenkreis.

Auf organisatorischer Ebene

Für jedes Problem dessen Sie sich annehmen wollen – wie zum Beispiel Hunger, Handel, Verschuldungskrise, Umwelt, Frauen, Kinder, Gesundheitsfürsorge, Menschenrechte, Flüchtlinge, Öffentlichkeits- und Bildungsarbeit, gibt es mindestens eine Organisation in der Bundesrepublik Deutschland. Auch in Ihrer Nähe. Sie können sich je nach Ihrem Interesse einer Organisation anschließen und je nach Ihren Möglichkeiten dort mitarbeiten. Viele dieser privaten Organisationen haben eigene Projekte in der Dritten Welt, häufig zu einem bestimmten Bereich. Sie können sich speziell für ein Projekt und die dazugehörige Öffentlichkeitsarbeit einsetzen. Bevor Sie sich aber für ein Projekt entscheiden, erkundigen Sie sich, worum es geht, wer von dem Projekt profitiert und ob und wieweit die Betroffenen selbst ein Entscheidungsrecht über Planung, Durchführung und Auswertung des Projekts haben. Wie erwähnt, meinen alle Experten übereinstimmend, daß die örtliche Partizipation in dem jeweiligen Land eine unabdingbare Voraussetzung für ein erfolgreiches Projekt ist. Die lokale Bevölkerung muß selbst über das Projekt, über die Relevanz des Projekts, Zeitabläufe, Vorgehensweise und über den Prozeß entscheiden können (vgl. z. B. NL 262, S. 192 ff.).

Spenden sind wichtig. Manche, besonders kleine Organisationen können ihre begonnenen Projekte nur weiterführen, wenn ausreichende Mittel durch Spenden hereinkommen. Bevor Sie sich für die Unterstützung einer Organisation entscheiden, erkundigen Sie sich, ob diese Organisation auch seriös ist und welche Art von Projekten sie unterstützt. Mittlerweile sind 25 bis 33 Prozent aller Organisationen, die für die Dritte Welt Geld sammeln, bedenklich bis betrügerisch. Ob eine Organisation seriös ist, erfahren Sie über die großen und kleinen, aber bekannten Organisationen. Sie können in Zweifelsfällen Informationen beim BUKO einholen. Der BUKO (Bundeskongreß entwicklungspolitischer Aktionsgruppen) mit Sitz in Hamburg und Bremen ist die Dachorganisation aller nicht-staatlichen Organisationen (NGO) in der Bundesrepublik. Wenn Ihnen ein Projekt besonders zusagt, können Sie auch projektgebunden spenden. Spenden sind aber in der Regel nur eine zweitbeste Lösung. Diese sind zwar »die häufigste Tätigkeitsform im entwicklungspolitischen Kontext«, schreiben die Autoren des Dritte-Welt-Hauses, »stehen aber in der Gefahr, daß die persönliche Eingebundenheit in den Problemkreis vermieden werden soll. Hier sollten eher ... Initiativen vor Ort unterstützt werden ...« (NL 103, S. 203) Die Adressen der NGOs und der nationalen und internationalen Vergabestellen sind im Journalistenhandbuch, das das Bundesministerium für Wirtschaftliche Zusammenarbeit (BMZ) jedes Jahr herausgibt, kostenlos über Vereine, Schulen, Bildungseinrichtungen zu erhalten (NL 34). Es gibt auch ähnliche Bücher zu kaufen (NL 125).

Wichtiger als Spenden ist der Versuch, Schäden in der Dritten Welt zu verhindern. Wenn Sie Berichte sehen, hören oder lesen, daß Großstaudammprojekte wie Narmada, Sobradinho oder Manantali mit unseren Steuergeldern finanziert werden, fragen Sie Ihren Bundestagsabgeordneten, wem dieses Projekt nützt, wem es schadet. Wenn ein solches Projekt dazu dient, Aufträge ins Land zu holen, um der eigenen Industrie zu helfen und um Arbeitsplätze zu sichern, wäre es dann nicht besser, mit dem Geld die Industrie direkt zu subventionieren? Damit würde wenigstens verhindert, der Umwelt in den Entwicklungsländern zu schaden und arme Menschen zu vertreiben. Schreiben Sie an das Ministerium oder an die verantwortlichen nationalen oder internationalen Stellen.

Ebenso wichtig ist, in Zusammenhängen denken zu lernen. In

den letzten Jahren sind zwei Slogans in Umlauf gekommen, die auf diese Zusammenhänge hinweisen:
»Keine Veränderung dort, ohne eine Veränderung hier.«
»Global denken, lokal handeln.«
Gemeint ist: Alles was wir tun oder lassen, auch im privaten Bereich, hat eine globale Auswirkung. Auch unsere alltäglichen, privaten Entscheidungen haben mit der Politik zu tun. Und die große Politik, die nationalen Regierungen und internationalen offiziellen Organisationen, bestimmen die Rahmenbedingungen. Von diesen Rahmenbedingungen hängt es einerseits ab, welche Spielräume wir für unsere Alltagsentscheidungen haben, andererseits aber auch, ob täglich weiterhin 36 000 Kinder sterben, 2 Milliarden Menschen unter Mangelernährung leiden, 40 Millionen Kinder im Jahr durch eine Austrocknung des Körpers durch Diarrhöe dahinvegetieren, 30 Millionen Menschen von der Tuberkulose und weitere 10 bis 20 Millionen von der Malaria befallen werden und eine halbe Million Kinder weltweit aus Vitaminmangel erblinden (NL 259; NL 234).

Wir alle müssen politisch bewußt und verantwortungsvoll handeln. Politik ist ein zu ernstes Geschäft, um es allein den Politikern zu überlassen.

Literaturverzeichnis

L 1 »Abhängig vom Welthandel«. In: Hannoversche Allgemeine Zeitung vom 12. 11. 1982

L 2 »A Close Look«. In: The Statesman Weekly vom 7. 3. 1981

L 3 Adam, W.: Indien. Hannover 1977

L 4 Adler-Karlsson, G. u. a.: Entwicklungshilfe in der Sackgasse. Frankfurt 1977

L 5 Arbeitsgemeinschaft der Evangelischen Jugend in der Bundesrepublik/Bund der deutschen Katholischen Jugend (Hrsg.): Weltwährung. Studienheft 3. Stuttgart/Düsseldorf 1979

L 6 Arbeitsgemeinschaft der Evangelischen Jugend in der Bundesrepublik/Bund der deutschen Katholischen Jugend (Hrsg.): UNCTAD. Konferenz in der Krise. Stuttgart/Düsseldorf 1983

L 7 AFC-STM/AGIB/BUKO/ÖIE (Hrsg.): Aktionshandbuch Dritte Welt. 6. Aufl. Wuppertal 1982

L 8 Aich, P.: Das indische Dilemma. In: Beilage zur Wochenzeitung ›Das Parlament‹ 26/1977, S. 21 ff.

L 9 »AKP-Länder sollten Landwirtschaft mehr entwickeln«. In: Süddeutsche Zeitung vom 31. 1. 1984

L 10 Aktion Dritte-Welt-Handel (Hrsg.): Tee. Ein Geschenk der Armen für die Reichen. Bornheim 1981

L 11 Albertini, Rudolf von (Hrsg.): Moderne Kolonialgeschichte. Köln/Berlin 1970

L 12 Alpers, E. A.: The East African Slave Trade. Nairobi 1967

L 13 Altmann, Jörn: Internationale Wirtschaftsbeziehungen. Eine praxisorientierte Einführung. Opladen 1983

L 14 Alves, M. M.: Brasilien. Rechtsdiktatur zwischen Armut und Revolution. 4. Aufl. Reinbek 1974

L 15 Amin, Samir: Die ungleiche Entwicklung. Hamburg 1975

L 16 Amnesty International (Hrsg.): Jahresbericht 1982. Frankfurt 1982

L 17 »Angepaßte Technologie – ein Instrument zur Überwindung der Unterentwicklung?« In: Blätter des Informationszentrums 3. Welt 88/1980, S. 15 ff.

L 18 Asturias, Miguel Angel: Der grüne Papst. Frankfurt 1977

L 19 »Auch Amerikas Bauern kassieren Milliarden«. In: Süddeutsche Zeitung vom 10. 8. 1983

L 20 Autorenkollektiv (Hrsg.): Länder der Erde. Politisch-ökonomisches Handbuch. 7. Aufl. Köln 1981

L 21 Bairoch, P.: Die Dritte Welt in der Sackgasse. Wien 1973

L 22 Balandier, Georges: Die koloniale Situation: ein theoretischer Ansatz. In: Albertini (L 11), S. 105–124

L 23 Bald, D./P. Heller/V. Hundsdörfer/M. Pichler/St. Schennach: Deutschlands dunkle Vergangenheit. Die Liebe zum Imperium. Ein Lesebuch zum Film. Bremen 1978

L 24 Baldus, Rolf D./Agnes Klingshirn: Ujamaa in Tansania. Die Mobilisierung der Bauernschaft als Entwicklungsstrategie. Bonn 1978

L 25 Bammé, A./G. Feuerstein/R. Genth/ E. Holling/R. Kahle/ P. Kempin: Maschinen-Menschen Mensch-Maschinen. Grundrisse einer sozialen Beziehung, Reinbek 1983

L 26 »Bank project rescusciates rural Bangladesh«. In: The Statesman Weekly vom 10. 9. 1983

L 27 Barche, Wolfgang: Die Entstehung der industriellen Produktionsweise. Unterrichtseinheiten. Dortmund 1979

L 28 Barnet, Richard J./R. E. Müller: Die Krisenmacher. Reinbek 1977

L 29 Barnet, Richard J./R. E. Müller/H. G. Nachtweh: Das Geschäft mit dem Hunger. In: Der Spiegel 9–11/1981

L 30 Baron, Stefan: Das kommt aus dem Bauch. In: Der Spiegel 50/1983

L 31 Basler, A.: Die Entwicklung des Weltagrarhandels seit Mitte der 70er Jahre. Institut für landwirtschaftliche Marktforschung, Arbeitsbericht 83/2. Braunschweig/Völkenrode 1983

L 32 Bauer, Hans-Jörg: 7000 Jahre Handel. Eine Kulturgeschichte. Stuttgart/Aarau 1982

L 33 Beck, J./H. Boehncke/W. Müller/G. Vinnai (Hrsg.): Überlebenslesebuch. Wettrüsten, Nord-Süd-Konflikt, Umweltzerstörung. Reinbek 1982

L 34 Berger, H./M. Heßler/B. Kavemann: Brot für heute, Hunger für morgen. Frankfurt 1978

L 35 Berger, K./H. Hanslmeyer/M. Pichler/St. Schennach: Zum Beispiel Tansania. Wien 1982

L 36 Berliner Institut für vergleichende Sozialforschung (Hrsg.): Bruchstellen Industrialisierung und Planung in der Dritten Welt. Frankfurt 1981

L 37 Berg-Schlosser, Dirk: Die politischen Probleme der Dritten Welt. Hamburg 1972

L 38 Bertaux, Pierre: Afrika. Fischer Weltgeschichte Bd. 32. 5. Aufl. Frankfurt 1980

L 39 Bertolami, S.: Für wen die Saat aufgeht. Pflanzenzucht im Dienste der Konzerne. Basel 1981
L 40 Bertolami, S.: Halbgötter, Giftkriege und Kondensmilch. Schweizer Agro-Firmen in der Dritten Welt. Nestlé, Ciba-Geigy, Gebr. Bühler, André & Cie u. a. Basel 1983
L 41 Bevölkerungswachstum. Themenheft Terre des Hommes 1/1983
L 42 Beyer, Wolfgang: Großtechnologie. Entwicklungsprojekte in Brasilien. Freiburg 1982
L 43 Beyhaut, Gustavo: Süd- und Mittelamerika II. Von der Unabhängigkeit bis zur Krise der Gegenwart. Fischer Weltgeschichte Bd. 23. Frankfurt 1980
L 44 Birla Institute of Scientific Research (Hrsg.): Does foreign aid help? New Delhi 1981
L 45 Bitterli, Urs: Die »Wilden« und die »Zivilisierten«. Die europäisch-überseeische Begegnung. München 1982
L 46 Böttger, B.: 700 Millionen ohne Zukunft? Reinbek 1975
L 47 Bogner, A./M. Franke: Die Hungerproduzenten. Wien 1981
L 48 Bohnet, M.: Das Nord-Süd-Problem. München 1971
L 49 Boris, D./P. Hiedl/V. Sieglin: Guatemala. In: D. Boris/R. Rausch (Hrsg.): Zentralamerika. Köln 1983, S. 70–127
L 50 Bornschier, V.: Multinationale Konzerne und Weltwirtschaftspolitik – nationale Entwicklungspolitik im Weltsystem. In: Evers u. a. (L 106), S. 31–53
L 51 Bosse, H.: Diebe, Lügner, Faulenzer. Zur Ethno-Hermeneutik von Abhängigkeit und Verweigerung in der Dritten Welt. Frankfurt 1979
L 52 Bosse, H./F. Hamburger: Friedenspädagogik und dritte Welt. Stuttgart/Berlin/Köln/Mainz 1973
L 53 Bossel, H.: Bürgerinitiativen entwerfen die Zukunft. Reinbek 1978
L 54 Brandt, Willy (Hrsg.): Das Überleben sichern. Bericht der Nord-Süd-Kommission. Köln 1980
L 55 Brandt, Willy (Hrsg.): Hilfe in der Weltkrise. Ein Sofortprogramm. Der 2. Bericht der Nord-Süd-Kommission. Reinbek 1983
L 56 »Brasilien: Leben in einem Klima der Gewalt. Der lauernde Tod an der Avenida«. In: Süddeutsche Zeitung vom 9. 1. 1984
L 57 Braun, G./G. Cremer/D. Seifried: Unterentwicklung kommt von oben. Abhängigkeit und Ungleichheit hemmen die Entwicklung. In: Dennhardt/Pater (L 81), S. 15–54
L 58 Breidenstein, Gerhard: Internationale Konzerne. Reinbek 1977

L 59 Brown, Dee: Im Westen ging die Sonne auf. Die Eroberung des amerikanischen Kontinents. 2. Aufl. München 1980

L 60 Brunner, Ursula: Zum Beispiel Bananen ... Basel 1979

L 61 Bühler, Marcel: Geschäfte mit der Armut. Pharma-Konzerne in der Dritten Welt. Frankfurt 1982

L 62 Büttner, Thea: Afrika. Geschichte von den Anfängen bis zur Gegenwart. Teil I. Köln 1979

L 63 Bundesministerium für Wirtschaftliche Zusammenarbeit (Hrsg.): Journalistenhandbuch 1980. Bonn 1980

L 64 Bundesministerium für Wirtschaftliche Zusammenarbeit (Hrsg.): Journalistenhandbuch 1983. Bonn 1983

L 65 Bundesministerium für Wirtschaftliche Zusammenarbeit (Hrsg.): Internationale Entwicklungsstrategie für die Dritte Entwicklungsdekade der Vereinten Nationen. Bonn 1981

L 66 Bundesministerium für Wirtschaftliche Zusammenarbeit (Hrsg.): Fünfter Bericht zur Entwicklungspolitik der Bundesregierung. Bonn 1983

L 67 Chahoud, Tatjana: Der Entwicklungsbericht der Weltbank. In: Das Argument Nr. 116, 2/1979, S. 206 ff.

L 68 Chahoud, Tatjana: Die Weltbank über Stadtentwicklung und Industrialisierung. In: Das Argument Nr. 120, 2/1980, S. 179 ff.

L 69 Collins, Joseph/Frances Moore Lappé: Vom Mythos des Hungers. Die Entlarvung einer Legende. Frankfurt 1980

L 70 Conti, Flavio/Gherardo Bozzetti: Die Welt des Handels. Geschichte und Kultur. Darmstadt 1983

L 71 Council of Environmental Quality (Hrsg.): The Global 2000. Report to the President. Washington 1980 (deutsch: Global 2000. Der Bericht an den Präsidenten. 36. Aufl. Frankfurt 1981)

L 72 Dadzie, K. K. S.: Wirtschaftliche Entwicklung. In: Spektrum der Wissenschaft 11/1980

L 73 »Das Überschußproblem der EG spitzt sich zu«. In: Süddeutsche Zeitung vom 31. 1. 1984

L 74 »Das Welthandel-Dreieck«. In: Süddeutsche Zeitung vom 10./11. 9. 1983

L 75 Datta, Asit: Entwicklungstheorien und -strategien. Ursachen der Unterentwicklung am Beispiel Indiens. Hannover 1981

L 76 Datta, Asit: Ursachen der Unterentwicklung. Erklärungsmodelle und Entwicklungspläne. München 1982

L 77 Datta, Asit: Ausgerechnet Bananen. In: betrifft: Erziehung 2/1983

L 78 Daus, Ronald: Die Erfindung des Kolonialismus. Wuppertal 1983

L 79 Davidson, Basil: Afrika. Geschichte eines Erdteils. Frankfurt 1966

L 80 Degn, Christian: Die Schimmelmanns im atlantischen Dreieckshandel. Gewinn und Gewissen. Neumünster 1974

L 81 Dennhardt, J./S. Pater (Hrsg.): Entwicklung muß von unten kommen. Reinbek 1980

L 82 Der Fischer Welt Almanach 1984. Frankfurt 1983

L 83 »Der größte Hunger herrscht ausgerechnet auf dem Land«. In: Frankfurter Rundschau vom 29. 6. 1983

L 84 »Der Polizist der internationalen Banken«. In: Der Spiegel 39/1983, S. 150 ff.

L 85 Deutsches Übersee Institut (Hrsg.): Jahrbuch Dritte Welt. München 1983

L 86 »Die Armen oder die Armut abschaffen«. In: Themenheft Terre des Hommes 1/1983

L 86a Dickmann, F. (Hrsg.): Geschichte in Quellen. Bd. 3. München 1966

L 87 Diercke Weltstatistik 82/83. Braunschweig/München 1982

L 88 »Die Schuldenfalle«. Themenheft der Zeitschrift Entwicklungspolitische Korrespondenz 2/1983

L 89 Disseldorf, H. D.: Geschichte der altamerikanischen Kulturen. München 1953

L 90 »Die Welt vergeudete 1,9 Billionen Mark für Rüstung«. In: Frankfurter Rundschau vom 22. 6. 1983

L 91 Dohnányi, J. v.: Machtmonopol auf den Weltmärkten. In: der überblick 1/1983

L 92 »Dritte Welt: Von den Reichen gebeutelt?« In: Der Spiegel 19/1979

L 93 Dritte Welt Forum e. V. (Hrsg.): Hoch die Tassen. Braune Bohne mit bitterem Geschmack. Bremen 1982

L 94 Dutt, R. P.: The Economic History of India. Bd. 1. London 1953

L 95 Dutt, R. P.: India Today. Calcutta 1970

L 96 »Echter Grüner«. In: Der Spiegel 26/1983

L 97 »Ein Jahrzehnt in der Entwicklung verloren«. In: Der Spiegel 46/1983

L 98 Embree, A. T./F. Wilhelm: Indien. Geschichte von der Induskultur bis zum Beginn der englischen Herrschaft. Fischer Weltgeschichte Bd. 17. 4. Aufl. Frankfurt 1979

L 99 »Enttäuschung über eine nutzlose Konferenz«. In: Süddeutsche Zeitung vom 5. 7. 1983

L 100 Entwicklungspolitische Korrespondenz (Hrsg.): Deutscher Kolonialismus. Materialien zur Hundertjahrefeier 1984. Drucksache 1. Hamburg 1983

L 101 Entwicklungspolitische Korrespondenz (Hrsg.): Siemens. Vom Dritten Reich zur Dritten Welt. Drucksache 2. Hamburg 1983

L 102 Entwicklungspolitische Korrespondenz (Hrsg.): Kenia – Tansania. In: Entwicklungspolitische Korrespondenz 1/1982

L 103 Entwicklungspolitische Korrespondenz (Hrsg.): Welternährung. In: Entwicklungspolitische Korrespondenz 1/1978

L 104 »Entwicklungshilfe. Lumpen statt Altpapier«. In: Der Spiegel 43/1981

L 105 Esser, Klaus: Lateinamerika. Industrialisierungsstrategien und Entwicklung. Frankfurt 1979

L 106 Evers, H.-D./D. Senghaas/H. Weinholtz (Hrsg.): Auf dem Weg zu einer neuen Weltwirtschaftsordnung? Bedingungen und Grenzen für eine eigenständige Entwicklung. Baden-Baden 1983

L 107 Fanon, Frantz: Die Verdammten dieser Erde. Frankfurt 1981

L 108 Fanon, Frantz: Schwarze Haut, weiße Masken. Frankfurt 1980

L 109 Farnung, A. (Hrsg.): Die verkauften Kinder. Patenschaft – eine Hilfe für die Dritte Welt? Wuppertal 1982

L 110 Feder, Ernest: Agrarstruktur und Unterentwicklung in Lateinamerika. Frankfurt 1973

L 111 Feder, Ernest: Erdbeer-Imperialismus. Studien zur Agrarstruktur Lateinamerikas. Frankfurt 1980

L 112 Feder, Ernest: Weizen oder Rinder – das ist die Frage. In: der überblick 1/1983

L 113 Fieldhouse, David K.: Die Kolonialreiche seit dem 18. Jahrhundert. Fischer Weltgeschichte Bd. 29. 6. Aufl. Frankfurt 1979

L 114 Fohrbeck, K./A. J. Wiesand/R. Zahar: Heile Welt und Dritte Welt. 2. Aufl. Opladen 1971

L 115 Fohrbeck, K./A. J. Wiesand: Wir Eingeborenen. Magie und Aufklärung im Kulturvergleich. Opladen 1981

L 116 Food and Agriculture Organization of the United Nations – FAO (Hrsg.): fao production yearbook 1981. Bd. 35. Rom 1982

L 117 Food and Agriculture Organization of the United Nations – FAO (Hrsg.): fao trade yearbook 1980, Bd. 34, Rom 1981

L 118 Food and Agriculture Orgnaziation of the United Nations – FAO (Hrsg.): Agriculture toward 2000. Rom 1981

L 119 Food and Agriculture Orgnaziation of the United Nations – FAO (Hrsg.): Commodity Review and Outlook: 1981–82. Rom 1982

L 120 Food and Agriculture Organization of the United Nations – FAO (Hrsg.): World Food Report 1983. Rom 1983
L 121 Frank, A. G.: Lateinamerika. Entwicklung der Unterentwicklung. Berlin 1975
L 122 Frank, A. G.: Kapitalismus und Unterentwicklung in Lateinamerika. Frankfurt/Köln 1975
L 123 Frank, A. G.: Weltwirtschaft in der Krise. Verarmung im Norden/Verelendung im Süden. Reinbek 1978
L 124 Frank, A. G.: Abhängige Akkumulation und Unterentwicklung. Frankfurt 1980
L 125 Freire, Paulo: Pädagogik der Unterdrückten. Reinbek 1973
L 126 Freyre, Gilberto: Herrenhaus und Sklavenhütte. Ein Bild der brasilianischen Gesellschaft. Stuttgart 1982
L 127 Friedrich-Ebert-Stiftung (Hrsg.): Unfähig zum Überleben? Reaktionen auf den Brandt-Report. Frankfurt/Berlin/Wien 1983
L 128 Fröbel/Heinrichs/Kreye (Hrsg.): Die neue internationale Arbeitsteilung. Reinbek 1977
L 129 Fröbel/Heinrichs/Kreye (Hrsg.): Krisen in der kapitalistischen Weltökonomie. Reinbek 1981
L 130 »50 Jahre Essen und Genießen«. In: der überblick 1/1983, 4. Titelseite
L 131 Galeano, Eduardo: Die offenen Adern Lateinamerikas. Die Geschichte eines Kontinents von der Entdeckung bis zur Gegenwart. 9. Aufl. Wuppertal 1981
L 132 Galtung, Johan: Eine strukturelle Theorie des Imperialismus. In: D. Senghaas (Hrsg.): Imperialismus und strukturelle Gewalt. 2. Aufl. Frankfurt 1973, S. 29–104
L 133 Galtung, Johan: Strukturelle Gewalt. Beiträge zur Friedens- und Konfliktforschung. Reinbek 1975
L 134 Galtung, Johan: Self-Reliance. Beiträge zu einer alternativen Entwicklungsstrategie. München 1983
L 135 GATT (Hrsg.): International Trade 1980/81. Genf 1981
L 136 Gemeinschaftswerk Evangelischer Publizistik (Hrsg.): Medienhandbuch Dritte Welt. Wuppertal 1981
L 137 George, Susan: Wie die anderen sterben. Die wahren Ursachen des Welthungers. 2. Aufl. Berlin 1980
L 138 George, Susan: Warum die Hungernden die Satten ernähren. Nahrung unter Kontrolle der Konzerne. 3. Aufl. Göttingen o. J.
L 139 George, Susan: Welternährung für Anfänger. Sach-Comic. Reinbek 1982
L 140 Gerster, Richard: Fallstricke der Verschuldung. Der Internationale Währungsfonds und die Entwicklungsländer. Basel 1982

L 141 »Geschäfte mit Schulden«. In: Der Spiegel 1/1984
L 142 Gesellschaft für entwicklungspolitische Bildung e.V. (Hrsg.): Modernisierung des Elends. Freiburg 1983
L 143 Giesenfeld, G.: Land der Reisfelder. Vietnam, Laos, Kampuchea. Köln 1981
L 144 Ginzberg, Eli: Der Einbruch der Maschinen in die Arbeitswelt. In: Spektrum der Wissenschaft 11/1982
L 145 Göricke, Fred von/Monika Reimann: Treibstoff statt Nahrungsmittel. Wie eine falsche energiepolitische Alternative den Hunger vermehrt. Reinbek 1982
L 146 Grant, James P.: Unterernährung ist unsichtbar. In: der überblick 1/1983
L 147 Grefe, Chr./P. Heller/A. Lochner: Mbogos Ernte oder Die Teilung der Welt. Arbeitsheft zum gleichnamigen Film. München o.J. (1979/1980)
L 148 Grimm, Klaus: Theorien der Unterentwicklung und Entwicklungsstrategien. Opladen 1979
L 149 »Gröbste Menschenrechtsverletzungen«. In: Süddeutsche Zeitung vom 3. 1. 1984
L 150 Guatemala Solidaritätsgruppe und Christliche Initiative e.V. (Hrsg.): Wen macht die Banane krumm? Münster 1981
L 151 Günnemann, Willem: Agragpolitik in der EG – Markt oder Lenkung? Opladen 1981
L 152 Harrison, Paul: Hunger und Armut. Inside the Third World. Reinbek 1982
L 153 Hauck, Gerhard: Typen kolonialer Produktionsweise. In: Das Argument 114, 2/1979, S. 194ff.
L 154 Helfritz, Hans: Zentral-Amerika. Die Landbrücke im karibischen Raum. Berlin 1963
L 155 Heller, Peter: Mbogos Ernte oder Die Teilung der Welt. Film. 1979/80 (Ausleihe kostenlos beim regionalen Landesfilmdienst/ Deutsches Filmzentrum Bonn)
L 156 Hennings, Werner: Das Beispiel Tansania. Stuttgart 1981
L 157 Heussen, Hejo: Weltmarkt und soziale Not. Über die Unsicherheit sozialer Sicherheit in der Dritten Welt. Berlin 1980
L 158 Hobsbawm, Eric J.: Industrie und Empire. Britische Wirtschaftsgeschichte seit 1750. 2 Bde. 3. und 6. Aufl. Frankfurt 1979
L 159 Hobsbawm, Eric J.: Die Blütezeit des Kapitals. Eine Kulturgeschichte der Jahre 1848–1875. Frankfurt 1980
L 160 Hobsbawm, Eric J.: Vom Feudalismus zum Kapitalismus. In: Sweezy u.a. (L 284), S. 214–228

L 161 Höpker, Wolfgang: Tansania – ein Faß ohne Boden? In: Afrika-Post 11/1983
L 162 Hofmeier, Rolf: Tanzania – »Entwicklungsmodell« oder Entwicklungsbankrott? In: Deutsches Übersee Institut (Hrsg.): Jahrbuch (L 85), S. 204–220
L 163 Holenstein, Anne-Marie: Zerstörung durch Überfluß. Überentwicklung – Unterentwicklung am Beispiel unserer Nahrung. 4. Aufl. Basel 1982
L 164 Holenstein, Anne-Marie: Gespräche am Rande eines Reisfeldes in Bangladesh. Wien o.J.
L 165 Holenstein, Anne-Marie: Ländliche Entwicklung zwischen Modernisierung und Self-Reliance. Zürich 1981
L 166 Holenstein, Anne-Marie/J. Bruhlmann: Hunger ist kein Skandal. Handbuch zur Aktion der Erklärung von Bern. 5. Aufl. Zürich 1982
L 167 Holtz, Uwe (Hrsg.): Brasilien. Eine historisch-politische Landeskunde. Quellen und Anmerkungen. Paderborn 1981
L 168 Hubmann, Richard: Saatgut – eine Ware in den Händen multinationaler Konzerne. Wien 1982
L 169 Hundsdörfer, Volkhard/Erhard Meuler: Tansania oder: Der Weg zu Ujamaa. In: E. Meuler (Hrsg.): Unterentwicklung. Bd. 2. Reinbek 1981, S. 9–90
L 169a Hurtienne, Thomas: Sozialismus und autozentrierte Entwicklung. Zur Korrektur eines entwicklungspolitischen Modells anhand der Beispiele China, Nordkorea, Albanien und Kuba. In: Steinweg (L 281), S. 307–358
L 170 Illich, Ivan: Fortschrittsmythen. Reinbek 1978
L 171 »Illusion of jobs«. In: The Statesman Weekly vom 31. 12. 1983
L 172 Imfeld, Al: Zucker. Zürich 1983
L 173 »Immer mehr flüchten in die Schattenwirtschaft«. In: Süddeutsche Zeitung vom 14. 9. 1982
L 174 »India's recovery brightens world crop prospects«. In: The Statesman Weekly vom 15. 10. 1983
L 175 »Indiens selbstverschuldete Armut«. In: Neue Züricher Zeitung vom 11. 8. 1983
L 176 Informationsstelle Guatemala e.V. (Hrsg.): Guatemala. Der lange Weg zur Freiheit. Wuppertal 1982
L 177 International Monetary Fund (IMF)/Internationaler Währungsfonds (IWF): Annual Report 1982. Washington 1982
L 178 International Monetary Fund (IMF)/Internationaler Währungsfonds (IWF): Annual Report 1983. Washington 1983

L 179 Janzen Longacre, Doris: Weniger ist mehr. Gesünder leben und nicht verschwenden. Neuhausen/Stuttgart 1983

L 180 »Jede Nacht ziehen Plünderer durch São Paulo«: In: Hannoversche Allgemeine Zeitung vom 2. 11. 1983

L 181 »Jeder Zweite hat Übergewicht«. In: Hannoversche Allgemeine Zeitung vom 17. 8. 1983

L 183 »Jetzt soll das Pferd mit Zucker laufen«. In: Der Spiegel 16/1981

L 183 Joseph-Weymeyer-Gesellschaft für USA-Forschung (Hrsg.): Dollars und Träume. Studien zur Politik, Ökonomie, Kultur der USA. Hamburg 1983

L 184 Kasel, Barbara: Wegweiser durch den Supermarkt. Hrsg. vom Referat Weltdienst des Nordelbischen Missionszentrums. Hamburg o.J.

L 185 Kassebeer, F.: Brasiliens Militärregime unter wachsendem Druck von innen und außen. Der Riese am Ende seiner Kraft. In: Süddeutsche Zeitung vom 1. 9. 1983

L 186 Kiessig, Werner: Industriegiganten im Sog der Rezession. In: Süddeutsche Zeitung vom 29. 8. 1983

L 187 Kliche, Lutz/Hermann Schulz: Pulverfaß Zentralamerika. Daten, Berichte, Dokumente. Wuppertal 1983

L 188 Kobe, W./D. Seifried: Welthandel. Geschichte und Gegenwart. Wie frei ist der »freie Handel«? Handel und Hunger. Freiburg o.J.

L 189 König, H. (Hrsg.): Wachstum und Entwicklung der Wirtschaft. 2. Aufl. Köln/Berlin 1970

L 190 Körner, Heiko: Die Folgen kolonialer Herrschaft. In: Albertini (L 11), S. 344–361

L 191 Krauth, W./I. Lünzer: Öko-Landbau und Welthunger. Mit dem Report an den US-Landwirtschaftsminister. Reinbek 1982

L 192 Krieg, Peter: Der Mensch stirbt nicht am Brot allein... Lesebuch zum Film ›Septemberweizen‹. Wuppertal 1981

L 193 Landes, David S.: Der entfesselte Prometheus. Technologischer Wandel und industrielle Entwicklung in Westeuropa von 1750 bis zur Gegenwart. München 1983

L 194 Langenbeck, W.: Geschichte des Welthandels der Neuzeit. Leipzig 1926

L 195 »Lateinamerika verarmt zusehends«. In: Süddeutsche Zeitung vom 23. 8. 1983

L 196 Leiris, Michel: Die eigene und die fremde Kultur. 2. Aufl. Frankfurt 1979

L 197 Leisinger, K. M.: Der Begriff der Entwicklung. In: Adler-Karlsson (L 4), S. 29–45

L 198 Leontief, W. W.: Die Weltwirtschaft im Jahr 2000. In: Spektrum der Wissenschaft 11/1980

L 199 Leontief, W. W.: Die Folgen für Arbeitsplätze und Einkommensverteilung. In: Spektrum der Wissenschaft 11/1982

L 200 Levinson, Charles: Wirtschaftskrise und multinationale Konzerne. Reinbek 1974

L 201 Lindig, Wolfgang/Mark Münzel: Die Indianer. München 1978

L 202 Linhart, Robert: Der Zucker und der Hunger. Reise in ein Land, wo der Zucker wächst: Brasilien. Berlin 1980

L 203 Loth, Heinrich: Afrika. Geschichte von den Anfängen bis zur Gegenwart. Bd. 2. Köln 1979

L 204 Mabele/Lyakurwa/Ndulu/Wangwe: Die wirtschaftliche Entwicklung Tansanias. In: Spektrum der Wissenschaft 11/1980

L 205 Mahler, Halfdan: Weltbevölkerung. In: Spektrum der Wissenschaft 11/1980

L 206 Marx, Karl: Die britische Herrschaft in Indien. In: Marx-Engels-Studienausgabe. Bd. IV. Frankfurt 1966

L 207 Marx, Karl: Die ostindische Kompanie, ihre Geschichte und die Resultate ihres Wirkens. In: Marx-Engels-Studienausgabe. Bd. IV. Frankfurt 1966

L 208 McCann, Thomas P.: An American Company. The Tragedy of United Fruit. New York 1976

L 209 Melber, Henning: Staat in der Dritten Welt. In: Das Argument 126, 2/1981, S. 207 ff.

L 210 Memmi, Albert: Der Kolonisator und der Kolonisierte. Zwei Porträts. Frankfurt 1980

L 211 Mezger, Dorothea: Das Beispiel Kupfer. Konflikt und Allianz in dem internationalen Rohstoffmarkt. Bonn 1977

L 212 Mirow, Kurt R.: Die Diktatur der Kartelle. Zum Beispiel Brasilien. Materialien zur Vermachtung des Weltmarktes. 2. Aufl. Reinbek 1981

L 213 Mommsen, Wolfgang: Das Zeitalter des Imperialismus. Fischer Weltgeschichte Bd. 28. 10. Aufl. Frankfurt 1980

L 214 Monegal, Emir R. (Hrsg.): Die neue Welt. Chroniken Lateinamerikas von Kolumbus bis zu den Unabhängigkeitskriegen. Frankfurt 1982

L 215 Mooney, Pat Roy: Saat-Multis und Welthunger. Wie die Konzerne die Nahrungsschätze der Welt plündern. 2. Aufl. Reinbek 1981

L 216 Moore, Barrington: Soziale Ursprünge von Diktatur und Demokratie. Frankfurt 1974

L 217 Moore Lappé, Frances/Joseph Collins: Nahrung zuerst. epd-Entwicklungspolitik 23/1976

L 218 Moore Lappé, Frances: Die Öko-Diät. Wie man mit wenig Fleisch gut ißt und die Natur schont. 6. Aufl. Frankfurt 1982

L 219 Mühleib, Friedhelm: Politik mit dem Hunger – Weizen als Waffe. In: Bild der Wissenschaft 1/1983

L 220 Müller, Rudolf Wolfgang: Geld und Geist. Zur Entstehungsgeschichte von Identitätsbewußtsein und Rationalität seit der Antike. 2. Aufl. Frankfurt 1981

L 221 Muller, Mike: Heile und herrsche. Gesundheit in der Dritten Welt und die Politik der Pharma-Industrie. Berlin 1983

L 222 Mumford, Lewis: Mythos der Maschine. Kultur, Technik und Macht. Die umfassende Darstellung der Entdeckung und Entwicklung der Technik. Frankfurt 1977

L 223 Myrdal, Gunnar: Asian Drama. An Inquiry into the Poverty of Nations. Bd. 1. Harmondsworth 1968 (deutsch: Asiatisches Drama. Frankfurt 1980)

L 224 Myrdal, Gunnar: Politisches Manifest über die Armut in der Welt. 2. Aufl. Frankfurt 1974

L 225 »Nach der Pleite droht der Aufruhr«. In: Süddeutsche Zeitung vom 26. 8. 1983

L 226 Nacla's Latin America & Empire Report, New York 9/1976

L 227 Neuberger, G./M. Opperskalski: CIA in Mittelamerika. Bornheim-Merten 1983

L 228 Nohlen, Dieter/Franz Nuscheler (Hrsg.): Handbuch der Dritten Welt, Bd. 1, 2.1, 2.2, 3, 4.1, 4.2. Hamburg 1974, 1976, 1976, 1976, 1978, 1978

L 229 Nohlen, Dieter (Hrsg.): Lexikon Dritte Welt. Länder, Organisationen, Theorien, Begriffe, Personen. Reinbek 1984

L 230 Nyerere, Julius K.: Zum zweiten Fünfjahresplan. In: Entwicklungspolitik. Materialien Nr. 18. Bonn 1971

L 231 Nyerere, Julius K.: No to the IMF-Medling. In: Development Dialogue 2/1980

L 232 Ochel, Wolfgang: Die Entwicklungsländer in der Weltwirtschaft. Eine problemorientierte Einführung mit einem Kompendium entwicklungstheoretischer und -politischer Begriffe. Köln 1982

L 233 Österreichischer Informationsdienst für Entwicklungspolitik (Hrsg.): Hunger ist kein Schicksal, Hunger wird gemacht. Wien o.J.

L 234 Oliver, Roland/J. D. Fage: A Short History of Africa. 10. Aufl. Harmondsworth 1978

L 235 Oltersdorf, U./P. H. Mettler: Hunger lebenslänglich. In: Bild der Wissenschaft 1 und 2/1979

L 236 Paczensky, Gert von: Weiße Herrschaft. Eine Geschichte des Kolonialismus. Frankfurt 1979

L 237 Paul, Hans-H.: Marx, Engels und die Imperialismustheorie der II. Internationale. Hamburg 1978

L 238 Pearson, L. B. (Hrsg.): Pearson-Bericht. Bestandsaufnahme und Vorschläge zur Entwicklungspolitik. 3. Aufl. Wien/München/Zürich 1969

L 239 Peccei, A./E. Pestel/Mesarović u. a.: Der Weg ins 21. Jahrhundert. Alternative Strategien für die Industriegesellschaft. Berichte an den Club of Rome. Genf/Tokio 1983

L 240 Peters, Carl: Gesammelte Schriften. München/Berlin 1943

L 241 Pfeffermann, G. P.: Latin America and the Caribbean: Economic Performance and Policies. WBRS 228. Washington 1982

L 242 Pfennig, W./K. Voll/H. Weber: Entwicklungsmodell Tansania: Sozialismus in Afrika. Frankfurt 1980

L 243 Pflug, B./H. Millonig/E. Olsson/B. Scheel u. a.: Indien. Argumente und Thesen für die Arbeit in der Erwachsenenbildung. Bonn 1978

L 244 »Pharmahandel mit der Dritten Welt«. Themenheft der überblick 4/1983

L 245 »Pharma-Multis als Entwicklungshelfer?« Themenheft Blätter des Informationszentrums 3. Welt 113/1983

L 246 Prien, H. J.: Die Geschichte des Christentums in Lateinamerika. Göttingen 1978

L 247 Räuschel, Jürgen: Die BASF – zur Anatomie eines multinationalen Konzerns. Köln 1975

L 248 Rasmussen, W. D.: Landwirtschaft. In: Spektrum der Wissenschaft 11/1982

L 249 Repnik, Hans-Peter: Sollen die Menschen für die Fehler ihrer Führer büßen? In: Frankfurter Allgemeine Zeitung vom 14. 9. 1983

L 250 Rodney, Walter: Afrika. Die Geschichte einer Unterentwicklung. 2. Aufl. Berlin 1980

L 251 Rose, Klaus: Entwicklung und Stand der Außenwirtschaftstheorie. In: Ders. (Hrsg.): Theorie der internationalen Wirtschaftsbeziehungen. Köln/Berlin 1971, S. 13–27

L 252 Salentiny, Fernand: Santiago. Die Zerstörung Altamerikas. Frankfurt 1980

L 253 Salentiny, Fernand: Aufstieg und Fall des portugiesischen Imperiums. Wien 1977

L 254 Sartre, Jean-Paul: Kolonialismus und Neokolonialismus. Sieben Essays. Reinbek 1968

L 255 »Schattenwirtschaft«. In: Hannoversche Allgemeine Zeitung vom 22. 9. 1982

L 256 Schlereth, Einar: Null Uhr – wenn die Sonne aufgeht ... Reisen in Tansania und Zanzibar. Erfahrungen, Berichte, Frauenportraits, Leben in Dörfern. Deutsch-Ostafrikanische Vergangenheit. Hamburg 1983

L 257 Schönbäck, Ph.: Ursachen sozio-ökonomischer Stagnation unterentwickelter Länder am Beispiel Indiens. 4. Aufl. Wien 1975

L 258 Schulz-Gerstein, Christian: Der herbe Charme der Anarchie. In: Der Spiegel 36/1983

L 259 Schwarte, H./A. Hesse: Begleitheft zum Film ›Verarmungshilfe‹. Köln 1977 (der Film ist beim regionalen Landesfilmdienst kostenlos erhältlich)

L 260 Scrimshaw, N. S./L. Taylor: Welternährung. In: Spektrum der Wissenschaft 11/1980

L 261 Seifried, Dieter: Welthandel II. Die Wirtschaftsbeziehungen zwischen Industrie- und Entwicklungsländern – am Beispiel Tschad. Freiburg o.J.

L 262 Seers, Dudley: Was wollen wir messen? In: Nohlen/Nuscheler: Handbuch der Dritten Welt. Bd. 1. Hamburg 1974, S. 222–238

L 263 Senghaas, Dieter: Weltwirtschaftsordnung und Entwicklungspolitik. Plädoyer für Dissoziation. 3. Aufl. Frankfurt 1980

L 264 Senghaas, Dieter: Von Europa lernen. Entwicklungsgeschichtliche Betrachtungen. Frankfurt 1982

L 265 Senghaas, Dieter (Hrsg.): Kritische Friedensforschung. 2. Aufl. Frankfurt 1972

L 266 Senghaas, Dieter (Hrsg.): Imperialismus und strukturelle Gewalt. Analysen über abhängige Reproduktion. 2. Aufl. Frankfurt 1973

L 267 Senghaas, Dieter (Hrsg.): Peripherer Kapitalismus. Analysen über Abhängigkeit und Unterentwicklung. Frankfurt 1974

L 268 Senghaas, Dieter: Gelobt sei, was prowestlich ist. In: Vorwärts vom 21. 12. 1978

L 269 Senghaas, Dieter: Abkoppelung als entwicklungspolitische Devise. In: der überblick 1/1983

L 270 Senghaas, Dieter/U. Menzel (Hrsg.): Multinationale Konzerne und Dritte Welt. Opladen 1976

L 271 »Significant growth rate expected this year«. In: The Statesman Weekly vom 5. 11. 1983

L 272 Sigrist, Christian/A. Guha/G. Hauck/V. Sarma Marla: Indien. Bauernkämpfe: Die Geschichte einer verhinderten Entwicklung von 1757 bis heute. Berlin 1976

L 273 Spear, Percival: A History of India. 9. Aufl. Harmondsworth 1978

L 274 Statistisches Bundesamt Wiesbaden (Hrsg.): Länderkurzbericht Argentinien 1982

L 275 Statistisches Bundesamt Wiesbaden (Hrsg.): Länderkurzbericht Brasilien 1982

L 276 Statistisches Bundesamt Wiesbaden (Hrsg.): Länderkurzbericht Mexiko 1983

L 277 Statistisches Bundesamt Wiesbaden (Hrsg.): Länderkurzbericht Philippinen 1982

L 278 Statistisches Bundesamt Wiesbaden (Hrsg.):Länderkurzbericht Guatemala 1981

L 279 Statistisches Bundesamt Wiesbaden (Hrsg.): Länderkurzbericht Indien 1981

L 280 Statistisches Bundesamt Wiesbaden (Hrsg.): Außenhandel mit Entwicklungsländern (Spezialhandel) 1981. Reihe 5.1. 1982

L 281 Steinweg, Rainer (Hrsg.): Hilfe + Handel = Frieden? Die Bundesrepublik in der Dritten Welt. Frankfurt 1982

L 282 Strahm, Rudolf H.: Überentwicklung – Unterentwicklung. 4. Aufl. Gelnhausen/Berlin/Stein 1980

L 283 Strahm, Rudolf H.: Kopiervorlagen zum Buch ›Überentwicklung – Unterentwicklung‹. 59 Schaubilder über die wirtschaftlichen Mechanismen der Armut. Gelnhausen/Berlin/Speyer/Freiburg 1981

L 284 Sweezy, P./M. Dobb/K. Takahashi/R. Hilton u.a.: Der Übergang vom Feudalismus zum Kapitalismus. Frankfurt 1978

L 285 Tata Services Ltd. (Hrsg.): Statistical Outline of India. Bombay 1982

L 286 Tetzlaf, Rainer: Die Dritte-Welt-Politik der Bundesrepublik Deutschland zwischen Friedensrhetorik und Realpolitik. Eine Einführung mit politischen Empfehlungen. In: Steinweg (L 281), S. 49–108

L 287 Thapar, Romila: A History of India. 8. Aufl. Harmondsworth 1977

L 288 Thakur (Tagore), Rabindranath: Werke. Jubiläumsausgabe. 15 Bde. Calcutta 1961

L 289 »The 500 – The Fortune Directory of the Largest US Industrial Corporations«. In: Fortune 5/1983, S. 226ff.

L 290 The United Republic of Tanganyika and Zanzibar: Tanganyika Five-Year-Plan for Economic and Social Development 1.7. 1964–30. 6. 1969. General Analysis Bd. 1. Dar es-Salam 1964

L 291 Timborn, Hermann: Quellen zur Kulturgeschichte des präkolumbianischen Amerika. Studien zur Kulturkunde. Stuttgart 1936

L 292 Timmermann, Vincenz: Entwicklungstheorie und Entwicklungspolitik. Göttingen 1982

L 293 Tinbergen, J. (Hrsg.): Der Dialog Nord-Süd. Frankfurt/Köln 1977

L 294 »Tödliche Therapie«. In: Der Spiegel 5/1984, S. 107ff.

L 295 Treml, Alfred K. (Hrsg.): Pädagogikhandbuch Dritte Welt. Wuppertal o.J.

L 296 Troeller, Gordon/Marie-Claude Deffarge: Bitterer Zucker. TV-Sendung/ARD am 11. 12. 1983

L 297 »25 m. slumdwellers without housing prospects«. In: The Statesman Weekly vom 3. 12. 1983

L 298 »Umsatz – aber keine Verantwortung«. Themenheft über Pharma-Multis von Terre des Hommes 3/1983

L 299 UNCTAD (Hrsg.): Trade & Development Report 1982. UN-New York 1982

L 300 »UNO-Bericht schlägt Alarm«. In: Die Welt vom 14. 7. 1983

L 301 »Unterernährung fordert mehr Opfer als einst der Zweite Weltkrieg. Die verborgene Todesspirale«. In: Deutsches Allgemeines Sonntagsblatt vom 17. 7. 1983

L 302 Veröffentlichung des Reichskolonialamtes Nr. 1: Die Baumwollfrage. Jena 1911

L 303 »Vorgeplänkel zu einem Handelskrieg«. In: Süddeutsche Zeitung vom 6. 6. 1983

L 304 »Wachsende Kritik an Bonner Agrarpolitik«. In: Süddeutsche Zeitung vom 14. 9. 1983

L 305 Wagner, Wolf-Rüdiger: Deutsche, Ostafrika und die Baumwollfrage. »Wie erzieht man am besten den Neger zur Plantagenarbeit?« Hrsg. von A. Datta. Hannover 1983

L 306 Wahl, Andrea A. von: Multinationale Unternehmen in der Agroindustrie. Kiel 1982

L 307 Weber, Hartwig: Die Opfer des Kolumbus: 500 Jahre Gewalt und Hoffnung. Reinbek 1982

L 308 Wegner, Gerhard: Tansania – auf dem Weg zum Sozialismus? In: Das Argument 126, 2/1981, S. 197ff.

L 309 Weissman, Steve (Hrsg.): Das trojanische Pferd. Die »Auslandshilfe« der USA. Berlin 1975
L 310 Weltbank/The World Bank (Hrsg.): Annual Report 1982. Washington 1982
L 311 Weltbank/The World Bank (Hrsg.): Weltentwicklungsbericht 1983. Washington 1983
L 312 »Wie lange währt noch die Geduld? Mexikos Schulden-Katastrophe: Die Reichen haben kassiert, die Armen müssen jetzt zahlen«. In: Der Spiegel 44/1983, S. 210 ff.
L 313 Wimmer, Wolfgang/Tschap: Sklaven oder eine Geschichte von Wirtschaftswundern. Quer-Comic. Reinbek 1983
L 314 Wirtz, Hermann J. u.a.: Kleider machen Leute, Leute machen Kleider. Baumwolle, Textilien und Bekleidung in der Weltwirtschaft. Düsseldorf/Stuttgart/Wuppertal 1981
L 315 Witbooi, Hendrik: Afrika den Afrikanern. Aufzeichnungen eines Nama-Häuptlings aus der Zeit der deutschen Eroberung Südwestafrikas 1884–1894. Bonn 1982
L 316 »Woher kommt das Bauerneinkommen«. In: Süddeutsche Zeitung vom 21.–23. 5. 1983
L 317 Wulf, Herbert (Hrsg.): Aufrüstung und Unterentwicklung. Aus den Berichten der Vereinten Nationen. Reinbek 1983
L 318 Zapf, W. (Hrsg.): Theorien sozialen Wandels. 4. Aufl. Königstein 1979

Neue Literatur (NL)

NL 1 »14 Milliarden Menschen?«. In: Der Spiegel 21/1990, S. 160 f.
NL 2 »Afrikaner werden weiter ausgebeutet«. In: Der Spiegel 31/1990, S. 68
NL 3 »Agrarbündnis für Umdenken bei Landwirtschaftspolitik«. In: Süddeutsche Zeitung vom 18. 2. 1993
NL 4 Altner, Günter/Barbara Mettler-Meiboom/Udo E. Simonis/Ernst U. von Weizsäcker (Hrsg.): Jahrbuch Ökologie 1992. München 1991
NL 5 Altner, Günter u.a. (Hrsg.): Jahrbuch Ökologie 1993. München 1992
NL 6 Altvater, Elmar/Kurt Hübner/Jochen Lorentzen/Raul Rojas (Hrsg.): Die Armut der Nationen. Handbuch zur Schuldenkrise. Von Argentinien bis Zaire. Berlin 1987
NL 7 Altvater, Elmar/Roland Bunzenthal u.a.: Soll und Haben.

        Strategien und Alternativen zur Lösung der Schuldenkrise. Hamburg 1988

NL 8 Altvater, Elmar: Der Preis des Wohlstands oder Umweltplünderung und neue Welt(un)ordnung. Münster 1992

NL 9 Altvater, Elmar: Sachzwang Weltmarkt. Verschuldungskrise, blockierte Industrialisierung, ökologische Gefährdung – der Fall Brasilien. Hamburg 1987

NL 10 Amnesty International (Hrsg.): Guatemala. Geheime Friedhöfe. Köln 1992

NL 11 Anderson, Victor: Alternative Economic Indicators. London 1991

NL 12 Andritzky, Michael (Hrsg.): Oikos. Von der Feuerstelle zur Mikrowelle. Haushalt und Wohnen im Wandel. Gießen 1992

NL 13 »Angewiesen auf die Weltwirtschaft«. In: Hannoversche Allgemeine Zeitung vom 1. 10. 1990

NL 14 »Anklang an Weimar«. In: Der Spiegel 41/1992, S. 18 ff.

NL 15 »A Nation's Shame«. In: India Today vom 31. 12. 1992, S. 14 ff.

NL 16 »Armut nimmt drastisch zu«. In: Süddeutsche Zeitung vom 26. 11. 1992

NL 17 »Auf dem Weltmarkt abgeladen«. In: Hannoversche Allgemeine Zeitung vom 24. 2. 1992

NL 18 Bänziger, Andreas: Die Saat der Dürre. Afrika in den achtziger Jahren. Bornheim 1986

NL 19 Bartelt, Dawid: Was sind Nichtregierungsorganisationen? In: Dritte Welt Information 2/1993

NL 20 Begander, Elke/Klaus Seitz: Zwischen Hunger und Überschüssen. Agrarpolitik und Entwicklungspolitik im Widerspruch. Tübingen 1989

NL 21 Behrend, Reinhard/Werner Paczian: Raubmord am Regenwald. Vom Kampf gegen das Sterben der Erde. Reinbek 1990

NL 22 Bello, Walden: Brave New Third World. Strategies for Survival in the Global Economy. 2. Aufl. London 1990

NL 23 Bennett, Jon/Susan George: The Hunger Machine. Cambridge 1987

NL 24 Bethmann, Johann Philipp Freiherr von: Die Zinskatastrophe. Das Buch zur Krise. Königstein 1985

NL 25 Bhattacharya, Nikhilesh/P. Chakraborty/M. Chattopadhyay/A. Rudra: How do the Poor survive? In: Economic and Political Weekly vom 16. 2. 1991

NL 26 Bieber, Horst: Der Fortschritt wird aufgezehrt. Ohne Dämp-

fung des Bevölkerungswachstums ist der Dritten Welt nicht zu helfen. In: Die Zeit vom 25. 5. 1990
NL 27 Black, George/Milton Jamail/Stoltz Chinchilla: Garrison Guatemala. London 1984
NL 28 Black, Jan Knippers: Development in Theory & Practice. Bridging the Gap. Boulder/Colorado 1991
NL 29 Blomstrom, Magnus/Bjorn Hettne: Development Theory in Transition. The Dependency Debate & Beyond. Third World Responses. London 1984
NL 30 Bundesministerium für Wirtschaftliche Zusammenarbeit (Hrsg.): Aus Fehlern lernen. Neun Jahre Erfolgskontrolle der Projektwirklichkeit: Ergebnisse und Schlußfolgerungen. Bonn 1986
NL 31 Bundesministerium für Wirtschaftliche Zusammenarbeit (Hrsg.): Evaluierungsbericht. Partizipative Förderung von Frauen im städtischen und ländlichen informellen Sektor in Indien. Bonn 1989
NL 32 Bundesministerium für Wirtschaftliche Zusammenarbeit (Hrsg.): Förderung von Frauen in Entwicklungsländern. Bonn o.J. (1989)
NL 33 Bundesministerium für wirtschaftliche Zusammenarbeit (Hrsg.): Grundlinien der Entwicklungspolitik der Bundesregierung. Bonn 1986
NL 34 Bundesministerium für Wirtschaftliche Zusammenarbeit (Hrsg.): Journalistenhandbuch Entwicklungspolitik 91/92. Bonn 1991
NL 35 Bundesministerium für Wirtschaftliche Zusammenarbeit (Hrsg.): Neunter Bericht zur Entwicklungspolitik der Bundesregierung. Bonn o.J. (1993)
NL 36 Böchle, Franz/Hans-Rimbert Hemmer/Herbert Kötter: Armut und Bevölkerungsentwicklung in der Dritten Welt. Bonn o.J.
NL 37 »Bonn weiter gegen EG-Bananen«. In: Süddeutsche Zeitung vom 9. 2. 1993
NL 38 Boris, Dieter/Nico Biver/Peter Imbusch/Ute Kampmann (Hrsg.): Schuldenkrise und Dritte Welt. Stimmen aus der Peripherie. Köln 1987
NL 39 Bortz, Jeffrey/Fidel Castro/Ernest Mandel/Winfried Wolf: Schuldenkrise. In der Dritten Welt tickt die Zeitbombe. Frankfurt 1987
NL 40 Boserup, Ester: Women's Role in Economic Development. London 1989

NL 41 Brand, Richard: Weltmarkt Blumen. In: eXplizit 34/1991
NL 42 »Brasilien braucht eine Steuerreform«. In: Süddeutsche Zeitung vom 22. 10. 1992
NL 43 Braßel, Frank/Petra Sauerland/Iris Schürmann-Mockl (Hrsg.): Unverblümte Geschäfte. Wie man mit Blumen einen guten Schnitt machen kann. FIAN. Herne 1991
NL 44 Brown, Lester B./Christopher Flavin/Sandra Postel: Zur Rettung des Planeten Erde. Strategie für eine ökologische nachhaltige Weltwirtschaft. Frankfurt 1992
NL 45 Brown, Lester B./Christopher Flavin: Lebenszeichen. Die Gefährdungen nehmen zu. In: Worldwatch Institute: Zur Lage der Welt 88/89. Frankfurt 1988, S. 13–46
NL 46 Brown, Lester B.: »Für die Militärs bleibt genug«. In: Der Spiegel 3/1990, S. 90 ff.
NL 47 Brown, Lester B./Christopher Flavin/Hal Kane (Hrsg.): Vital Signs 1992–1993. The Trends that are shaping our Future. London 1992
NL 48 Brown, Michael Barratt/Pauline Tiffen: Short Changed. Africa and World Trade. London 1992
NL 49 Brown, Michael Barratt: Fair Trade. Reform and Realities in the international Trading System. London 1993
NL 50 BUKO (Hrsg.): Zuckerkampagne '92. Hamburg 1992
NL 51 BUKO Agro-Koordination (Hrsg.): Wer Hunger pflanzt und Überschuß erntet. Hamburg 1987
NL 52 Buntzel, Rudolf (Bearb.): Landwirtschaft in den Zwängen des Welthandels. Beiträge über Agrarpolitik, Hunger und Umwelt in der Uruguay-Runde. KED-Texte 50, Hamburg 1991
NL 53 Bunzenthal, Roland: Liberale Wende in Lateinamerika – Mauer zwischen Arm und Reich wächst. Experten plädieren für sozialeren Weg zum Weltmarkt, Umverteilung als Mittel zur Wachstumsförderung. Frontstellung der Theorien löst sich auf. In: Frankfurter Rundschau vom 10. 10. 1992
NL 54 Burg, Claudia/Rainer Grießhammer: Wen macht die Banane krumm? Kolonialwarengeschichten. Reinbek 1989
NL 55 Burgos, Elisabeth: Rigoberta Menchú. Leben in Guatemala. Bornheim 1984
NL 56 Burkey, Stan: People First. A Guide to Self-reliant, Participatory Rural Development. London 1993
NL 56a Camus, Albert: Dramen. Hamburg 1974
NL 57 Canavan, Bernard: Ricardo, Marx, Keynes & Co für Anfänger. Reinbek 1982

NL 58 Carroll, Thomas F.: Intermediary NGOs. The supporting link in Grassroots. West Hartford 1992

NL 59 »Children on Sale for Rs 20«. In: India Today vom 15. 2. 1993

NL 60 Chopra, Kanchan/Gopal K. Kadehodi/M. W. Murty: Participatory Development. New Delhi 1990

NL 61 Christodoulou, Demetrios: The Unpromised Land. Agrarian Reform and Conflict Worldwide. London 1990

NL 62 Clark, John: Democratizing Development. The Role of Voluntary Organizations. London 1991

NL 63 Clark, John: For Richer for Poorer. An Oxfam Report on Western Connections with World Hunger. Oxford 1986

NL 64 Conway, Gordon R./Edwarb B. Barbier: After the Green Revolution. Sustainable Agriculture for Development. London 1990

NL 65 Coote, Belinda: The Trade Trap. Poverty and the Global Commodity Markets. Oxford 1992

NL 66 Cummings, Barbara J.: Dam the River, Damn the People. Development and Resistance in Amazonian Brazil. London 1990

NL 67 »Damit in Europa die ökologische Saat aufgeht. Greenpeace fordert einen radikalen Kurswechsel in der Landwirtschaft«. In: Süddeutsche Zeitung vom 14. 12. 1992

NL 68 »Das ist eine peinliche Angelegenheit«. In: Süddeutsche Zeitung vom 18. 2. 1985

NL 69 Datta, Asit/Doris Malkanekar: Das koloniale Bildungssystem. Am Beispiel Indiens. In: Zeitschrift für Entwicklungspädagogik 4/1989, S. 12–13

NL 70 Datta, Asit: Bildung am Beispiel Bangladesh. In: Zeitschrift für Entwicklungspädagogik 4/1989, S. 8–11

NL 71 Datta, Asit: Chipko-Andolan oder Umarme-den-Baum-Bewegung. In: Siebert, Horst (NL 290)

NL 72 Datta, Asit: Das Bild von Afrika – gemeinsame Widersprüche. In: Entwicklung + Zusammenarbeit 4/1988

NL 73 Datta, Asit: Entwicklungspolitik – Widersprüche über Widersprüche. In: Siebert, Horst (NL 290)

NL 74 Datta, Asit: Entwicklung und Perspektiven der NGOs. In: Asit Datta (Hrsg.): Die neuen Mauern. Wuppertal 1993

NL 75 Datta, Asit: Fünf Thesen – Schwierigkeiten im Umgang mit entwicklungspolitischen Begriffen. In: Scheunpflug, Annette/Klaus Seitz (Hrsg.): Selbstorganisation und Chaos. Entwicklungspolitik und Entwicklungspädagogik in neuer Sicht. Tübingen 1992, S. 47ff.

NL 76 Datta, Asit: Grundbildung – ja, aber welche und wie? Anmerkungen zu dem Sektorenkonzept des BMZ. In: epd-EP 14/1992 m–q

NL 77 Datta, Asit: Umwelt, Entwicklung und Nahrung. In: Ökozid 3, 1/1992, S. 62 f.

NL 78 Datta, Asit: Warum flüchten Menschen aus ihrer Heimat. In: Asit Datta (Hrsg.): Die neuen Mauern. Wuppertal 1993

NL 79 Datta, Asit: Wie läßt sich Mutter Erde heilen? Konzepte zur Harmonisierung der Mensch-Natur-Beziehung. In: Ökozid 2/1991, S. 58 f.

NL 80 Davidson, Joan/Dorothy Myers/Manab Chakraborty: No time to waste. Poverty and Global Environment. Oxfam. Oxford 1992

NL 81 Debnath, R. M.: Rural Development Experience in Bangladesh. Calcutta 1986

NL 82 Dembowski, Hans: Kleinkredite für die Dritte Welt können Wunder wirken. In: Süddeutsche Zeitung vom 8. 1. 1993

NL 83 »Dependenz Theorie am Ende«. Themaheft, Blätter des iz3w Nr. 154 Dez. 88/Jan. 89

NL 84 »Der Feind sind wir selbst«. In: Der Spiegel 2/93, S. 102 ff.

NL 85 Der Fischer Weltalmanach '93. Zahlen Daten Fakten. Frankfurt 1992

NL 86 Der große Duden. Bedeutungswörterbuch. Mannheim 1970

NL 87 »Der Kaffeepreis bleibt im Keller«. In: Bonner Rundschau vom 29. 10. 1991

NL 88 Der Papalagi. Die Reden des Südseehäuptlings Tuiavii aus Tiavea (1920). Zürich 1983

NL 89 »Deutscher Regierungschef in Indien«. In: Süddeutsche Zeitung vom 23. 2. 1993

NL 90 Deutsche Welthungerhilfe (DWH) (Hrsg.): Burkina Faso. Die Hilfe zur Selbsthilfe. Bonn 1987

NL 91 Deutsche Welthungerhilfe (DWH) (Hrsg.): Ghana. Bonn 1989

NL 92 Devi, Lalitha U.: Status and Employment of Women in India. New Delhi 1982

NL 93 de Soto, Hernando: Marktwirtschaft von unten. Die unsichtbare Revolution in Entwicklungsländern. Zürich 1992

NL 94 Dhawan, B. D. (Hrsg.): Big Dams: Claims, Counter Claims. New Delhi 1990

NL 95 Dhawan, B. D.: Studies in Minor Dams. With special reference to Ground Water. New Delhi 1990

NL 96 »Die Agrarmilliarden der EG«. In: Süddeutsche Zeitung vom 14. 1. 1992
NL 97 »Die Kornkammern der Welt«. In: Hannoversche Allgemeine Zeitung vom 23. 12. 1992
NL 98 Dinham, Barbara/Colin Hines: Agribusiness in Africa. London 1983
NL 99 Dirmoser/Gronemeyer/Rakelmann (Hrsg.): Mythos Entwicklungshilfe. Entwicklungsruinen: Analysen und Dossiers zu einem Irrweg. Gießen 1991
NL 100 Dixon, John A./David E. James/Paul B. Sherman (Hrsg.): Dryland Management: Economic Case Studies. London 1990
NL 101 Dogra, Bharat: Empty Stomachs and Packed Godowns. New Delhi 1987
NL 102 Dreeze, Jean: Poverty in India and the IRDP Delusion. In: Economic and Political Weekly vom 29. 9. 1990
NL 103 Dritte-Welt-Haus Bielefeld (Hrsg.): Atlas der Weltverwicklungen. Wuppertal 1992
NL 104 Durning, Alan B.: Die Armutsfalle. Die Beziehung zwischen Armut und Umwelt – die Elendsspirale umdrehen. Schwalbach/Ts 1992
NL 105 Durning, Alan B.: Die Graswurzelbewegung. Die Basis kommt in Bewegung. In: Worldwatch Institute (Hrsg.): Zur Lage der Welt 89/90. Frankfurt 1989, S. 255–289
NL 106 »Düstere Agrarperspektiven der OECD«. In: Süddeutsche Zeitung vom 28. 1. 1986
NL 107 DWH (Hrsg.): Die Europäer und die Entwicklungszusammenarbeit. Bonn 1988
NL 108 DWH (Hrsg.): Die Welt braucht Wälder. Bonn 1989
NL 109 D'Monte, Darryl: Temples or Tombs. Industry versus Environment. Three Controversies. New Delhi 1985
NL 110 D'Souza, Victor: Development Planing and Structural Inqualities. The Response of the Underpriviliged. New Delhi 1990
NL 111 Economic Growth Policies. Theory and Reality. In: International Social Science Journal, Mai 1989
NL 112 Edwards, Michael/David Hulme: Making a Difference. NGOs and Development in a Changing World. London 1993
NL 113 Ehrlich, P./A. H. Ehrlich: The Value of Biodiversity. In: Ambio 2–3, S. 219–226
NL 114 Ehrlich, Paul: Die Bevölkerungsbombe. München 1971
NL 115 Eimler, Wolf-Michael/Nina Kleinschmidt: Der Fleisch-Report. Hamburg 1990
NL 116 Eimler, Wolf-Michael/Nina Kleinschmidt: Tierische Ge-

schäfte. Barbarische Methoden im Fleisch- und Eierland. München 1987

NL 117 »Ein schwarzer Holocaust«. In: Der Spiegel 51/1992, S. 148 ff.

NL 118 Eine Welt Forum/Freundeskreis Tanzania: Tanzania heute. Denzlingen 1992

NL 119 EKD (Hrsg.): Landwirtschaft im Spannungsfeld. Zwischen Wachsen und Weichen, Ökologie und Ökonomie, Hunger und Überfluß. Gütersloh 1984

NL 120 Ekins, Paul/Meyer Hillman/Robert Hutchinson: Wealth beyond Measure. An Atlas of Economics. London 1992

NL 121 Elias, Norbert: Über den Prozeß der Zivilisation. Soziogenetische und psychogenetische Untersuchungen. Wandlungen des Verhaltens in den weltlichen Oberschichten des Abendlandes. 2 Bände. Frankfurt 1977

NL 122 Endely, Joyce B.: Strategies and Programmes for Women in Africa's Agricultural Sector. In: Suliman, Mohamed (Hrsg.): Alternative Strategies for Africa. Band 2: Environment, Women. London 1991, S. 132–139

NL 123 Engelhardt, Eva: Vom Kindersegen zur Kleinfamilie. In: blätter des iz3w Nr. 187, Februar 1993, S. 608

NL 124 epd-Entwicklungspolitik 7/1987, S. 5

NL 125 epi (Hrsg.): Entwicklungspolitik. Organisationen, Medien, Journalisten. Saarbrücken 1992

NL 126 Erler, Brigitte: Tödliche Hilfe. Freiburg 1985

NL 127 Falk, Rainer: Die heimliche Kolonialmacht. Bundesrepublik und Dritte Welt. Köln 1985

NL 128 FAO (Hrsg.): Nutrition: The Global Challenge. Rom 1992

NL 129 FAO (Hrsg.): Production Year book 1990. Bd. 44. Rom 1991

NL 130 FAO (Hrsg.): Production Year book 1991. Rom 1992

NL 131 FAO (Hrsg.): Trade Year book 1990. Bd. 44. Rom 1991

NL 132 FAO: Commodity Review and Outlook 1990–91. Rom 1991

NL 133 Feeney, Patricia: Environmental Reform in Brazil: Advances and Reversals. In: Development in Practice 1/1992, S. 3–11

NL 134 Fernandes, Walter (Hrsg.): Social Activists and People's Movements. New Delhi 1985

NL 135 Forum. Themaheft zur Bevölkerungspolitik Nr. 167. November 1992

NL 136 »Frauen weltweit die Haupternährer der Familie«. In: Süddeutsche Zeitung vom 14. 9. 1992

NL 137 »Freihändler vor dem Kadi. Für die Mehrheit der EG sind

Binnenmarkt und freier Welthandel unvereinbar«. In: Süddeutsche Zeitung vom 20./21. 2. 1993
NL 138 Freire, Paulo: Dialog als Prinzip. Erwachsenen-Alphabetisierung in Guinea-Bissau. Wuppertal 1980
NL 139 »Geburtenraten angeblich rückläufig«. In: Süddeutsche Zeitung vom 2. 3. 1993
NL 140 »General Election: What the Results«. In: India Today vom 15. 7. 1991, S. 20 ff.
NL 141 George, Susan: Sie sterben an unserem Geld. Reinbek 1988
NL 142 George, Susan: The Debt Boomerang. How Third World Debt harms us all. London 1992
NL 143 »Gesegnete Erde. Mit gewaltfreiem Widerstand kämpft eine Frau gegen einen Mega-Staudamm und gegen kulturellen Genozid«. In: Der Spiegel 18/1992, S. 194 ff.
NL 144 Gesellschaft für ökologische Forschung (Hrsg.): Amazonien. Ein Lebensraum wird zerstört. München 1990
NL 145 Glaeßner, Gert-Joachim (Hrsg.): Vertrauen auf die eigene Kraft. Selbsthilfeprojekte und Kooperation in der Dritten Welt. Berlin 1984
NL 146 Gore, Al: Wege zum Gleichgewicht. Ein Marshallplan für die Erde. Frankfurt 1992
NL 147 Gradwohl, Judith/Russell Greenberg: Saving the Tropical Forests. London 1988
NL 148 Grainger, Alan: The Threatning Desert. Controlling Desertification. London 1990
NL 149 Graßl, Hartmut/Reiner Klingholz: Wir Klimamacher. Auswege aus dem globalen Treibhaus. Frankfurt 1990
NL 150 Grießhammer, Rainer/Christian Hey/Peter Hennicke/Fritz Kalberlah: Ozonloch und Treibhauseffekt. Reinbek 1989
NL 151 Griffin, K./A. R. Khan: Poverty in the Third World. In: World Development. Band 6. 3/1978
NL 152 Grömping, Reinhard/Karl-Martin Seeberg (Hrsg.): Ghana. Ändern sich die Zeiten? Wirtschaftliche Abhängigkeit und Selbsthilfe. Berlin 1990
NL 153 »Große Höfe haben besser verdient«. In: Süddeutsche Zeitung vom 4. 2. 1993
NL 154 Gruppe feministischer Internationalismus (Hrsg.): Zwischen Staatshaushalt und Haushaltskasse. Bremen 1989
NL 155 Gupta, B. S. (Hrsg.): Statistical Outline of India 1992–93. Bombay 1992
NL 156 Gupta, Sekhar: Economic Boom or Ecological Disasters. In: India Today vom 15. 11. 1992, S. 37 ff.

NL 157 Gupta, Y. P.: Pesticides Poisoning on the Increase. In: The Economic Times, Calcutta, vom 19. 12. 1988

NL 158 »Habe die Ehre. Entwicklungshilfeminister Spranger fördert mit deutschen Geldern ein unsinniges Staudammprojekt in Mali«. In: Der Spiegel 53/1992, S. 31 f.

NL 159 Hancock, Graham: Händler der Armut. Wohin verschwinden unsere Milliarden? München 1989

NL 160 Harrison, Paul: Afrika stirbt nicht. Reinbek 1988

NL 161 Hayter, Teresa/Catherine Watson: Aid-Rhetoric and Reality. London 1985

NL 162 Herkendell, Josef/Eckehard Koch: Bodenzerstörung in den Tropen. München 1991

NL 163 Herrhausen, Alfred: Die Zeit ist reif – Schuldenkrise am Wendepunkt. In: Handelsblatt vom 30. 6. 89

NL 164 Hilder, Bernd: Im Bananenkrieg schottet die Festung Europa ab. In: Hannoversche Allgemeine Zeitung vom 11. 2. 1993

NL 165 Hinrichsen, Don: Our Common Seas. Coasts in Crisis. London 1990

NL 166 Hinz, Manfred O./Helgard Pattmann/Armin Meier (Hrsg.): Weiß auf Schwarz. 100 Jahre Einmischung in Afrika. Deutscher Kolonialismus und afrikanischer Widerstand. Berlin 1984

NL 167 Hippler, Jochen: Die neue Weltordnung. Hamburg 1991

NL 168 Hippler, Jochen: Drogenhandel in den Nord-Süd-Beziehungen. In: Deutsches Übersee Institut (Hrsg.): Jahrbuch Dritte Welt 1991. München 1990

NL 169 Hirschmann, Albert O.: Entwicklung, Markt und Moral. Abweichende Betrachtungen. München 1989

NL 170 Hobhouse, Henry: Fünf Pflanzen verändern die Welt. München 1992

NL 171 Hörig, Rainer: Indien ist anders. Reinbek 1987

NL 172 Hossain, Mahbub: Credit for the Rural Poor. The Grameen Bank in Bangladesh. Dhaka 1984

NL 173 »Hunger in Lateinamerika weiter allgegenwärtig«. In: Süddeutsche Zeitung vom 25. 3. 1992

NL 174 Hunt, Diana: Economic Theories of Development. An Analysis of competing Paradigms. Hartforshire 1989

NL 175 »Hüttenwerk geht nicht in Betrieb«. In: Handelsblatt vom 14. 12. 1987

NL 176 »Ich bin gegen den Markt«. Landwirtschaftsminister Ignaz Kiechle über Europas Bauern und das Geld aus Brüssel. In: Der Spiegel 31/1992, S. 85 ff.

NL 177 »Ich sehe die Risiken ganz genau«. In: Der Spiegel 25/1987, S. 56 ff.
NL 178 IFAD (International Fonds for Agricultural Development) (Hrsg.): The State of the World Rural Poverty. Rom 1992
NL 179 Imfeld, Al: Hunger und Hilfe. Provokationen. Zürich 1985
NL 180 »Immer weniger Bauern: Höfesterben geht weiter«. In: Süddeutsche Zeitung vom 27. 1. 1993
NL 181 Immler, Hans: Welche Wirtschaft braucht die Natur? Mit Ökonomie die Ökokrise lösen. Frankfurt 1993
NL 182 Ince, Martin: The Rising Seas. London 1990
NL 183 Institute für Brasilienkunde (Hrsg.): Basisdaten 92/93. Mettingen 1992
NL 184 Instituto del Tercer Mundo (Hrsg.): Third World Guide 93/94. Montevideo 1992
NL 185 Isbister, John: Promises not kept. The Betrayal of Social Challenge in the Third World. West Hartford 1991
NL 186 Isbrand, Silke/Gertrud Lübke/Elisabeth Mock-Bieber (Hrsg.): Selbstbestimmt und solidarisch. Fallstudien über Selbsthilfe in der Dritten Welt. Saarbrücken 1990
NL 187 IUCN/UNEP/WWF (Hrsg.): Caring for the Earth. A Strategy for sustainable Living. London 1991
NL 188 Jacobson, Jodi L.: Verbesserung der Gesundheit von Frauen. In: Brown, Lester u. a. (Hrsg.): Zur Lage der Welt 1992. Worldwatch Institut Report. Frankfurt 1992, S. 109–136
NL 189 Janssen, Volker: Wasser oder Leben. Ein Bericht aus Afrika und der reichen Welt. Bonn 1990
NL 190 Jessen, Brigitte/Michael Nebelung: Hilfe muß nicht tödlich sein. Basisbewegung und Befreiungsarbeit in Bangladesh. Berlin 1987
NL 191 Jumani, Usha: Dealing with Poverty. Self-employment for poor Women. New Delhi 1991
NL 192 Kahl Hubert: Tansanias stiller Übergang zur Demokratie. In: Neue Zeit vom 23. 6. 1992
NL 193 Kerner, Dagny/Imre Kerner: Der Klimareport. Köln 1990
NL 194 Kessler, Wolfgang: Die Schuldenkrise der Dritten Welt. Konstanz 1987
NL 195 King, Alexander/Bertrand Schneider: Die globale Revolution. Bericht des Club of Rome. Hamburg 1991
NL 196 Kister, Kurt: Tansania: Ein Land unterzieht sich einer Roßkur. Auf dem Dritten Weg in den Ruin. In: Süddeutsche Zeitung vom 20. 7. 1990
NL 197 Kleinschmidt, Nina/Wolf-Michael Eimler: Wer hat das

Schwein zur Sau gemacht? Mafia-Methoden in der Landwirtschaft. München 1984

NL 198 Klemm, Ulrich/Klaus Seitz (Hrsg.): Das Provinzbuch. Bremen 1989

NL 199 Klüver, Reymer: Die zerbrochene Welt. In: Süddeutsche Zeitung vom 6./7. 3. 1993

NL 200 Klüver, Reymer (Hrsg.): Zeitbombe Mensch. Überbevölkerung und Überlebenschance. München 1993

NL 201 Klüver, Reymer: Zweite Chance für die Entwicklungsruine. In: Süddeutsche Zeitung vom 3. 3. 1993

NL 202 Korten, David C.: Getting to the 21st Century. Voluntary Action and Global Agenda. West Hartford 1991

NL 203 Kothari, Rajni: Rethinking Devolopment. In Search of Humane Alternatives. New Delhi 1988

NL 204 Kurtenbach, Sabine: Krieg und Repression in Guatemala. In: Deutsches Übersee Institut (Hrsg.): Jahrbuch Dritte Welt 1992. München 1991

NL 205 Lachenmann, Gudrun: Frauenpolitik in der Entwicklungspolitik. Berlin 1989

NL 206 Landwehr, Bernhard: Grundbildung – Stiefkind der Entwicklungspolitik. In: Frankfurter Rundschau vom 30. 6. 1991

NL 207 Lappé, Frances Moore/Rachel Schurman: Taking Population seriously. London 1989

NL 208 Leach, Gerald/Robin Mearns: Beyond the Woodfuel Crisis. People, Land and Trees in Africa. London 1988

NL 209 Leggett, Jeremy: Global Warming. Die Wärmekatastrophe und wie wir sie verhindern können. Der Greenpeace Report. München 1991

NL 210 Leisinger, Klaus M./Karin Schmitt (Hrsg.): Überleben im Sahel. Eine ökologische und entwicklungspolitische Herausforderung. Basel 1992

NL 211 Leisinger, Klaus M.: Hoffnung als Prinzip. Bevölkerungswachstum: Einblicke und Ausblicke. Basel 1993

NL 212 Leuner, Ekkehard: Datenbuch Nord-Süd. Göttingen 1992

NL 213 Linear, Marcus: Zapping the Third World. The Disaster of Development Aid. London 1985

NL 214 Litvinoff, Miles: The Earthscan Action Handbook. For People & Planet. London 1990

NL 215 Lovell, Catherine H.: Breaking the Cycle of Poverty. The BRAC Strategy. West Hatford 1992

NL 216 »Lustgewinn wie auf einem Nagelbrett«. In: Der Spiegel 1/1988, S. 89

NL 217 Mahmoud, Fatima Babiker: African Women and Feminin Schools of Thought. In: Suliman, Mohamed (Hrsg.): Alternative Strategies. Band 2, S. 140–147
NL 218 Mainzer Erklärung der NROs und ABL. Mainz 1989
NL 219 Mann, Charles/M. S. Grindle/P. Shipton (Hrsg.): Seeking Solutions. Framework and Cases for small Enterprise Development Programms. West Hartford 1989
NL 220 Mayer, Heinz: Der schmutzige Krieg. Zwischen Kaffeebaronen und Drogenmafia – ein Land im Ausnahmezustand. Reinbek 1990
NL 221 Mayer, Lothar: Ein System siegt sich zu Tode. Der Kapitalismus frißt seine Kinder. Oberursel 1992
NL 222 McDonald, Neil: Brazil. A Mask Called Progress. An Oxfam Report. Oxford 1991
NL 223 McKibben, Bill: Das Ende der Natur. München 1989
NL 224 Meadows, Dennis/Donella Meadows/Erich Zahn/Peter Milling: Die Grenzen des Wachstums. Bericht des Club of Rome zur Lage der Menschheit. Reinbek 1973
NL 225 Meadows, Donella u. Dennis/Jørgen Randers: Die neuen Grenzen des Wachstums. Stuttgart 1992
NL 226 »Mehr Gewinn durch ökologischen Landbau«. In: Süddeutsche Zeitung vom 18. 2. 1993
NL 227 Meier-Braun, Karl-Heinz: Verschwendetes Kapital der Dritten Welt. Anerkennung der Frauen kann Bevölkerungsexplosion stoppen. In: Stuttgarter Zeitung vom 5. 9. 1992
NL 228 Menzel, Ulrich: Das Ende der Dritten Welt und das Scheitern der großen Theorie. Frankfurt 1992
NL 229 Menzel, Ulrich: Geschichte der Entwicklungstheorie. Hamburg 1991
NL 230 Mermet, Gérard: Die Europäer. Länder, Leute, Leidenschaften. München 1993
NL 231 Mesarovic, Mihajlo D.: Auf der Suche nach neuen Paradigmen für die Weltpolitik. In: Club of Rome (Hrsg.): Die Herausforderung des Wachstums. Bern. 1990, S. 21–44
NL 232 Meyer-Abich, Klaus-Michael: Öko-Kolonialismus – auch durch die Veränderung des Klimas. In: Jahrbuch Ökologie 92, S. 25–37
NL 233 Michler, Walter: Weißbuch Afrika. Bonn 1991
NL 234 »Millionen Kinder vom Tod bedroht«. In: Süddeutsche Zeitung vom 9. 5. 1990
NL 235 Mintz, Sidney W.: Die süße Macht. Kulturgeschichte des Zuckers. Frankfurt 1987

NL 236 Misereor (Hrsg.): Guatemala im Brennpunkt. Arbeitshefte. Aachen 1992

NL 237 Mooney, Pat/Cary Fowler: Die Saat des Hungers. Wie wir die Grundlagen unserer Ernährung vernichten. Reinbek 1991

NL 238 Moore-Lappé, Frances/Joseph Collins/David Kinley: Aid as Obstacle. San Francisco 1981

NL 239 Moser, Claudio/Siegfried Pater/Gerlinde Rübel: Staudamm gegen das Volk. Bonn 1985

NL 240 Mosse, Julia Cleves: Half the World, half a Chance. An Introduction to Gender and Development. Oxford 1993

NL 241 Mosse, Julia Cleves: India. Paths to Development. Oxford 1991

NL 242 Moyes, Adrian: Common Ground. How Changes in the Common Agricultural Policy affect the Third World Poor. Oxford 1987

NL 243 Munslow, Barry/Yemi Katerere/Adriaan Ferf/Phil O'Keefe: The Fuel Wood Trap. A Study of the SADCC Region. London 1988

NL 244 Musto, S.A.: Die hilflose Hilfe. Aspekte zu einer Kritik der manipulierten Vernunft. In: D. Schwefel (Hrsg.): Soziale Wirkungen von Projekten in der Dritten Welt. Baden-Baden 1987

NL 245 Myrdal, Gunnar: Ökonomische Theorie und unterentwickelte Regionen (1959). Frankfurt 1974

NL 246 Nag Chowdhury, Aditee: Let Grassroots speak. People's Participation Selfhelp Groups and NGOs in Bangladesh. Dhaka 1989

NL 247 »Neue Kommission der UNO für Entwicklung konstituiert«. In: Süddeutsche Zeitung vom 26. 2. 1993

NL 248 Nohlen, Dieter/Frank Nuscheler (Hrsg.): Handbuch der Dritten Welt. (Geplant 8 Bände, bisher erschienen Band 1–3). Bonn 1992

NL 249 »Nur die Spitze des Eisbergs«. In: Süddeutsche Zeitung vom 21. 2. 1985

NL 250 »Nyerere warnt vor zuviel Vertrauen«. In: Süddeutsche Zeitung vom 11. 7. 1990

NL 251 OECD (Hrsg.): Voluntary Aid for Development. The Role of Non-Governmental Organizations. Paris 1988

NL 252 Onimode, Bade/H. Sunmonu/H. Okullu/B. Turok/E. Maganya/M. Turok/M. Suliman: Coalition for Change. IFAA. London 1990

NL 253 Osman, Mohamed: Verwüstung. Die Zerstörung von Kulturland am Beispiel des Sudan. Bremen 1990

NL 254 Paasche, Hans (Hrsg.): Die Forschungsreise des Afrikaners Lukanga Mukara ins Innerste Deutschlands. Geschildert in Briefen Lukanga Mukaras an den König Ruoma von Kitara. Bremen 1984

NL 255 Painter, James: Guatemala. False Hope, False Freedom. The Rich, the Poor and the Christian Democrats. London 1987

NL 256 Papendieck, Hans-Anton: Geld für Staudamm soll nicht im Sand versickern. In: Hannoversche Allgemeine Zeitung vom 27. 2. 1993

NL 257 Petschull, Jürgen/Thomas Höpker: Der Wahn vom Weltreich. Die Geschichte der deutschen Kolonien. Hamburg 1986

NL 258 Poppinga, Onno/Götz Schmidt: Die zwei Wege landwirtschaftlicher Reformen: Umweltverträgliche Produktion in bäuerlichen Betrieben oder Ausgleichspolitik. ABL. Nordrheda o.J. (1986)

NL 259 »Pro Jahr erblinden weltweit 500000 Kinder«. In: Stuttgarter Zeitung vom 16. 10. 1992

NL 260 Ramaswamy, Uma: Women and Development. New Delhi, o.J.

NL 261 Rao, V. M.: Land Reform Experiences. Perspective for Strategy and Programmes. In: Economic and Political Weekly vom 27. 6. 1992

NL 262 Rau, Bill: From Feast to Famine. Official Cures on Grassroots Remedies to Africa's Food Crises. London 1991

NL 263 »Recht auf Nahrung elementares Menschenrecht«. In: Süddeutsche Zeitung vom 12./13. 12. 1992

NL 264 Rees, Andrew: The Pocket Green Book. London 1991

NL 265 Reichholf, Josef H.: Der tropische Regenwald. Die Ökologie des artenreichsten Naturraums der Erde. München 1990

NL 265a Reichholf, Josef H.: Das Rätsel der Menschwerdung. Die Entstehung des Menschen im Wechselspiel mit der Natur. München 1993

NL 266 Ricardo, David: Grundsätze der politischen Ökonomie und der Besteuerung. Frankfurt 1980

NL 267 Rosenke, Werena/Thomas Siepelmeyer (Hrsg.): Afrika – Der vergessene Kontinent? Zwischen selektiver Weltmarktintegration und ökologischen Katastrophen. Münster 1991

NL 268 Sachs, Wolfgang (Hrsg.): Wie im Westen so auf Erden. Reinbek 1993

NL 269 Sandner, Paul/Michael Sommer: IWF – Weltbank. Entwicklungshilfe oder finanzpolitische Knüppel für die »Dritte Welt«. Stuttgart 1988

NL 270 Sandner, Paul/Michael Sommer: Banken, Kredite und die »Dritte Welt«. 2 Bände. Stuttgart 1988

NL 271 Schatan, Jacobo: World Debt – who is to pay? London 1987

NL 272 Schlesinger, Stephen/Stephen Kinzer: Bananen-Krieg. CIA-Putsch in Guatemala. Hamburg 1984

NL 273 Schmidtheiny, Stephan: Changing Course. A Global Business Perspective on Development and the Environment. Cambridge 1992

NL 274 Schneider, Bertrand: Die Revolution der Barfüßigen. Ein Bericht an den Club of Rome. Wien 1986

NL 275 Schönwiese, Christian-Dietrich/Berndt Diekmann: Der Treibhauseffekt. Der Mensch verändert das Klima. Reinbek 1989

NL 276 Schöps, Joachim: In jeder Sekunde drei Menschen mehr. Das vernichtende Wachstum der Weltbevölkerung. In: Der Spiegel 10/1993, S. 144 ff.

NL 277 »Schuldenlast. Verbindlichkeiten der Entwicklungsländer«. In: Die Welt vom 17. 12. 1992

NL 278 Schumacher. E. F.: Small is Beautiful. Die Rückkehr zum menschlichen Maß, 1973. Reinbek 1985

NL 279 Schumann, Harald: Futtermittel und Welthunger. Agrargroßmacht Europa – Mastkuh der Dritten Welt. Reinbek 1986

NL 280 Schweizer, Gerhard: Zeitbombe Stadt. Die weltweite Krise der Ballungszentren. Stuttgart 1991

NL 281 SEF (Hrsg.): Globale Trends. Daten zur Entwicklung 1991. Bonn 1991

NL 282 Seitz, Klaus/Michael Windfuhr: Landwirtschaft und Welthandelsordnung. Handbuch zu den Agrarverhandlungen der Uruguay-Runde im GATT, KED-Text 45. Hamburg 1990

NL 283 Sen, Amartya: Food and Hunger I–III. In: Business Standard vom 18./19./20. 12. 1986

NL 284 Sen, S. R.: Droughts, Starvation, Unemployment. In: Economic and Political Weekly vom 9. 5. 1992

NL 285 Senghaas, Dieter: Weltwirtschaftsordnung und Entwicklungspolitik. Plädoyer für Dissoziation. Frankfurt 1977

NL 286 Shiva, Vandana: Ecology and the Politics of Survival. Conflicts over Natural Ressources in India. New Delhi 1991

NL 287 Shiva, Vandana: Staying alive. Women, Ecology and Development. London 1988

NL 288 Shiva, Vandana: The Violence of Green Revolution. Third World Agriculture, Ecology and Politics. London 1991

NL 289 Sichorovsky, Peter: Folgenreiche Zähmung der Natur. In: Süddeutsche Zeitung vom 30. 9. 1992

NL 290 Siebert, Horst: Die vergeudete Umwelt. Steht die Dritte Welt vor dem ökologischen Bankrott? Frankfurt 1990

NL 291 Sieferle, Rolf Peter: Bevölkerungswachstum und Naturhaushalt. Frankfurt 1990

NL 292 Simonis, Udo Ernst. (Hrsg.): Entwicklungstheorie – Entwicklungspraxis. Berlin 1986

NL 293 Skierka, Volker: Ein Präsident leidet an seinem Land. In: Süddeutsche Zeitung vom 20. 3. 1992

NL 294 So, Alvin Y.: Social Charge and Development. Modernization, Dependency and World-System-Theories. London 1990

NL 195 Sommer, Michael/Josef Settele/Heike Michelsen u. a.: Countdown für den Dschungel. Ökonomie und Ökologie des tropischen Regenwaldes. Stuttgart 1990

NL 296 Starbatty Joachim (Hrsg.): Klassiker des ökonomischen Denkens. 2 Bände. München 1989

NL 297 Statistisches Bundesamt (Hrsg.): Statistisches Jahrbuch – Ausland. Wiesbaden 1992

NL 298 Stiftung Entwicklung und Frieden (SEF) (Hrsg.): Die Herausforderung des Südens. Der Bericht der Südkommission über die Eigenverantwortung der Dritten Welt für dauerhafte Entwicklung. Bonn 1991

NL 299 »Still vor sich hin«. In: Der Spiegel 36/1985, S. 47

NL 300 Strack, Peter;: Mein Sohn soll nicht dem Staat gehören. In: Die Zeitung (terre des hommes) 1/1993, S. 7

NL 301 Strahm, Rudolf H.: Warum sie so arm sind. Arbeitsbuch zur Entwicklung der Unterentwicklung in der Dritten Welt mit Schaubildern und Kommentaren. Wuppertal 1985

NL 302 Suliman, Mohamed (Hrsg.): Alternative Strategies for Africa. Band 2. London 1991

NL 303 Sundaram, I. S.: Voluntary Agencies and Rural Development. Delhi 1986

NL 304 »Tailpiece«. In: India Today vom 15. 7. 1992, S. 8

NL 305 Teichmann, André A.: Das relative Glück, auf der Müllkippe zu wohnen. In: Süddeutsche Zeitung vom 20. 10. 1992

NL 306 »FAO: Promoting World Hunger.« In: The Ecologist 2/91.

NL 307 Thier, Peter de: Entwicklungshelfer leben flott. In: Süddeutsche Zeitung vom 24. 9. 1992

NL 308 Timberlake, Lloyd: Krisenkontinent Afrika. Der Umwelt-Bankrott – Ursachen und Abwendung. Wuppertal 1986

NL 309 Timberlake, Lloyd: Only one Earth. Living for the Future. London 1987
NL 310 Timm, Uwe: Deutsche Kolonien. München 1981
NL 311 Twose, Nigel: Cultivating Hunger. An Oxfam Study of Food, Power & Poverty. Oxford 1985
NL 312 UNDP (Hrsg.): Human Development Report 1992. New York 1992
NL 313 UNFPA (Hrsg.): Weltbevölkerungsbericht 1992. Bonn 1992
NL 314 Unia, Pramod: Social Action Strategies in the Indian Subcontinent. In: Development in Practice 2/1991
NL 315 UNICEF: Zur Situation der Kinder in der Welt 1993. New York 1992
NL 316 Uphoff, Norman: Local institutional Development. An analytical Sourcebook with Cases. West Hartford 1986
NL 317 Venzky, Gabriele: 100000 Indern droht die Vertreibung. In: Hannoversche Allgemeine Zeitung vom 27. 6. 1992
NL 318 Venzky, Gabriele: Die Anti-Narmada-Bewegung droht sogar mit Selbstmord. In: Hannoversche Allgemeine Zeitung vom 10. 8. 1991
NL 319 Venzky, Gabriele: Entschädigungen sind beschämend niedrig. In: Hannoversche Allgemeine Zeitung vom 12. 8. 1992
NL 320 »Verlorene Fruchtbarkeit«. In: Der Spiegel 22/1992, S. 244
NL 321 Vitale, Luis: Umwelt in Lateinamerika. Die Geschichte einer Zerstörung. Frankfurt 1990
NL 320 »Wachsende Bereitschaft zu einem Kaffeeabkommen«. In: Süddeutsche Zeitung vom 25. 11. 1992
NL 323 »Wachsende Mißerfolge der Weltbank«. In: epd-Entwicklungspolitik 17/1992
NL 324 »Waffen in die Dritte Welt. Bonn im Vorfeld der Exporteure«. In: Süddeutsche Zeitung vom 26. 2. 1993
NL 325 Walker, Peter: Famine early Warning Systems. Victims & Destitution. London 1989
NL 326 Weltbank/IBRD (Hrsg.): Weltentwicklungsbericht 1983. Washington 1983
NL 327 Weltbank/IBRD (Hrsg.): Weltentwicklungsbericht 1990: die Armut. Washington 1990
NL 328 WCED (Hrsg.): Our Common Future. Oxford 1987
NL 329 Weber, Thomas: Hugging the Trees. The Story of the Chipko Movement. New Delhi 1988
NL 330 Weiss, Ruth/Hans Mayer: Afrika den Europäern. Von der Berliner Kongokonferenz 1884 ins Afrika der neuen Kolonisation. Wuppertal 1984

NL 331 »Weiter Verstöße gegen Grundrechte in Guatemala«. In: Süddeutsche Zeitung vom 30./31. 1. 1993

NL 332 Weizsäcker, Ernst U. von: Erdpolitik. Ökologische Realpolitik an der Schwelle. Zum Jahrhundert der Umwelt. Darmstadt 1992

NL 333 Weltbank/IBRD (Hrsg.): Weltentwicklungsbericht 1992: Entwicklung und Umwelt. Washington 1992

NL 334 »Weltbank will aus Fehlern lernen«. In: die tageszeitung vom 16. 9. 1992

NL 335 »Weltweit Kahlschlag des Regenwaldes. In 80er Jahren 154 Millionen Hektar zerstört«. In: Süddeutsche Zeitung vom 9. 3. 1993

NL 336 Werlhof, Claudia von /Maria Mies/Veronika Bennholdt-Thomsen: Frauen, die letzte Kolonie. Reinbek 1988

NL 337 Wessel, James/Mort Hantman: Getreidefieber. US-Agrarkrise, Konzernmacht und Welternährung. Vorwort von Asit Datta. München 1987

NL 338 Westhof, Justin: Rezepte gegen die Bevölkerungsexplosion. In: Süddeutsche Zeitung vom 13. 8. 1992

NL 339 Wichterich, Christa: Frauenprojekte oder eine frauengerechte Entwicklung. In: Asit Datta (Hrsg.): Die neuen Mauern. Wuppertal 1993

NL 340 Wichterich, Christa: Kinderwunsch und Wunschkind. In: Asit Datta (Hrsg.): Die neuen Mauern. Wuppertal 1993

NL 341 Wichterich, Christa: Stree Shakti, Frauen in Indien: Von der Stärke der Schwachen. Bornheim 1986

NL 342 Wignaraja, Ponna: Women, Poverty and Ressources. New Delhi 1990

NL 343 Wisner, Ben: Power and Need in Africa. London 1988

NL 344 Wold, Kiflemariam Gebre: Der internationale Agrarhandel und die Bekämpfung des Hungers. KED-Texte 35. Stuttgart 1986

NL 345 Wolf, Heinz Georg: Die Abschaffung der Bauern. Landwirtschaft in der EG – Unsinn mit Methode. Frankfurt 1987

NL 346 Wolf-Philips, Leslie: Why »Third World«? Origin, Definition and Usage. In: Third World Quarterly 4/1987

NL 347 Wordwatch Institute (Hrsg.): Zur Lage der Welt 1992. Frankfurt 1992

NL 348 Young, Helen: Food Scarcity and Famine. Assessment and Response. Oxfam. Oxford 1992

Register

AbL (Arbeitsgemeinschaft bäuerlicher Landwirtschaft) 185, 247
Achard, Franz Carl 45
ADELA (Atlantic Community Groups for the Development of Latinamerica) 147
Ägypten 35, 44, 240
Äthiopien 14, 35, 185, 214f.
Afghanistan 33
Afrika 8, 13f., 16, 18, 25, 27, 33, 39, 42f., 49, 68, 70f., 74ff., 79f., 106, 113, 116, 118, 146, 160, 162, 164f., 168, 179, 185, 194ff., 201f., 207, 218, 232, 237
Ahmedabad 230
Akbar 66
AKP-Länder (Afrika, Karibik, Pazifik) 146, 196
Albanien 80, 129, 163
Alexander der Große 43
Algerien 123
Algier 190
Almeida, Francisco de 69
Alpers, E.A. 70
Altamerika 40
Altvater, Elmar 196
Alvarado, Pedro de 54
Alves, M. M. 91
Amazonas 35
Amazonien 241
American Note Bank Company 92
Amerika 39, 42ff., 49, 59, 71, 117, 121, 141, 144, 149, 171, 176, 182
AMK 142
ANC (African National Congress) 231
André 178
Angola 78
Angra dos Reis 201
Angus Butler Engineering Company 213
Arabien 59, 68, 70
Arbenz, Jacobo 140, 142

Arévalo, Juan José 140
Argentinien 89, 116, 119, 129, 172, 201
Armas Castillo 142
Arusha-Deklaration 160
Asien 8, 15, 68, 71, 73, 116, 118, 179, 198, 207, 237
Assam 158
Asturias, Miguel Angel 139
Augustinus 123
Aurengzeb 61
Australien 173, 206

Bahuguna, Sundarlal 230
Baker Perkins 213
Baker, Lorenzo Dow 138f.
Baker-Plan 205
Bangalore 231
Bangladesh 89, 98, 116, 207, 215, 222f., 225, 230, 233, 240
Bangladesh Grameen Bank 222, 225, 230
Barbados 123
Barnet, Richard J. 7, 176, 179
BASF 182
Bayer 182
Beatrice Foods 181
Bebel, August 75
Belgien 150, 214f.
Bengalen 43, 60ff., 64
Berlin 46, 72f., 214
Bertaux, Pierre 79
Bethmann, Johann Ph. Freiherr von 98, 203
Beting, Joelmir 104
Bhatt, Ela 230
Bhopal 153
Bihar 157
Biniani, Mafungu 74
Biondi, Aloysio 102, 104
Birla Institute of Scientific Research 151
Birma 80, 129

Bismarck, Otto Fürst von 73f.
Blomstrom, Magnus 26
BMZ (Bundesministerium für wirtschaftliche Zusammenarbeit) 214, 217, 249
Bolivien 115f., 215
Bombay 237
Borneo 35
Botswana 89, 207
Bourdet, Claude 206
Brady-Plan 205
Brandt, Willy 212
Brasilien 8, 14, 16, 19, 49–52, 59, 78f., 84, 89–106, 116–121, 127, 129, 133, 152, 165, 172, 179f., 196, 200f., 207, 219, 233, 239, 241f.
Bremen 249
Brown, Michael Barratt 194
Brüssel 146
Brundtland-Kommission 29, 245
Brunei 35
Bukarest 111
BUKO (Bundeskongreß entwicklungspolitischer Aktionsgruppen) 249
Bundesrepublik Deutschland 28, 111, 121, 127, 150, 152, 160, 164f., 168f., 172, 178f., 182, 184ff., 193, 208f., 211, 213f., 216, 233, 239, 249
Bunge 178
Burkina Faso 14, 222, 230
Bush, George 207

Cabral, Pedro Alvares 49
Camus, Albert 197
Canadian Light and Power 92
Cargill 178f.
Cartagena de Indias 190, 230
Carter, Jimmy 145
Castle & Cooke 143
Castro, Fidel 24
CCM (Partei der Revolution, Tansania) 160, 167
CDV (Centro de Desarrollo Vecina) 230
Cerezo, Vinicio 145
Césaire, Aimé 42

Chile 116, 183, 209
China 28, 33f., 59, 68, 78, 80, 106, 129, 163, 193, 227, 233
Chipko-Bewegung 154, 230
Chiquita 143, 147
CIA 93, 142
Ciba-Geigy 182
CIDA (Canadian International Development Agency) 213
Clark, John 220
Clinton, Bill 245
Clive, Robert 61f.
Club of Rome 29, 220, 244
Cobb, John 123
Coca-Cola 92
Collins, Joseph 7, 100, 132, 223
Continental Grain 178
Coote, Belinda 191
C.P.P. (Konventionelle Volkspartei, Ghana) 110f.

DAC (Development Assistance Committee) 219
Dänemark 48, 146
Dallas-Clarendon-Plan 138
Daly, Herman 123
Damaskus 44
Daressalam 164, 212
Darwin, Charles 68
Davidson, Basil 42
DAWN (Development Alternatives with Women for a New Era) 231
DDR 28
Del Monte 142f., 177
Derby 63
Deutsch-Ostafrika 73
Deutsche Welthungerhilfe 219, 222
Deutsches Reich 71, 73
Deutschland 16, 18, 24, 28, 44f., 57, 72, 75, 77, 81f., 138, 144, 146, 181, 208f., 211, 214, 216, 219, 247f.
Dhaka 216
DOAG (Deutsch-Ostafrikanische Gesellschaft) 74ff.
Dogra, Bharat 26, 156
Dole 143
Dominikanische Republik 44

Dom Pedro I. 51
Dulles, Allen 142
Dulles, John Foster 141 f.
Durning, Alan B. 221

Ecuador 116, 135, 196
Edeka 178
EG (Europäische Gemeinschaft) 146, 156, 169 f., 172–177, 179, 181, 184 f., 191, 194 ff., 199, 209, 214
Ehrlich, Paul 237
EICo (East India Company) 59, 61–64, 71
Eimler, Wolf-Michael 184
Elfenbeinküste 109, 161
Elias, Norbert 83
Eliot, Thomas Stearns 34, 40
ELOSOC (Entwicklungsorganisation der UNO) 220
El Salvador 139, 144, 221
Endely, Joyce B. 227 f.
England s. Großbritannien
Eppler, Erhard 213
Erler, Brigitte 215, 223
ESCAP (Economy and Social Commission for Asia and Pacific) 94
Esso 92
Europa 24, 34, 36, 38 f., 43 f., 46, 59, 63, 69 f., 72, 108, 131, 136, 139, 218, 237

Fage, J. D. 68
FAO (Food and Agriculture Organization) 13, 16, 18, 20, 108 ff., 112 ff., 135, 150, 152, 177, 179, 209, 214, 241
Feder, Ernest 131
Fieldhouse, David 74
Ford 92 f.
Fowler, Cary 35 f.
Franco, Itamar 96
Frankreich 33, 45, 59, 70, 72, 150, 176, 184, 193, 195 f., 211, 214
Freire, Paulo 226
Freud, Sigmund 141
Freyre, Gilberto 57
Friedrich der Große 45

Friedrich Wilhelm III. 45
Fugger, Jakob 71 f.

Gabun 161
Galeano, Eduardo 8, 21, 44, 54, 86, 98, 102, 208
Galtung, John 86 f., 92 f.
Gama, Vasco da 49, 59, 69
Gambia 202
Gandhi, Indira 153, 238
Gandhi, Mahatma 149
Gandhi, Rajiv 153
GATT (General Agreement on Trade and Tariffs) 189 ff., 196, 204
Geisel, Ernesto 103
General Food 181
Genf 190 f.
Genua 57, 68
George, Susan 7, 93 ff., 97, 102, 108, 176, 204, 232
Georgia 92
Ghana 106, 108–112
Gore, Al 244
Großbritannien (England) 24, 33, 42 f., 45, 48, 51 f., 57 f., 60, 62 f., 65 f., 70, 72 f., 75, 95, 100, 138, 193, 195, 214
Grüngürtel-Bewegung 230
GTZ (Deutsche Gesellschaft für Technische Zusammenarbeit) 215
Guaranty, Morgan 99
Guatemala 8, 53 ff., 57 ff., 78, 89, 135, 138–147, 180, 183, 233
Guatemala-City 142
Guinea 123
Gulshan 216
GUS-Staaten 30
Guyana 123

Hamburg 72, 249
Hancock, Graham 218
Hantman, Mort 28, 170, 188
Harlan, Jack 34
Harrison, Paul 7, 19, 179 f.
Harun al Raschid 83
Haryana 209
Hawaii 45

Hayter, Teresa 211
HDI (Human Development Index) 122
Helgoland 75
Heller, Peter 163
Herrhausen, Alfred 200
Hettne, Bjorn 26
Heydt, von der 74
Hinrichsen, Don 240
Hiroshima 13
Hobhouse, Henry 35
Hobsbawm, Eric J. 42 f., 65
Hoechst 182
Hofmeier, Rolf 162
Holenstein, Anne-Marie 20, 182
Holland s. Niederlande
Holtz, Uwe 41
Homem de Melo, Fernando 103
Honduras 58, 116, 142
Hongkong 233
Hunt, E. Howard 142

IBASE (Brasilianisches Institut für Wirtschafts- und Gesellschaftsanalysen) 102
IDA (International Development Association) 209
IFAD (International Fund for Agrarian Development) 192, 229
INCC (Indian Nation Congress Conference) 148
Indien 8, 26, 30, 34, 43 ff., 49, 59 ff., 63 ff., 67 ff., 78, 121, 147–159, 181, 184, 201, 209, 216, 218 f., 230–233, 237 f.
Indigena 144 f.
Indonesien 45, 93, 201 f., 242
Institute for Food and Development Policy 210
Instituto del Tercer Mundo 205
International Development Research Centre, Ottawa 153
Irapuato 131
IRCA (International Railways of Central America) 139 f.
Isabella, Königin von Kastilien und León 55

Itaipu-Staudamm 97, 201
Italiaander, Rolf 42
Italien 63, 214
ITO (International Trade Organization) 191
IUCN (Welt-Konservations-Union) 233, 245
IWF (Internationaler Währungsfond) 96, 111, 129, 151, 159, 164–168, 186, 193, 195, 204, 239

Jafar, Mir 61
Jain, H.K. 153
Jamaika 138
Janata, Bharatiya 150, 158
Japan 121, 149, 173, 195, 199, 233
Java 45
Johnson & Johnson 91
Jordantal 44

Kahl, Hubert 165, 167
Kalifornien 131 f.
Kalikut 69
Kalkutta 61, 157, 237
Kamerun 74
Kanada 123, 213
Karachipampa 215
Karibik 45 f., 177, 196
Karl der Große 83
Karstadt 178
Kaschmir 158
Kasem, Mir 61 f.
Kaufhof 178
Keith, Minor C. 139
Kenia 161, 228, 230, 232
Kerala 238
Keynes, John Maynard 25
Kiechle, Ignaz 169
Kilwa 68 ff., 77
King, Alexander 207
Kitara 82
Kleinasien 34
Kleinschmidt, Nina 184
Klöckner 215
Köln 247
Kolumbien 116, 132, 136 f., 183, 190, 230

Kolumbus 44, 59, 71
Krupp, Friedrich Alfred 74
Kuba 45f., 163
Kurland, Barockfürst Jakob von 72

Lappé, Frances Moore 7, 100, 132, 223, 238f.
Lateinamerika (Südamerika) 8, 27, 45, 78f., 94, 98ff., 102, 113, 116ff., 127, 132, 137, 144, 146f., 152, 177, 180, 192, 201, 203, 207, 230, 238, 242
Lédéa Quedraogo, Bernard 222
Lenin, Wladimir I. 25
Léon-Portilla, Miguel 54
Linear, Marcus 214
Liverpool 42, 63
Lombe, John 63
Lombe, Thomas 63
London 46, 51, 63, 185, 232
Louis-Dreyfus 178
Luxemburg 123

Maathai, Wangari 230f.
Madeira 44
Madras 157
Maharashtra 19
Mahmoud, Fatima Babiker 232
Malabarküste 59
Malediven 240
Mali 14, 216
Malthus, Thomas 25, 232f., 237
Manantali-Staudamm-Projekt 216, 249
Manasa Kompanie 95
Manchester 63
Marcos, Ferdinando 24
Marggraf, Andreas 45
Marx, Karl 25, 64
Maskat 71
Mauretanien 115f., 202
Maya 53f.
McCann, Thomas P. 139, 142
McDonald's 180
McKibben, Bill 243
Meadow, Dennis 29
Melanesien 43

Mello, Collor de 96
Menchú, Rigoberta 144
Mendelssohn-Bartholdy, Abraham 74
Menzel, Ulrich 24f., 27
Mercedes-Benz 92
Merensky, Missionssuperintendent a.D. 76
Mesarovic, Mihajlo D. 30
Mexiko 40, 54, 89, 115f., 119, 129–133, 135, 137ff., 144, 172, 201–204
Mexiko-City 237
Meyer, Lothar 27
Meyer-Abich, Klaus Michael 242
Minas Gerais 50
Mintz, Sidney W. 46
Mittelamerika (Zentralamerika) 8, 45, 78, 138f., 141ff., 146, 177, 180, 207
Mobutu, Sese-Seko 24
Moçambique 18, 78, 115f., 123
Moi, Daniel Arap 24
Mombasa 68
Mommsen, Wolfgang 74
Monroe, James 52
Montt, Rios 145
Mooney, Pat Roy 34, 182
Morgan, Dan 178
MTO (Multilateral Trade Organization) 191
Müller, Rudolf Wolfgang 83
München 237
Mukara, Lukanga 81f.
Munshiganj 215f.
Mwinyi, Ali Hassan 164, 167
Myer, Norman 35
Myrdal, Gunnar 94

NAAM-Bewegung 222
Nagasaki 13
Nairobi 135, 232
Napoleon 45
Narmada-Staudamm 154, 230, 249
Nehaib Ixquin 55
Nehru, Jawaharlal 149, 153, 159
NEP (New Economic Policy) 159
Nepal 33f., 78
Nestlé 91

Neuguinea 43
New York 139
NGO (Non Government Organization) 164, 185, 218–221, 226, 249
Nicaragua 144
Niederlande (Holland) 35, 45, 70, 72, 96, 233, 240
Niger 14
Nigeria 156, 201f., 228
N' Krumah, Kwame 110f.
NMC (National Mill Crp.) 212
Nordamerika 52, 73, 138, 218
Nordkorea 80, 129, 163
NWWO (Neue Weltwirtschaftsordnung) 190
Nyerere, Julius K. 160f., 163, 165, 167

OECD (Organization for Economic Cooperation and Development) 29, 168, 185, 195, 209, 214, 229, 239
Oetker 181
Oliver, Roland 68
Oman 71
OPEC (Organization of Petroleum Exporting Countries) 198f.
Orient 38
Orissa 157
Ostafrika 30, 68f., 73f., 77f., 81
Ostblock 26, 161, 193, 207
Ostindien 64
Ottawa 153
Oxfam 186

Paasche, Hans 81
Paczensky, Gert von 40
Pakistan 67
Paris 46, 221
Patkar, Medha 230
PDA (Population and Development Association) 238
Peccei, Aurelio 29
Pemba 68, 71
Persien 44, 59
Peru 116, 119, 230
Peters, Carl 73f.

Phädrus 27
PHC (Primary Health Care) 231
Philippinen 45, 143, 177, 182, 201
Polonoreste-Projekt 97
Portugal 33, 44, 50f., 57, 59, 63, 68ff., 78f., 195
Preston, Andrew 139
Puerto Barrios 140
Punjap (Pandschab) 158
Punta del Este 190

Quelle 178

Raleigh, Sir Walter 80
Rao, Narasimha 151, 159
Rau, Johannes 209
Rawlings, Jerry 111
Reagan, Ronald 145, 193
Ricardo, David 25, 32f.
Rio de Janeiro 10, 244f.
Rodney, Walter 71, 76, 80, 86
Rom 13
Roosevelt, Franklin D. 170
Rose, Klaus 189
Rotes Kreuz, Internationales 236f.
Rousseau, Jean-Jacques 83
Ruanda 182
Rue, Thomas de la 92
Ruoma von Kitara 82

Sachs, Wolfgang 27
Sahara 14, 18, 218
Sahel 14, 185, 218, 222
Salentiny, Fernand 78f.
Sambia 202
Sandoz 182
San Francisco 210
Sansibar 69ff., 73, 75, 77
São Paulo 50, 101, 237
SAP (Strukturanpassungsprogramm) 96, 111, 164, 186, 193, 204f., 239
Sarney, José 96
Saudi-Arabien 156, 181, 207
Sauvy, Alfred 206
Sayyid Said 71
Schimmelmann, Baron von 41, 47f., 72

Schmidheiny, Stephan 244
Schneider, Bertrand 207, 220 f.
Schöps, Joachim 238
Schurman, Rachel 238 f.
Schwelm 247
Sen, Amartya 158
Sena, Shiva 158
Senegal 14, 202
Senghaas, Dieter 24 f., 50, 93, 101
Serrano, José 145
SEWA (Self Employed Women's Association) 230 f.
Shell 92
Shiva, Vandana 36, 153, 232, 243
Siemens 104, 178
Singapore 207
Singh, Manomohan 159
Siraj-ad-daula, Nabob von Bengalen 61
Sizilien 44
Smith, Adam 25
Sobradinho 97, 201, 249
Solow, Robert Merton 242
Somalia 14, 202
Sowjetunion 130
Späth, Lothar 209
Spanien 55 ff., 63, 72, 195
Spear, Percival 62
Strahm, Rudolf H. 189, 208
Südafrika 231
Südamerika s. Lateinamerika
Südkorea 170
Südostasien 34, 240
Sung, Kim il 24
Syrien 44

Tabora 76
Tanganyika 77
Tansania 8, 77, 96, 159–168, 198, 212 f., 228, 233
Tehri-Großstaudamm 154
Thailand 179, 184, 227, 238
Thakur (Tagore), Rabindranath 149
Timberlake, Lloyd 14, 222, 228
Toepfer, Alfred 178 f.
Töpfer, Klaus 186
Togo 74, 202

Tschad 14, 18, 233
Tucurui-Großstaudamm 97

UBC (United Brands Co.) 142 f., 147, 180
UdSSR 156, 193
UFCo (United Fruit Company) 138–142
Ujaama 30, 160, 162
UNCED (UN Conference on Environment and Development) 10, 244
UNCTAD (UN Conference on Trade and Development) 117, 119, 121, 189 ff.
UNDP (UN Development Program) 28, 122 f., 203
UNEP (UN Environment Program) 245
UNFPA (UN Fund for Population Activities) 233 ff., 237
UNHCR (UN High Commission for Refugees) 236
UNICEF (UN Children's Fund) 13, 204
Unilever 181
Union Carbide 153
Union der Bananen exportierenden Länder 147
UNO (United Nations Organization) 95, 114, 116 f., 142, 192, 212, 214, 220, 230 f., 237
URNG (Unión Revolucionara Nacional Guatemala) 145
Uruguay 190, 219
USA 24, 34, 42, 45, 52, 95, 123, 131 f., 139, 142, 152 f., 169 ff., 173, 175–178, 181, 184, 188, 191, 193, 195, 199, 201, 207–211, 232, 244

Venedig 68
Venezuela 58, 71, 129, 201 f.
Villa El Salvador-Projekt 230 f.
Volkswagen AG 92, 99, 208

Watson, Catherine 211
WCED (Weltkommission über Umwelt und Entwicklung) 29

Weber, Hartwig 56
Weizsäcker, Ernst-Ulrich von 240, 243
Welser, Bartholomäus 71
Weltbank 151, 156, 165, 195, 204, 206, 209, 214f., 217, 237ff.
Wessel, James 28, 170, 188
Westafrika 70, 228
Westindien 46, 48
Wichterich, Christa 229
Wille, Theodor 52
Wisner, Ben 33, 228

World Ressources Institute 158
Worldwatch Institute 158
Writson, Walter 97
WWF (World Wide Fund for Nature) 233, 245

Yatenga 222
Yunus, Professor 223, 230

Zaire 202
Zamora 131
Zentralamerika s. Mittelamerika

PERSPEKTIVEN FÜR EINE ANDERE WELT

Jean Ziegler
Der Sieg der Besiegten
Unterdrückung und kultureller Widerstand
2. überarbeitete und erweiterte Auflage
DM 22,80

Dritte Welt Haus Bielefeld (Hg.)
Atlas der Weltverwicklungen
Ein Schaubilderbuch über weltweite Armut, globale Ökologie und lokales Engagement
DM 19,80

Regina und Gerd Riepe
Du schwarz – ich weiß
Bilder und Texte gegen den alltäglichen Rassismus
2. Auflage, DM 19,80

Asit Datta (Hg.)
Die neuen Mauern
Krisen der Nord-Süd-Beziehung
DM 19,80

Gabriele Küppers (Hg.)
Feministamente
Frauenbewegung in Lateinamerika
DM 19,80

Jack D. Forbes
Columbus und andere Kannibalen
Die indianische Sicht der Dinge
Aus dem Englischen von Uwe Zagratzki
2. Auflage, DM 19,80

Katalog anfordern!

PETER HAMMER VERLAG Wuppertal

Natur und Umwelt

dtv-Atlas zur Ökologie
Tafeln und Texte

Das Horst Stern Lesebuch

Maureen & Bridget Boland
Was die Kräuterhexen sagen
Ein magisches Gartenbuch
dtv 10108

Jügen Dahl:
Nachrichten aus dem Garten
Praktisches, Nachdenkliches und Widersetzliches aus einem Garten für alle Gärten
dtv / Klett-Cotta 11164

Die Erde weint
Frühe Warnungen vor der Verwüstung
Hrsg. v. Jürgen Dahl und Hartmut Schickert
dtv / Klett-Cotta 10751

Dieter Heinrich / Manfred Hergt:
dtv-Atlas zur Ökologie
Mit 116 Farbtafeln
dtv 3228

Henry Hobhouse:
Fünf Pflanzen verändern die Welt
Chinarinde, Zucker, Tee, Baumwolle, Kartoffel
dtv / Klett-Cotta 30052

Edith Holden:
Vom Glück, mit der Natur zu leben
Naturbeobachtungen aus dem Jahre 1906
dtv 1766

Die schöne Stimme der Natur
Naturerlebnisse aus dem Jahre 1905
dtv 11468

Das Horst Stern Lesebuch
Herausgegeben von Ulli Pfau
dtv 30327

Liselotte Lenz:
Kleines Strandgut
Farbstiftzeichnungen
dtv 11281

Barry Lopez:
Arktische Träume
Leben in der letzten Wildnis
dtv 11154

Frederic Vester:
Unsere Welt – ein vernetztes System
dtv 10118

Neuland des Denkens
Vom technokratischen zum kybernetischen Zeittafel
dtv 10220

Ballungsgebiete in der Krise
Vom Verstehen und Planen menschlicher Lebensräume
dtv 30007